Ramon Bennett
Die Wüste

Ramon Bennett

Die Wüste

Israels letzter Weg

© Copyright © 2013 by Ramon Bennett. All rights reserved.
Die Originalausgabe ist erschienen bei ShekinahBooks, Jerusalem, Israel (www.ShekinahBooks.com).
Erstdruck: Februar 2013
© Copyright der deutschen Ausgabe 2013 by Asaph-Verlag
1. Auflage 2013
Titel der englischen Originalausgabe: *The Wilderness*
Aus dem Englischen übersetzt von Sabine Njock
Bibelzitate wurden der Schlachter-Übersetzung entnommen (© 2000 Genfer Bibelgesellschaft) bzw. den Übersetzungen:
Die Bibel nach der Übersetzung Martin Luthers, revidierte Fassung von 1984. Durchgesehene Ausgabe in neuer Rechtschreibung. © 1984 Deutsche Bibelgesellschaft, Stuttgart
Revidierte Elberfelder Bibel (Rev. 26) © 1985/1991/2008 SCM R. Brockhaus im SCM-Verlag GmbH & Co. KG, Witten
Neue Evangelistische Übersetzung © 2013 Karl-Heinz Vanheiden, www.kh-vanheiden.de
Hoffnung für alle © 1983, 1996, 2002 by Biblica Inc.; Übersetzung, Herausgeber und Verlag: Brunnen Verlag, Basel und Gießen
Zürcher Bibel, © 2007, Theologischer Verlag Zürich
Alle Hervorhebungen sind vom Autor.

Umschlaggestaltung: joussenkarliczek, Schorndorf, unter Verwendung eines Fotos von istockphoto.com/kavram
Satz/DTP: Jens Wirth
Druck: cpi books
Printed in the EU
ISBN 978-3-940188-68-7
Bestellnummer 147468
Für kostenlose Informationen über unser umfangreiches Lieferprogramm
an christlicher Literatur, Musik und vielem mehr wenden Sie sich bitte an:
Asaph, Postfach 2889, D-58478 Lüdenscheid
asaph@asaph.net – www.asaph.net

Ja, von jeher bin ich derselbe,
und niemand kann aus meiner Hand erretten.
Ich wirke – wer will es abwenden?

Jesaja 43,13

Widmung

Für den Herrn, den Gott Abrahams,
Isaaks und Israels

1. Könige 18,36

Inhalt

Kapitel 1
Viertausend Jahre ohne Freunde 11

Kapitel 2
Israel und der Gott Israels 21

Kapitel 3
Israel und die Prophetie 35

Kapitel 4
Ein unerwünschter Gott 61

Kapitel 5
Vergessen, aber nicht verschwunden 75

Kapitel 6
Die Einzigartigkeit des Herrn 79

Kapitel 7
Der Verführer und die Verführten 85

Kapitel 8
Vom Schöpfer gelockt 97

Kapitel 9
Die Wüste – unterschiedliche Facetten 103

Kapitel 10
Die Wüste – Geografie 117

10 Die Wüste

Kapitel 11
Die Wüste – Diplomatie 121

Kapitel 12
Die Wüste – Boykott, Desinvestition und Sanktionen 175

Kapitel 13
Die Wüste – juristische Kriegsführung 221

Kapitel 14
Die Wüste – militärische Kriegsführung 235

Kapitel 15
Der Heilige redet 311

Kapitel 16
Worte – ins Herz gebrannt 317

Kapitel 17
Die Rückgabe verlorener Gebiete 321

Kapitel 18
Gesang in der Wüste 333

Kapitel 19
Epilog – ein Gebet 341

Arm of Salvation 347

1
Viertausend Jahre ohne Freunde

Bereits im Jahr 2003 begann ich mit dem Verfassen des vorliegenden Buches, doch aufgrund starker Schmerzen in der linken Hüfte ging das Schreiben nicht gut voran, und so musste das halbfertige Manuskript wegen einer dringenden Hüftoperation beiseitegelegt werden. Als ich die Arbeit 2007 wieder aufnehmen konnte, musste der bereits geschriebene Text neu überarbeitet werden. Dann kam das Schreiben erneut zum Stillstand: Nach einer Diagnose des Wirbelsäulenchirurgen hatte ich mir vor vierzig Jahre bei einem Reitunfall den Nackenwirbel gebrochen; eine Wirbelsäulenoperation wurde nötig, bei der mir eine Nackenwirbel-Prothese eingesetzt wurde, wodurch ich von den Kopfschmerzen befreit wurde, unter denen ich schon jahrelang gelitten hatte. Nach der Genesung machte ein fortgeschrittenes Karpaltunnel-Syndrom zunächst an einer Hand, dann an der anderen eine Operation erforderlich.

Im November 2011 packte mich der dringende Wunsch, das Buch fertigzustellen, und ich nahm das Projekt mit neuem Elan wieder in Angriff. Der vor vier Jahren neu verfasste Text entsprach inzwischen nicht mehr meinen Vorstellungen, sodass ich noch einmal ganz von vorne begann. Nur die ursprüngliche Idee blieb bestehen.

Im Dezember 2011, nachdem das Schreiben schon gut vorangeschritten war, hielt ich einen Vortrag in England. Während der Rede erlitt ich einen schweren Herzinfarkt, was zur Folge hatte, dass zwei Stents in die Herzaorta eingesetzt werden mussten. Eine Woche nach der Entlassung aus dem Krankenhaus brach ich erneut zusammen, diesmal wegen innerer Blutungen, die von Nebenwirkungen der verschriebenen Herzmedikamente hervorgerufen waren. Diese Rückschläge machten nicht nur einen längeren Verbleib in England nötig, sondern bedeuteten natürlich auch, dass das Schreiben dieses Buchs erneut zum Stillstand kam.

Erst im März 2012 konnte ich mich nun darauf konzentrieren, das zu Ende zu führen, was neun Jahre zuvor begonnen worden war. Aufgrund des Inhalts und des Themas war dieses Buch nicht einfach zu schreiben, und wegen der so offensichtlichen Angriffe auf den Fortschritt und die Vervollständigung des Schreibprozesses kann ich mich des Eindrucks nicht erwehren, dass dieses Buch eine gewisse Bedeutung haben muss.

Alles hat seine bestimmte Stunde, und jedes Vorhaben unter dem Himmel hat seine Zeit. – Prediger 3,1

Das Kapitel, das Sie gerade lesen, gehörte ursprünglich zum Vorwort. Weil der Inhalt aber so wichtig ist und viele Leser dazu neigen, Vorwort und Einleitung zu überspringen, habe ich mich entschlossen, kein Vorwort und keine Einleitung zu schreiben, sondern diese Elemente in dieser neuen Version in das erste Kapitel einzugliedern, das den Grundton des gesamten Buches angibt.

Das vorliegende Werk ist mein fünftes Buch über die biblische Bedeutung Israels, den jahrzehntelangen Konflikt mit seinen Nachbarn und die feindselige Einstellung der sogenannten internationalen Völkergemeinschaft gegen Israel. Obwohl jedes einzelne dieser fünf Bücher über Israel als alleinstehendes Werk konzipiert ist, lässt sich eine ganz offensichtliche Kontinuität feststellen. Dahinter steckt keine menschliche Absicht, sondern ausschließlich ein Werk des „Heiligen Israels" (Psalm 71,22).

Im Licht der unübersehbaren Angriffe auf die Entstehung dieses Buches – Angriffe, die auch während der letzten, unvermeidlichen Korrekturen durch den Autor nicht aufhörten – wage ich zu fragen, ob dieses fünfte Buch – mit Ausnahme der Bibel selbst – möglicherweise das letzte Wort zum Thema „Israel und die Nationen" ist.

Mein erstes Buch, *Wenn Tag und Nacht vergehen. Eine biblische Sicht über das Handeln Gottes an Israel, der Gemeinde Jesu Christi und der Welt im jetzigen Zeitalter*, enthält eine Gesamtübersicht über die biblische Bedeutung der Nation Israel. Es führt biblische Prophetien und ihre jeweilige Erfüllung auf, die Ereignisse, die vor der Wiederkunft Jesu, unseres Herrn und Königs, geschehen müssen, die Rolle der Gemeinde im weltweiten Antisemitismus[1] sowie den Masterplan des allmächtigen Gottes für Juden und Christen.

Viertausend Jahre ohne Freunde 13

Im Verlauf des vorliegenden Buches wird notwendigerweise einiges aus *Wenn Tag und Nacht vergehen* wieder aufgegriffen, denn auch heute noch erfüllen sich biblische Prophetien und der von der Welt gegen Israel gerichtete Protest erreicht in diesen Tagen einen neuen Höhepunkt. Das zweite Buch, *Saga. Die wahre Geschichte von Israel und dem Fall der Nationen*, ist wahrscheinlich ein Buch, das mit seiner Veröffentlichung in den frühen 1990er-Jahren seiner Zeit um ein Jahrzehnt oder mehr vorauseilte, aber für die heutige Zeit äußerst relevant ist. *Saga* ist ein Aufruf zur nationalen Buße. *Saga* behandelt die biblischen Völker, die vom Herrn des Universums gerichtet wurden, sowie die typischen Sünden, die dieses Gericht jeweils hervorgerufen haben und die entweder den Ruin oder die völlige Ausrottung dieser Völker zur Folge hatten.

Ein gemeinsamer Punkt bei all diesen Völkern war ihr feindseliges Handeln oder ihre Einstellung gegenüber Israel, das vom Herrn als „Liebling meiner Seele" bezeichnet wird (Jeremia 12,7). Ausgehend von der gleichen Auflistung von Sünden, die letzten Endes jene alten Völker zerstört haben, dokumentiere ich anhand von Medienberichten aus der ganzen Welt die Sünden vieler moderner Völker, Sünden, die mit großer Gewissheit darauf hinweisen, dass die Nationen von heute in der Zukunft – und auch schon jetzt – aus den gleichen Gründen gerichtet werden wie die früheren biblischen Völker.

Der Leser sollte sich darüber klar sein, dass die folgenschwereren Gerichte Gottes nicht notwendigerweise sofort auf eine Nation, die gegen ihn sündigt, hereinbrechen – und dass sich letzten Endes jede Sünde einzig und allein gegen Gott persönlich richtet:

> An dir allein habe ich gesündigt und getan, was böse ist in deinen Augen, damit du recht behältst, wenn du redest, und rein dastehst, wenn du richtest. – Psalm 51,6

Sein Gericht kann unter Umständen erst nach Hunderten von Jahren ausgeführt werden, wie im Fall des Volkes der Amoriter deutlich wird:

> Da sprach Er zu Abram: Du sollst mit Gewissheit wissen, dass dein Same ein Fremdling sein wird in einem Land, das ihm nicht gehört; und man wird sie dort zu Knechten machen und demütigen 400 Jahre lang. Aber auch das Volk, dem sie dienen müssen, will ich richten; und danach sollen sie mit großer Habe ausziehen. Und du sollst in Frieden zu deinen

14 Die Wüste

Vätern eingehen und in gutem Alter begraben werden. Sie aber sollen **in der vierten Generation wieder hierherkommen**; denn das Maß der Sünden der Amoriter ist noch nicht voll. – 1. Mose 15,13–16

Die meisten Bibelleser wissen, dass die Israeliten über vierhundert Jahre lang Sklaven in Ägypten waren – vierhundertunddreißig Jahre „an eben diesem Tage" (2. Mose 12,41) – aber nur wenige stellen sich jemals die Frage, warum Israel so lange in Ägypten sein musste, obwohl der Herr ihnen mehrere hundert Jahre zuvor das Land Kanaan als Erbe verheißen hatte. Die Antwort auf diese Frage ist in der Bibel leicht zu finden, aber zunächst müssen wir einen kleinen Abstecher machen.

Allgemein geht man in der biblischen Lehre davon aus, dass eine Generation vierzig Jahren entspricht. Das jedoch kann irreführend sein und ist auch in den meisten Fällen ungenau. Das *Oxford English Dictionary* definiert eine Generation als „die Zeitspanne zwischen der Geburt der Eltern und der ihrer Kinder". In diesem Fall geht es um Abram, der später in Abraham umbenannt wurde, und die Bibel informiert uns, dass Isaak Abrahams „einziger Sohn" ist (1. Mose 22,2.12). Ismael, Abrahams Sohn mit Hagar, der Ägypterin, wird an dieser Stelle nicht anerkannt, weil er die Frucht eines fleischlichen Werks ist. Bei Gott zählen die Werke des Geistes, nicht die des Fleisches.

Die Bibel sagt uns auch, dass Abraham „einhundert Jahre alt war", als Isaak geboren wurde (1. Mose 21,5), sodass zu dieser Zeit die Generation Abrahams einhundert Jahren entsprach, also sehr viel länger als die vierzig Jahre, von denen in der biblischen Lehre normalerweise ausgegangen wird.

Um wieder auf 1. Mose 15 zurückzukommen: Nun können wir verstehen, dass die Israeliten vierhundert Jahre lang leiden mussten und dass sie *in der vierten Generation* nach Kanaan zurückkehren würden. Vier Generationen Abrahams rechnen sich nämlich 4 x 100 = 400, „denn das Maß der Sünden der Amoriter ist **noch nicht voll**".

Aus diesem Grund mussten die Israeliten all die langen und bitteren Jahren in Ägypten verbringen, in diesem „Eisenschmelzofen" (Jeremia 11,4), weil die Sünde oder die Übertretungen der Amoriter noch nicht den Punkt erreicht hatte, an dem der Herr beschlossen hatte, sie zu vernichten. Nach der Rückkehr Israels nach Kanaan, nach ihrem 430 Jahre langen Aufenthalt in Ägypten, wurden die Amoriter durch die Feldzüge Israels vernichtet, aber im Grunde war es der Herr, der das Volk der Amoriter zerstörte:

Viertausend Jahre ohne Freunde 15

Und doch habe ich den Amoriter vor ihnen her ausgerottet, der so hoch war wie die Zedern und so stark wie die Eichen; ich habe oben seine Frucht und unten seine Wurzel vertilgt.
– Amos 2,9

Auch Ägypten, wo die Israeliten als Sklaven gehalten wurden, wurde gerichtet und zerstört (2. Mose 10,7), genau wie der Herr es vorausgesagt hatte. Viele Völker sind heute unter dem Gericht. Die zahlreichen Katastrophen, die auf der ganzen Welt Schlagzeilen machen, bestätigen, dass Gottes Gericht wirklich ausgeführt wird. Leider denken die meisten Erdenbürger, einschließlich vieler bekennender Christen, dass immer nur die anderen das Gericht Gottes verdienen und dass es nie auf sie selbst oder ihre eigene Nation fallen könnte. Der Grund, warum so viele Länder heute Katastrophen und hoffnungslosen wirtschaftlichen Situationen ausgesetzt sind, hat ganz direkt damit zu tun, dass Israel heute so wenige Freunde hat. Dies wird in den späteren Kapiteln noch klar erläutert werden. Doch ich möchte sehr deutlich machen, dass die Katastrophen, die wir jetzt erleben, sowohl an Häufigkeit als auch an Ausmaß noch zunehmen werden, je näher wir dem Weltende kommen.

Die Bibel fordert uns auf, mit dem Herzen zu erkennen, dass es der Herr ist, der Heilige Israels, der die Naturgewalten des Himmels und der Erde beherrscht:

So spricht der Herr, der die Sonne als Licht bei Tag gegeben hat, die Ordnungen des Mondes und der Sterne zur Leuchte bei Nacht; der das Meer erregt, dass seine Wellen brausen, Herr der Heerscharen ist sein Name. – Jeremia 31,35

Hat der Herrscher des Universums uns nicht schon im Voraus gewarnt, was geschehen wird, wenn das Ende dieser Weltzeit naht?

Und es werden Zeichen geschehen an Sonne und Mond und Sternen, und auf Erden Angst der Heidenvölker vor Ratlosigkeit bei dem Tosen des Meeres und der Wogen. – Lukas 21,25

Die Katastrophen, die in der heutigen Zeit viele Nationen heimsuchen, werden oft als die bisher schlimmsten bezeichnet, und viele werden auf die sogenannte El-Niño-Strömung zurückgeführt. „El Niño" ist die spanische Bezeichnung für „das Christuskind", also den Herrn Jesus. Es erscheint mir offensichtlich, dass Gott, der Allmächtige, hier der Welt und seiner schlafenden Gemeinde eine deutliche Botschaft sendet, nämlich, dass sein Sohn sich gewissermaßen aufgemacht hat, um die Herrschaft von Jerusalem aus wieder aufzunehmen. Die Endzeit wirft ihre Unheil verkündenden Schatten voraus. Die derzeitigen Gerichte, von denen verschiedene Nationen betroffen sind, sind allerdings nur die Vorboten noch viel schwerwiegenderer bevorstehender Gerichte. Die großen Gerichte, die über unbußfertige Völker kommen werden, sind im letzten Buch der Bibel, der Offenbarung, sehr anschaulich dargestellt. Das Ziel des Gerichts ist, Buße zu bewirken, die zum Leben führt.

... denn sobald deine Gerichte die Erde treffen, lernen die Bewohner des Erdkreises Gerechtigkeit. – Jesaja 26,9b

Die letzte Phase von Gottes Plan für die Menschheit betrifft die Gerechten, jene, die eine enge, persönliche Beziehung mit Jesus haben. Sie werden das ewige Leben erben und dieses Leben in Gottes herrlicher Gegenwart genießen. Die Ungerechten werden die ewige Verdammnis erben, getrennt von der Majestät des Schöpfers und von dem „Besitzer des Himmels und der Erde" (1. Mose 14,19). Wenn Sie, lieber Leser, irgendeinen Zweifel bezüglich Ihrer persönlichen Beziehung mit Jesus haben, dann sollten Sie, ehe sie weiterlesen, diese Angelegenheit in Ordnung bringen, indem Sie sich im Gebet an ihn wenden. Schieben Sie diese Entscheidung nicht auf, wie der römische Statthalter Antonius Felix, der auf einen „gelegeneren Zeitpunkt" warten wollte (Apostelgeschichte 24,25). Unsere Zeit, wie wir sie verstehen, läuft ab. Das Gestern ist vergangen, das Morgen können wir nicht garantieren, nur das Heute gehört uns.

Mein drittes Buch, *Philister oder: Die große Täuschung*, gründet sich auf die biblischen Prophetien über den abgebrochenen „Friedensprozess" zwischen Israel und der arabischen Welt, insbesondere mit den Palästinensern. In diesem Buch wird der Hintergrund des arabisch-israelischen Konflikts beschrieben sowie der sogenannte Osloer Friedensprozess, der von dem „Weltverbesserer"-Land Norwegen ausgehandelt wurde. Dieser „Frieden" hat in nur vier Jahren mehr Israelis das Leben gekostet als die vorherigen fünfzehn Jahre im Kriegszustand.

Die Palästinenser sind nicht wirklich an einem Friedensschluss mit Israel interessiert und sie haben diese Absicht anscheinend auch nie gehabt. Schon vor den sich jetzt über siebzehn Jahre hinziehenden „Friedensverhandlungen" mit Israel drehten und wendeten sich die palästinensischen

Viertausend Jahre ohne Freunde 17

Führer immer so, dass ernstzunehmende Verhandlungen, die auch nur den Schimmer einer Hoffnung auf einen wahren Frieden geben könnten, vermieden wurden. Noch nie war Frieden das Ziel der Palästinenser, sondern die Zerstörung Israels, und zwar auf jedem Weg, durch jedes Mittel. Die Absicht der Palästinenser ist in der Tat nicht, einen eigenen Staat zu errichten, sondern den Staat eines anderen Volkes aufzulösen.

Das Buch *Philister* dokumentiert historische Fakten, die durch über 1.500 Zitate und Belege gestützt werden, Fakten, die von den internationalen proarabischen und anti-israelischen Gruppen schlichtweg nicht anerkannt werden. Das Buch präsentiert den Islam als den entscheidenden Faktor im israelisch-arabischen Konflikt. *Philister* wurde zu einer Zeit geschrieben, in der es für Schriftsteller und Verlage tabu war, den Koran oder die muslimische Religion in einem schlechten Licht darzustellen, weil es vonseiten der Muslims Todesdrohungen gab, von denen auch ich nicht wenige erhalten habe.

Es ist demzufolge nicht verwunderlich, dass westliche Möchtegern-Unterhändler den israelisch-arabischen Konflikt nicht beenden können, wenn sie weder verstehen, was der eigentliche Grund für diesen Konflikt ist, noch bewiesene Tatbestände anerkennen.

Im vierten Buch, *Die Wand. Prophetie, Politik und Nahostfriede* beschreibe ich das Ende des „Friedensprozesses" zwischen Israel und den Palästinensern, so wie es durch biblische Prophetien vorausgesagt wurde. Ausführlich behandelt es auch die politischen Umstände, die durch den Druck der internationalen Politik entstanden sind, z. B. politische Maßnahmen, die Israel aufgezwungen wurden und die in erster Linie dem finanziellen und politischen Profit der beteiligten Nationen zugute kamen, niemals nur dem Frieden.

Jene, die angeblich eine Lösung des arabisch-israelischen Konflikts anstreben – als Paradebeispiel wäre da Barack Hussein Obama zu nennen –, sind genau die, welche diesen Konflikt am Leben erhalten. Es gibt keinen Frieden und kann keinen Frieden geben, bis Jesus, der „Friedefürst" (Jesaja 9,6) wiederkommt und von Jerusalem aus regiert.

Das vorliegende Buch *Die Wüste. Israels letzter Weg*, mein fünftes Buch über die Geschichte und die biblische Bestimmung Israels[2], erläutert die letzten Handlungen des Herrn an seinem auserwählten Volk, wie es in biblischen Prophetien beschrieben wird. Der Leser wird erkennen, wie der Herr, der „Mächtige Israels" (Jesaja 1,24), seine irregegangenen Kinder wiederherstellt und das Schicksal des auserwählten Volkes erfüllt, allerdings

18 Die Wüste

nicht ohne viele Tränen und großes Leid. Was auf diesen Seiten erörtert wird, zeigt ganz deutlich, in welch großer Gefahr sich die meisten Völker befinden aufgrund ihrer feindlichen Einstellung gegenüber Israel und ihrer Gier nach dem Mammon, die für wahre Gerechtigkeit blind macht.

Den politischen Leitern in sowohl westlichen als auch nicht-westlichen Ländern muss ganz klar und deutlich gesagt werden, dass sie, wenn sie ihre Haltung gegenüber Israel nicht ändern, wahrscheinlich schon das Todesurteil für ihr Land unterzeichnet haben. Sie dürfen nicht außer Acht lassen, dass der Herr dem Land Israel schon vor langer Zeit eine unwiderrufliche Verheißung gegeben hat:

> So spricht der Herr, der die Sonne als Licht bei Tag gegeben hat, die Ordnungen des Mondes und der Sterne zur Leuchte bei Nacht; der das Meer erregt, dass seine Wellen brausen, Herr der Heerscharen ist sein Name: **Wenn diese Ordnungen vor meinem Angesicht beseitigt werden können, spricht der Herr, dann soll auch der Same Israels aufhören, allezeit ein Volk vor meinem Angesicht zu sein!** – Jeremia 31,35–36

Dies gibt uns zu verstehen, dass Israel so ewig ist wie Tag und Nacht, was zweifellos eine große Enttäuschung für jene darstellt, die so unermüdlich den Untergang Israels planen und auf ihn hinarbeiten. Gleichzeitig müssen wir die Weltführer darauf hinweisen, dass Jerusalem, die Hauptstadt von Israel, „die Stadt des großen Königs" (Psalm 48,3), die einzige Stadt auf diesem Planeten ist, die eine ewige Zukunft hat (Offenbarung 3,12 und 21,2), und dass sie deshalb gut daran tun, diese Tatsache zu verinnerlichen. Eine weitere Tatsache, die nicht leichthin abgetan werden kann, ist, dass 96 Prozent der gesamten Bibel, das Alte und das Neue Testament, an die Juden gerichtet ist oder von ihnen handelt. Man muss also einsehen, dass Israel sich im Zentrum des Weltgeschehens befindet und darin die Hauptrolle spielt. Die anderen Völker haben lediglich Nebenrollen.

Weltführer, die atheistische oder agnostische Weltanschauungen über die Existenz eines „allmächtigen Gottes" vertreten (1. Mose 17,1) und für die die Bibel lediglich eine Sammlung von Fabeln und Märchen ist, findet Gott wahrscheinlich eher amüsant:

> Der im Himmel thront, lacht; der Herr spottet über sie. –
> Psalm 2,4

Viertausend Jahre ohne Freunde 19

Unglaube mindert die Macht des Herrn oder die Zuverlässigkeit seines Wortes nicht im Geringsten, sondern beweist nur, dass Ungläubige Dummköpfe sind: „Der Narr spricht in seinem Herzen: ‚Es gibt keinen Gott!'" (Psalm 14,1 und 53,1). Der Herr hat diesen Satz sicherlich absichtlich für die Dummköpfe zweimal erscheinen lassen, falls sie ihn das erste Mal übersehen. Israel schleppt sich mühsam eine einsame, verlassene Straße entlang. Eine Straße, die schon viertausend Jahre lang ist. Mit jedem weiteren Tag, mit jedem neuen Schritt, wird diese Straße einsamer, unwegsamer und sehr viel gefährlicher. Man sagt, es gibt immer eine Ruhe vor dem Sturm, doch für Israel kommt die relativ ruhige Zeit seiner modernen Geschichte, die seit vierundsechzig Jahren von Krieg geprägt ist, zu Ende, und ein brutaler Wirbelsturm naht sich dieser Nation aus allen Himmelsrichtungen. Mit so wenigen Freunden und so vielen Feinden sieht die Zukunft für Israel eher hoffnungslos aus. Und doch ist Israel „Gottes Augapfel" (Sacharja 2,12) und hat noch eine Bestimmung zu erfüllen (Klagelieder 1,9). Der Herr wird dafür sorgen, dass sie sich erfüllen wird.

1 Beim Gebrauch des Wortes „Antisemitismus" teile ich die Auffassung des Historikers Yehuda Bauer, demzufolge es „eine absurde Wortkonstruktion ist, weil es keinen ‚Semitismus' gibt, dem man es entgegensetzen könnte" (Jerome A. Chanes, *Antisemitism in America Today: Outspoken Experts Explodes the Myths*. New York: Carol, 1995, S. xv; eigene Übersetzung). Die Araber sind die Cousins der Juden und somit auch ein semitisches Volk. Allerdings hegen die arabischen Völker einen fanatischen Hass auf die Juden und haben wiederholt erklärt, dass sie vollenden würden, was Adolf Hitler begonnen habe. Gleichzeitig betonen sie süffisant, dass ihre Einstellung nicht antisemitisch sein könne, da sie selbst ein semitisches Volk seien.

2 Die Titel des Autors sind auf Deutsch und auch im englischen Original erhältlich bei ASAPH, Postfach 2887, 58478 Lüdenscheid (www.asaph.net):
• Wenn Tag und Nacht vergehen. Eine biblische Sicht über das Handeln Gottes an Israel, der Gemeinde Jesu Christi und der Welt im jetzigen Zeitalter (engl. *When Day And Night Cease*)
• Saga. Die wahre Geschichte von Israel und dem Fall der Nationen (engl. *Saga – Israel and the Demise of the Nations*)
• Philister oder: Die große Täuschung (engl. *Philistines – The Great Deception*)
• Die Wand. Prophetie, Politik und Nahostfriede (engl. *The Wall – Prophecy, Politics and Middle East „Peace"*)

2

Israel und der Gott Israels

Es gibt nicht viele Tage, an denen Israel nicht in den wichtigsten internationalen Zeitungen erwähnt wird – und zwar meistens auf den Titelseiten – oder als Aufmacher in TV- oder Radionachrichten eine Rolle spielt. Das ist kein Zufall, sondern gehört zur göttlichen Bestimmung Israels. „Gott, der Allerhöchste, der Besitzer des Himmels und der Erde" (1. Mose 14,19.22) ist der „Heilige Israels" (2. Könige 19,22). Er ist auch der „Mächtige Israels" (Jesaja 1,24) und er duldet die so oft parteiische und überaus feindselige Berichterstattung gegen sein Volk Israel, weil diese bei der Erfüllung seines ewigen Planes eine Rolle spielt.

Es kommt nur selten vor, dass in den Tageszeitungen Artikel über Israel erscheinen, die ausgewogen sind, doch am 26. Mai 1968 wurde ein solcher Artikel in der *Los Angeles Times* publiziert, fast zwölf Monate nach dem überraschenden militärischen Blitzsieg Israels über fünf Armeen, von denen drei besser ausgerüstet und zahlreicher waren als die Israels.

Ehe die Armeen aufeinanderstießen, war man davon ausgegangen, dass die Araber die Juden ins Meer treiben würden. Ein arabischer Befehlshaber sagte der Zeitschrift *Time,* dass die arabische Welt „nicht davon ausgeht, dass es am Ende dieses Krieges auch nur einen einzigen israelischen Überlebenden gibt".

Die Dinge laufen oft nicht so, wie man es erwartet. Der Sechs-Tage-Krieg im Jahr 1967 lief definitiv nicht so, wie die Araber es erwartet hatten. Israel wurde nicht ins Meer getrieben, und der Verlust an Leben und militärischer Ausrüstung auf Seiten der arabischen Armeen war katastrophal. Am ersten Tag des Krieges zerstörten die israelischen Streitkräfte die gesamte Luftwaffe der Ägypter, Syrer und Jordanier, und in den folgenden fünf Tagen wurden ihre Armeen, dazu die des Irak und des Libanon, massiv dezimiert.

(Wir wissen heute, dass die Sowjetunion damals der Anstifter dieses Kriegs war und dass sie vorhatten, das israelische Kernkraftwerk in Dimona zu bombardieren. Der Krieg verlief auch nicht so, wie die Sowjets es erwartet hatten, und so gaben sie diesen Plan auf.[1])

In diesem Krieg eroberte Israel etwa 55.000 km² feindliches Land. Da Israel nun so große Teile arabischer Gebiete besaß, gingen sie davon aus, dass diese Gebiete gegen einen permanenten Frieden mit den arabischen Staaten eingetauscht werden könnten. Doch als Israel dieses „Land gegen Frieden"-Angebot machte, gingen die Dinge nicht in die erhoffte Richtung. Der arabische Gipfel im sudanesischen Khartum beschloss das heute wohlbekannte Programm der berühmten drei „Nein":

Nein zum Frieden mit Israel; Nein zur Anerkennung des Staates Israel; Nein zu Verhandlungen mit Israel.

Aus diesem Grund besitzt Israel auch heute noch einen Großteil dieser ehemals arabischen Gebiete.

1970 wurde Anwar as-Sadat ägyptischer Staatspräsident. Drei Jahre später begann er, gemeinsam mit Syrien, den Jom-Kippur-Krieg gegen Israel, doch wieder entsprach der Verlauf des Krieges nicht den Erwartungen von Ägypten und Syrien. Zehn Tage nach dem Überraschungsangriff auf Israel, der am höchsten jüdischen Feiertag stattfand, hatten die israelischen Streitkräfte (die *Israel Defense Forces*, kurz IDF) alle feindlichen Armeen aus ihrem Staatsgebiet vertrieben und standen zwanzig Tage später vor den Toren von Damaskus und Kairo.

Die Sowjetunion, die damalige Führungsmacht in der arabischen Welt und im Nahen Osten, drohte mit einem Atombombenangriff auf Israel, wenn sich die IDF nicht zurückziehen würde. Die USA waren Verbündete Israels, doch nach einem Atomkonflikt mit der Sowjetunion war ihnen nicht zumute. Henry Kissinger, zu der Zeit Nationaler Sicherheitsberater und Staatssekretär von US-Präsident Richard Nixon, versuchte Israel dazu zu bewegen, seinen Vormarsch zu stoppen und den Krieg zu beenden, doch Israel weigerte sich wiederholt.

Kissinger hielt daraufhin Ersatzteile zurück, die Israel dringend benötigte, und drohte sogar damit, die arabischen Armeen mit Waffen zu beliefern, die diese gegen Israel einsetzen könnten. Doch Nixon, der nie

Israel und der Gott Israels 23

ein Israelfreund gewesen war, widersetzte sich Kissinger und befahl einen großangelegten Lufttransport von militärischer Ausrüstung und Ersatzteilen für Israel. Die Israelis hatten die schwere Wahl zwischen der möglichen Entfremdung ihres stärksten und engsten Verbündeten und der Aufgabe ihrer militärischen Ziele. Sie entschieden sich für Letzteres und zogen sich zurück, doch zuvor hatten Ägypten, Syrien und weitere zwölf arabische Armeen, die sich dem Kampf angeschlossen hatten, demütigende und verheerende Niederlagen erlitten.

Danach schloss sich Präsident Anwar as-Sadat der Welle der pazifistischen Gesinnung seines kriegsmüden Volkes an, dem der Sinn nicht mehr nach bewaffneten Konflikten stand. Im November 1977 reiste Sadat dann nach Israel, wo er erklärte:

No more war! – Nie wieder Krieg!

Ein Friedensvertrag zwischen Ägypten und Israel wurde 1979 unterzeichnet. Israel gab alle Gebiete, die es zwischen 1967 und 1973 erobert hatte, an Ägypten zurück. Zum Dank für diesen Friedensschluss mit Israel wurde Sadat ermordet, während er am 6. Oktober 1981 einer Militärparade im Gedenken an den 1973-Krieg beiwohnte.

Jordanien unterzeichnete ebenfalls einen Friedensvertrag mit Israel, und auch hier kam es zu einem Austausch von Gebieten, der sowohl Israel als auch Jordanien zufriedenstellte. Mit Ausnahme von Ägypten und Jordanien hat kein anderes arabisches Land den Versuch gemacht, einen Friedensvertrag mit Israel auszuhandeln.

Syrien und der Iran befinden sich in einem Stellvertreterkrieg gegen Israel durch die Hisbollah im Libanon und die Hamas in Gaza. Die Palästinenser sind insgesamt entschlossen, den Krieg auf einem niedrigen Niveau weiterzuführen, während sie gleichzeitig die Vereinigten Staaten, die Europäische Union und die sogenannte internationale Völkergemeinschaft ständig auffordern, Druck auf die Israelis auszuüben, damit diese weitere Vorleistungen bringen. Israel hat bereits Tausende Quadratkilometer Land an die Palästinenser abgetreten und Krankenhäuser, Schulen und Universitäten für sie gebaut. Als Gegenleistung hat Israel nichts erhalten, abgesehen von einer Verstärkung des Terrors und der Raketenangriffe auf die israelische Zivilbevölkerung.

Man muss an dieser Stelle auch anmerken, dass Israel nicht nur einen Tag nach der Proklamierung seiner Eigenstaatlichkeit am 14. Mai 1948 von sieben arabischen Armeen angegriffen wurde, die den entstehenden Staat zu vernichten suchten, sondern dass die arabischen Länder auch etwa 850.000 Juden aus ihrer Mitte vertrieben haben, deren Häuser, Ländereien und Besitz sie in den meisten Fällen zuvor beschlagnahmt hatten.

Zum Zeitpunkt der Staatsgründung betrug die Bevölkerungszahl Israels etwa 600.000 Menschen. In dieser Situation musste sich Israel nicht nur gegen sieben Armeen verteidigen, von denen ihnen jede einzelne an Waffen, Truppenstärke und Ausbildung überlegen war, sondern musste auch Hunderttausende jüdische Flüchtlinge aufnehmen, die aus den arabischen Ländern vertrieben wurden.

Erstaunlicherweise gewann Israel nicht nur den Krieg, der heute Unabhängigkeitskrieg genannt wird, sondern verdoppelte außerdem das Staatsgebiet durch die von den Angreifern eroberten Gebiete. Durch die Aufnahme der Flüchtlinge aus den arabischen Ländern und unzähligen weiteren Juden, die sich auf den „Heim"-Weg machten, um ihren Brüdern im Kampf um das Überleben des Staates Israel vor Ort zur Seite zu stehen, wurde auch die Bevölkerung mehr als verdoppelt.

Was die Araber angeht, die entweder flüchteten oder ihre Häuser im Laufe der arabisch-israelischen Kriege von 1948–49 und 1967 verloren, so hat lediglich Jordanien einigen von ihnen die Staatsbürgerschaft zuerkannt. Bis zum Jahr 1988 hatten alle in der Westbank lebenden Palästinenser, einschließlich der Flüchtlinge, die jordanische Staatsbürgerschaft. Diese wurde allerdings von König Hussein widerrufen, als er seinen Anspruch auf dieses Gebiet aufgab. Der prominente palästinensische Rechtsexperte Anis F. Kassim beschreibt diese radikale Maßnahme mit den folgenden Worten:

> ... über 1,5 Millionen Palästinenser gingen am 31. Juli 1988 als jordanische Staatsbürger zu Bett und wachten am 1. August 1988 als Staatenlose auf.

2008 begann die jordanische Regierung stillschweigend, die Staatsbürgerschaft von in Jordanien ansässigen palästinensischen Arabern zu widerrufen, um zu verhindern, dass sie in Jordanien bleiben, falls es zu einem Friedensvertrag zwischen Palästinensern und Israelis kommen sollte.

Das Haschemitische Königreich Jordanien umfasst siebzig Prozent des ursprünglichen Verheißenen Landes, und auch wenn der genaue Anteil nicht bekannt ist, weil es keine offiziellen Informationen darüber gibt, wird allgemein angenommen, dass etwa siebzig bis achtzig Prozent der jordanischen Bevölkerung palästinensischen Ursprungs ist. Bei einer Bevölkerung von

Israel und der Gott Israels 25

etwa sechs Millionen hätte Jordanien heute damit eine sehr große Anzahl staatenloser Menschen. Die restlichen 23 Prozent des ursprünglichen Verheißenen Landes teilt sich Israel mit denen, die sich heute als „Palästinensische Araber" bezeichnen.[2] Während ich dieses schreibe, versucht die palästinensische Führung in Ramallah, in zwei eher kleinen Landgebieten einen palästinensischen Staat zu errichten: in der Westbank und im Gazastreifen. Angesichts des riesigen Gebiets, das Jordanien ausmacht, und angesichts der zahlreichen palästinensischen Bevölkerung im Staatsgebiet von Jordanien wäre es viel logischer, dass Jordanien selbst zu einem palästinensischen Staat würde. Die Jordanier hatten das durchaus verstanden, und dem ersten jordanischen König Abdullah war dies auch klar.

König Abdullah wollte sein neues Land „Haschemitisches Königreich Palästina" nennen, gab jedoch dem Druck der Briten nach und nannte es stattdessen „Transjordanien". Später wurde es in „Haschemitisches Königreich Jordanien" umbenannt, heute spricht man meist von Jordanien. König Abdullah erklärte 1948: „Palästina und Jordanien sind eins ..." Abdullah wurde 1951 auf dem Tempelberg von einem Palästinenser ermordet.

1970 erklärte der damalige Kronprinz und Thronerbe von Jordanien, Prinz Hassan, vor der jordanischen Nationalversammlung:

Palästina ist Jordanien, und Jordanien ist Palästina. Es ist ein Volk und ein Land, mit einer Geschichte und einem Schicksal.

1974 sagte Jassir Arafat, der Anführer der terroristischen Palästinensischen Befreiungsorganisation (*Palestine Liberation Organisation*, kurz PLO): „Was man Jordanien nennt, ist eigentlich Palästina." 1981 sagte König Abdullahs Sohn, König Hussein: „Die Wahrheit ist, dass Jordanien Palästina ist, und Palästina ist Jordanien." 1984 wiederholte er diese Aussage. Am 9. Oktober 2012 bekräftigte der ehemalige jordanische Kronprinz Hassan noch einmal seine Auffassung „Jordanien ist Palästina", als er vor Palästinensern in Amman erklärte, dass die Westbank zum Haschemitischen Königreich Jordanien gehört.

In einem kurzen Kommentar zur Rede von Prinz Hassan im Oktober in Amman schrieb der als politischer Flüchtling in London lebende, palästinensisch-jordanische Schriftsteller Mudar Zahran am 22. Oktober in einer Kolumne der *Jerusalem Post*:

26 Die Wüste

... in Wirklichkeit ist Jordanien ein von den Haschemiten besetzter Teil des britischen Palästinamandats, den die Juden im Austausch für ein nicht eingehaltenes Friedensversprechen aufgegeben haben.

Heute ist König Abdullah II., der Sohn von Hussein, besorgt darüber, dass die überwältigende Anzahl von Palästinensern in Jordanien, die „keinen Zugang zu Beamtenstellen, staatlicher Universitätsausbildung und staatlicher Gesundheitsversorgung haben", ihn stürzen und die Macht übernehmen könnten. Diese Gefahr steigt täglich, angetrieben durch den sogenannten Arabischen Frühling, der im gesamten Nahen Osten Staatsoberhäupter zu Fall bringt und jetzt auch anti-monarchistische Demonstrationen in Jordanien entfacht hat.

König Abdullah II. annulliert stillschweigend und systematisch alle jordanischen Staatsbürgerschaften von Personen palästinensischen Ursprungs. Abdullah hat die Absicht, die endgültige Scheidung zwischen Jordanien und den Palästinensern zu vollziehen, die sein verstorbener Vater König Hussein 1988 eingeleitet hat. Im Verlauf des Schreibens dieses Buchs wurden Berichte veröffentlicht, denen zufolge Jordanien beschlossen hat, die jordanische Staatsbürgerschaft von Angehörigen der Palästinensischen Autonomiebehörde (PA) und der Palästinensischen Befreiungsorganisation PLO zu widerrufen. Abdullah erwägt sogar, dem Präsidenten der Palästinensischen Autonomiebehörde Mahmud Abbas die Staatsbürgerschaft zu entziehen.

Im Juni 2012, als dieses Buch fast fertig war, erschien überraschend ein Bericht des ehemaligen jordanischen Premierministers Ali Abu-Ghareb, der von der führenden arabischen Tageszeitung *Al-Quds Al-Arabi* mit Sitz in London herausgegeben wurde. Diesem Bericht zufolge sollten innerhalb der folgenden Tage neue Regelungen bezüglich der Palästinenser in Kraft treten, die der Praxis des Widerrufs von Staatsbürgerschaften ein Ende bereiten würden. Abu Ghareb sagte:

> Ein klares Staatsbürgerschaftsrecht muss in Jordanien in Kraft gesetzt werden, das die Macht der Bürokraten einschränkt, willkürlich Menschen die Staatsbürgerschaft zu entziehen. Wir müssen ganz klar machen, dass ein jordanischer Staatsbürger Jordanier ist, und wir müssen der Praxis des Widerrufs von Staatsbürgerschaften Einhalt gebieten.

Diese neue Regelung würde in Jordanien lebenden Palästinensern, besonders den 350.000 immer noch in Übergangslagern lebenden registrierten Flüchtlingen, bessere Arbeitschancen bieten.

Israel und der Gott Israels 27

Dieser Bericht von Abu-Ghareb könnte durchaus eine Falschinformation sein, die zum „Verzehr vor Ort" bestimmt ist. Keine anerkannte offizielle Stelle der internationalen Völkergemeinschaft hat sich gegen den Entzug von Staatsbürgerschaften für Jordanier palästinensischen Ursprungs ausgesprochen. Sollte es sich als eine Falschinformation herausstellen, ist sie wahrscheinlich dazu gedacht, die erhitzten Gemüter der mindestens viereinhalb Millionen Jordanier palästinensischen Ursprungs abzukühlen, denen die Staatsbürgerschaft in der nahen Zukunft entzogen werden soll. Ein Aufruhr dieser Größenordnung wegen Unzufriedenheit mit der Regierungspolitik könnte blutig werden und durchaus zum Sturz von König Abdullah und der gesamten haschemitischen Monarchie führen.

Außer Jordanien hat kein einziger arabischer Staat jemals einem arabischen Flüchtling die Staatsangehörigkeit angeboten, und, wie schon erwähnt, entzieht auch Jordanien die Staatsbürgerschaften, die es vormals gewährt hat.

Die arabischen Länder machen etwa 10 Prozent aller bewohnbaren Gebiete der Erde aus, und etwa siebzig Prozent aller bekannten Ölreserven befinden sich auf ihren Territorien. Trotzdem müssen arabische Flüchtlinge immer noch in dreckigen, armseligen Flüchtlingslagern ihr Dasein fristen, in denen es weder Sanitäranlagen noch Stromversorgung gibt. Zu Beginn dieses Konflikts gab es weit mehr als doppelt so viele jüdische Flüchtlinge wie arabische. Heute ist auf der ganzen Welt kein einziger jüdischer Flüchtling mehr registriert, aber dem UN-Informationsdienst IRIN zufolge gab es im Juni 2010 immer noch 7,1 Millionen palästinensische Flüchtlinge.[3]

Im Licht all dessen, was oben dargestellt wurde, wird der Leser die Richtigkeit des folgenden, bereits erwähnten Artikels erkennen, der 1968 in der *Los Angeles Times* erschienen ist:

ISRAELS EIGENTÜMLICHE POSITION
Von Eric Hoffer

Die Juden sind ein eigentümliches Volk: Dinge, die anderen Nationen erlaubt sind, sind den Juden verboten.
Andere Nationen vertreiben Tausende, sogar Millionen Menschen, aber es gibt daraufhin kein Flüchtlingsproblem. Russland hat es gemacht, Polen und auch die Tschechoslowakei. Die Türkei vertrieb eine Million Griechen und Algerien eine Million Franzosen. Indonesien warf Gott weiß wie viele Chinesen hinaus – und niemand verliert ein Wort über Flüchtlinge. Doch was Israel angeht, werden die vertriebenen Araber

zu ewigen Flüchtlingen. Ein jeder besteht darauf, dass Israel jeden einzelnen Araber zurücknimmt. Arnold Toynbee nennt die Vertreibung der Araber eine Gräueltat, die schlimmer ist als alles, was die Nazis an Verbrechen begangen haben. Wenn andere Nationen auf dem Schlachtfeld siegreich sind, diktieren sie die Friedensbedingungen. Aber wenn Israel siegreich ist, muss es um Frieden betteln. Wenn andere Nationen einen Krieg verlieren, überleben sie und erholen sich davon; aber sollte Israel besiegt werden, würde es zerstört werden. Hätte Nasser letzten Juni [1967!] triumphiert, hätte er Israel von der Landkarte gelöscht und niemand hätte auch nur einen Finger gerührt um die Juden zu retten. Keine Zusage an die Juden, durch welche Regierung auch immer (einschließlich unserer eigenen [d. h. der amerikanischen] ist das Papier wert, auf dem sie geschrieben wurde.

Die ganze Welt schreit auf, wenn Menschen in Vietnam sterben oder wenn zwei Schwarze in Rhodesien hingerichtet werden. Aber als Hitler die Juden abschlachtete, machte ihm niemand Vorwürfe. Die Schweden, die wegen dem, was wir in Vietnam tun, bereit sind, die diplomatischen Beziehungen mit Amerika abzubrechen, gaben keinen Ton von sich, als Hitler die Juden abschlachtete. Sie schickten ihm erstklassiges Eisenerz und Kugellager und bedienten seine Truppentransporte nach Norwegen.

Die Juden stehen allein in der Welt. Wenn Israel überlebt, wird das einzig und allein durch jüdische Anstrengungen und jüdische Mittel geschehen. Und doch ist Israel im Moment unser einziger verlässlicher und bedingungsloser Verbündeter. Wir können uns mehr auf Israel verlassen als Israel sich auf uns. Und man muss sich nur vorstellen, was im letzten Sommer [1967] passiert wäre, hätten die Araber und ihre russischen Hintermänner den Krieg gewonnen, um zu erkennen, wie lebenswichtig das Überleben Israels für Amerika und den Westen im Allgemeinen ist.

Ich habe eine Vorahnung, die mich nicht verlassen will: Wie es Israel ergeht, so wird es uns allen ergehen. Sollte Israel zugrunde gehen, dann wird unser Holocaust folgen.

Israel wurde schon mit einer Art Uhr verglichen, die anzeigt, wie lange diese Welt noch bestehen wird. Der Autor dieses Buchs und auch andere Bibelwissenschaftler glauben, dass die Zeiger dieser Uhr schon die letzte

Israel und der Gott Israels 29

Stunde zeigen und sich langsam, aber sicher Mitternacht nähern. Wenn diese Stunde erreicht ist, wird die Welt, so wie wir sie kennen, vergehen. Die sieben Plagen des Zornes Gottes werden auf die Erde ausgegossen werden (Offenbarung 15,6–16.21). Durch ihre unaufrichtige Berichterstattung tragen die weltweiten Medien dazu bei, diesen Tag herbeizuführen, genau wie der von Natur aus im Herzen der Menschen wohnende Antisemitismus.

Der oben abgedruckte Artikel aus der *Los Angeles Times* wurde, wie gesagt, vor über vierzig Jahren geschrieben. Einige wenige erkannten damals die Ungerechtigkeit, der Israel schon vor vier Jahrzehnten ausgesetzt war, und leider sind es heute noch weniger, obwohl diese Ungerechtigkeiten noch tausendmal größer geworden sind. Israel steht mitten auf der Weltbühne, und die Nationen und Politiker der gesamten Welt bewerfen es von den Zuschauerrängen her mit faulem Obst, einfach nur weil es die *Chuzpe* hatte, nur weil es so unverfroren war zu überleben.

Wir dürfen nie aus dem Auge verlieren, dass Gott alles unter Kontrolle hat. Er hat die Nachkommen Abrahams und Isaaks (1. Mose 21,12), ausgewählt, sein „besonderes Volk" zu sein (Titus 2,14), sein eigenes „Erbe" (1. Könige 8,53) aus allen Völkern der Erde. Gott wird sein „Erbe" niemals abweisen. In der Vergangenheit hat er Israel gezüchtigt, manchmal sehr schwer. Er hat mehr als einmal sein Angesicht vor ihnen verborgen und sie sogar für eine Zeit beiseitegesetzt, aber er wird sein „Erbe" niemals verwerfen. Gott ist mit Israel noch nicht am Ende. Er weiß, was sie brauchen, und wird dafür sorgen, dass sie es bekommen und ihre Bestimmung erfüllen. Der Antisemitismus sowie die Doppelzüngigkeit der Medien und der Politiker spielen ihm dabei in die Hände.

Die Bibel ist das meistzitierte, missverstandenste und am häufigsten falsch angewendete Buch der Welt. Der moderne Mensch schiebt Gott mit ein paar schlauen Bemerkungen zur Seite und Christen, besonders im Westen, haben die Tendenz, ihn falsch zu verstehen, ihn zu unterschätzen und ihn in ihrem Denken einzugrenzen. Um es ganz einfach auszudrücken: Alles hat seinen Ursprung in Gott. Weil Gott existiert, existieren wir und auch alles andere. Er ist seine eigene Ursache, er genügt sich selbst und ist von nichts abhängig.

Die Verheißungen Gottes haben keine wirkliche Bedeutung, wenn wir nicht zuerst das Wesen Gottes verstehen. Er ist nicht nur mächtig. Er ist „allmächtig" (1. Mose 35,11). Gott ist souverän. Er ist der „allein Gewaltige" (1. Timotheus 6,15). Er ist nicht nur stark, er ist „der Herrscher über die ganze Welt" (Offenbarung 19,6), was bedeutet, dass er universelle, unbegrenzte Kraft besitzt, und deshalb wird er als „die Macht" bezeichnet (Matthäus 26,64).

Der allmächtige Gott ist auch allgegenwärtig: „Gott ist Geist" (Johannes 4,24) und ist überall; sein Geist füllt „Himmel und Erde" (Jeremia 23,24); „in ihm leben, weben und sind wir" (Apostelgeschichte 17,28). Deshalb ist Gott uns näher als unser eigener Atem. A. W. Tozer hat es gut zusammengefasst:

> Wo auch immer wir sind, da ist Gott. Es gibt keinen Ort und wird auch nie einen Ort geben, wo er nicht ist.

Wie Gott es selber darstellt, unterscheidet sich kaum von Tozers Aussage:

> Oder kann sich jemand so heimlich verbergen, dass ich ihn nicht sehe? spricht der Herr. Erfülle ich nicht den Himmel und die Erde? spricht der Herr. – Jeremia 23,24

Der allmächtige Schöpfergott beherrscht die Geschäfte der Menschheit vollkommen, und auch die Ereignisse, die seine Geschichte prägen:

> Er führt andere Zeiten und Stunden herbei; er setzt Könige ab und setzt Könige ein; er gibt den Weisen die Weisheit und den Verständigen den Verstand. – Daniel 2,21

> ... der ich das Licht mache und die Finsternis schaffe; der ich Frieden gebe und Unheil schaffe. Ich, der Herr, vollbringe dies alles. – Jesaja 45,7

Um es auf den Punkt zu bringen: Gott hat in dieser Welt das Sagen und das Heft des Handels in der Hand, nicht jene, die über extrem viel Reichtum und Einfluss verfügen, nicht die Nachrichtenmedien, und ganz bestimmt nicht die Politiker.

Die Medien sind das Sprachrohr der Welt. Die täglichen Reportagen über Israel sind meistens unausgewogen und parteiisch gegen Israel gerichtet. Was fehlt, ist ein seriöser Gegenpol und auch echte Informationen über die Wurzeln des Nahost-Konflikts.

Es ist nicht wirklich verwunderlich, dass die Journalisten und Herausgeber in der Medienwelt nicht sachlich über diesen Konflikt berichten, wenn sie den eigentlichen Grund dafür überhaupt nicht verstehen. Ihre Berichterstattung zeigt eine katastrophale Unkenntnis der Fakten, was wiederum dazu führt, dass sie die Lage parteiisch und aus einem falschen Blickwinkel heraus darstellen.

Bedeutende Nachrichtensender, führende Tageszeitungen und Nachrichtenmagazine beherrschen, manipulieren und verfälschen oft total die Nachrichten zu ihrem eigenen Vorteil.[4] Auf diese Weise kontrollieren und manipulieren sie die Meinungsbildung ihrer Zuschauer und Leser. All das kommt Gott zunutze, weil es die Erfüllung dessen vorantreibt, was schon vor Jahrhunderten prophezeit wurde.

Gottes Wesen ist dem der Weltführer, der Politiker, völlig entgegengesetzt. Gott „kann nicht lügen" (Titus 1,2). Und „es ist unmöglich, dass Gott lügt" (Hebräer 6,18; Luther). Dagegen sind die meisten Politiker pathologische Lügner, die dennoch einen Lügendetektortest ohne mit der Wimper zu zucken bestehen würden. Medien und Politiker glauben fest, dass sie diejenigen sind, welche die Weltereignisse beherrschen, wo sie doch in Wirklichkeit nichts weiter sind als Marionetten, die an Fäden über der Weltbühne baumeln. Der Mensch kann sich frei entscheiden, aber letztendlich sind alle freien Entscheidungen des Menschen Gottes vorbestimmte Anordnungen. Ist das absurd? Vielleicht. Aber nichtsdestoweniger ist es wahr.

Man könnte durchaus argumentieren, Gott sei engstirnig, weil er nur sehr begrenzte Interessen hat. Seine Interessen beschränken sich auf „Liebe" (1. Johannes 4,16), „Recht, Gerechtigkeit, Gnade, Wahrheit" (Psalm 89,14) und „Heiligkeit" (1. Petrus 1,16).

Gleichzeitig ließe sich auch sagen, Gott sei ein Vertreter des Universalismus, weil sein größter Wunsch ist, dass alle Menschen, aus jedem Stamm und jeder Sprache, „gerettet werden und zur Erkenntnis der Wahrheit kommen" (1. Timotheus 2,4). Pontius Pilatus stellte die Frage: „Was ist Wahrheit?" (Johannes 18,38). Die Antwort lautet: Gott ist Wahrheit, und er möchte, dass alle Menschen ihn kennenlernen.

Gottes großes Bild beinhaltet alle Völker dieser Welt (Jesaja 14,26), deshalb könnte er ein Anhänger der Globalisierung sein.

Denken Sie einmal über folgende Aussagen Gottes nach und prüfen Sie, ob man nicht ebenfalls sagen könnte, Gott sei ein Dogmatiker. Zum Beispiel:

> Ja, von jeher bin ich derselbe, und niemand kann aus meiner Hand erretten. Ich wirke – wer will es abwenden?
> – Jesaja 43,13

Die Wüste

> Ich [bin] Gott ... und keiner sonst; ein Gott, dem keiner zu vergleichen ist. Ich verkündige von Anfang an das Ende, und von der Vorzeit her, was noch nicht geschehen ist. Ich sage: Mein Ratschluss soll zustande kommen, und alles, was mir gefällt, werde ich vollbringen. Ich berufe von Osten her einen Adler und aus fernen Ländern den Mann meines Ratschlusses. Ja, ich habe es gesagt, ich führe es auch herbei; ich habe es geplant, und ich vollbringe es auch. – Jesaja 46,9–11

Wie mein unlängst verstorbener Freund Derek Prince einmal sagte:

> Bei Gott ist sowohl das Tatsächliche als auch das Mögliche seinem Befehl und Einfluss unterworfen – alles ist der Stimme Gottes gehorsam.

Heute wird der Zionismus von einem Großteil der Weltbevölkerung verachtet, und doch lässt sich die unbestreitbare Tatsache nicht leugnen – Gott selbst ist Zionist:

> Der Herr liebt die Tore Zions mehr als alle Wohnungen Jakobs. – Psalm 87,2

> Denn der Herr hat Zion erwählt, hat sie zu seiner Wohnung begehrt. – Psalm 132,13

> Um Zions willen schweige ich nicht, und um Jerusalems willen lasse ich nicht ab ... – Jesaja 62,1

> Und der Herr wird aus Zion brüllen und von Jerusalem her seine Stimme hören lassen, dass Himmel und Erde zittern ...
> – Joel 4,16

> So spricht der Herr der Heerscharen: Ich eifere für Zion mit großem Eifer, und mit großem Grimm eifere ich für es.
> – Sacharja 8,2

Gott kann (und wird) tun, was er will, und keiner, auch nicht die gesamte Erdbevölkerung zusammengenommen, kann ihn davon abhalten. Millionen von Menschen schnauben verächtlich bei dem Gedanken an die Existenz eines allmächtigen Gottes, aber das ändert nichts an der Tatsache, dass er existiert und ins Weltgeschehen eingreift: „Da sie sich für weise hielten, sind sie zu Narren geworden" (Römer 1,22). Einer dieser Menschen, die sich für

Israel und der Gott Israels 33

weise halten, ist Al Gore, der ehemalige Vizepräsident der Vereinigten Staaten, Nobelpreisträger und Oscar-Gewinner für sein verzerrendes Werk über die Erderwärmung. In seinem Buch *Wege zum Gleichgewicht* schreibt Gore:

> Weil sie die Erde nicht als unsere heilige Mutter anerkennen, sind jene Christen zu einer gefährlichen Bedrohung für das Überleben der Menschheit geworden. Sie sind ein Schädling für die Umwelt, und an biblische Prophetien zu glauben, ist unverzeihlich.

Gore kandidierte im Jahr 2000 für das amerikanische Präsidentenamt und hatte gute Chancen gewählt zu werden. Er hätte der mächtigste Mann der Erde werden können. George W. Bush verdankte seinen knappen Wahlsieg genau jenen Christen, die Gore so diffamiert hatte. Glücklicherweise wurde Amerika davor bewahrt, dass Gore auch 2004 für die Präsidentschaft kandidierte.

Israel wird täglich in den Medien von Politikern und den Völkern gleicherweise diffamiert. Doch der Allmächtige sagt, dass er „der Heilige Israels und ihr Schöpfer" (Jesaja 45,11) ist, und bezeichnet sich selbst 108-mal als „der Herr, der Gott Israels". Das verheißt nichts Gutes für jene, die sein Volk diffamieren, weil er außerdem bezüglich seines Volkes Israel sagt: „Ich will ... verfluchen, die dich verfluchen" (1. Mose 12,3).[5] Es sollte also keinen wundern, dass so viele Nationen und Personen sich heute physisch und finanziell in einer so katastrophalen Situation befinden.

Es ist klar, dass wir uns in den letzten Tagen der Endzeit befinden. Einige Prophetien müssen sich noch erfüllen, aber es sind nicht mehr viele. Die Zeit, wie wir sie verstehen, läuft ab.

Nahezu alle Vorhersagen, die ich in meinen Büchern *Saga. Israel und der Untergang der Nationen*, *Philister. Die große Täuschung* und *Die Wand. Prophetie, Politik und Nahostfrieden* gemacht hat, haben sich entweder erfüllt oder erfüllen sich gerade in diesen Tagen. Die wenigen Vorhersagen, die bisher nicht erfüllt sind, beziehen sich auf eine längere Zeit, weshalb wahrscheinlich noch mehrere Jahre vergehen werden, bis der Zeitpunkt ihrer Erfüllung kommt. Es ist jedoch unsere Absicht, eine Weiterführung des bisher von mir Veröffentlichten zu geben, es sei denn, eine kurze Wiederholung der Fakten oder gegebenen Situationen erscheint notwendig. Wir werden uns mit dem aktuellen Strom der politischen und faktischen Ereignisse befassen sowie mit dem, worauf Israel aufgrund dieser Ereignisse zugeht.

34 Die Wüste

1 Vgl. *Foxbats over Dimona: The Soviets' Nuclear Gamble in the Six-Day War* von Isabella Ginor und Gideon Remez (Yale University Press, New Haven & London, 2007)

2 Vgl. Kapitel 7 des Buches *Philister oder: Die große Täuschung*; hier wird die Entstehung des relativ neuzeitlichen Begriffs „palästinensische Araber" detailliert dokumentiert.

3 Die absurde Begründung der Vereinten Nationen, wie diese Zahl palästinensischer Flüchtlinge berechnet wurde, ist in Kapitel 6 des Buches *Philister: Die große Täuschung* beschrieben.

4 Vgl. Kapitel 9 des Buches *Philister: Die große Täuschung*, in dem ich den Betrug und die Doppelzüngigkeit in den Medien ausführlich darstelle.

5 Fast alle englischen Übersetzungen von 1. Mose 12,3 haben den ungefähr gleichen Wortlaut: „Ich will segnen, die dich segnen, und verfluchen, die dich verfluchen; und in dir sollen gesegnet werden alle Geschlechter auf der Erde!" Das erste und das letzte Drittel dieses Verses ist korrekt übersetzt, aber nicht der mittlere Teil. Dies liegt zweifellos an der traditionellen Sichtweise, die, gemischt mit Vorurteilen, die Wahrheit überdeckt. Im Hebräischen werden zwei verschiedene Wörter für „verfluchen" im mittleren Teil des Verses verwendet. Das erste Wort ist ארר *(arrar)*. Es ist das Wort, das Gott gebraucht hat, als er in 1. Mose 3,14 die Schlange verfluchte, und es hat die Bedeutung „erbittert verfluchen". Wenn man eine normale Schlange seziert, wird man vier verkümmerte Beine vorfinden: der Beweis für die Macht dieses Wortes.

Das zweite hebräische Wort im mittleren Teil dieses Verses ist קלל *(kilel)*, mit der Bedeutung „gering achten", „verachten", „geringschätzen". Was Gott dem Menschen sagen möchte, ist, dass alle, die Abraham – und damit auch alle Juden – verachten oder geringschätzen, von ihm mit einem schweren Fluch bedacht werden.

Es gibt einige wenige Bibelübersetzungen, die diesen Vers korrekt wiedergeben, unter anderem eine Übersetzung von Jay P. Green sen., *A Literal Translation of the Holy Bible*, in der es heißt:

Und ich will segnen, die dich segnen, und die verfluchen, die dich verachten; und in dir werden alle Geschlechter der Erde gesegnet sein (eigene Übersetzung).

3
Israel und die Prophetie

Seit seiner Neugründung 1948 hat Israel jüdische Einwanderer aus etwa 141 Ländern aufgenommen. In dem Maße, wie der globale Antisemitismus zunimmt, bewegt er mehr und mehr Juden zur Heimkehr nach Israel. Juden aus jedem Winkel der Erde sind in Israel sesshaft geworden. Ihre Herkunftsländer sind kulturell extrem unterschiedlich: arabisch, mediterran, europäisch, nordamerikanisch, südamerikanisch, chinesisch, russisch, afrikanisch usw.

Die Aschkenasen (Juden mit osteuropäischer Herkunft) halten sich allgemein für nobler als die Sephardim (Juden aus Spanien, Portugal, dem Balkan, dem Orient, England, den Niederlanden und den amerikanischen Kontinenten). Die Aschkenasen sehen auch auf die Juden herab, die von Israelis heute als Mizrachim („Ostler") bezeichnet werden. Die Mizrachim-Juden wurden bei der Staatsgründung Israels aus den arabischen Ländern vertrieben. Viele Tausend kamen aus Marokko und brachten ihre eigene Kultur mit sich, die der traditionellen arabischen Kultur sehr ähnelt. Matt Rees, ehemaliger Büroleiter des *Time Magazine* in Jerusalem, zitiert in seinem Buch *Cain's Field: Faith, Fratricide, and Fear in the Middle East* den ersten Premierminister Israels, David Ben-Gurion. Anscheinend brauchte Ben-Gurion die marokkanischen Juden für die Verteidigung des neuen Staates, lehnte ihre Kultur jedoch ab. Ben-Gurion sagte:

> Die marokkanischen Juden haben viel von den marokkanischen Arabern übernommen. Die marokkanische Kultur hätte ich nicht gerne hier bei uns.

Obwohl von den regierenden Aschkenasen vehement geleugnet, werden die Mizrachim diskriminiert und haben selten Zugang zu wichtigen Positionen. Russische Immigranten neigen dazu, die dunkelhäutigen Äthiopier zu verachten, und es hat schon manche Messerstecherei zwischen ihnen gegeben. Auf der anderen Seite schätzen wenige Israelis die russischen Immigranten, die zu Recht als hauptverantwortlich für die stark angestiegene Kriminalitätsrate in Israel angesehen werden, vor allem, was den aufkeimenden Menschenhandel angeht, bei dem Frauen zur Prostitution gezwungen werden.

Doch anscheinend verachten nicht nur die russischen Immigranten die äthiopischen Juden. In einem Artikel der Tageszeitung *Yediot Aharonot* wurde berichtet, dass in einer Schule in Petach Tikwa vier äthiopische Mädchen von ihren Mitschülern abgesondert wurden. So wie schon in den Tagen der südafrikanischen Apartheid wurde diesen Mädchen eine spezielle Lehrkraft zugewiesen, die sie in allen Fächern unterrichten sollte. Die Mädchen bekamen von den anderen Schülern getrennte Pausenzeiten, und auch der Schultransport wurde gesondert für sie durchgeführt.

Israel ist gespalten aufgrund ethnischer Probleme und Rassismus.

Die erste große Einwanderungswelle aus Russland traf in den frühen 1900er-Jahren ein. Allerdings hatten streng religiöse Juden schon seit Jahrhunderten in Gebieten gelebt, die später Teil des modernen Staates Israel wurden. Der Zustrom gottloser Sozialisten war den Glaubensvorstellungen und dem Lebensstil derjenigen, die am orthodoxen Judentum festhielten, völlig entgegengesetzt. Eine große Spaltung zwischen säkularen und religiösen Inhalten trat in Israel in dem Moment auf, als die russischen *Olim* (neue Einwanderer) den Boden des damals so genannten Palästina betraten. Heute, fast ein Jahrhundert später, ist diese Spaltung zwischen dem Säkularen und dem Religiösen zu einem tiefen Abgrund geworden, und zwischen vielen säkularen Humanisten und religiösen Ultraorthodoxen herrscht offener Hass.

Die säkularen, humanistischen Israelis wollen mit Religion nichts zu tun haben und nehmen es der israelischen Regierung sehr übel, dass sie jedes Jahr etwa eine Milliarde US-Dollar ihrer schwer verdienten und hochversteuerten Einkommen an die ultraorthodoxen Juden verteilt. Dieses Geld wird dafür eingesetzt, religiöse Schulen und Sozialhilfe für Ultraorthodoxe zu finanzieren, von denen die meisten weder erwerbstätig sind noch in der israelischen Armee dienen. Auf der anderen Seite sind die Ultraorthodoxen der Meinung, dass der Staat ihre Thora-Schulen (Thora = die ersten fünf Bücher der Bibel, das Gesetz Mose) und ihre kinderreichen Familien unterstützen sollte, und betrachten die säkularen Israelis als Schandflecken, weil sie die Gesetze der Thora nicht befolgen.

Eine ultraorthodoxe jüdische Sekte, die *Neturei Karta*, lehnt sogar ganz offen das Recht auf einen unabhängigen Staat Israel ab. Ihre Anhänger fordern die Zerstörung des „blasphemischen zionistischen Gebildes" und sprechen Jiddisch anstatt der offiziellen Landessprache Hebräisch. Neturei Karta und ein oder zwei weitere Gruppierungen ultraorthodoxer Juden sehen die hebräische Sprache als eine heilige Sprache an, die nur im Gebet und beim Lesen oder Unterrichten der Thora verwendet werden dürfe.

Vier schwarz gekleidete Neturei-Karta-Anhänger wurden vom seinerzeitigen iranischen Präsidenten Mahmud Ahmadinedschad und weiteren Teilnehmern einer Konferenz im Iran im Oktober 2005 gewürdigt. Das Thema der Konferenz lautete: „Die Welt ohne Zionismus". Und im November 2007 lieferten sich zwei Dutzend schwarz gekleidete Anti-Zionisten von Neturei Karta mit etwa einem Dutzend schwarz gekleideter, proisraelischer Lubawitscher Chassidim vor dem Veranstaltungsort des Friedensgipfels in Annapolis ein heftiges Wortgefecht.

In meinem Buch *Wenn Tag und Nacht vergehen* steht, dass es 1980, dem Jahr meiner *Alija*, meiner Einwanderung nach Israel, nur etwa dreihundert israelische Juden gab, die an Jeshua (Jesus) glaubten. Im Verlauf der Jahre ist diese Zahl stark gestiegen. Von lediglich dreihundert im Jahr 1980 ist der Leib Christi in Israel bis 2010 auf über zwanzigtausend Gläubige gewachsen.

Die jüdischen Jesusgläubigen werden „messianische Juden" genannt, und ihre *Kehilot* (Gemeinden) findet man heute überall in Israel. Für die meisten Juden ist jeder Christ und jeder messianische Jude ein Missionar, und ein Missionar ist nach dem Verständnis der Juden jemand, der dafür bezahlt wird, andere zum Religionswechsel zu bewegen. Aus diesem Grund verachten viele Juden die messianischen Juden und weigern sich, ihnen Arbeit zu geben oder Wohnungen zu vermieten.

Es gibt einige Gruppen, die sich ganz darauf konzentrieren, messianische Juden und den messianischen Judaismus zu bekämpfen. Die Schikanierung messianischer Juden begrenzt sich bisweilen nicht mehr darauf, ihre Arbeitgeber zu Entlassungen zu bewegen oder ihre Vermieter zur vorzeitigen Kündigung von Mietverträgen. Oft werden Versammlungsorte messianischer Juden mutwillig beschädigt und es ist schon vorgekommen, dass Steine durch Fensterscheiben auf Gottesdienstbesucher geworfen wurden. Vor einigen Jahren wurde ein Versammlungsort in Tiberias in

38 Die Wüste

Brand gesetzt, wodurch die Gemeinde gezwungen war, sich zwei Jahre lang an verschiedenen Stellen im Wald zu versammeln.

2008 wurde eine als anonymes Purim-Geschenk in einem Korb versteckte Bombe an der Türschwelle des messianischen Pastors in Ariel abgelegt. Die Bombe explodierte, als dessen 15-jähriger Sohn den Deckel des Korbs anhob, und verletzte den Jungen lebensgefährlich. Sie beschädigte die Wohnung des Pastors und zerstörte einen großen Teil seines Besitzes; erblindet, blutüberströmt und verbrannt wurde der Sohn ins Krankenhaus eingeliefert. Sein Körper war voller Schrauben und Nägel, die um die Bombe herum gepackt gewesen waren. Fast zwei Jahre darauf wurde ein in Amerika geborener ultraorthodoxer Jude verhaftet und des zweifachen versuchten Mordes angeklagt.

Israel ist von religiöser Intoleranz zerrissen.

Jüdische Jesusgläubige möchten nicht als Christen bezeichnet werden, weil die christliche Kirche zu allen Zeiten Judenverfolgung betrieben hat. Hunderttausende Juden, vielleicht Millionen, wurden von Kirchgängern heidnischen Ursprungs ermordet, angestachelt durch prominente christliche Führer und Prediger.[1] Indem er ganz offensichtlich auf diese Tatsache Bezug nahm, begann Barry Rubin eine Kolumne in der *Jerusalem Post* vom 12. September 2011 folgendermaßen:

> Die meisten (oder sollte ich lieber sagen viele?) Juden, sogar die am säkularsten eingestellten, haben heute große Angst vor Christen, ganz besonders vor jenen Strenggläubigen, die heute durch die Evangelikalen und Konservativen repräsentiert werden. Für diese Angst gibt es eine reale Basis, die sich auf die vergangenen Erfahrungen der Juden gründet.

Angst vor und Hass auf das Christentum sind in der jüdischen Psyche tief verankert. Das jüdische Volk hat unter dem Joch des christlichen Antisemitismus enorm gelitten. Der Hass der Juden gegen das Christentum zeigt seine hässliche Fratze durch Angriffe gegen protestantische Kirchen und katholische Klöster in Israel sowie durch die Belästigung jüdischer Jesusgläubiger. 1982 wurde ein großer Teil der *Southern-Baptist*-Gemeinde in Jerusalem niedergebrannt, einige Jahre später der Buchladen dieser Gemeinde mit Brandsätzen beworfen und 2007 versucht, die wieder aufgebaute Kirche erneut dem Erdboden gleichzumachen. Anfang 2012 sprühte jemand ein Graffiti auf Hebräisch an die Außenmauern: „Tod den Christen".

Israel und die Prophetie 39

An den Türen eines katholischen Klosters wurden vor einigen Jahren Sprengfallen angebracht, doch zum Glück verletzte sich niemand. Religiöser Hass ist tief in Israel verwurzelt.

Das gesamte jüdische Volk muss sich mit seiner Rolle bei der Kreuzigung Jesu Christi, Gottes „eingeborenem Sohn" (Johannes 3,16), auseinandersetzen. Die Juden müssen sich deshalb mit dieser Frage auseinandersetzen, damit sie Heilung finden – sowohl als Einzelne als auch als ganzes Volk. Zu lange hat das jüdische Volk geleugnet, beim Tod Jesu eine Rolle gespielt zu haben, doch die riesige Menge historisch belegter Gegenbeweise ist erdrückend.

Es ist eine Beleidigung der Intelligenz der westlichen Welt, dass das jüdische Volk weiter auf ihrer lächerlichen Scharade bezüglich der Kreuzigung Jesu besteht. Nichtjuden finden es äußerst irritierend, immer wieder zu hören und zu lesen, wie Juden behaupten, am Tod Jesu keine Schuld zu tragen.

Nach der Auferstehung von Jesus brachten der Hohepriester, die Priester, der Tempelvorsteher und die Ältesten von Israel die Apostel vor den jüdischen Rat, weil diese die gute Nachricht von der Erlösung durch Jesus gepredigt hatten. Der Hohepriester sagte:

> Haben wir euch nicht streng verboten, in diesem Namen zu lehren? Und siehe, ihr habt Jerusalem erfüllt mit eurer Lehre und **wollt das Blut dieses Menschen auf uns bringen!** – Apostelgeschichte 5,28

Immerhin sind die Juden konsequent. Sie haben schon damals ihre Schuld geleugnet und leugnen sie auch heute noch. Die gleiche faule Ausrede, die Heiden seien dafür verantwortlich, ist jetzt schon fast zwei Jahrtausende im Umlauf und wird immer noch täglich über die Medien verbreitet. Dass die Juden bei der Kreuzigung Jesu ihre Hand im Spiel hatten, ist eine Tatsache und nicht eine widerliche antisemitische Verleumdung. Die Juden behaupten, die Heiden hätten Jesus ermordet. Es stimmt, dass Heiden Jesus ans Kreuz genagelt haben, doch erst nachdem die damaligen jüdischen Anführer ihn festgenommen und gewaltsam den Römern überliefert hatten. Danach wiegelten sie die Massen auf, damit diese von Pilatus forderten, Jesus zu kreuzigen, und sie kamen damit durch.

Die Juden waren an der Kreuzigung Jesu beteiligt, genau wie alle anderen auch. Alle, Juden und Heiden, hatten ihre Hand im Spiel: Wir sind alle schuldig, wir müssen uns alle für den körperlichen Tod von Jesus verantwortlich fühlen, aber am schlimmsten stehen die da, die sich weigern zuzugeben, dass sie an dieser größten Schandtat der Menschheit beteiligt waren.

Und doch musste Jesus sterben, denn dafür war er gekommen: um die Sünde der Welt wegzunehmen. Und diese Welt schließt auch das jüdische Volk mit ein. Nur ein Dummkopf würde sagen, dass allein die Juden Jesus getötet haben, wo es doch aus allen historischen Berichten so überaus ersichtlich ist, dass die Heiden ebenfalls voll und ganz daran beteiligt waren. Wir alle haben Jesus getötet. Es war meine Sünde, Ihre und die jedes Menschen, ob Heide oder Jude, die Jesus getötet hat.

Die Schlussfolgerung all dessen lautet: Die Heiden müssen ihr Herz prüfen und die Juden von der zweitausendjährigen ungerechten Beschuldigung freisetzen und die Juden müssen sich der Realität stellen und zugeben, was jede intelligente Person im Westen bereits weiß, nämlich dass jüdische Hände schon lange diese Suppe rührten, noch ehe die Heiden ihren Beitrag zur Kreuzigung Jesu geleistet haben. Das hartnäckige Leugnen hat eher zur Folge, dass alle Juden in den Augen von Millionen von Nichtjuden wie Scheusale dastehen. Den jüdischen Lesern möchte ich sagen: „Macht Schluss mit dieser Sache, die wie ein Mühlstein um den Hals des jüdischen Volkes hängt und es mit seinem Gewicht nach unten zieht. Wenn ihr euch weigert zuzugeben, dass die Juden bei der Kreuzigung von Jesus, Gottes Passahlamm, eine Rolle gespielt haben, wird die zukünftige Wüstenerfahrung es entweder aus euch herauspressen oder euch in der Wüste begraben."

Ich bin ein wahrer Freund Israels. Ich habe die Israelis und das jüdische Volk schon tausendmal bei Konferenzen, Seminaren und öffentlichen Veranstaltungen auf allen Kontinenten verteidigt, in zahlreichen TV- und Radiosendungen Stellung bezogen, und meine proisraelischen Bücher werden auf der ganzen Welt gelesen. Nur ein wahrer Freund kann einem Freund eine harte Wahrheit sagen und ihn trotzdem weiter lieben. Die Zeiten von Chrysostomos, Torquemada und Luther sind vergangen und werden nicht wiederkommen. Saddam Hussein ist nicht mehr, Ahmadinedschad und Erdoğan werden ihm bald folgen. Was wird aus den Juden? Sie werden ewig bestehen. Sie werden immer im Mittelpunkt bleiben, zumindest ihr Überrest.

Indem es drei wichtige Kriege gewonnen hat, die von den arabischen Ländern gegen sie angezettelt wurden, hat Israel unfreiwillig dabei mit den im Zuge der Selbstverteidigung eroberten Gebieten auch über 1,6 Millionen Araber übernommen. Diese Araber erhielten die israelische Staatsbürgerschaft und genießen heute die gleichen medizinischen und sozialen Vorteile wie die jüdische Bevölkerung. Doch an dieser Stelle hört die Gleichbehandlung auch auf. Arabische Arbeitskräfte erhalten bedeutend geringere Löhne und werden auch in der Hinsicht diskriminiert, dass ihren Kommunalverwaltungen vom Staat nicht die gleichen finanziellen Mittel zur Verfügung gestellt werden wie den jüdischen Kommunen.

Um ein Beispiel für die tägliche Ausbeutung der Araber durch die Juden zu nennen: Unsere Wohnung befindet sich in der 5. Etage eines sechsstöckigen Gebäudes ohne Fahrstuhl im Stadtzentrum von Jerusalem. Das Gebäude hat vom Erdgeschoss bis zum obersten Stockwerk 108 Steinstufen. Der Gebäudebesitzer zahlt aktuell einem israelischen Geschäftsmann eine monatliche Gebühr von eintausend Schekel (die von den Mietern im Voraus erhoben wird), um die Treppenhäuser viermal pro Woche zu reinigen. Der Israeli stellt Araber ein, die die Arbeit ausführen, aber er gibt dem arabischen Arbeiter nur eine Stunde, um alle Treppen von oben bis unten zu reinigen. Dafür erhält dieser Mann lediglich 22 Schekel (das sind etwa 4,60 Euro). Das bedeutet, dass der israelische Arbeitgeber fast 85 Prozent des Geldes für die Gebäudereinigung erhält, der arabische Mann hingegen nur 15 Prozent (352 Schekel, also etwa 75 Euro). Der israelische Arbeitgeber hat noch weitere Reinigungsverträge für verschiedene Gebäude, darunter auch Banken. Seine arabischen Angestellten sind nicht viel mehr als unterbezahlte Sklaven. Was die Ägypter mit den Kindern Israel unter Pharao taten, das tut Israel heute mit seinen palästinensischen Sklaven.

Einer Umfrage der *Association for Civil Rights* vom Dezember 2007 zufolge finden fünfzig Prozent der jüdischen Bevölkerung Israels nicht, dass israelischen Arabern die gleichen Rechte zustehen wie ihnen. Diese Art von rassistischer Diskriminierung ist eine ständige Quelle der Unzufriedenheit im arabischen Sektor, der 21 Prozent der gesamten Bevölkerung Israels ausmacht, und dient oft als Auslöser von Gewalt gegen die Juden.

Was die arabische Bevölkerung angeht, muss Israel wirklich lernen, was der Herr gemeint hat, als er ihnen am Sinai Folgendes geboten hat:

> Wenn ein Fremdling bei dir in eurem Land wohnen wird, so sollt ihr ihn nicht bedrücken. Der Fremdling, der sich bei euch aufhält, soll euch gelten, als wäre er bei euch geboren, und du sollst ihn lieben wie dich selbst; denn ihr seid auch Fremdlinge gewesen im Land Ägypten. Ich, der Herr, bin euer Gott. – 3. Mose 19,33–34

42 Die Wüste

Israel ist gespalten durch Klassendenken.

Der Beginn des letztendlich erfolglosen Friedensprozesses zwischen Israel und den Palästinensern unter dem Einfluss der liberalen, säkular-humanistischen Aschkenasim-Elite führte einen weiteren Bruch innerhalb der israelischen Gesellschaft herbei. Wie so oft bei belagerten Völkern, nehmen die Belagerten die Last und die Schuldgefühle, die die Unterdrücker auf sie richten, auf sich. Ein großer Prozentsatz der heutigen Bevölkerung von Israel, besonders die liberalen, säkular-humanistischen Führer der regierenden Elite, haben die Anklagen und Schuldgefühle ihrer Unterdrücker auf sich genommen und glauben, dass sie, um den Frieden herbeizuführen, riesige Teile des Verheißenen Landes an jene abgeben müssen, die nur wenig oder überhaupt keinen gerechtfertigten Anspruch darauf haben. In den Gebieten, die die liberale Linke heute an die Palästinenser abtreten will – die mit verstärkten Terrorattacken gegen israelische Zivilisten drohen, gegen Männer, Frauen, Kinder, ja, Babys im Arm der Mutter – in diesen Gebieten befinden sich zehntausende israelische Häuser und Unternehmen mit einem Wert von vielen Milliarden Dollar.

Viele der derzeitigen Führer in Israel haben die Anklagen und Schuld auf sich genommen, die nicht nur die Palästinenser, sondern auch die internationale Gemeinschaft auf sie legen. Eifrig führen sie die gewaltsame Evakuierung Tausender Juden aus dem biblischen Israel durch. Im Juli 2005 wurden 9.480 Juden aus Gaza und dem nördlichen Samaria ausgesiedelt. Es gibt heute Pläne von linken Politikern für eine weitere Zwangsumsiedlung von bis zu 180.000 Juden, die in Judäa und Samaria leben.

Israels liberale, gottlose Führer würden die Gebiete, in denen sich heute Häuser, Gemeindezentren, Fabriken, Gewächshäuser, Ackerland usw. der dann zwangsvertriebenen Menschen befinden, den Palästinensern übergeben, von denen die meisten dafür sind, dass die Selbstmordattentate und andere Angriffe gegen Israel fortgeführt werden.

Juden wird normalerweise eine überdurchschnittliche Intelligenz zugeschrieben, doch „der Heilige Israels" maßregelt sein „auserwähltes Volk". In Anbetracht vieler der in den letzten Jahren getroffenen Regierungsbeschlüsse ist die folgende Schriftstelle heutzutage absolut passend:

> Den Häuptern des Volkes im Land nimmt er den Verstand und lässt sie irren in pfadloser Wüste. – Hiob 12,24

Die gottlosen, geistlich bankrotten Führer Israels lassen sich täuschen. Sie denken irrtümlicherweise, dass sie es wären, die den arabisch-israelischen Konflikt lösen und auf diese Weise Frieden in der Region wiederherstellen können – und müssen. Ihre fehlgeleiteten Anstrengungen ziehen die Nation allerdings immer tiefer nach unten in einen Abgrund der Verzweiflung und könnten sie völlig zerreißen.

Bis September 2011 waren die größten Demonstrationen, die es bis dahin im modernen Staat Israel gegeben hat, alle gegen den von der Regierung verfolgten Friedensprozess gerichtet. (Im September 2011 demonstrierten fast eine halbe Million Israelis gegen die hohen Lebenshaltungskosten und die unbezahlbaren Mietpreise in Israel. Diese Demonstration war die bisher größte in der Geschichte Israels.) Die Fruchtlosigkeit der Osloer Verträge, die am 13. September 1993 unter Ministerpräsident Jitzchak Rabin unterzeichnet wurden, hat eine Reihe von Demonstrationen in Tel Aviv und Jerusalem ausgelöst, bei denen sich jeweils über einhunderttausend Demonstranten mobilisierten. Millionen von Israelis erkannten die Falle, die Israel in Oslo gestellt wurde, während die Regierung sie entweder nicht sah oder nicht sehen wollte. Jitzchak Rabin verprellte die Hälfte der Bevölkerung unterschiedlichster Prägung, als er verlauten ließ, dass er sich auch dann nicht vom Osloer Pfad abbringen lassen würde, wenn sich die Demonstranten bei ihren Kundgebungen alle „wie Propeller im Kreis drehen würden".

Mehrere Hundert Israelis sollten danach durch terroristische Bombenanschläge in Bussen, Cafés, Einkaufszentren usw. ihr Leben lassen, Zehntausende verletzt oder verstümmelt wurden. Vor der Welt sagte Rabin, dass diese israelischen Menschen „auf dem Altar des Friedens geopfert" wurden.

Jitzchak Rabin ging schließlich in seine eigene Falle und wurde seinerseits „auf dem Altar des Friedens geopfert". Am 4. November 1995 wurde er von einem streng religiösen Israeli, der mit dieser „Friedens"-Politik nicht einverstanden war, ermordet. Im September 2000, genau sieben Jahre nach seiner Unterzeichnung, scheiterte der Oslo-Prozess endgültig. Es ist durchaus denkbar, dass diese sieben Jahre den siebenjährigen Bund darstellen, der im Buch Daniel, Kapitel 9, Vers 27, erwähnt wird.

Durch das Oslo-Abkommen entstand in Israel eine Spaltung zwischen den liberalen Juden, die um jeden Preis Frieden wollen, den konservativen, pragmatischeren Juden, die bereit sind, einen Teil des eroberten Landes im Austausch gegen einen dauernden Frieden abzutreten, und den nationalistischen Juden, die sich weigern, auch nur einen Quadratzentimeter des Verheißenen Landes aufzugeben.

44 Die Wüste

Premierminister Ariel Scharon, der ehemalige Führer der rechtsgerichteten Likud-Partei, kam 2001 an die Macht. Scharon änderte seine Position und verabschiedete 2004 das Manifest des linken Flügels. Obwohl er bei seiner Wahl feierlich versprochen hatte, alles für die Sicherheit Israels zu tun und auch unter Beschuss nicht zurückzuweichen, erstellte er einen Plan, um 9.480 Juden gewaltsam aus dem Gaza-Streifen und Samaria zu vertreiben. Diese Zwangsumsiedlung wurde beschlossen aufgrund der immer zahlreicheren Opfer unter Zivilisten und der IDF, der israelischen Armee, durch palästinensische Terrorgruppen. Es war also in der Tat ein „Rückzug unter Beschuss". Scharon versuchte, den Israelis Sand in die Augen zu streuen, indem er behauptete, dieser Plan sei ein „unilateraler Rückzug" vor den Palästinensern und kein Rückzug unter Beschuss. Seine Anhänger waren nicht beeindruckt. Sie lehnten seinen Plan ab, doch Scharon führte ihn trotzdem durch.

Scharons Anhänger kündigten ihm die Treue und Mitglieder seiner eigenen Regierungspartei stimmten gegen ihn. Er entließ sie alle. Der damalige Oberbefehlshaber der IDF, Moshe Ya'alon, warnte vor einer Zunahme der Terrorattacken, sollte Israel die gewaltsame Umsiedlung durchführen. Ya'alons Amtszeit wurde verkürzt, und er wurde nur einige Wochen vor Beginn der Zwangsumsiedlung durch einen Ja-Sager ersetzt.

Avi Dichter, der damalige Chef des *Mossad*, informierte die Regierung über Geheimdienstberichte, die vor der Gefahr zunehmender Terrorakte nach der Durchführung des „Rückzugs" warnten. Er wurde unverzüglich seines Amtes enthoben und durch eine willfährigere Person ersetzt. Die israelische Demokratie steht den Diktaturen der Dritten Welt kaum nach.

Die Mehrheit der Scharon-Regierung schwand immer mehr, bis er letztendlich nur noch vierzig Sitze im 120 Sitze zählenden Parlament hatte. Es gelang Scharon allerdings, weiter im Amt zu bleiben, indem er die Parteien mit dem Geld der Steuerzahler bestach. Schließlich brachte er die Liberalen mitsamt ihres Linksflügels in seine Regierung, dazu sogar arabische Parteien, die unverhohlen ihren tiefen Hass auf die Juden und den Staat Israel zum Ausdruck bringen. Scharon versuchte alle auf jede erdenkliche Art für sich zu gewinnen, um im Amt zu bleiben und die Umsiedlung durchzudrücken.

Die Nation Israel war gespalten wie noch nie zuvor. Scharons Kehrtwendung war noch radikaler als die von Jitzchak Rabin, und er brauchte nun ein massives Aufgebot von Leibwächtern. Die öffentlichen Kundgebungen erreichten eine noch nie dagewesene Beteiligung von 150.000 Demonstranten, und bei einigen kam es sogar zu Ausschreitungen. Scharon zog seinen

Plan durch, alle Juden aus dem Gazastreifen und aus vier Städten Samarias umzusiedeln. Dieser Prozess wurde am 30. Juli 2005 abgeschlossen.

Scharon verließ die Likud-Partei und gründete am 21. November 2005 eine neue politische Partei, die Kadima. In der Kadima fanden sich hauptsächlich Scharons Ja-Sager, die ebenfalls die Likud-Partei verlassen hatten, doch vier Monate später wurde die Führung der Kadima notgedrungen an Ehud Olmert übergeben.

Im April 2012, über sechs Jahre nach der Umsiedlung, verfügte nur etwa die Hälfte der betroffenen Familien über eine permanente Bleibe. Viele der Umgesiedelten sind nach wie vor arbeitslos und die meisten haben finanzielle Probleme. Aufgrund eines post-traumatischen Stresssyndroms erbringen viele ihrer Kinder nur schlechte Leistungen in der Schule. Die Scheidungsrate unter den Betroffenen ist explodiert, und nicht wenige der umgesiedelten Juden, sowohl Erwachsene als auch Jugendliche, haben nach der Umsiedlung Selbstmord begangen.

Und nun plant die nach Scharon eingesetzte Olmert-Regierung weitere Zwangsumsiedlungen aus Judäa und Samaria, von der etwa 180.000 bis 250.000 Juden betroffen sein werden! Albert Einstein definierte: „Die reinste Form des Wahnsinns ist es, alles beim Alten zu lassen und gleichzeitig zu hoffen, dass sich etwas ändert."

Vier Monate nach der Umsiedlung der Juden aus Gaza und dem nördlichen Samaria erlitt Ariel Scharon einen schweren Schlaganfall, der nicht nur das Ende seiner politischen Karriere, sondern auch seines physischen Lebens bedeutete. Noch heute, sieben Jahre später, liegt Scharon unter ärztlicher Aufsicht im Koma.

Es gab einen inoffiziellen Bericht, demzufolge Ariel Scharon die Umsiedlung der Juden aus Gaza und dem nördlichen Samaria durchgeführt habe, um schwere Korruptionsanschuldigungen gegen ihn zu umgehen, die von der israelischen Polizei untersucht wurden. Diese Beschuldigungen wurden in der Tat im Vorfeld der Umsiedlung zunächst auf Eis gelegt und wegen des Schlaganfalls und des folgenden Komas von Scharon dann nicht weiter verfolgt.

Im Januar 2006, nach Scharons Erkrankung, wurde Ehud Olmert sein Nachfolger als Vorsitzender der neugegründeten Kadima-Partei und als Premierminister von Israel. In den Jahren zuvor hatte Olmert immer wieder öffentlich Versprechungen abgegeben, dass Jerusalem nie wieder geteilt werden würde, dass Judäa und Samaria gemäß den Verordnungen Gottes zu Israel gehörten und dass Israel nie die strategisch gelegenen Golanhöhen aufgeben würde.

46 Die Wüste

Sehr bald begann Olmert jedoch mit den Palästinensern zu „verhandeln" und erklärte sich bereit, ihnen 92 Prozent von Judäa und Samaria, das Herzstück Israels, und die Hälfte von Jerusalem, einschließlich des Tempelbergs, der heiligsten Stätte der Juden, zu überlassen. Auch mit Syrien begann Olmert „Friedens"-Gespräche zu führen; er war bereit, die Golanhöhen an eben die Syrer abzutreten, die fünfundzwanzig Jahre lang fast täglich von dort Artilleriegeschosse auf die Felder abgefeuert haben, die in der darunter liegenden Region Galiläa von israelischen Bauern bestellt werden.

Anscheinend hatte Olmert Angst davor, dass die arabische Bevölkerungsminderheit in Israel die jüdische Bevölkerung zahlenmäßig übersteigen und letztendlich die Macht übernehmen könnte. Deshalb wollte er schnell alle Gebiete mit großem Araberanteil, darunter auch die Osthälfte der Stadt Jerusalem, an die Palästinensische Autonomiebehörde (PA) abtreten und Grenzen um einen verstümmelten jüdischen Staat ziehen, die unmöglich zu verteidigen sind.

Ende 2007 liefen gleichzeitig drei Untersuchungsverfahren gegen Olmert, dem Korruption und Vetternwirtschaft vorgeworfen wurde, und ein viertes Verfahren sollte eröffnet werden. Öffentlichen Umfragen zufolge galt Olmert als sowohl der korrupteste aller Politiker als auch der unbeliebteste Präsident Israels. Nur lediglich 17 Prozent der Bevölkerung waren mit ihm zufrieden. Viele Israelis, darunter auch so manches Knesset-Mitglied, beschuldigten Olmert, die Verhandlungen mit der Palästinenserbehörde und mit Syrien nur deshalb voranzutreiben, weil er den Ermittlungen ausweichen wollte. Das Knesset-Mitglied Zvi Hendel von der Nationalen Unionspartei sagte im Dezember 2007, Olmert sei:

> der gefährlichste Premierminister, den Israel je hatte. Er ist heute wie ein verwundetes Tier, und etwas Gefährlicheres gibt es nicht.

Gottlosigkeit grassiert schon seit Jahren in den Regierungen Israels, und darin liegt auch der Grund für die gegenwärtige Notlage. Der Schöpfer Israels (Jesaja 45,11) hat die Grundvoraussetzungen, die ein Regent Israels haben muss, ganz deutlich gemacht:

> Ein gerechter Herrscher über die Menschen, ein Herrscher in der Furcht Gottes. – 2. Samuel 23,3b

Es gibt anscheinend keine Gottesfurcht bei Olmert und seinen sklavischen Gefolgsleuten. Der Schaden, den Israel als Staat durch mehrere gottlose und korrupte führende Politiker in Folge erlitten hat, ist nicht abschätzbar. Die Zeit und Gott allein werden zeigen, welch schweres Erbe Olmerts verzweifelte Bemühungen hinterlassen haben, an der Macht zu bleiben und sich gleichzeitig strafrechtlichen Anklagen wegen Korruption und Vetternwirtschaft zu entziehen.

Jitzchak Rabin trat Tausende Quadratkilometer Land an Jassir Arafat, den Paten des internationalen Terrorismus, ab und starb durch die Kugel eines Mörders, genau wie ich es in meinem Buch *Philister: Die große Täuschung* vorausgesagt hatte. Ariel Scharon veranlasste die Zwangsumsiedlung von 9.480 Juden aus Gaza und dem nördlichen Samaria und machte den Gazastreifen zum heutigen „Hamastan". Scharon erlitt einen schweren Schlaganfall und liegt seitdem im Krankenhaus. Ehud Olmert war aufgrund der vielen Verfahren, die gegen ihn liefen, gezwungen, sein Amt als Premierminister niederzulegen. Heute (im Oktober 2012) steht Olmert immer noch wegen Korruptionsanklagen vor Gericht. Es sieht so aus, als hätten die Anklagen wegen Korruption und Vetternwirtschaft Olmert davon abgehalten, die Gebiete in Judäa und Samaria, Teile Jerusalems und die Golanhöhen abzutreten, wie er es eigentlich vorgehabt hatte. Gut möglich, dass die Korruptionsklagen seine politische Karriere beendet haben, vielleicht haben sie ihm sogar das Leben gerettet.

Nach der Räumung des Gazastreifens kam es zu einem verstärkten Beschuss Israels mit Raketen und Granaten von Gaza aus, insbesondere aus den Gebieten, die von den Israelis geräumt worden waren. 2008 wurde das südliche Israel von über zweitausend palästinensischen Raketen und Granaten getroffen.

Zum Zeitpunkt der Räumung glaubte fast die Hälfte aller Israelis, dass es ein großer Fehler war, sich aus dem Gazastreifen zurückzuziehen. Im November 2007 drängte es den israelischen Minister für Infrastruktur, Binyamin Ben Elieser, seinem Gewissen öffentlich Ausdruck zu verleihen:

> Ich gebe zu, dass ich zu den starken Befürwortern von Ariel Scharon gehört habe, doch heute sage ich, und zwar erhobenen Hauptes: Wir haben uns geirrt, wir haben einen sehr schweren Fehler begangen.

Israel sollte keine gottlosen Regierungsmitglieder tolerieren müssen, die, noch dazu „erhobenen Hauptes", zugeben, einen „sehr schweren Fehler" begangen zu haben, der den Tod israelischer Zivilisten und die Zerstörung ihrer Häuser durch terroristische Raketenangriffe zur Folge hatte.

Nach einem acht Jahre andauernden Beschuss durch Raketen und Granaten auf südisraelische Städte und Dörfer startete Israel in den letzten Dezembertagen des Jahres 2008 den zweiundzwanzig Tage dauernden Gaza-Krieg unter dem Namen „Operation Gegossenes Blei". Wie zu erwarten war, wurde Israel von der internationalen Gemeinschaft für diesen Versuch, dem Kleinkrieg der Hamas gegen die israelische Zivilbevölkerung ein Ende zu bereiten, diffamiert. Die antiisraelischen Gruppen beschuldigten Israel, Kriegsverbrechen zu begehen und unangemessene Gewalt einzusetzen. Unangemessene Gewalt? Wozu sonst dient eine Armee, wenn sie nicht das Leben und das Eigentum ihrer Zivilbevölkerung schützen darf?

Was soll Israel denn nach Meinung der Palästinenser und der internationalen Gemeinschaft tun? Im Vorfeld der „Operation Gegossenes Blei" hatten die Palästinenser fast zwölftausend Geschosse auf Bevölkerungszentren im südlichen Israel abgefeuert. Sollten die Israelis vielleicht „angemessen" handeln und ihrerseits, ohne zu zielen, eine Rakete und eine Granate nach der anderen auf palästinensische Städte und Dörfer abschießen? Man stelle sich nur vor, was zwölftausend israelische Raketen und Granaten der palästinensischen Seele angetan hätten! Die eigene Medizin zu schmecken, könnte der palästinensischen Neigung, Israelis zu ermorden und auf diese Weise Angst und Schrecken zu verbreiten, vielleicht tatsächlich einen Dämpfer versetzen.

Heute ist eine Mehrheit unter den Juden in Israel dagegen, weiter große Gebiete an die Palästinenser abzutreten, die kaum einen gerechtfertigten, gesetzlich verankerten, geschweige denn biblischen Anspruch auf diese Gebiete haben. Darüber hinaus sind drei Viertel aller jüdischen Israelis gegen die Teilung Jerusalems. Seit fast zweitausend Jahren wenden sich Juden dreimal am Tag in Richtung Jerusalem und beten für die Rückkehr in ihre Heilige Stadt. Jerusalem ist das Herzstück des jüdischen Volks. Ein Leib kann nicht überleben, wenn man ihm das Herz herausschneidet. In der gesamten jüdischen Geschichte gab es noch nie eine jüdische Regierung, die freiwillig den Gedanken bewegt hätte, Jerusalem auch nur teilweise aufzugeben, schon gar nicht an eingeschworene Feinde, die eine zweitausend Jahre währende Verbindung der Juden zum Heiligen Land leugnen, den jüdischen Glauben verunglimpfen und sogar das Recht Israels auf einen eigenen Staat infrage stellen.

Israel und die Prophetie 49

Ehud Olmert war bereit gewesen, große Teile Jerusalems abzutreten, darunter auch den Tempelberg, den heiligsten Ort des Judentums. Er hatte auch vor, den größten Teil von Israels biblischem Herzstück, nämlich Judäa und Samaria, *die Berge Israels* (Hesekiel 37,22), aufzugeben. In dem Fall hätte sich die schweigende Mehrheit in Israel gewiss Gehör verschafft. Sollte eine zukünftige israelische Regierung mit dem Gedanken spielen, große Landstriche ohne Gegenleistung an die Palästinenser abzutreten, wird diese Regierung zweifellos zahlreiche gegen sie gerichtete Demonstrationen erleben, gegen die jene vom September 2011 für soziale Gerechtigkeit winzig aussehen wird.

Israel ist in politischer und nationaler Hinsicht gespalten.

Das heutige Israel ist in vieler Hinsicht eine gespaltene Nation – geistlich, ethnisch, kulturell und politisch. Vor fast zweitausend Jahren hat Jesus Folgendes gesagt, wobei er sich auf einen bestimmten geistlichen Zustand der damaligen Zeit bezog:

> Jedes Reich, das mit sich selbst uneins ist, wird verwüstet, und keine Stadt, kein Haus, das mit sich selbst uneins ist, kann bestehen. – Matthäus 12,25

Diese Worte Jesu sind sehr passend für die tiefgehende Spaltung Israels heute, und man sollte sie als Warnung hören. Wenn Israel keine Veränderung anstrebt, wird der Zorn Gottes auf die Nation fallen, und sie wird sich entweder entgegen ihrem Willen verändern oder „verwüstet" werden, sodass nur ein Überrest „bestehen bleibt".

Israel wird von den meisten Ländern der Welt fast wie ein Paria-Staat behandelt. Die Vereinten Nationen verbringen mehr Zeit mit Debatten über Israel als über jedes andere Weltthema. Die Verachtung der großen Mehrheit der Mitgliedsstaaten der Vereinten Nationen gegenüber Israel ist so unverkennbar stark, dass ein Drittel aller UN-Resolutionen einen Bezug zu Israel haben. Von den 193 Mitgliedsstaaten ist Israel der einzige, der ständig auf der Agenda des UN-Menschenrechtsrates (UNHRC) steht. Bei jeder regulären Sitzung dieses Rates steht Israel auf der Tagesordnung, unabhängig davon, ob anderswo in der Welt Krisen herrschen oder nicht. Die Vereinten Nationen sind die antisemitischste Organisation der Welt.

Der UN-Sicherheitsrat setzt sich aus fünf ständigen Mitgliedern zusammen: den USA, Russland, China, Frankreich und Großbritannien. Dazu kommen zehn nichtständige Mitglieder, die von der Vollversammlung für jeweils zwei Jahre gewählt werden. Israel ist das einzig ständige Nicht-Mitglied des Sicherheitsrates, was bedeutet, dass Israel in allen 64 Jahren seines Bestehens als Staat das einzige Mitglied der Vereinten Nationen war, das noch nie in den Sicherheitsrat berufen wurde.

Antisemitische Angriffe und antiisraelische Aktionen sind auf der ganzen Welt weit verbreitet und haben in zahlreichen Ländern, auch in Europa, epidemische Ausmaße erreicht.

Israel ist politisch und ethnisch vom Rest der Welt getrennt.

Der allmächtige Gott hat sowohl für Israel als auch für die Nationen einen Plan. Das sollte allen klar sein, die die Bibel unvoreingenommen lesen. Doch auch wenn das Ende seiner Geschichte in der Bibel nicht klar ersichtlich ist, erscheint es doch offensichtlich, dass Israel, bliebe es sich selbst überlassen, eine Nation ohne Zukunft wäre.

Israel befindet sich in einem Chaos. Die Einwanderungsrate von Juden nach Israel ist seit zwei Jahrzehnten auf ihrem niedrigsten Stand. Bis zum weltweiten Zusammenbruch der Finanzmärkte, der 2007 einsetzte, hat die Zahl der Juden, die Israel verlassen, beständig die Zahl der neu ins Land kommenden Immigranten überschritten. Jetzt, wo die israelische Wirtschaft wächst, während andere Länder zusammenbrechen, sind viele im Ausland tätige israelische Staatsbürger gezwungen, wieder in die Heimat zurückzukehren.

Jahrelang hatte der ehemalige Richter am Obersten Gerichtshof, Moshe Landau, sich selbst zum Schweigen verurteilt, sogar als er an der Untersuchung schmerzhaftester Perioden der israelischen Geschichte beteiligt war. Im Oktober 2000, im Alter von 88 Jahren, brach er sein Schweigen. Seiner Meinung nach steht der Staat Israel kurz vor einem großen Unheil.

> Ich sehe große externe Gefahren auf uns zukommen. Doch die internen Gefahren sind noch größer: das allgemeine Gefühl der Verunsicherung, das Durcheinander von Begriffen, der gesellschaftliche Verfall. Und die Schwäche der nationalen Willenskraft, die mangelnde Bereitschaft, um unser Leben zu kämpfen. Die Illusion, dass es wegen des Friedens nicht mehr nötig sein wird, um unser Überleben zu kämpfen und uns zu verteidigen. Diese Dinge lassen mir keine Ruhe. Sie rauben mir den Schlaf und beeinträchtigen meine Gesundheit.

Der Richter Moshe Landau gehört zu jenen, die die Gefahren erkennen, denen Israel ausgesetzt ist. Anders als manche der gewählten führenden Politiker steckt er nicht den Kopf in den Sand, sondern sagt seine Meinung. Der gesellschaftliche Verfall raubt der Nation das Herz. Die Gier großer und kleiner Firmen haben die Lebenshaltungskosten in Israel unverhältnismäßig in die Höhe getrieben; heute zählt Israel zu den teuersten Ländern der Welt, und diesen Stand hat es in nur wenigen Jahrzehnten erreicht.

Der Hass auf Israel außerhalb und die grassierende Korruption und Habgier innerhalb seiner Grenzen durchsetzt das gesamte Land mit einem Gefühl der Verwirrung und der Verunsicherung. Sehr viele israelische Bürger haben in der Tat das starke Empfinden, dass Israel keine Zukunft hat, dass es wieder in die Diaspora zurückgedrängt werden wird.

Einige Prediger – wie zum Beispiel der verstorbene Arthur Katz, an dessen Stelle heute Dalton Lifsey steht – verbreiten auf der ganzen Welt die Botschaft, dass Israel zerstört und sein Volk aus dem Land vertrieben werden wird, zurück in die Diaspora. Lifsey gibt sich nicht damit zufrieden, dass in der „Zeit der Drangsal Jakobs" (Jeremia 30,7) schon vier Millionen Juden getötet wurden, sondern er glaubt auch, dass noch zwei Drittel (Hesekiel 5,12) aller Juden weltweit getötet werden. Es gibt heute auf der ganzen Welt ungefähr dreizehn Millionen Juden, was bedeutet, dass den Berechnungen Lifseys zufolge und gemäß seiner Interpretation der „Drangsal Jakobs", noch fast neun Millionen Juden sterben werden.

Eine solche Irrlehre ist sehr entmutigend und schädigend für die seelische Verfassung vieler junger Israelis, die geistlich noch unreife jüdische Gläubige an Yeshua (Jesus) sind. Einige von ihnen erkundigen sich deswegen, ob sie mit ihren Familien in ein anderes Land auswandern könnten. Wenn diese Botschaft den sogenannten arabischen Christen in Israel gepredigt wird, reagiert die Mehrheit mit Rufen, Johlen, Pfeifen, Jubeln, Füßestampfen und Klatschen.

Meiner Meinung nach entspringt diese Lehre einer innewohnenden Abneigung gegen Juden und gegen Israel. Man kann wohl davon ausgehen, dass diejenigen, die eine kommende Zerstörung Israels und die Zerstreuung seines Volkes predigen, auch den Wunsch haben, ihre Voraussagen eintreffen zu sehen, ja vielleicht sogar dafür beten, damit sie nicht als falsche Propheten bezeichnet werden. Jesus warnte jene, die andere Gläubige zu Fall bringen:

Die Wüste

> Wer aber einem der Kleinen, die an mich glauben, Anstoß [zur Sünde] gibt, für den wäre es besser, dass ein Mühlstein um seinen Hals gelegt und er ins Meer geworfen würde.
> – Markus 9,42

In 5. Mose, Kapitel 30, sagt die Bibel nach meiner festen Überzeugung eindeutig, dass die Juden zweimal aus dem Verheißenen Land vertrieben werden. Das erste Exil begann im Jahr 722 v. Chr., als Tiglat-Pileser die Einwohner des nördlichen Königreichs Israel nach Assyrien führte. Die nördlichen Stämme Israel wurden systematisch in die Gefangenschaft geführt und kamen nie als ganzes Volk zurück.

Da die Mehrzahl der nördlichen Stämme Israels nicht zurückkehrte, entstand der Mythos von den „zehn verlorenen Stämmen", der immer noch besteht. Ich bin jedoch der Meinung, dass der Begriff „verlorene Stämme" eine Falschbezeichnung ist. Nur einzelne Personen gingen für Israel verloren, doch nie die Stämme selbst:

> Auch die Priester und Leviten aus ganz Israel und aus allen ihren Gebieten stellten sich bei ihm ein. Denn die **Leviten** verließen ihre Bezirke und ihr Besitztum und kamen nach Juda und Jerusalem. Jerobeam und seine Söhne hatten sie nämlich aus dem Priesterdienst für den Herrn verstoßen; er hatte aber für sich selbst Priester eingesetzt für die Höhen und für die Böcke und Kälber, welche er machen ließ. Jenen [Leviten] aber folgten **aus allen Stämmen Israels** die, denen es am Herzen lag, den Herrn, den Gott Israels, zu suchen; diese kamen nach Jerusalem, um dem Herrn, dem Gott ihrer Väter, zu opfern. **Diese stärkten das Königreich Juda** und ermutigten Rehabeam, den Sohn Salomos, drei Jahre lang; denn sie wandelten drei Jahre lang auf dem Weg Davids und Salomos. – 2. Chronik 11,13–17

Später wird berichtet, dass in den Tagen von König Asa noch viele weitere Menschen der nördlichen Stämme in das südliche Königreich Juda strömten:

> Und er versammelte ganz Juda und Benjamin und die Fremdlinge bei ihnen aus **Ephraim, Manasse** und **Simeon**; denn **eine große Zahl von Leuten lief aus Israel zu ihm über**, als sie sahen, dass der Herr, sein Gott, mit ihm war. – 2. Chronik 15,9

Israel und die Prophetie 53

Man sollte mit an Wahrscheinlichkeit grenzender Sicherheit annehmen können, dass, als Nebukadnezar 586 v. Chr. die Bewohner des südlichen Königreiches Juda nach Babylon ins Exil führte, alle zwölf Stämme darin vertreten waren.

Die Dauer des Exils von Juda war auf siebzig Jahre festgelegt (Jeremia 29,10), danach kehrten die Juden aus dem babylonischen Exil ins Verheißene Land zurück.

In 2. Chronik 17,14–19 wird uns gesagt, dass in den Tagen von König Josaphat die Armee von Juda weit über eine Million starker Männer zählte. Die im Vergleich weit niedrigere Zahl von Männern, die aus dem Exil wieder zurückkamen, nämlich 42.360 (Esra 2,64), macht ganz deutlich, dass nur ein ganz kleiner Teil nach der von Gott verordneten, siebzig Jahre währenden Bestrafung Judas heimkehrte.

In Esra 1,5 liest man sogar, dass gar nicht alle Exilbewohner nach Israel zurückkehren wollten. Sie hatten sich ihr Leben in Babylon und Persien komfortabel eingerichtet und waren nicht bereit, einen Neuanfang im Verheißenen Land zu wagen, ganz ähnlich wie die große Mehrheit der in der Diaspora lebenden Juden heute.

Außerdem: Viele, die aus dem Exil zurückkehrten,

> konnten aber das Haus ihrer Väter und ihre Abstammung nicht nachweisen, ob sie aus Israel seien. – Esra 2,59

Nichtsdestoweniger können wir sicher sein, dass unter denen, die zurückkehrten, zumindest ein kleiner Prozentsatz von Juden aus jedem der zwölf Stämme war.

Das zweite Exil war die Zerstreuung Israels in alle vier Himmelsrichtungen. Dieses zweite Exil hielt so lange an, bis sich alle bestehenden Strukturen im Verheißenen Land im Verlauf der Zeit aufgelöst hatten. Das Land war dazu bestimmt, eine lange Zeit verwüstet und leer dazuliegen (Jesaja 6,11–12). Dieses zweite Exil geschah während der römischen Besetzung Israels im späten ersten und frühen zweiten Jahrhundert. Ich denke, dass die Römer diejenigen waren, durch die sich die Prophetie über „die Zeit der Drangsal Jakobs" (Jeremia 30,7) erfüllte, als der größte Teil des damaligen Judentums zerstört wurde.

Die Geschichte zeigt, dass die römischen Legionen das jüdische Volk am Ende der zweiten jüdischen Revolte im Jahr 135 n. Chr. fast vollständig vernichtet hatten. In der *Encyclopaedia Britannica* liest man über das Ende der ersten jüdischen Revolte:

54 Die Wüste

Am 9. des Monats Aw (29. August) des Jahres 70 n. Chr. fiel Jerusalem. Der Tempel wurde verbrannt, und **der jüdische Staat fiel zusammen**, auch wenn die Festung Masada vom römischen General Flavius Silva erst im April 73 erobert wurde.

Weiterhin liest man in der *Encyclopaedia Britannica,* dass die zweite jüdische Revolte „den **letzten Überrest des verbleibenden Judentums** [in Israel] mobilisierte" und dass die **Rebellion im Jahre 135 niedergeschlagen** wurde". Man erfährt auch, dass die Revolte „**rücksichtslos unterdrückt** wurde", dass „fast eintausend Dörfer zerstört wurden" und dass „die **Juden in Judäa selbst anscheinend so gut wie ausgerottet** wurden". Der Geschichtsschreiber Josephus, der im 2. Jahrhundert gelebt hat, hielt außerdem fest, dass bei der Belagerung Jerusalems „die Zahl der dabei Umgekommenen ... **1.100.000 betrug**". Josephus berichtet ferner, dass „97.000 in die Gefangenschaft" nach Rom geführt wurden, um dort zur Unterhaltung der Massen in den großen Arenen gegen Löwen und Gladiatoren zu kämpfen. Wir müssen im Auge behalten, dass lediglich 42.360 Juden aus dem ersten Exil zurückgekehrt waren. Die Nachkommen dieser winzigen Zahl wurden von den römischen Eroberern zu Hunderttausenden abgeschlachtet.

Das zweite Exil währte so lange, bis die Juden im späten 19. Jahrhundert begannen, sich wieder im Verheißenen Land anzusiedeln, und diese zweite Rückkehr hält bis heute an.

In Hesekiel 39,28 lesen wir, dass Gott die Gefangenen von überall dort zurückbringen wird, wohin sie verstreut wurden. Er wird zu einem festgelegten Zeitpunkt der Geschichte das Exil oder, wie man heute sagt, die „Diaspora" völlig beenden, sodass kein einziger Jude darin verbleibt. Nur Knochen werden bleiben. Es wird keinen mehr geben, in dem auch nur ein Hauch von Leben ist. Allerdings wird Gottes großes Werk von unbarmherzigen israelischen Politikern behindert, die nicht wollen, dass bestimmte jüdische Nachkommen nach Israel zurückkehren. Im Oktober 2007 sagte Innenminister Meir Scheetrit, selbst ein Mizrachim, den Organisationen, die sich um die Alija kümmern, die also dafür verantwortlich sind, Juden wieder ins Land zurückzuholen:

> Sucht nicht mehr nach irgendwelchen verlorenen Stämmen, denn ich werde keine mehr hineinlassen. Wir haben schon genug Probleme in Israel. Sie sollen lieber nach Amerika gehen.

Es ist ermutigend, dass Israel im Oktober 2012 die Wiederaufnahme monatlicher Flüge ankündigte, mit denen die letzten *Falasch Mura* (Angehörige des äthiopischen Judentums, die im 19. und 20. Jahrhundert gewaltsam christianisiert wurden) nach Israel heimgeholt werden.

Und am 6. November 2012 berichtete *The Times of Israel*, dass die Netanjahu-Regierung nach einer fünf Jahre langen Unterbrechung die Immigration der Bnei Menashe, einer aus Nordost-Indien und Birma stammenden ethnischen Gruppe, wieder „stillschweigend genehmigt" habe. Sie geben an, Nachkommen des Stammes Manasse zu sein.

Etwa 1.700 Angehörige von Bnei Menashe leben bereits in Israel, und zwischen sieben- und neuntausend befinden sich immer noch in Indien und Birma (Myanmar).

Es wurde schon erwähnt, dass Juden aus jedem Winkel der Erde nach Israel zurückgekehrt sind. Im Lauf der Jahre kamen sie aus insgesamt 141 Ländern, und heute werden in Israel etwa 110 verschiedene Sprachen gesprochen. Zweifellos stehen dem modernen Staat Israel noch viele Probleme ins Haus, viel Zerstörung, Tod und seelischer Schmerz. Die umliegenden arabischen Länder knirschen mit den Zähnen gegen Israel. Nichtarabische muslimische Länder wie der Iran, Pakistan und die Türkei sind Israel gegenüber heute aggressiver eingestellt als je zuvor. Die Terrormilizen der Hamas in Gaza und der Hisbollah im Libanon werden vom Iran und von Syrien reichlich mit Waffen versorgt: mit über einhunderttausend Kurz- und Langstreckenraketen, die jeden Teil des Staatsgebiets von Israel treffen könnten.

Die vor Kurzem abgehaltenen Wahlen in der Folge des Arabischen Frühlings hatten die zunehmende Islamisierung von Tunesien, Libyen, Ägypten, Jemen und Marokko zur Folge. Es wird also nur eine Frage der Zeit sein, bis in der Region ein vernichtender Krieg ausbricht. Israelische Städte und Dörfer werden katastrophale Zerstörung erleiden, weil sie dann dem täglichen Raketenhagel ausgesetzt sein werden. Die schlimmsten der in der Bibel erwähnten Kriege liegen zweifellos noch vor uns. Und Israel ist dabei immer das Angriffsziel. Auch der Ausbruch von Kriegen, bei denen Atomwaffen, chemische und biologische Waffen eingesetzt werden, ist nur eine Frage der Zeit.

Ich bin überzeugt, dass es keine biblischen Hinweise auf ein drittes Exil gibt, allerdings steht in Sacharja 14,2 bezüglich Jerusalem:

Die Wüste

> Da werde ich alle Heidenvölker bei Jerusalem zum Krieg versammeln; und die Stadt wird erobert, die Häuser werden geplündert und die Frauen geschändet werden; und die Hälfte der Stadt muss in die Gefangenschaft ziehen; der Überrest des Volkes aber soll nicht aus der Stadt ausgerottet werden.

Hier spricht der Prophet Sacharja nur von der Hälfte einer Stadt (wahrscheinlich die Hälfte, in der meine Frau und ich wohnen) und nicht von Millionen von Menschen in Dutzenden anderen Städten und Dörfern. Wir wissen von den biblischen Berichten, was Israels wahres „Schicksal" ist, und wir kennen auch den Ausgang des göttlichen Planes für Israel. All das werden wir in der Folge detaillierter erörtern.

Angesichts der aktuellen Situation und nach der Lektüre Hunderter von Artikeln, Zeitungsausschnitten und Seiten von Material glaube ich, dass Israel jetzt anfängt schwach zu werden, wie im zweiten Kapitel des Buchs Hosea beschrieben. Anfangs wird dies sehr schmerzhaft für Israel sein. Dieser Schmerz und dieses Leid könnte durch eine landesweite Buße vermieden werden, doch in der Bibel sehen wir immer wieder, dass Israel *halsstarrig* ist (vgl. z. B. Apostelgeschichte 7,51). Israel hat in der Vergangenheit nie Buße getan, bis es von einer ganzen Reihe von Unglücken befallen wurde. Die Geschichte des jüdischen Volks ist voller Leid und Tränen, und leider ist es ein Merkmal der Geschichte, dass sie sich zu wiederholen neigt. Wer seine Vergangenheit ignoriert, ist ein Narr. Das vorliegende Buch könnte deshalb mit einem Warnsignal verglichen werden. Wenn jemand ein Wächter ist, dann muss er Alarm schlagen, denn es steht geschrieben:

> Wenn ich das Schwert über ein Land bringe, so nimmt das Volk des Landes einen Mann aus seiner Mitte und bestimmt ihn zu seinem Wächter. Wenn nun dieser das Schwert über sein Land kommen sieht, so stößt er ins Schopharhorn und warnt das Volk. Wenn dann jemand den Schall des Schopharhornes hört und sich nicht warnen lassen will, und das Schwert kommt und rafft ihn weg, so kommt sein Blut auf seinen Kopf; denn da er den Schall des Schopharhornes hörte, sich aber nicht warnen ließ, so sei sein Blut auf ihm! Hätte er sich warnen lassen, so hätte er seine Seele gerettet. Wenn aber der Wächter das Schwert kommen sieht und nicht ins Schopharhorn stößt und das Volk nicht gewarnt wird und das Schwert

Israel und die Prophetie 57

kommt und einen von ihnen wegrafft, so wird derjenige zwar um seiner Sünde willen weggerafft, aber sein Blut werde ich von der Hand des Wächters fordern. – Hesekiel 33,2–6

Weit über dreißig Jahre lang habe ich mich dafür eingesetzt, das Volk Israel zu verteidigen, und habe die Nation und seine Führer vor den unausweichlichen Konsequenzen ihrer Unredlichkeit gewarnt. Über Jahre habe ich aus dem Büro des Premierministers, von seinen Beratern und anderen bedeutenden Israelis Lob und Anerkennung erhalten, weil ich mich für die Verteidigung des Staates eingesetzt habe, doch auf meine Warnungen ist bis heute noch keine einzige einflussreiche Person eingegangen. Mich trifft keine Schuld, ich habe immer auf die Gefahren hingewiesen und werde es auch weiter tun. Und es wäre nachlässig, den Leser, besonders den jüdischen Leser, nicht daran zu erinnern, was Judas, vom Heiligen Geist inspiriert, geschrieben hat:

> Ich will euch aber daran erinnern, obgleich ihr dies ja schon wisst, dass der Herr, nachdem er das Volk aus dem Land Ägypten errettet hatte, das zweite Mal diejenigen vertilgte, die nicht glaubten. – Judas 5

Es würde den Rahmen dieses Buches sprengen, das gesamte Buch Hosea zu besprechen, deshalb konzentrieren wir uns nur auf einige kleine Auszüge, insbesondere die Verse 16 und 17 im zweiten Kapitel:

> Darum siehe, ich will sie locken und in die Wüste führen und ihr zu Herzen reden; und ich will ihr von dort aus ihre Weinberge wiedergeben und ihr das Tal Achor zu einer Tür der Hoffnung machen, dass sie dort singen soll wie in den Tagen ihrer Jugend und wie an dem Tag, als sie aus dem Land Ägypten zog. – Hosea 2,16–17

Nach meiner Erfahrung werden diese bemerkenswerten Verse von Christen immer als etwas außerordentlich Positives zitiert. Die traditionelle Interpretation ist jene, dass Gott Israel in die Wüste führt, um mit ihm allein zu sein und es wiederherzustellen. Es ist meine feste Überzeugung, dass dies eine allzu vereinfachte Darstellung der Sachlage ist. Oberflächlich gesehen weist dieser Abschnitt darauf hin, dass es zu einer herrlichen Wiederherstellung Israels kommen wird. Die erwähnte Wiederherstellung erstreckt sich auf alle geistlichen, physischen und geografischen Aspekte, wie der

58 Die Wüste

Rest dieses Kapitels in Hosea deutlich macht. Doch genau wie jeder Stille auf See ein Sturm vorausgeht, so liegt auch vor Israel eine stürmische See, ehe es die ruhigeren Gewässer befahren kann, die in diesem Bibelabschnitt beschrieben werden. Bevor wir dies weiter betrachten, ist es angebracht, einige allgemeine Anmerkungen zur biblischen Prophetie zu machen.

Manche Prophetien können sich auf mehr als nur eine Weise erfüllen. Genauer gesagt, manche biblischen Prophetien können nur auf eine, und zwar wortwörtliche Weise erfüllt werden, andere jedoch haben noch eine oder mehrere „zweitrangige" Erfüllungen, abgesehen von der wortwörtlichen Erfüllung. Um das besser zu verstehen, sollten wir ein Beispiel betrachten.

Im Buch Hosea steht geschrieben:

> Als Israel jung war, liebte ich ihn, und **aus Ägypten habe ich meinen Sohn gerufen**. – Hosea 11,1

Im Matthäusevangelium lesen wir:

> Da stand er auf, nahm das Kind und seine Mutter bei Nacht mit sich und entfloh nach Ägypten. Und er blieb dort bis zum Tod des Herodes, damit erfüllt würde, was der Herr durch den Propheten geredet hat, der spricht: „**Aus Ägypten habe ich meinen Sohn gerufen.**" – Matthäus 2,14–15

Die wortwörtliche Erfüllung dieser Prophetie ist der Auszug Israels aus Ägypten. Der Leser erinnert sich sicherlich, dass Mose mit den folgenden Anweisungen zu Pharao gesandt wurde:

> Und du sollst zum Pharao sagen: So spricht der Herr: „Israel ist mein erstgeborener Sohn; darum sage ich dir: Lass meinen Sohn ziehen, damit er mir dient; wenn du dich aber weigern wirst, ihn ziehen zu lassen, siehe, so werde ich deinen eigenen erstgeborenen Sohn umbringen!" – 2. Mose 4,22–23

Durch den Propheten Hosea spricht der Herr darüber, dass Israel sein Sohn wird und dass er das Volk aus Ägypten herausführt. Im Matthäusevangelium jedoch finden wir nicht nur ein Beispiel der jüdischen Exegese, sondern auch ein Beispiel einer zweiten Erfüllung. Matthäus, ein Jude, der an Juden schreibt, wendet Hoseas Prophetie auf die Rückkehr von Maria

Israel und die Prophetie 59

und Josef aus Ägypten an, wohin sie mit dem Kleinkind Jesus, dem „eingeborenen Sohn Gottes" (Johannes 3,16), vor Herodes geflohen waren.

Die Bibel ist anscheinend voller seltsamer Sachverhalte. Wir tun gut daran, uns dessen bewusst zu sein, damit wir nicht geistlich ins Stolpern geraten, wenn sie uns begegnen.

Ehe wir unsere Reise in die Prophetie Hoseas beginnen, sollten wir auch kurz eine Anmerkung über den biblischen Kontext machen. In über vier Jahrzehnten, in deren Verlauf ich in Bibelschulen, Gemeinden, auf christlichen Konferenzen, Seminaren usw. auf allen Kontinenten gelehrt habe, hörte ich sehr oft Klagen von Christen darüber, dass Bibelverse aus ihrem Zusammenhang gerissen werden. Oft war diese Kritik nicht gerechtfertigt. Auch wenn zahlreiche Bibelschulen etwas anderes lehren, kann es in Wirklichkeit in Bezug auf Kontext keine absolute Regel geben. Viele Bibelschüler und Bibellehrer prangern die Frage des Kontexts an, sind aber gleichzeitig bereit, um einer bestimmten Tradition in die Hände zu spielen den Kontext willentlich außer Acht zu lassen,.

Der Bibellehrer mit der unbestreitbar größten Autorität aller Zeiten ist unser Herr Jesus Christus. Auf dieser Grundlage wollen wir betrachten, wie er die bekannte Schriftstelle aus Jesaja in der Synagoge von Nazareth interpretiert hat:

> „Der Geist des Herrn ist auf mir, weil er mich gesalbt hat, den Armen frohe Botschaft zu verkünden; er hat mich gesandt, zu heilen, die zerbrochenen Herzens sind, Gefangenen Befreiung zu verkünden und den Blinden, dass sie wieder sehend werden, Zerschlagene in Freiheit zu setzen, um zu verkündigen das angenehme Jahr des Herrn." Und er rollte die Buchrolle zusammen und gab sie dem Diener wieder und setzte sich, und aller Augen in der Synagoge waren auf ihn gerichtet. – Lukas 4,18–20

Nu, und was ist mit dem Rest der Prophetie aus Jesaja? Hier ist sie:

> ... **und den Tag der Rache unseres Gottes**, und um zu trösten alle Trauernden; um den Trauernden von Zion zu verleihen, dass ihnen Kopfschmuck statt Asche gegeben werde, Freudenöl statt Trauer und Feierkleider statt eines betrübten Geistes, dass sie genannt werden „Bäume der Gerechtigkeit", eine „Pflanzung des Herrn" zu seinem Ruhm. – Jesaja 61,2–3

Jesus hörte bei der Hälfte des Abschnitts auf zu lesen. Ja, er hörte sogar mitten in einem Satz in der Mitte des Abschnitts auf. Er sagte ihnen die gute Nachricht und ließ die schlechte Nachricht aus. Wo ist jetzt der Christ, der den Herrn Jesus anklagen würde, diese Schriftstelle aus dem Kontext gerissen zu haben? Wir sollten im Bezug auf den Kontext nicht zu schnell urteilen und etwas als falsch ausgelegt anprangern.

Wenn wir die Stelle in Hosea 2,16–17 betrachten, finden wir, besonders in Vers 16, hebräische Wörter, die genauer untersucht werden müssen. Das werden wir tun, um ihre Bedeutung zu erfassen.

Es ist sehr leicht, die wahre Absicht eines Texts zu übersehen, wenn man die Bibel nicht in der Ursprache liest. Das sollte schon aus der einfachen Tatsache klar werden, dass unsere englischen Bibelübersetzungen z. B. etwa 6.000 Vokabeln benutzen, wogegen der hebräische Text fast 12.000 Vokabeln umfasst. Es ist offensichtlich, dass kein Übersetzer die detailliertere Bedeutung des Hebräischen wiedergeben kann, wenn er nur über die Hälfte der Werkzeuge verfügt. Wir werden uns deshalb des Original-Hebräischen bedienen, es allerdings übersetzen, aufgliedern, umschreiben und erklären, damit wir dem Text mit mehr Verständnis folgen können. Die hebräische Schrift wird nur aus dem Grund gezeigt, damit der durchschnittliche Leser den Verlauf des Textes nachvollziehen kann.

---

1   Eine Dokumentation des christlichen Antisemitismus der vergangenen Jahrhunderte findet sich in: Bennett, *Wenn Tag und Nacht vergehen,* Kapitel 23, „Der große Hass".

4
Ein unerwünschter Gott

Wie soeben erwähnt, ist es manchmal nicht leicht, die tiefere Bedeutung eines Bibeltextes zu verstehen, wenn man ihn in einer Sprache liest, die nicht die Ursprache ist. Deshalb liegt es nahe, den hebräischen Originaltext von Hosea 2,16 heranzuziehen. Der hebräische Text aus Vers 17 ist für unsere Zwecke nicht notwendig, und die Übersetzung wird erst später erforderlich sein.

Ich gehe davon aus, dass die Mehrheit meiner Leser nur wenig bzw. überhaupt keine Kenntnisse in Hebräisch hat. Dessen bin ich mir sehr wohl bewusst, ebenso der Tatsache, dass Sie sich angesichts einer Zeile anscheinend unlesbarer, wild aneinander gereihter, fremdartiger Zeichen etwas überfordert fühlen könnten. Doch keine Angst, dieses Buch wurde auch für Leser geschrieben, die kein Hebräisch sprechen. Alles wird sorgfältig erklärt werden, wenn wir die Prophetie Stück für Stück erkunden.

Hosea 2,16 ist eine wichtige Prophetie, denn sie gibt uns eine Reihe von Schlüsseln, welche die Tür zu der von Gott vorgesehenen Zukunft Israels öffnen. Diese Schlüssel geben auch Hinweise auf die Zukunft der Nationen. Wenn diese Prophetie nicht richtig verstanden wird, wird man auch die aktuellen Ereignisse dieser Welt missdeuten, und auch das, was morgen und in den vor uns liegenden Tagen, Monaten und Jahren geschehen wird.

Nachfolgend steht der hebräische Text aus Hosea 2,16, mit einer Transkription und der Übersetzung der Schlachter-Bibel. Hebräisch wird von **rechts nach links** gelesen, die Transkription von **links nach rechts**, genau wie die deutsche Übersetzung.

Die Wüste

Zunächst der Originaltext auf Hebräisch:

לכן הנה אנכי מפתיה והלכתיה המדבר ודברתי צֶל־לבה

Als Nächstes die Transkription aus dem Hebräischen:
la'chen hineh unochi miftihah vehalachtihah
hamidbar vedibarti al'livah.

Als Drittes der deutsche Text in der Übersetzung der Schlachter-Bibel:

Darum siehe, ich will sie locken und in die Wüste führen und ihr zu Herzen reden.

Wir werden den Vers Wort für Wort durchgehen und jeweils die Wörter betonen, die wir näher betrachten wollen, sowohl in der hebräischen Schrift und deren Transkription. Auf diese Weise ist dem Verlauf des Textes leicht zu folgen.

Wir beginnen unsere Studie mit dem ersten Wort des Satzes, welches das erste hebräische Wort von rechts und der Transkription von links ist:

לכן הנה אנכי מפתיה והלכתיה המדבר ודברתי צֶל־לבה

la'chen *hineh unochi miftihah vehalachtihah*
hamidbar vedibarti al'livah.

Darum *siehe, ich will sie locken und in die Wüste führen und ihr zu Herzen reden.*

לכן – *la'chen* – darum

Wann immer man in der Bibel auf das Wort „darum" stößt, besonders wenn es am Anfang eines Verses steht, sollte man nicht weiterlesen, ohne zuvor zu erkunden, warum dieses Wort dort eingesetzt wurde und in welchem Kontext es steht. Meistens findet man spezifische Hinweise in den vorangehenden Versen. Hier in Hosea 2,16 ist das Wort „darum" eine Antwort auf die Anklage des Herrn bezüglich des ehebrecherischen Verhaltens von Israel und die grimmige Verheißung göttlicher Vergeltung, die in den vorausgehenden Versen zum Ausdruck gebracht wird:

> Ich will auch ihren Weinstock und ihren Feigenbaum verwüsten, von denen sie sagt: „Das ist der Lohn, den mir meine Liebhaber gegeben haben!" Ja, ich will sie in eine Wildnis verwandeln, dass sich die Tiere des Feldes davon nähren sollen. Ich will sie strafen für die Festtage der Baale, an denen sie ihnen räucherte und sich mit ihren Ohrringen und ihrem

Geschmeide schmückte und ihren Liebhabern nachlief und mich vergaß! spricht der Herr. – Hosea 2,14–15

In einem der nachfolgenden Kapitel im Buch Hosea lesen wir noch mehr über den Zorn des Herrn gegen Israel:

> Hört das Wort des Herrn, ihr Kinder Israels! Denn der Herr hat einen Rechtsstreit mit den Bewohnern des Landes, weil es keine Wahrheit, keine Liebe und keine Gotteserkenntnis im Land gibt. Fluchen und Lügen, Morden, Stehlen und Ehebrechen hat überhandgenommen, und Blutschuld reiht sich an Blutschuld. – Hosea 4,1–2

Sieben Jahre nach dieser Prophetie von Hosea schreibt auch der Prophet Amos von Gottes Verärgerung über das Verhalten Israels:

> So spricht der Herr: Wegen drei und wegen vier Übertretungen von Israel werde ich es nicht abwenden: Weil sie den Gerechten um Geld verkaufen und den Armen für ein Paar Schuhe; weil sie selbst nach dem Erdenstaub auf den Köpfen der Geringen gierig sind und die Wehrlosen vom Weg stoßen; weil Vater und Sohn zu derselben jungen Frau gehen, um meinen heiligen Namen zu entheiligen; und auf gepfändeten Kleidern strecken sie sich aus neben jedem Altar und vertrinken Wein von auferlegten Abgaben im Haus ihrer Götter! – Amos 2,6–8

Israel diente zu dieser Zeit den *Baalen* (heidnischen Göttern) und einer Anzahl anderer Gottheiten und steckte deshalb in großen Schwierigkeiten. Der „Heilige Israels" war über Israels anhaltenden geistlichen Ehebruch so aufgebracht, dass er als Strafaktion mächtige Heere gegen sie aufziehen ließ. Diese verwüsteten das Land und führten die Menschen in Gefangenschaft. Gott ordnete das erste Mal sieben Jahrzehnte der Gefangenschaft an. Sie sollten zunächst seine Wege kennenlernen, ehe sie wieder ins Land zurück durften.

Es dauerte nicht lange, bis die Zurückgekehrten wieder mit fremden Göttern Hurerei trieben. Ein zorniger Gott sprach:

> Je mehr sie wurden, desto mehr sündigten sie gegen mich; darum will ich ihre Ehre in Schande verwandeln. – Hosea 4,7

64 Die Wüste

Aber es dauerte noch weitere hundertfünfzig Jahre, bevor Israels Hurerei für den Herrn unerträglich wurde (das Beispiel der Amoriter im 1. Kapitel beweist, dass Gottes Gerichte bisweilen erst nach Hunderten von Jahren ausgeführt werden), schlimmer als zu einem anderen Zeitpunkt der vorausgegangenen 600 Jahren. Die Geduld des „Mächtigen Jakobs" war wieder einmal zu Ende. Der Verlust von Land und Reichtümern an benachbarte Armeen hatte keine Änderung im Verhalten Israels bewirkt, deshalb brachte der Herr die Macht des Römischen Reiches gegen sie auf. Das Land und seine Bewohner wurden der grausamen Besatzung durch Rom unterworfen, und sie mussten hohe Steuern an Cäsar zahlen.

Nicht nur der „Heilige Israels" war über die Israeliten verärgert. Auch die Römer fanden sie niederträchtig und lästig. Die Römer wurden zum Werkzeug des Allmächtigen, um das Volk zu strafen. Die Juden zahlten einen schrecklichen Blutzoll für ihre Rebellionen, Aufstände und Kriege gegen die Römer. Über einen Zeitraum von etwa zweihundert Jahren töteten die Römischen Legionen mehrere Millionen Landesbewohner, zerstörten die Stadt Jerusalem, den majestätischen Tempel, an dem König Herodes 46 Jahre gebaut hatte (Johannes 2,20), und die Bergfestung bei Masada, die auch von Herodes errichtet worden war. Die Römer verschleppten Zehntausende Juden nach Rom und ließen sie dort im Kolosseum zur Unterhaltung der Massen mit Gladiatoren und Löwen kämpfen. Nach der Abschlachtung des größten Teils seiner Bevölkerung lag Israel über sieben Jahrhunderte lang in Schutt und Asche – gebrochen und fast menschenleer.

Zum Zeitpunkt der Entstehung dieses Buchs sind seit der Neugeburt des Staates Israel erst 64 Jahre vergangen. Doch schon jetzt nehmen hier Abtreibungen, Wahrsagerei, östliche Religionen, Okkultismus, Prostitution, Homosexualität, Korruption, Gewalt, Mord, organisiertes Verbrechen usw. überhand. (Durch Abtreibung wurden in Israel mehr Kinder getötet als von den Nazis im Zweiten Weltkrieg.) Allein in der Führungselite Israels sind Regierungsmitglieder in einen Skandal nach dem nächsten verwickelt, Skandale wegen Korruption, Bestechung, sexueller Belästigung von Angestellten, Stimmenkauf, doppelter Wahlabstimmungen, um ein bestimmtes Gesetz durchzubringen, Kauf gefälschter Universitätsabschlüsse, um höhere Gehälter zu erzielen, grobes und lügenhaftes Anschwärzen anderer Parlamentsmitglieder, um selbst weiter nach oben zu kommen, u.v.m.

Derzeit läuft die langwierige polizeiliche Untersuchung eines Geldwäsche-Skandals, bei dem es um Milliarden von Dollar geht. Einige der wohlhabendsten Menschen in Israel sind in dieses unverfrorene Verbrechen verwickelt, darunter auch der israelische Botschafter in London.

Im Januar 2007 wurde der Justizminister der sexuellen Nötigung einer jungen Frau für schuldig befunden. Nachdem er ein völlig unangemessenes Urteil zu gemeinnütziger Arbeit abgeleistet hatte, wurde er wieder in die Knesset aufgenommen und bekam den Posten des Vize-Premierministers. Ebenfalls 2007 wurde der achte Staatspräsident gezwungen, sein Amt niederzulegen. Er wurde der mehrfachen sexuellen Nötigung weiblicher Angestellter angeklagt, u. a. wegen zwei Vergewaltigungen. Nach einem langgezogenen Prozess wurde er im Dezember 2010 für schuldig befunden und zu sieben Jahren Gefängnis verurteilt.

Wie schon in Kapitel 3 erwähnt, war Ministerpräsident Ehud Olmert ebenfalls 2007 einer Untersuchung wegen Korruption und Vetternwirtschaft ausgesetzt. Am 10. Juli 2012, nach einem vierjährigen Gerichtsprozess, wurde Olmert von den zwei Hauptvorwürfen wegen Korruption freigesprochen, aufgrund von „Mangel an Beweisen", die seine Schuld „überzeugend" belegen könnten. Er wurde somit auf der Grundlage des „berechtigten Zweifels" freigesprochen. In der dritten, nicht so schweren Anklage der Vetternwirtschaft und Untreue wurde Olmert für schuldig befunden und zu einer einjährigen Gefängnisstrafe, drei Jahren Bewährung und einer Geldstrafe von 75.300 Schekel (etwa 15.800 Euro) verurteilt. Aus dem siebzig Seiten starken Urteil las der Gerichtsvorsitzende des Jerusalemer Bezirksgerichts, Richter Musya Arad, vor: „Es handelt sich dabei um ein schweres Verbrechen, nicht um einen Verfahrensfehler." Arad fügte hinzu, dass die Schwere dieses Verbrechens normalerweise eine Gefängnisstrafe rechtfertige, dass es sich hier aber um einen Sonderfall handele. Olmerts Korruptionsvergangenheit hatte ihm anscheinend allerhand Gunst bei der israelischen Justiz „erkauft". Doch am 6. November 2012 legte die Staatsanwaltschaft gegen Olmerts Freispruch und die milde Bewährungsstrafe Berufung ein. Der Staatsanwalt äußerte, dass er Olmert gerne für eine Zeit hinter Gittern sehen würde.

Ein zweites Gerichtsverfahren, in das Olmert verwickelt ist, läuft noch. Dieses Verfahren wegen Bestechung, bei dem sich vierzehn Menschen verantworten müssen, begann Anfang Juli 2012, und in den ersten Tagen der Verhandlungen platzten eine Menge Bomben, die, sollten sich die Vorwürfe als wahr erweisen, einen Sumpf schamloser, illegaler Machenschaften innerhalb der Regierungsbehörden offenbaren würden. Olmert steht wegen

Taten vor Gericht, die er während seiner Amtszeit als Bürgermeister von Jerusalem zwischen 1993 und 2003 begangen haben soll.

Ein weiterer ehemaliger Bürgermeister von Jerusalem, Uri Lupolianski, ein ultraorthodoxer Jude, der von 2003 bis 2008 im Amt war, ist gemeinsam mit Olmert in diesen Skandal verwickelt, der als der schlimmste Korruptionsskandal in der Geschichte Israels angesehen wird.

Zur gleichen Zeit wie Olmerts erstes Gerichtsverfahren fand ein anderes Verfahren gegen Olmerts ehemaligen Bürochef Shula Zaken statt. Zaken wurde des Betrugs und der Untreue im Zeitraum von Oktober 2005 bis März 2006 angeklagt. Er wurde schuldig gesprochen in „einem der schlimmsten Fälle staatlicher Korruption in der Geschichte Israels". Zaken ist auch Mitangeklagter in Olmerts zweitem Korruptionsverfahren.

Für die am 22. Januar 2013 anstehenden Wahlen spielt Olmert mit dem Gedanken, erneut für das höchste politische Amt zu kandidieren, ebenso wie ein weiterer verurteilter Verbrecher, Aryeh Deri, der ehemalige Führer der ultraorthodoxen Schas-Partei, der bereits eine lange Gefängnisstrafe wegen Betrug und Bestechung abgesessen hatte. Eine am 13. November 2012 von der *Jerusalem Post* durchgeführte Umfrage ergab, dass 63 Prozent aller Befragten meinten, eine Rückkehr Deris in die Politik wäre inakzeptabel. Trotzdem wurde Aryeh Deri mit großer Begeisterung wieder aufgestellt und auf der Parteiliste an die zweite Stelle gesetzt. „Aber ich leite die Schas", sagte Deri.

Der israelische Finanzminister trat 2007 zurück, nachdem er der Veruntreuung und Geldwäsche bezichtigt worden war. Auch der Außenminister und stellvertretende Premierminister Avigdor Lieberman gab am 16. Dezember 2012 sein Amt auf, nur fünf Wochen vor den geplanten Parlamentswahlen. Lieberman trat zurück, als der israelische Generalstaatsanwalt ankündigte, ihn der Untreue und des Betrugs anklagen zu wollen. Die israelische Justiz arbeitet schon seit sechzehn Jahren an einem Anklageverfahren gegen Lieberman! Nach meinem Wissen war dies das dritte Mal, dass die Justizbehörde nur wenige Wochen vor einer geplanten Parlamentswahl das Vorhaben ankündigte, Lieberman anzuklagen, wodurch dessen Partei unweigerlich Sitze im Parlament verlöre. Man kann darüber streiten, wer korrupter ist: Lieberman oder die Justizbehörde, die ihm offensichtlich in seiner politischen Laufbahn schaden möchte. Die Liste korrupter Regierungsmitglieder und Behörden ist praktisch endlos.

In der Bibel findet man erschütternde Beispiele dafür, was geschieht, wenn die Führer Israels durch Macht, Habgier, Frauen, falsche Götter usw.

Ein unerwünschter Gott 67

korrupt werden. Und es ist nicht von der Hand zu weisen, dass ein Volk letztendlich so wird wie seine Führer. Nur ein einziger fauler Apfel reicht aus, um eine ganze Kiste voll Obst zu verderben.

An dieser Stelle soll ganz klar gesagt werden, dass die politischen Führer Israels nicht mehr zu Korruption, Habgier und Gottlosigkeit neigen als die der meisten anderen Nationen. Auf einer Skala von null bis hundert, bei der null die korrupteste und hundert die am wenigsten korrupte Bewertung darstellt, hat die Organisation *Transparency International* in ihrem 2012 veröffentlichten Korruptionsindex Israel mit 60 Punkten auf den 39. Platz der 176 aufgelisteten Länder verwiesen. Die USA kamen auf Platz 19, mit 73 Punkten, Großbritannien auf den 17. Platz mit 74 Punkten, und Afghanistan, Nordkorea und Somalia teilen sich, mit je 8 Punkten, den Titel des korruptesten Landes der Welt.

Verfolgt man die politischen Nachrichten in anderen Ländern, wird sehr deutlich, dass das Ausmaß an Korruption, Täuschung und sexueller Ausschweifung von Regierungsmitgliedern aller möglichen politischen Schattierungen in der westlichen Welt eine große Schande ist. Wenn es noch eine rettende Gnade gibt, dann die, dass Israel, wenn nötig, sich nicht scheuen wird, auch einen Präsidenten ins Gefängnis zu sperren. Die USA haben Präsident Bill Clinton ungeschoren davonkommen lassen, nachdem er vor der Grand Jury geleugnet hatte, mit der Praktikantin im Weißen Haus Monica Lewinsky Sex gehabt zu haben.

Israelische Politiker sind nicht besser und nicht schlechter als die meisten westlichen Politiker, aber der Herr erwartet zu Recht von Israel, dass sie einem anderen Marschrhythmus folgen als die übrigen Nationen. Der Herr hat Israel für sich erwählt und ihnen befohlen:

> Sondern **ihr sollt mir heilig sein**, denn ich, der Herr, bin heilig, der ich euch von den Völkern abgesondert habe, damit ihr mir angehört! – 3. Mose 20,26

Der Herr hat immer wieder darauf hingewiesen, dass Israel für ihn heilig ist, und hat sein Volk nachdrücklich ermahnt, dass es heilig sein soll:

> Denn **ein heiliges Volk** bist du für den Herrn, deinen Gott; dich hat der Herr, dein Gott, aus allen Völkern erwählt, die auf Erden sind, damit du ein Volk des Eigentums für ihn seist. – 5. Mose 7,6

Die Wüste

Israel wurde in der Vergangenheit geboten, heilig zu sein, und heute gilt das genauso, denn sein Gott ist heilig:

> Denn ich bin der Herr, euer Gott; darum sollt ihr euch heiligen und **sollt heilig sein, denn ich bin heilig**. – 3. Mose 11,44

Immer wieder hat der Herr Israel ermahnt, heilig zu sein: „**... darum sollt ihr heilig sein, denn ich bin heilig!**" (3. Mose 11,45) und „**seid heilig; denn ich, der Herr, bin euer Gott!**" (3. Mose 20,7). Durch den Propheten Mose hat der Herr Israel als Erstes geboten, heilig zu sein:

> Rede mit der ganzen Gemeinde der Kinder Israels und sprich zu ihnen: **Ihr sollt heilig sein, denn ich bin heilig, der Herr, euer Gott!** – 3. Mose 19,2

Heilig zu sein bedeutet, sich für den Herrn abzusondern, sich ganz Gott zu weihen. Es bedeutet, moralisch und geistlich herausragend zu sein. Doch in Israel sind jene, die ein Herz für „den Heiligen Israels" haben und in seinen Wegen wandeln wollen, nur eine kleine Minderheit. Die meisten modernen Israelis sind liberale Humanisten und möchten sich keinen religiös bedingten Einschränkungen unterwerfen. Wieder einmal kommen heftige Gerichte und Strafen auf Israel zu, die sehr bald über sie hereinbrechen werden. Doch anscheinend lernt Israel nicht aus seinen Fehlern. George Santayana war es, der etwas ironisch bemerkte:

> Wer aus der Vergangenheit nicht lernt, ist dazu verurteilt, sie zu wiederholen.

Leider weist Israel eine heftige Bilanz wiederholter historischer Fehltritte auf, sehr zu seinem eigenen Schaden und Leid. Nach jedem Desaster kommt es zu einer offiziellen Übertünchung der Gründe, warum das jüdische Volk die jeweilige Katastrophe erlitten hat. Beispiel: Die offizielle religiöse Begründung für die Zerstörung Jerusalems und des Tempels durch die Römer sowie die Ermordung von Millionen von Juden und ihre Vertreibung aus Jerusalem ist, dass viele Juden in Jerusalem andere Juden schlecht behandelten. Das ist alles. Das unentschuldbare Verbrechen, Jesus, den „eingeborenen Sohn" des „Höchsten Gottes" (Psalm 78,56) der Kreuzigung überliefert zu haben, und der schreckliche Fluch, den die Menschen dadurch auf sich selbst luden, als sie riefen: „Sein Blut komme über uns und über unsere Kinder" (Matthäus 27,25), wird mit keinem Wort erwähnt. In einigen Dingen sind die Juden wie Strauße, die ihren Kopf in den Sand stecken.

Ein unerwünschter Gott 69

Das dem Volk Israel bevorstehende Leid wird sicherlich über sie hereinbrechen, weil sie nicht bereit sind, sich zu demütigen, der Wahrheit ins Gesicht zu sehen und für ihren Glaubensabfall und ihre Sünde Buße zu tun. Der jüdisch-religiöse Stolz stinkt zum Himmel. 1998 belehrte mich ein amerikanischer ultraorthodoxer Rabbi – nur eine Woche, bevor er mich um 500 US-Dollar betrog – folgendermaßen:

> Wir Juden sind innen und außen rechtschaffen. Die Heiden sind mit den Schweinen verwandt, die sich in ihrem eigenen Dreck suhlen.

Ein Hoffnungsschimmer für eine Herzensänderung innerhalb Israels entstand im Dezember 2011, als Premierminister Benjamin Netanjahu verkündete, er habe vor, die Praxis der ehemaligen Premierminister David Ben-Gurion und Menachem Begin wieder aufzunehmen und in seiner Amtswohnung für Forscher, Beamte und geladene Gäste ein regelmäßiges Bibelstudium abzuhalten. Netanjahu sagte, dass er diesen Unterricht wieder einführen wollte, um die Liebe zur Bibel lebendig zu halten. Im März 2010 hatte Netanjahus Sohn Avner das Nationale Bibelquiz von Israel gewonnen, und im Juli 2010 sagte Netanjahu zu Larry King, am Samstagmorgen studiere er gern mit seinem Sohn Avner die Bibel.

Möge dieses Beispiel guter Leiterschaft viele Israelis dazu inspirieren, eine Liebe zur Bibel und zum „Heiligen Israels" zu entwickeln und zu pflegen.

Wir dürfen in der Tat nicht übersehen, dass die Segnungen, die in Hosea 2,16–17 genannt werden, Israel nicht erreichen können, ehe Gott sie für ihre Taten, die in den Versen davor aufgeführt werden, zur Rechenschaft gezogen hat.

Es gibt heute auf der ganzen Welt Menschen mit einer Liebe für Israel, darunter auch verschiedene Leiter großer christlicher Werke, die fest glauben, dass Israel nie wieder etwas wirklich Schreckliches zustoßen wird. Einige glauben sogar, dass die Juden noch nicht einmal durch das reinigende Blut von Yeschua (Jesus) gerettet zu werden brauchen. An diesem Punkt bin ich ganz entschieden anderer Meinung.

Christen sollten keine Angst haben, für das, was sie wirklich glauben, einzustehen, auch wenn sie damit gegen den Strom schwimmen. Ein bisschen Staub aufzuwirbeln ist nicht verkehrt. Folgendes stammt aus der Feder von Adrian Rodgers:

Die Wüste

> Es ist besser, wegen der Wahrheit getrennt zu sein als im Irrtum vereint. Es ist besser, die Wahrheit zu verkünden, die zunächst schmerzt, aber dann Heilung bringt, als eine Lüge zu verbreiten. Es ist besser, dafür gehasst zu werden, dass man die Wahrheit sagt, als dafür geliebt zu werden, dass man lügt. Es ist besser, mit der Wahrheit allein zu stehen, als sich gemeinsam mit der Menge zu irren.

Vor diesem Hintergrund glaube ich, dass Israel eine extrem schwierige und katastrophenreiche Zeit bevorsteht, ehe es wieder mit seinem Schöpfer vereint wird. Ich bin auch der Meinung, dass unsere Schriftstelle aus Hosea den Plan Gottes für den schon begonnenen Wiederherstellungsprozess darlegt.

Gott straft Israel auch heute noch. Jeder fünfte Israeli hat einen Verwandten oder einen Freund in den letzten zwölf Jahren durch den palästinensischen Terror verloren, verletzt wurden in dieser Zeit Verwandte oder Freunde von fast dreizehn Prozent und ähnlich viele haben einen Terroranschlag oder seine direkten Folgen mit eigenen Augen gesehen. Riesige Gebiete des biblischen Israels, sein göttliches Erbe, ist im Versuch, den Terror zu stoppen, an die Feinde abgetreten worden, aber der Frieden bleibt ihnen nach wie vor versagt. Wieder hat der Herr Teile des Landes Israel abgeteilt und den Feinden gegeben, genauso wie er im alten Israel Teile des Erbes in die Hand der Feinde gab. Doch der Schmerz, den Israel erleidet, ist lediglich ein Vorgeschmack dessen, was noch kommen wird. Israel muss und wird seine Lektion lernen. Trotz seiner viertausendjährigen Geschichte hat Israel immer noch nicht das Grundprinzip gelernt, das sein Schöpfer von ihnen verlangt:

> Und du sollst den Herrn, deinen Gott, lieben mit deinem ganzen Herzen und mit deiner ganzen Seele und mit deiner ganzen Kraft. – 5. Mose 6,5

Ein großer Teil des Volkes Israel lehnt seinen Schöpfer heute wieder ab. Doch daraus folgt kein drittes Strafexil. Der „Heilige Israels" hat andere Pläne.

Mehrere Male in der Vergangenheit, wenn Israel vom Glauben abfiel und dadurch in große Schwierigkeiten geriet, kam irgendwann der Zeitpunkt, an dem *der Heilige* sich ihrem Schreien gegenüber blind und taub stellte. Hier ein Beispiel:

Ein unerwünschter Gott 71

Und wenn ihr eure Hände ausbreitet, verhülle ich meine Augen vor euch, und wenn ihr auch noch so viel betet, höre ich doch nicht, denn eure Hände sind voll Blut! – Jesaja 1,15

Viele Juden und Christen glauben, dass Gott jedes Gebet erhört. Aber das ist schlechte Theologie. Zwar reagiert der Allmächtige immer auf ernst gemeinte Buße, aber Gebet hat nicht unbedingt dieselbe Auswirkung, und die oben zitierte Schriftstelle ist ein Beweis dafür. Oft, wenn der Allmächtige etwas beschlossen hat, wird Gebet wie an einem ehernen Himmel einfach abprallen. Gott wird nicht hören.

Ich bin der Überzeugung, dass Israel den Punkt erreicht hat, an dem Gott wieder einmal seine Ohren vor ihren Schreien verschließt. Israel ist selbst schuld an dieser Situation. Wieder einmal ist das Volk gewissermaßen vom Glauben abgefallen, allein durch die hohe Abtreibungsrate sind seine Hände voller Blut.

Aus diesem Grund muss der Allmächtige Israel streng behandeln, ehe sie neu erkennen werden, dass er sich sehr wohl um ihre Angelegenheiten kümmert. Wenn Israel sich wieder der Gegenwart Gottes bewusst ist, dann wird es die Beziehung mit ihm von Neuem suchen und auf sein Handeln eingehen.

Der größte Teil des weltweiten Judentums – ich sage dies ganz bewusst: die Mehrheit aller Juden weltweit – glauben nicht an Gott. Wer unter ihnen nicht hundertprozentiger Atheist ist, hat zwar eine Vorstellung von Gott, aber keinen echten Glauben. Dazwischen besteht ein himmelweiter Unterschied, ein Unterschied wie Tag und Nacht. Das ist ein bestürzender Gedanke, und viele der Leser können ihn vielleicht nicht akzeptieren, aber „glauben" bedeutet vertrauen, die Überzeugung haben, sein Vertrauen in jemanden setzen – und dann auch zu dieser Überzeugung stehen.

Die überwältigende Mehrheit der Juden in Amerika und Israel sind liberale, säkulare Humanisten, und der säkulare Humanismus ist nichts weiter als eine naive Form des Atheismus.

Viele der israelischen säkularen Humanisten scheren sich keinen Deut um das Land, um Israels göttliches Erbe. Sie wollen ganz einfach in Ruhe gelassen werden, um „sich niederzusetzen, um zu essen und zu trinken, und aufzustehen, um sich zu belustigen" (2. Mose 32,6). Israel wird für seine Taten teuer bezahlen, denn es steht geschrieben: „Zahlreich werden die Schmerzen derer sein, die einem anderen [Gott] nacheilen" (Psalm 16,4).

72 Die Wüste

In der letzten Aussage in Hosea 2,15, der Anklageschrift Gottes gegen Israel, heißt es: „Mich aber hat sie vergessen" (Elberfelder). Das erste Wort in Vers 16 ist: **„Darum"**, und mit diesem Wort beginnt Gottes Reaktion auf dieses Vergessen. Der „Heilige Israels" hat eine Ereigniskette ausgelöst als Antwort auf die Tatsache, dass Israel ihn vergessen hat und anderen Liebhabern nachläuft. In rasantem Tempo entwickelt sich das heutige Israel zu einer geistlichen und materialistischen Hure.

Oberflächlich betrachtet erscheint der Vers 16 in der Übersetzung recht harmlos:

> Darum: Siehe, ich werde sie locken und sie in die Wüste führen und ihr zu Herzen reden. – Hosea 2,16

Doch dieser Vers ist in Wirklichkeit nicht so harmlos, wie er aussieht. Das werden wir besser verstehen, wenn wir den Vers in Teile aufgliedern, mit denen wir uns nach und nach befassen werden. Die so schlicht erscheinenden Worte verdecken die realen, zukünftigen politischen, physischen und geistlichen Bedrängnisse. Das Wort „darum", das der Anklage Gottes folgt, sollte den Juden einen Schauer den Rücken herunter jagen. Hier ein Beispiel, in welchem Kontext das fettgedruckte Wort „darum" (oder „da") in einem Abschnitt aus dem Buch Nehemia gebraucht wird:

> Und die Kinder zogen hinein und nahmen das Land ein. Und du demütigtest vor ihnen die Einwohner des Landes, die Kanaaniter, und gabst sie in ihre Hand, ebenso ihre Könige und die Völker im Land, dass sie mit ihnen nach Belieben handelten. Und sie eroberten feste Städte und ein fettes Land und nahmen Häuser in Besitz, mit allerlei Gut gefüllt, ausgehauene Brunnen, Weinberge, Ölbäume und Obstbäume in Menge; und sie aßen und wurden satt und fett und ließen sich's wohl sein in deiner großen Güte.
> Aber sie wurden widerspenstig und lehnten sich auf gegen dich und warfen dein Gesetz hinter ihren Rücken und erschlugen deine Propheten, die gegen sie Zeugnis ablegten, um sie zu dir zurückzuführen, und verübten große Lästerungen. **Darum** gabst du sie in die Hand ihrer Feinde, die sie bedrängten. Doch zur Zeit ihrer Drangsal schrien sie zu dir, und du erhörtest sie vom Himmel her und gabst ihnen nach deiner großen

Barmherzigkeit Retter, die sie aus der Hand ihrer Feinde erretteten. Aber sobald sie Ruhe hatten, taten sie wiederum Böses vor dir. **Da** hast du sie der Hand ihrer Feinde überlassen; die herrschten über sie. Wenn sie dann wieder zu dir schrien, erhörtest du sie vom Himmel her und hast sie oftmals errettet nach deiner großen Barmherzigkeit. Und du ließest ihnen bezeugen, dass sie zu deinem Gesetz zurückkehren sollten; aber sie waren übermütig und folgten deinen Geboten nicht, sondern sündigten gegen deine Bestimmungen, durch die der Mensch leben wird, wenn er sie tut; und sie entzogen dir widerspenstig ihre Schulter und waren halsstarrig und folgten nicht. Du aber hattest viele Jahre lang Geduld mit ihnen und hast gegen sie Zeugnis ablegen lassen durch deinen Geist, durch deine Propheten; aber sie wollten nicht hören. **Darum** hast du sie in die Hand der Völker der Länder gegeben. Aber nach deiner großen Barmherzigkeit hast du sie nicht völlig vertilgt und sie nicht verlassen. Denn du bist ein gnädiger und barmherziger Gott! – Nehemia 9,24–31

In dieser Bibelstelle steht das Wort „darum" im Zusammenhang mit Hungersnot, Tod, Exil und Unterdrückung – die direkte Folge davon, dass Israel Gott, der es geschaffen, geliebt und ihm beigestanden hatte, „vergaß". Es besteht kein großer Unterschied zwischen dem, was das antike Israel tat, und dem, was das moderne Israel heute tut. Deshalb wird das „Darum" aus Hosea 2,16 auf den heutigen Staat Israel entsetzliche Auswirkungen haben. Erst wenn Israel zum Herrn schreit, wird er hören und ihr Schicksal wenden. Aber das Volk schreit nicht zum Herrn. Wieder einmal haben sie ihn vergessen.

5
Vergessen, aber nicht verschwunden

Nachdem wir unser Studium von Hosea 2,16 mit der Untersuchung des Wortes „darum" begonnen haben, wollen wir uns jetzt dem zweiten hebräischen Wort des Textes zuwenden:

לכן הנה אנכי מפתיה והלכתיה המדבר ודברתי צֶל־לבה

la'chen **hineh** *unochi miftihah vehalachtihah*
hamidbar vedibarti al'livah.

Darum **siehe**, ich will sie locken und in die Wüste führen und ihr zu Herzen reden.

הנה – *hineh* – „siehe"

Das Wort „siehe" wird in der Bibel meistens verwendet, wenn die Aufmerksamkeit des Hörers geweckt, wenn etwas Wichtiges angesprochen werden soll. In unserer Sprache würde diesem Wort oft ein Ausrufezeichen folgen, und auch in diesem Satz wäre das angebracht. Es bedeutet fast so viel wie „mit Sicherheit" oder „ganz sicher". „Siehe!" ist deshalb nicht nur eine Art, die Aufmerksamkeit des Hörers zu wecken, sondern auch eine dringende Aufforderung, sich das, was folgt, zu Herzen zu nehmen. Wenn es in einem Kontext wie dem von Hosea 2,16 steht, dann ist הנה *hineh* (*siehe!*) ein Hinweis darauf, dass das Folgende sicherlich eintreten wird.

Wenn Gott, der Herr, spricht, dann macht er keine leeren Worte, wie viele Menschen es oft tun. Wenn der Herr spricht, dann setzt er den Menschen immer nur von etwas in Kenntnis, das ihm zum Besten dient. Wenn man das bedenkt, dann versteht man vielleicht, warum es in den

Evangelien sechsmal erwähnt wird, dass Jesus gesagt hat: „Wer Ohren hat zu hören, der höre" (z. B. in Matthäus 11,15).

Im nächsten Kapitel dieses Buches werden wir ein weiteres Beispiel für den Einsatz dieses Wortes als Aufmerksamkeitserreger betrachten, und zwar in einem drohenden Ausspruch gegen Pharao. Das zweite Beispiel wird unmissverständlich zeigen, dass der Herr es oft außerordentlich ernst meint, und das häufig in ungewöhnlich kurzen Reden.

Das Wort הנה – *hineh* wird im modernen Hebräisch üblicherweise als Antwort auf die Frage gebraucht, wo sich jemand befindet. Wenn sich eine israelische Mutter zum Beispiel fragt, wo ihr kleiner Sohn Abraham ist, könnte sie rufen: „Abraham, wo bist du?" Abraham, wie die meisten kleinen Kinder, würde sicherlich mit einem kurzen, knappen הנה – *hineh* antworten, was so viel bedeutet wie: „Hier!"

Im Buch Jesaja gebraucht der Prophet eine Verbindung aus den Worten הנה – *hineh* (siehe) und אני – *ani* (mich) in dem bekannten Dialog mit dem Herrn im 6. Kapitel:

> Und ich hörte die Stimme des Herrn fragen: Wen soll ich senden, und wer wird für uns gehen? Da sprach ich: **Hier bin ich**, sende mich! – Jesaja 6,8

Auf Hebräisch lautete Jesajas Antwort an Gott הנני – *hinehni*, was wortwörtlich übersetzt werden kann als: „Sieh mich an!" Meist wird es übersetzt mit: „Hier bin ich!", und in den meisten Übersetzungen hat der Satz ein Ausrufezeichen am Ende. Üblicherweise wird in Israel הנה – *hineh* in der Bedeutung „Ich bin hier!" verwendet.

Jesaja antwortete dem Herrn so, wie ein hilfsbereiter Schuljunge auf die Frage eines Lehrers antworten würde, ob jemand eine wichtige Besorgung für ihn erledigen möchte. Der Lehrer könnte die Klasse fragen: „Wer möchte für mich gehen?" Ohne einen Moment zu zögern, hebt ein Schüler den Finger, springt auf und sagt laut: *Hier bin ich – sende mich!* Jesaja war allerdings über den Auftrag, den der „Heilige Israels" ihm gab, ziemlich entsetzt. Es hat für ihn sicherlich Momente gegeben, in denen er bereute, sich so bereitwillig zur Verfügung gestellt zu haben. Aber darüber später mehr.

Außer dass הנה – *hineh* ein Aufmerksamkeit erregendes „Siehe!" ist, gibt es, zumindest für mich, einen interessanten Aspekt seiner Ver-

Vergessen, aber nicht verschwunden

wendung durch den „Heiligen Israels". Am Ende seiner Anklage gegen Israel in Hosea 2,15 sagt er: „... doch mich haben sie vergessen." Indem er das Wort הנה gebraucht, sagt der Herr im Grunde: „Israel hat mich vergessen, doch ich bin hier!"

Israel mag seinen Schöpfer vergessen haben, aber Gott hat Israel auf gar keinen Fall vergessen. Wir tun gut daran zu denken, dass da, wo wir sind, auch Gott ist. Wir mögen ihn vergessen, aber er ist uns trotzdem näher als die Luft, die uns umgibt. Nur unsere Sünde hält uns davon ab, uns seiner Gegenwart bewusst zu sein. Was für uns gilt, gilt auch für das Volk Israel:

> ... eure Missetaten trennen euch von eurem Gott, und eure Sünden verbergen sein Angesicht vor euch, dass er nicht hört! – Jesaja 59,2

Die Sünden des modernen Israel haben es von seinem Schöpfer getrennt. Und die orthodoxen Rabbis in Israel sind sich einig, dass Israel sich zurzeit in einer Situation befindet, wo Gott sein Angesicht vor dem Volk verbirgt. Es mag wohl sein, dass er sein Angesicht verbirgt und die Gebete für Israel nicht erhört, aber er schweigt nicht. Er sagt: „Mich haben sie vergessen. Darum, siehe! ..."

6

Die Einzigartigkeit des Herrn

Das nächste Wort im hebräischen Text, auf das wir eingehen wollen, ist ein Wort, das eventuell einige Christen stören wird. Manche werden an dieser Stelle sicherlich Probleme haben, weil sie glauben, dass es Dinge gibt, die Gott nie tun könnte oder wollte, einmal abgesehen davon, dass er nie seine Versprechen oder sein Wort bricht oder lügt. Eines dieser Dinge ist die Verhärtung des Herzens von Pharao. Immer wieder sagt Gott uns in seinem Wort, dass er das Herz Pharaos verhärtet hat. Ein Beispiel:

> Da sprach der Herr zu Mose: Geh zum Pharao, **denn ich habe sein Herz** und das Herz seiner Knechte **verstockt**, damit ich diese meine Zeichen unter ihnen tue. – 2. Mose 10,1

Der Herr erklärt, warum er so an Pharao gehandelt hat:

> ... aber ich habe dich eben dazu bestehen lassen, dass ich an dir meine Macht erweise und dass mein Name verkündigt werde auf der ganzen Erde. – 2. Mose 9,16

Jahrtausende nach der Vernichtung Ägyptens sprechen Menschen immer noch über die Plagen Ägyptens und den Auszug der Israeliten. Offensichtlich war die Strategie des Herrn ein durchschlagender Erfolg. Und doch können manche nicht akzeptieren, dass der Herr wirklich das Herz der Pharao verstockt hat, um seine Pläne auszuführen.

Einer von diesen, die Gottes absolute Souveränität anscheinend nicht akzeptieren konnten, war Joseph Rotherham, der 1902 seine englische Bibelübersetzung, die *Emphasized Bible*, fertigstellte. Bis in die späten 1960er-Jahre enthielten die Ausgaben der *Emphasized Bible* ausgiebige Kommentare Rotherhams, in denen er darlegt, dass Gott das Herz des Pharao nicht habe verstocken wollen oder können. Mit Genugtuung stelle ich fest, dass die jüngste Ausgabe der *Emphasized Bible* die Fußnoten mit Rotherhams Kommentaren zu den betreffenden Schriftstellen nicht mehr beinhaltet.

Manche werden sich Rotherhams Meinung sicherlich anschließen. Doch auf der Grundlage des Schriftbeweises werden die meisten das nicht tun. Der Herr ist absolut souverän. Die Geschichte zeigt wiederholt, dass er willens ist, einige wenige zugunsten der vielen zu opfern. Obwohl Rotherham die nachstehenden Verse nicht kommentierte, müssen sie ihm und anderen einiges an Kopfzerbrechen beschert haben:

> So spricht der Herr: Um Mitternacht **will ich** mitten durch Ägypten **gehen**, und alle Erstgeburt im Land Ägypten soll sterben – von dem Erstgeborenen des Pharao, der auf seinem Thron sitzt, bis zum Erstgeborenen der Magd, die hinter der Handmühle sitzt; auch alle Erstgeburt unter dem Vieh. Und es wird ein großes Geschrei sein im ganzen Land Ägypten, wie es niemals gewesen ist, noch sein wird. – 2. Mose 11,4–6

Der Begriff „Erstgeborener" bezeichnet normalerweise den ältesten Sohn. Wir wissen, dass die Erstgeborenen aller Ägypter, vom Pharao bis zum geringsten Diener, in jener Nacht starben. Diese letzte Heimsuchung wurde vom Herrn selbst ausgelöst: der Tod aller männlichen Erstgeborenen im Land Ägypten, vom Erstgeborenen in der Nachkommenschaft Pharaos bis zu jedem anderen ägyptischen Erstgeborenen, einschließlich der Diener und der Tiere.

So oft meinen wir, dass die Tötung der Erstgeborenen sich auf die Söhne beschränkte, wie zum Beispiel den erstgeborenen Sohn Pharaos. Aber unter den Erstgeborenen, die in dieser tragischen Nacht starben, waren auch viele Großväter, Väter, Ehemänner und Enkel. Genau in dieser unheilvollen Nacht führte Gott die Israeliten aus Ägypten heraus.

Es ist genauso töricht zu glauben, dass Gott nicht der Urheber dieser Todesfälle war, wie zu glauben, dass er nicht derjenige war, der Pharaos Herz verstockte.

In Jeremia 18, Verse 2–10, finden wir das Gleichnis vom Töpfer, der seinen Ton formt. Der Töpfer steht für den Herrn. Wenn der Topf dem Töpfer nicht gefällt, dann macht er ihn noch einmal neu. In Römer, Kapitel 9, wendet der Apostel Paulus dieses Gleichnis vom Töpfer direkt auf Pharao an und geht dann noch einen Schritt weiter. Im 21. Vers schreibt Paulus:

> Hat nicht der Töpfer Macht über den Ton, aus derselben Masse das eine Gefäß zur Ehre, das andere zur Unehre zu machen? – Römer 9,21

Im nächsten Vers sagt Paulus:

> Wenn nun aber Gott, da er seinen Zorn erweisen und seine Macht offenbar machen wollte, mit großer Langmut die Gefäße des Zorns getragen hat, die zum Verderben zugerichtet sind ... – Römer 9,22

Pharao und die Ägypter waren Gefäße des Zorns, Menschen, die wegen ihrer trotzigen Rebellion eine tiefe Schuld vor dem Herrn trugen. Sie hatten ihre Zerstörung selbst in die Wege geleitet: das Verstocken ihrer Herzen und ihre letztendliche Vernichtung waren die Folge dessen, dass sie Gottes Gnade ablehnten und seine Güte verschmähten.

Nach der siebten Katastrophe – Regen und mit Feuer vermischter Hagel –, die das Land Ägypten stark geschwächt hatte, gab Pharao schließlich zu, dass er gegen den Herrn gesündigt hatte, und bat um eine Beendigung dieser Plagen, die ein Zeichen der Macht Gottes waren:

> Da sandte der Pharao hin und ließ Mose und Aaron rufen und sprach zu ihnen: Diesmal habe ich mich versündigt! Der Herr ist gerecht; ich aber und mein Volk sind schuldig! Bittet aber den Herrn, dass es nun genug sei mit dem Donner Gottes und dem Hagel; so will ich euch ziehen lassen, und ihr sollt nicht länger hierbleiben! – 2. Mose 9,27–28

Doch sobald die Gefahr für den Pharao gebannt war, kehrte er wieder zu seiner vorigen Denkweise zurück und weigerte sich, die Israeliten ziehen zu lassen:

> Als aber der Pharao sah, dass der Regen, der Hagel und der Donner nachließen, versündigte er sich weiter und verhärtete sein Herz, er und seine Knechte. – 2. Mose 9,34

Pharaos Herz war auf Sünde und Bosheit ausgerichtet, und deshalb verurteilte er sich und das ägyptische Volk selbst zu diesem göttlichen Gericht. Diese Ausrichtung auf Sünde und Bosheit galt auch für fast die gesamte Erdbevölkerung im Vorfeld der Sintflut. Es steht geschrieben:

> ... der Herr sah, dass die Bosheit des Menschen sehr groß war auf der Erde und alles Trachten der Gedanken seines Herzens allezeit nur böse. – 1. Mose 6,5

Was war Gottes Reaktion?

> Denn siehe, **ich will** die Wasserflut über die Erde bringen, um alles Fleisch, das Lebensodem in sich hat, zu vertilgen unter dem ganzen Himmel; alles, was auf der Erde ist, soll umkommen! – 1. Mose 6,17

Es ist sehr wichtig zu erkennen und zu verstehen, dass der Allmächtige Gott absolut souverän ist, sowohl im Himmel als auch auf der Erde:

> Doch er, der Eine – wer kann ihm wehren? –, **er tut, was seine Seele begehrt**. – Hiob 23,13 (Elberfelder)

„Der Eine" – das bedeutet, dass Gott einzigartig ist. Er existiert aus sich selbst heraus, genügt sich selbst und ist eigenständig. Am Anfang hauchte Gott den Staub an, und er wurde zu einem Menschen. Und ebenso haucht Gott den Menschen an, und er wird wieder zu Staub.

> **Alles, was dem Herrn wohlgefällt, das tut er**, im Himmel und auf Erden, in den Meeren und in allen Tiefen. – Psalm 135,6

> **... der ich das Licht mache und die Finsternis schaffe; der ich Frieden gebe und Unheil schaffe. Ich, der Herr, vollbringe dies alles.** – Jesaja 45,7

> Alles hat der Herr zu seinem bestimmten Zweck gemacht, **sogar den Gottlosen für den Tag des Unheils**. – Sprüche 16,4

Die letzten beiden Verse müssen all jenen Probleme bereiten, die versuchen, Gottes Handlungen durch Vernunft zu erklären, indem sie sich auf das Gebiet der Apologetik begeben. Wie schon im 2. Kapitel erwähnt: Sowohl das Tatsächliche als auch das Mögliche sind dem Befehl und dem Einfluss

Gottes unterworfen. Es gibt nichts, was Gott nicht tun kann oder wird, wenn er es tun möchte. Albert Barnes, der Verfasser des weithin anerkannten Bibelkommentars *Barnes – Notes on the Bible*, schrieb sehr weise: „Was Gott zulässt, das kann er auch getan haben." Diesen neun Worte kurzen Satz sollte sich jeder Christ zu Herzen nehmen.

Nach diesem Versuch, die absolute Souveränität Gottes im Denken der Leser zu verankern, wenden wir uns jetzt dem dritten Wort des hebräischen Textes in Hosea 2,16 zu:

לכן הנה **אנכי** מפתיה והלכתיה המדבר ודברתי צֵל־לִבה
*la'chen hineh **unochi** miftihah vehalachtihah*
hadmidbar vedibarti al'livah.

Darum siehe, **ich will** sie locken und in die Wüste führen und ihr zu Herzen reden.

אנכי – *unochi* – „ich selbst"

Ein einfaches „Ich will" wie im Deutschen gibt den hebräischen Ausdruck nicht voll wieder. Die wortwörtliche Übersetzung des Hebräischen ist „ich selbst will", nämlich der HERR Gott, der Allmächtige, „der Schöpfer und König Israels" (Jesaja 43,15) selbst wird die Dinge ausführen, die in Hosea 2,16–17 beschrieben werden. Keiner wird sagen können, dass die Schwierigkeiten, die Israel bevorstehen und die es aushalten muss, sein Werk oder das Werk Satans, der Hisbollah, der Palästinenserbehörde, der Hamas, des islamischen Dschihad, der Nachrichtenmedien, der USA, der Europäischen Union oder der Heiden wären – oder was man sich sonst noch irrtümlicherweise vorstellen könnte. Es wird einzig und allein das Werk des „Heiligen Israels" sein.

Im 2. Buch Mose gibt es einen Vers über Pharao und die Tötung der Erstgeborenen, der ganz genau die folgenschwere Bedeutung des zweiten und dritten Wortes in unserem hebräischen Text illustriert. Zunächst die deutsche Übersetzung:

> Darum sage ich dir: Lass meinen Sohn ziehen, damit er mir dient; wenn du dich aber weigern wirst, ihn ziehen zu lassen, **siehe, so werde ich** deinen eigenen erstgeborenen Sohn umbringen! – 2. Mose 4,23

Die Wüste

Als Nächstes der hebräische Text aus 2. Mose 4,23, bei dem das zweite und dritte Wort unseres Studiertextes hervorgehoben wurden, anschließend die Transkription:

ואמר אליך שלח את־בני ויעבדני ותמאן לסלחו הנה אנכי
הרג את־בנך בכרך

*veamar elechah shaluch et beneh veya'avdeni
vetmaen l'shalcho **hineh unochi** horeg et binchah
b'korechah.*

Wie schon zuvor erläutert, dient der Ausdruck הנה – *hineh* – *siehe!* dazu, die Aufmerksamkeit des Hörers zu wecken. In diesem Abschnitt aus dem 2. Buch Mose wird er in ähnlicher Weise gebraucht, gefolgt von אנכי – *unochi* – „ich selbst".

Eine Redensart sagt: „Wenn du möchtest, dass etwas richtig gemacht wird, mach es selbst." Wenn der Herr spricht: „Siehe!", und gleich danach sagt: „Ich selbst", können wir ziemlich sicher sein, dass das, was er sagt, auch getan werden wird, und zwar bis zum letzten i-Tüpfelchen (Matthäus 5,18). Wir wissen aus biblischen Berichten auch, dass der Herr selbst in dieser Passahnacht in Ägypten umherging (2. Mose 12,27), als alle Erstgeborenen niedergestreckt wurden. In unserem Hosea-Text können wir hundertprozentig sicher sein, dass das, was der Herr ankündigt, ganz sicher auch getan werden wird. Es ist nur eine Frage des Wartens, bis es eintritt.

Der Herr wird natürlich auch andere gebrauchen, um seine Absichten bewusst oder unbewusst auszuführen. Alles Tragische, das Israel in der letzten Wüstenzeit zustoßen wird, wird von der Hand des Herrn kommen, genauso wie all das Gute, das Israel am Ende erfahren wird, auch von der Hand des Herrn kommen wird. Kein Mensch, keine Gruppierung, kein christlicher Dienst, kein Staat oder Staatenbund wird die Verantwortung dafür übernehmen können. Es wird einzig und allein das Werk des Herrn sein, des „Mächtigen Jakobs".

7

Der Verführer und die Verführten

Wir kommen nun zu dem vierten hebräischen Wort. Dieses nächste Wort hat eine größere Kraft als die drei vorangegangenen. Es sollte unsere Neugier erregen und uns dazu bewegen, unter der Oberfläche zu suchen, um das nicht ganz so Offensichtliche darzulegen. Des Herrn Wortwahl ist hier recht ausgefeilt:

לכן הנה אנכי **מפתיה** והלכתיה המדבר ודברתי צל־לבה

*la'chen hineh unochi **miftihah** vehalachtihah hadmidbar vedibarti al'livah.*

Darum siehe, ich **will sie locken** und in die Wüste führen und ihr zu Herzen reden.

מפתיה – *miftihah* – sie „locken", „betören", „verführen" und sie „täuschen"

Bisher haben wir die wortwörtliche Übersetzung der ersten drei hebräischen Worte erarbeitet: Darum, siehe! Ich selbst ... Nun müssen wir das vierte Wort hinzufügen.

Die englische „New King James"-Übersetzung (die von mir bevorzugt wird) übersetzt מפתיה – *miftihah* mit „*allure her*", auf Deutsch: „sie locken". Andere populäre Bibelübersetzungen, wie die „New International Version", die „King James Version", die „New Revised Standard Version" und die „American Standard Bible" übersetzen ebenfalls מפתיה – *miftihah* mit „sie locken". (Anm. d. Übers.: Das gilt ebenso für eine Reihe deutscher Bibelübersetzungen.) Doch dieser Satz spiegelt bei Weitem nicht die volle Bedeutung des Hebräischen wider.

Die Wüste

Es ist nicht gesagt, dass eine Bibelübersetzung deswegen besser oder genauer ist als andere, weil sie zu den beliebtesten Übersetzungen zählt. Bei der Wahl einer Bibelübersetzung geht es im Grunde darum, eine von vielen möglichen Optionen auszusuchen. Keine ist perfekt, und jede ist nur eine von vielen Möglichkeiten. Einige der nicht so bekannten Übersetzungen sind genauer, weil sie nicht so sehr von einer bestimmten Tradition beeinflusst sind und die lehrmäßige „Färbung" der Übersetzer nicht so sehr durchscheint. Jede Übersetzung hat ihre guten und schlechten Seiten.

Einige der modereneren Übersetzungen sind sicherlich einfacher zu lesen und zu verstehen als die eher wortgetreuen Versionen, denn die moderneren verwenden mehr gebräuchliche Wendungen oder Umschreibungen. Doch bin ich der Ansicht, dass ein leichteres Lesen nicht viel nützt, wenn das Geschriebene nicht eine genaue Wiedergabe des Originals ist. Ich bin der Meinung, dass es heute zu viele Bibelübersetzungen auf dem Markt gibt. Ich glaube, dass diese große Anzahl verschiedener Bibelübersetzungen die Gemeinde im Grunde nur verwirrt.

In der „Bible in Basic English" wird מפתיה – *miftihah* übersetzt mit „sie zum Kommen bewegen" (engl.: make her come), was sehr viel besser ist als „sie locken", weil darin zum Ausdruck kommt, dass Israel eigentlich keine Wahl hat. Jay P. Greens „Literal Translation of the Bible" übersetzt מפתיה – *miftihah* mit „sie ködern" (engl.: lure her), was eine noch bessere Übersetzung ist. Das Wort „ködern" drückt die wahre Bedeutung des Hebräischen aus, denn es bedeutet in Wirklichkeit „betören", „verleiten", „täuschen", „verführen".

Das Wort מפתיה – *miftihah* stammt von dem hebräischen Wort פתה – *patah*, welches an keiner Stelle der Bibel mit „locken" übersetzt wird, denn das würde den wahren Sinn des Wortes nicht wiedergeben. פתה – *patah* bedeutet wörtlich „verführen", „täuschen", „eine einfältige Person verleiten".

Es ist sehr wichtig, dass wir genau verstehen, was der Gott Israels hier sagt: Israel hat mit fremden Göttern Ehebruch getrieben und seinen Schöpfer vergessen. Deshalb wird der Herr selbst dieses unbelehrbare, halsstarrige Volk in die letzte Wüste hinein verführen, täuschen, ködern und verleiten. Anfangs wird der Aufenthalt Israels in der Wüste wie eine Bestrafung sein. Israel wird sich in schwierigen Umständen wiederfinden, isoliert, fast wie ein Leprakranker außerhalb des Lagers von Israel (3. Mose 13,46). Die Isolation des modernen Israel wird sich jedoch außerhalb des Lagers der internationalen Gemeinschaft vollziehen.

Israel wird von seinem eigenen Verlangen verführt werden, „so wie die anderen Völker zu sein". Israel möchte sich des Jochs seines „Königs" entledigen und sich so wie die Länder des Westens ganz der Sittenlosigkeit und dem Materialismus hingeben.

Als der inzwischen verstorbene Jithzak Rabin im Mai 1994 in Kairo das erste „Friedens"-Abkommen mit Jassir Arafat unterzeichnete, sagte er in seiner offiziellen Funktion als israelischer Premierminister, dass „Israel wie die übrigen Länder sein möchte". Diese Tendenz wurde auch in den darauffolgenden Jahren von anderen hochrangigen israelischen Führungspersönlichkeiten zum Ausdruck gebracht. Doch diese sollten besser bedenken, was der Herr dazu zu sagen hat:

> Denn ein heiliges Volk bist du für den Herrn, deinen Gott; dich hat der Herr, dein Gott, aus allen Völkern erwählt, die auf Erden sind, damit du ein Volk des Eigentums für ihn seist.
> – 5. Mose 7,6

Israels Berufung ist, heilig und von den anderen Völkern abgesondert und nicht ihnen gleich zu sein. Israel hat den Auftrag erhalten, „ein Volk, das abgesondert wohnt und nicht unter die Heiden gerechnet wird" zu sein (4. Mose 23,9). Israels Leiter führen das Volk in die Irre. Und wie gesagt: Ein Volk wird am Ende so werden wie seine Führer.

Diese Falschheit und das materialistische Streben locken Israel in die Wüste. Die Wüste ist ein widriger Ort, und Israel kann sich auf harte Zeiten einstellen. Der Herr wird es in eine Wüste führen, die einem Druckkessel gleicht, ein Ort der Isolation, Ödnis und Fruchtlosigkeit, ein Ort, an dem es gezwungen sein wird, sich ganz existenziell auf Gott zu verlassen. Das ist Gottes Plan für sein Volk. Am Ende wird dieser Plan die Erlösung bringen. Das wird geschehen, weil Gott sein Volk so sehr liebt und seine Zusagen nicht bricht. Der Herr wird sie „locken", „verführen", „betören" und „täuschen", um seine „halsstarrigen", widerspenstigen Kinder in die Abgeschiedenheit einer grausamen Wüste zu führen. Eine gewisse Strecke dieses Weges in die Wüste hat Israel bereits zurückgelegt und jeden Tag geht es einen Schritt weiter hinein, gelockt von seinem Schöpfer und verführt durch seine eigenen Begierden.

Das hebräische Wort מפתיה – *miftihah* kann unter anderem bedeuten: „eine einfältige Person verleiten". Wenn man die leidgeprüfte und kummervolle Geschichte des Volkes Israel betrachtet, liegt es auf der Hand, dass

Israel sehr wenig Klugheit bewiesen hat. Doch egal auf welche Weise Gott Israel dazu bringen wird, in die Wüste zu gehen, er wird sicherlich an die Begierden appellieren, die sich so sehr in ihren Herzen breitgemacht haben.

Wir können nicht verführt werden, wenn nicht zuvor ein offener oder geheimer Wunsch vorhanden ist, eine Begierde, die dem entspricht, wovon wir angelockt werden. Der Apostel Petrus weist auf diese Begierde Israels hin, wenn er sagt: „Denn mit hochfahrenden, leeren Reden locken sie durch ausschweifende fleischliche Lüste diejenigen an, die doch in Wirklichkeit hinweg geflohen waren von denen, die in die Irre gehen" (2. Petrus 2,18). Wenn Israel in die Wüste gelockt oder geködert werden kann, dann setzt das voraus, dass es sich bereits von seiner göttlichen Berufung und seinem göttlichen Erbe abgewandt hat. Die Wüste war die Zeit zwischen Ägypten und dem Verheißenen Land. Wenn das moderne Israel wieder in die Wüste gelockt wird, dann nur, weil es dem Verheißenen Land absichtlich den Rücken kehrt und die drei Tod bringenden Sünden bevorzugt:

> ... die Begierde des Fleisches und die Begierde der Augen und der Hochmut des Lebens. – 1. Johannes 2,16 (Elberfelder)

Das, was die Israeliten während ihrer vierzig Jahre langen Reise zum Verheißenen Land in der Wüste begehrten, ist ein Bild dessen, wonach das moderne Israel heute giert. In der Vergangenheit beklagten sich die Israeliten:

> Wer wird uns Fleisch zu essen geben? Wir denken an die Fische zurück, die wir in Ägypten umsonst aßen, und an die Gurken und Melonen, den Lauch, die Zwiebeln und den Knoblauch ... – 4. Mose 11,4–5

Auf ihrem Weg ins Verheißene Land erlebten die Israeliten eine übernatürliche Versorgung und es mangelte ihnen an nichts, und doch gierten sie nach fleischlichen Dingen. Nach vierundsechzig Jahren ununterbrochener göttlicher Hilfe, nachdem sie 1948 durch ein Wunder einen kleinen, ums Überleben kämpfenden Staat gründen konnten, hat Israel heute eine starke Wirtschaft, sehr wenig Arbeitslose und eine niedrige Inflationsrate. Israel zählt unter den westlichen Staaten zu den Ländern mit dem höchsten Lebensstandard, und nach Informationen der *Giga Information Group* (eines der führenden weltweiten Beratungsunternehmens) besteht ein enger Zusammenhang zwischen der wirtschaftlichen Entwicklung der westlichen Welt und der israelischen High-Tech-Industrie, da diese so fortschrittlich ist. Und doch sehnt sich Israel danach, „wie die anderen Völker zu sein".

Wenn der Schöpfer Israels das Volk mitten in eine die Seele vernichtende Wüste gelockt hat, wird es in der Tat wahrscheinlich wie die anderen Völker werden: Zum Zeitpunkt des Schreibens, also zwischen 2011 und 2013, befindet sich Amerika, Israels stärkster Verbündeter, am Rand eines finanzpolitischen Abgrunds. Island, Griechenland, Irland, Portugal und Spanien sind bankrott. Italien ist finanziell ins Taumeln geraten, und sein milliardenschwerer Ex-Premier Silvio Berlusconi sagte im September 2011, er könne es nicht erwarten, Italien zu verlassen: „Dieses beschissene Land macht mich krank." Vielleicht gehören die oben erwähnten Länder zu denen, denen Israel gleich sein möchte?

Israel hat wieder einmal seinen Schöpfer vergessen, den Einen, der es schon seit Tausenden Jahren umwirbt und sich immer noch nach ihm ausstreckt, es anfleht, zu ihm zurückzukehren:

> Ich, der Herr, bin euer Heiliger, der Schöpfer Israels, euer König. – Jesaja 43,15

Anscheinend hat Israel aus den schweren Strafen, die es in der Vergangenheit erdulden musste, nichts gelernt. Wieder einmal kehrt es Gott den Rücken: ein erprobtes Mittel für Disaster. Israel will seinen Gott nicht, es möchte „sein wie die anderen Völker".

Die Israelis gieren nach Penthäusern und Luxusvillen. Sie gieren nach einem Mercedes-Benz, einem BMW oder einem Volvo, die alle schon lange zu den Statussymbolen in Israel gehören. Ein Synonym für Gier ist Habgier, und die Bibel sagt uns, dass Habgier Götzendienst ist (Kolosser 3,5) und dass der Herr sie nicht toleriert. Viele Israelis wollen auch essen, was ihnen verboten ist: Schweinefleisch, Garnelen, Hummer und Meeresfrüchte – „so wie die anderen Völker".

Im Allgemeinen machen sich Israelis nicht die Hände schmutzig mit Arbeiten auf dem Bau oder anderen gering geschätzten Beschäftigungen. Für die niedere Arbeit stellen sie Fremdarbeiter und Araber ein, und das in den meisten Fällen zu miserablen Löhnen. Wie vor einigen Jahren ein israelischer Freund grinsend feststellte: „Wir haben nicht mehr gearbeitet, seit wir aus Ägypten ausgezogen sind."

Diese Bemerkung kann allerdings nicht als allgemein gültige Regel genommen werden. Die *Halutzim* (Pioniere), die Ende des 19., Anfang des 20. Jahrhunderts aus Russland, Deutschland und anderen Teilen Europas kamen, haben von Sonnenaufgang bis Sonnenuntergang außerordentlich hart gearbeitet, meistens unter extrem schwierigen Bedingungen. Jene Pioniere haben die Grundlage für den modernen Staat gelegt und ihn aufgebaut. Doch heute liegen die Dinge anders.

Eine materialistische Generation ist herangewachsen, von denen sich die meisten, allgemein gesprochen, herzlich wenig für das Wohl des jüdischen Staates interessieren. Die meisten jungen Leute haben keine moralischen Werte und sind durch MTV und andere sittenlose Fernsehsender verdorben. Viele Jugendliche wollen ihr Land nicht verteidigen und in der israelischen Armee dienen. Am 29. Mai 2012 führte *The Times of Israel* die folgende Schlagzeile: „Planungsleiter der Armee: Der IDF fehlen Tausende Soldaten". Welch eine schwere Anklage gegen die israelische Jugend!

Es gibt israelische Organisationen, die Jugendlichen helfen, den Militärdienst zu umgehen. Dieser ist für alle Israelis Pflicht, mit Ausnahme der ultraorthodoxen Jugendlichen, die in den *Yeshivot* (Talmudschulen) die Thora studieren. In den letzten paar Jahren wurde in der militärischen Hierarchie heftig über die 25 Prozent aller Jugendlichen diskutiert, die den Militärdienst nicht leisten, und es gibt verschiedene Vorschläge, wie dem abzuhelfen sei. Unter den älteren Teenagern, die den Militärdienst in der IDF leisten, wählen viele nicht die Kampfeinheiten, sondern lieber medizinische oder andere nicht-kämpfende Verwendungen. Viele der israelischen *Halutzim* und Veteranen der IDF sagen heute mit einem resignierten Seufzer:

> Wofür haben wir gekämpft? Wofür sind meine Freunde gestorben? Wir haben unsere Zeit darauf verschwendet, für andere ein Land aufzubauen, die es jetzt aufteilen und an die abgeben, die uns hassen und uns immer hassen werden.

Am 24. Juni 2012 protestierten mindestens fünftausend ultraorthodoxe Juden in Jerusalem gegen einen neuen Gesetzentwurf, durch den auch *Haredim* (ultraorthodoxe Juden) zum Kriegs- und Wehrdienst eingezogen werden könnten. Am 16. Juli protestierten mehrere Tausend ultraorthodoxe Männer gemeinsam mit etwa fünftausend Kindern dagegen, dass die *Haredi*-Jugend zum Wehrdienst verpflichtet werden soll.

Über Jahre konnten die *Haredim* sich dem Wehr- und Kriegsdienst auf unbestimmte Zeit entziehen, indem sie die Thora studierten. Heute gibt es angeblich 54.000 vollzeitliche Jeschiwa-Studenten, die vom Militärdienst befreit sind – aufgrund des sogenannten Tal-Gesetzes, das der Oberste Gerichtshof Israels vor Kurzem für verfassungswidrig erklärt hat. Etwa zehntausend der ultraorthodoxen Männer, die der Einberufung entgehen, weil sie angeblich vollzeitliche Thora-Schüler sind, besuchen in Wahrheit noch nicht einmal eine Jeschiwa.

Solange das Tal-Gesetz in Kraft war, haben sich säkulare und religiös konservative Juden diskriminiert gefühlt. Sie bilden den Hauptteil der israelischen Arbeitskräfte und dienen in der israelischen Armee. Die meisten ultraorthodoxen Juden sind nicht erwerbstätig, dienen nicht in der Armee und leisten keinerlei Staatsdienst, der auch den Polizeidienst mit einschließt. Die Familien der *Haredim* haben hohe Geburtenraten, und säkulare Steuerzahler sind gezwungen, für die Sozialleistungen, die diesen Kindern zugutekommen, zu bezahlen. Dazu gehören Wohngeld und Vergünstigungen bei der Kommunalsteuer, die insgesamt ausreichen, um eine Familie zu ernähren, während der Mann vollzeitlich die Thora studiert.

Der Oberste Gerichtshof entschied zugunsten der säkularen und konservativ-religiösen Juden und schaffte das Tal-Gesetz ab. Die neue Gesetzgebung wird die *Haredim* sowohl zum Arbeiten für ihren Broterwerb als auch zum Dienst in der Armee verpflichten, und der Mangel an Soldaten wird überwunden werden. Allerdings wird es seinen Preis haben, denn die ultraorthodoxen Juden sind dafür bekannt, sich äußerst gewalttätig und destruktiv zu zeigen, wenn sie mit Situationen konfrontiert werden, die sie als einen Angriff auf ihre Lebensweise interpretieren.

Es gibt auch Gesetzesentwürfe, staatliche Hilfen auf Lebenszeit zu entziehen, wenn sich Jugendliche, seien es Juden, Christen oder Araber, der Einberufung in die israelische Armee oder den staatlichen Dienst ohne triftigen Grund entziehen.

In der heutigen Zeit begehren Israelis meist den westlichen Materialismus. Sie trachten gierig nach dem sittenlosen, materialistischen Lebensstil der westlichen Länder. Und sie wollen das Joch ihres Schöpfers abschütteln. Sittenlosigkeit und Habgier sind das absolute Gegenteil zum Willen Gottes:

> Denn alles, was in der Welt ist, die Fleischeslust, die Augenlust und der Hochmut des Lebens, ist nicht von dem Vater, sondern von der Welt. – 1. Johannes 2,16

Doch Israel will die Welt, nicht „den Vater". Wie es schon den vergangenen Zeiten war, so ist es auch heute. Lediglich ein Überrest ist darum besorgt, jene, die der Herr für sich aufgehoben hat:

> ... alle, die ihre Knie nicht gebeugt haben vor Baal und deren Mund ihn nicht geküsst hat! – 1. Könige 19,18

Unzählige Menschen in Israel, einschließlich der politischen Führer, schreien förmlich danach, dass Israel sein soll „wie die anderen Völker". Doch es spielt keine Rolle, ob sie den Schöpfer Israels aus seinem eigenen Land hinauswerfen oder ob sie „wie die anderen Völker" sein wollen. Ihr „Schöpfer und König" wird es nicht zulassen:

> Und was euch in den Sinn gekommen ist, dass ihr sagt: „Wir wollen sein wie die Heidenvölker, wie die Geschlechter der Länder ...", das soll nicht geschehen! So wahr ich lebe, spricht Gott, der Herr, ich will selbst mit starker Hand, mit ausgestrecktem Arm und mit ausgeschüttetem Grimm über euch herrschen. – Hesekiel 20,32–33

Mit **„ausgeschüttetem Grimm"** wird Gott über Israel **„herrschen"**, ob es das will oder nicht. Darüber hinaus gibt es unzählige Berichte in der Bibel, die zeigen, dass Israels Schöpfer sein Volk schon oft „mit ausgeschüttetem Grimm" regiert hat.

Als ich 1980 nach Israel zog, konnte man am Sabbat eine Stecknadel fallen hören. Heute findet ein Großteil der kommerziellen Aktivitäten am *Schabbath* statt, und zwar in der „Heiligen Stadt". Kinos und andere Unterhaltungsorte sind geöffnet, Restaurants sowie Pubs, wo man bis um 5 Uhr morgens alkoholische Getränke kaufen kann. Der Herr hatte Israel befohlen, den siebten Tag, den Sabbat, als einen „heiligen" Tag zu begehen:

> So sollen die Kinder Israels den Sabbat halten, indem sie den Sabbat feiern für alle ihre Geschlechter, als ein ewiger Bund. Er ist ein ewiges Zeichen zwischen mir und den Kindern Israels. – 2. Mose 31,16–17a

Abgesehen von der religiösen Minderheit halten nur wenige in Israel heute den Sabbat als einen heiligen Ruhetag. Tel Aviv feiert sich als eine Stadt, „die nie schläft". Die Sittenlosigkeit des Landes Israel bewegt sich immer mehr auf ein Gossen-Niveau zu. Viele junge Menschen betrinken sich und grölen bis zum Morgengrauen um die Wette. Andere trinken in bisschen weniger und fahren hupend durch die Gegend oder lassen die Motoren ihrer Harley-Davidsons die ganze Nacht durch röhren und aufheulen.

Die „Stadt des großen Königs" ist rund um die Uhr, sieben Tage die Woche, für Handel und Vergnügungen geöffnet, und außer der religiösen Minderheit und nur einer Handvoll säkularer Israelis sind die meisten darüber sehr erfreut. Sie wollen Gottes Sabbat-Tag nicht mehr, sie verzehren sich nach den Fleischtöpfen Ägyptens.

Es gibt seit vielen Jahren in Tel Aviv ein Rotlichtviertel, und pornografische Kinofilme werden ganz offen in der Stadt beworben, weil viele Israelis eine Vorliebe für Pornografie haben. In Tel Aviv verkaufen sogar einige ultrareligiöse Juden Pornohefte an ihren Zeitungskiosken. Wenn sie von anderen religiösen Juden dafür beschimpft werden, dass sie solchen Schund verkaufen, erwidern sie darauf nur: „Das ist halt das Geschäft."

Jahrelang gab es auf den Straßen Israels illegale Prostitution, doch die liberal-linke Rabin-Regierung, die 1992 an die Macht kam, hat sie legalisiert und Prostituierten erlaubt, ganz offen von Wohnblocks aus zu operieren.

Israel rühmt sich auch unverblümt der liberalsten Homosexuellen-Gesetze der ganzen westlichen Welt. Und am 7. Juni 2002 zogen Tausende Schwule und Lesben aus ganz Israel in einer Parade durch Jerusalem: Es war die erste „Gay Pride"-Parade in der „Stadt des großen Königs". Diese sexuell und geistig kranke, irregeführte Menge marschierte unter einem Banner, auf dem auf Hebräisch stand: „Gesegnet sei, der uns in seinem Bilde geschaffen hat." Jedes Jahr nimmt dieser Gräuel größere Ausmaße an und darf sich in den Straßen Jerusalems zur Schau stellen, sehr zum Kummer vieler Bewohner.

Offizielle Schätzungen im Jahr 2007 bezifferten die Zahl der in Israel zusammenlebenden homosexuellen Paare auf 18.000. 2006 wurde Tel Aviv vom israelischen Tourismusminister sogar zur „Schwulenhauptstadt der Welt" erklärt. Die Stadt wird jetzt weltweit angepriesen und bekannt gemacht als ein „Paradies" für Homosexuelle.

94   Die Wüste

Im April 2012 hat die *Masorti* (eine konservative, religiöse jüdische Bewegung) dafür gestimmt, schwule und lesbische Studenten „für die Ordination [als Rabbis], beginnend mit dem akademischen Jahr 2012/13", zuzulassen. Der Vorsitzende des Kuratoriums des Seminars sagte: „Diese Entscheidung betont das Engagement, das jüdische Gesetz in einer sich verändernden Welt zu achten und aufrechtzuerhalten."

Der „Heilige Israels" ist weder blind noch taub. Er wird die Verschmutzung Israels und seiner Städte, insbesondere Jerusalems, der „heiligen Stadt Gottes", durch Homosexualität nicht gutheißen. Am Ende wird Israel einen hohen Preis für seine schändlichen Taten zahlen. Der Herr hat das Volk ausreichend gewarnt:

> ... wie Sodom und Gomorra und die umliegenden Städte, die in gleicher Weise wie diese die Unzucht bis zum Äußersten trieben und anderem Fleisch nachgingen, nun als warnendes Beispiel dastehen, indem sie die Strafe eines ewigen Feuers zu erleiden haben. – Judas 7

1992 hat die damalige Rabin-Regierung auch Abtreibung gefördert, die unter der säkularen Bevölkerungsmehrheit Israels weitgehend praktiziert wird. Wie schon in Kapitel 4 erwähnt, haben die Israelis mehr ungeborene jüdische Kinder umgebracht als Hitler lebende jüdische Kinder.

Jedes unverheiratete israelische Mädchen muss zwei Jahre lang Dienst in der israelischen Armee ableisten, und aufgrund der hohen Zahl an Abtreibungen, die diese Mädchen während ihres Wehrdienstes vornehmen lassen, verurteilen die religiösen Juden die israelischen Streitkräfte und bezeichnen sie als das „Staatsbordell". Jede Soldatin bekommt vom jüdischen Staat drei Abtreibungen bezahlt, benötigt sie mehr, muss sie sie selbst bezahlen.

In Tel Aviv fanden immer die größten Demonstrationen für einen „Frieden" mit Jassir Arafat statt. Alles, was auch nur im Entferntesten den Anschein hat, ihnen das Vergnügen zu verderben, wie zum Beispiel der Konflikt mit den Palästinensern, ist Zehntausenden von Menschen in dieser größtenteils liberalen, säkular-humanistischen Stadt eine Demonstration wert.

Umgekehrt finden in Jerusalem, wo zumindest ein Hauch der Furcht Gottes und ein Befolgen seiner Gebote zu finden ist, riesige „Anti-Friedens"-Demonstrationen statt.

Der verstorbene Abba Eban, einer der redegewandtesten und bekanntesten liberalen Staatsmänner Israels, schrieb über die verschiedenen religiösen und säkularen Meinungen angesichts des sensationellen militärischen Siegs im Sechstagekrieg von 1967. In diesem Krieg besiegte die *Israel Defense Force* fünf eigentlich weit überlegene arabische Armeen in sechs Tagen. Persönlich verachtete Eban die Vorstellung eines „Glaubens an eine höhere Macht", doch weil er Diplomat war, schrieb er über Israels überraschenden Sieg:

> Jene, die eher religiös denken, sahen im Ausgang des Krieges das Wirken einer göttlichen Hand. Eine eher säkulare Sichtweise schrieb unseren Triumph der effizienten militärischen Leistung und Planung zu.[1]

Es ist eine traurige Situation, in der sich die Gottlosen und die Religiösen in Israel heute befinden. Die liberalen Säkular-Humanisten bekämpfen die Religiösen mit aller Macht und an allen Fronten. Und doch waren es die religiösen Juden, die sich nicht anpassten und damit das jüdische Volk während der fast zweitausend Jahre währenden Verbannung am Leben erhielten. Und die religiösen Juden sind auch heute noch die wahren Helden.

Die religiösen Juden sind es, die sich in den von den Arabern eroberten Gebieten ansiedelten, nachdem diese ihre wiederholten Angriffskriege auf Israel verloren hatten. Sie sind es, die ständig Angriffe durch Autobomben, Raketen und Granaten erleiden und die in ihren eigenen Häusern und Autos von hasserfüllten Arabern beschossen werden. Im März 2011 wurden ein Mann und seine Frau sowie drei ihrer Kinder in ihren Betten durch Messerstiche von Palästinensern ermordet. Zwei Söhne, elf und vierzehn Jahre alt, starben als Erste, danach die Eltern, die sich ihrem Schlafzimmer befanden. Die Mörder stachen mehrfach mit dem Messer auf sie alle ein und schnitten ihnen die Kehlen durch. Als sie durch ein Fenster entkommen wollten, hörten sie ein Baby im angrenzenden Zimmer weinen. Einer der Araber ging zurück und schnitt dem drei Monate alten Baby auch noch die Kehle durch. Zum Glück wussten diese Araber nicht, dass noch zwei weitere Söhne in einem anderen Zimmer schliefen. Fünf Mitglieder einer jüdischen Familie wurden innerhalb von Minuten abgeschlachtet.

Nach wochenlangen intensiven Nachforschungen spürten die israelischen Kräfte die Mörder in einem nahe gelegenen arabischen Dorf auf und nahmen sie fest. Keiner von ihnen zeigte auch nur eine Spur von Reue. Einer äußerst sogar Bedauern darüber, dass er die beiden anderen Kinder nicht erwischt hatte.

Anstatt sich in sicherere Gebiete hinter der „Grünen Linie"[2] zurückzuziehen, wächst die Zahl der Juden, die sich in den umstrittenen Gebieten ansiedeln, täglich. Sie glauben, dass der „Gott Israels" sie wieder ins Land zurück und das Land zurück zu ihnen gebracht hat. Die gottlosen Juden andererseits sind bereit, große Teile dieses Landes für einen Schein-Frieden an die Araber abzutreten. Ein solcher Frieden wird nur bis zum nächsten Krieg halten, der wahrscheinlich beginnen wird, noch ehe die Tinte des letzten „Friedens"-Abkommens getrocknet ist.

Mehrere Millionen Israelis haben ihrem göttlichen Erbe heute den Rücken gekehrt und geben sich damit zufrieden, es per „Friedensabkommen" an Israels erbittertste Feinde abzugeben. Die den Überrest bildende Minderheit, die nach den Wegen Gottes trachtet, trauert über den Verlust ihres göttlichen Erbes und beklagt den moralischen Verfall des Volkes. Währenddessen vergrößert sich die Spaltung zwischen religiösen und säkularen Juden rasend schnell, weil über eine Million gottloser Immigranten aus der ehemaligen Sowjetunion, der heutigen Gemeinschaft Unabhängiger Staaten (GUS), aufgenommen wurden. Die Hälfte all jener Immigranten aus der GUS hat keinen einzigen Tropfen jüdisches Blut in den Adern. Sie haben die Auswanderungspapiere mit Geld oder Sex von den kommunistischen Behörden erkauft. Die Russen sind in so großem Maße in das organisierte Verbrechen und Prostitution verwickelt, dass die Kriminalpolizei eine Sondereinheit ins Leben rufen musste, die sich ausschließlich mit der russischen Kriminalität befasst. Weitere Zehntausende liberale Juden kommen jedes Jahr aus anderen Ländern dazu. Die liberale, säkular-humanistische Lawine erstickt den gerechten Überrest im Land. „Darum siehe, ich selbst will sie locken ..."

1 Abba Eban, *Personal Witness: Israel Through My Eyes* (New York: Putnam, 1992), S. 442 – eigene Übersetzung.
2 Die *Grüne Linie* bezeichnet die Demarkationslinie, die 1949 in den Waffenstillstandsabkommen zwischen Israel und seinen Nachbarn gezogen wurde. Die Bezeichnung ist auf die grüne Tinte zurückzuführen, mit der die Linie im Lauf der Verhandlungen auf der Karte markiert wurde.

8
Vom Schöpfer gelockt

Wir kommen nun zum fünften hebräischen Wort in Hosea 2,16:

לכן הנה אנכי מפתיה **והלכתיה** המדבר ודברתי צֶל־לבה

la'chen hineh unochi miftihah **vehalachtihah**
hadmidbar vedibarti al'livah.

Darum siehe, ich will sie locken **und** in die Wüste **führen** und ihr zu Herzen reden.

והלכתיה – vehalachtihah – „und ... führen"

Das Hebräisch ist an dieser Stelle sehr viel prägnanter und klarer als die idiomatische (deutsche) Übersetzung. Gottes „Ich selbst will sie locken und führen" ist bestimmend und befehlend. Die Übersetzung „Ich will locken, will führen" ist zu sanft für den Kontext.

Das jüdische Volk gibt eigentlich immer den Heiden die Schuld an allem Unglück, welches es im Lauf der Geschichte erlitten hat. Nur sehr wenige innerhalb der jüdischen Gemeinschaft haben ab und zu genügend Mut aufgebracht zu erkennen, dass es die vielen Sünden des Volkes waren, die das Gericht des Herrn über Israel bringen. Die kategorische Beschuldigung der Heiden für alles jüdische Unglück ist genauso akzeptiert wie die völlige Ablehnung der Hypothese, der Gott Israels könne der Urheber dafür sein.

Das Buch *Die Wand: Prophetie, Politik und Nahostfriede* beinhaltet ein Kapitel mit dem Titel „Die Anklageschrift gegen Israel", in dem alle Könige Israels aufgelistet werden, die der Bibel zufolge in den Augen seines Schöpfers böse gehandelt haben, sowie die Könige, von denen gesagt wird, dass sie in seinen Augen rechtschaffen waren. Nur sechs Könige – David,

98 Die Wüste

Asa, Josaphat, Jotam, Hiskia und Josia, alle vom südlichen Königreich Juda – taten das, was in den Augen des „Heiligen Israels" recht war. Alle anderen Könige in der langen Geschichte des antiken Israels taten das, was in den Augen des Herrn böse war. Diese mehrere Dutzend Könige führten das Volk Israel immer tiefer in die Sünde. Sie hatten:

> ... in Juda Zügellosigkeit getrieben und sich schwer an dem Herrn versündigt. – 2. Chronik 28,19

Folglich führten diese Herrscher das Volk immer weiter vom Herrn weg. Das Endergebnis ihrer wiederholten Sünde war wiederholter Tod, Zerstörung und schließlich das Exil des Volkes in einem fremden Land.

Die Wand wurde hauptsächlich für christliche Leser geschrieben, doch habe ich auch Reaktionen von ultraorthodoxen Juden erhalten, sowohl in Israel als auch in Amerika, die mir für die Darlegung der Wahrheit dankten. Diese Juden erkannten die Wahrhaftigkeit dieser Tatsachen, indem sie ihnen direkt ins Gesicht sahen. Jeder Jude wird sich am Ende der Wahrheit über die eigene Geschichte stellen müssen, und für die meisten wird das in der Wüste geschehen, in die sie der Schöpfer Israels hineinführt.

Gott gebraucht oft Menschen als Werkzeuge seiner Züchtigungen. Und wenn er menschliche Organisationen gebrauchen will, um die Juden zu züchtigen, kann er nur die Heiden wählen. Die Welt besteht letzten Endes nur aus Juden und Heiden. (Je nachdem, wie sie das Neue Testament verstehen, werden manche sicher argumentieren, dass es noch eine dritte Gruppe gibt, nämlich die Christen. Doch die Erörterung dieser Lehrmeinung ist nicht Gegenstand dieses Buches.) Natürlich gebrauchte Gott die Heidenvölker als Werkzeug seiner Strafen, denn wenn Gott beschloss, sein „auserwähltes Volk" zu züchtigen, musste er wählen zwischen Naturkatastrophen oder den Heiden, hatte also keine große Auswahl.

Gott beantwortet die Frage, warum das jüdische Volk in seiner langen Geschichte so oft durch ein Tränental gehen musste, schon im Voraus beantwortet. Auf diese unvermeidliche Frage stand die Antwort des Gottes Israels schon fest:

> Warum hat der Herr diesem Land und diesem Haus so etwas angetan? Dann wird man antworten: Weil sie den Herrn, den Gott ihrer Väter, der sie aus dem Land Ägypten geführt hat,

Vom Schöpfer gelockt

verlassen haben und sich an andere Götter gehängt und sie angebetet und ihnen gedient haben — darum hat er all dieses Unheil über sie gebracht! – 2. Chronik 7,21b–22

Antisemiten sind schadenfroh, das heißt, sie freuen sich über das Unglück der Juden. Doch auch die Antisemiten müssen dem Zorn des Gottes Israels ins Gesicht sehen, denn Hebräer 10,31 erinnert uns daran: „Es ist schrecklich, in die Hände des lebendigen Gottes zu fallen!" Weder die Heiden noch „Mutter Natur" können für das Leiden des jüdischen Volkes im Lauf der Geschichte verantwortlich gemacht werden. Der Herr hat durch seine Propheten immer wieder gewarnt:

> Der Herr ist mit euch, wenn ihr mit ihm seid; und wenn ihr ihn sucht, so wird er sich von euch finden lassen; wenn ihr ihn aber verlasst, so wird er euch auch verlassen! – 2. Chronik 15,2

Allein das Herz des jüdischen Volkes ist für das jüdische Leid verantwortlich:

> Über wen war er aber 40 Jahre lang zornig? Waren es nicht die, **welche gesündigt hatten**, deren Leiber in der Wüste fielen? Welchen schwor er aber, dass sie nicht in seine Ruhe eingehen sollten, wenn nicht denen, **die sich weigerten zu glauben**? Und wir sehen, dass sie **nicht eingehen konnten wegen des Unglaubens**. – Hebräer 3,17–19

Die Bibel lehrt uns: „Torheit steckt dem Knaben im Herzen, aber die Rute der Zucht wird sie ihm austreiben" (Sprüche 22,15). Die Sünde ist im Herzen des Menschen verwurzelt, aber Gottes „Rute" treibt sie aus. Diese Rute musste Israel unzählige Male schlagen, und trotzdem hat Israel immer noch nicht gelernt, dass Sünde die Kanäle baut, durch welche das Leid fließt: „Die Seele, die sündigt, soll sterben!" (Hesekiel 18,4.20).

Der Antisemitismus spielt in der Ausführung von Gottes Willen eine Rolle. Antisemitismus ist Judenhass. *Antisemit* wird definiert als „jemand, der Juden mehr als notwendig hasst".[1] Klassischer Antisemitismus sagt, dass der Jude der Brunnenvergifter ist. Der heutige, neue internationale Antisemitismus sieht Israel und das jüdische Volk als die „Brunnenvergifter" auf internationaler Ebene. Im Dezember 2001 hat Daniel Bernard, der französische Botschafter in Großbritannien, folgenden Kommentar gemacht:

Die Wüste

> Sämtliche Probleme der Welt gibt es nur wegen diesem kleinen Scheißland Israel.[2]

Israel wird aus internationalen Foren in den Vereinten Nationen ausgeschlossen, und Israel wurde in den vierundsechzig Jahren seines Bestehens noch nie in den UN-Sicherheitsrat eingeladen wie sonst fast jedes andere Land. Die Araber haben oftmals zwei Mitgliedsstaaten im Sicherheitsrat sitzen, darunter sogar Syrien, einen der größten Sponsoren des internationalen Terrorismus.

Israel wird von den meisten Regierungen der Welt diskriminiert und verurteilt, ebenso von den Vereinten Nationen, den weltweiten Nachrichtenmedien und vielen großen Konzernen, die sich weigern, ihre Produkte in Israel zu verkaufen. Der „Gott Israels" hat beschlossen, Israel in die letzte Wüste zu führen. Das wird notwendigerweise bedeuten, dass es politisch, diplomatisch und international fast vollständig isoliert sein wird.

„Der Heilige Israels" hat angekündigt, er werde Israel „locken und in die Wüste führen". Wie schon erwähnt, sagte Gott in der Vergangenheit, dass Israel in die Gefangenschaft geführt werden würde, und schon zweimal musste das Volk Israel sein Land verlassen und ins Exil gehen, wobei das Volk im zweiten Exil in alle Himmelsrichtungen zerstreut wurde. Da das Wort Gottes nur zwei Exile ankündigt, wird es nicht noch einmal aus seinem Land vertrieben werden. Stattdessen wird es nun in „die Wüste" geschickt werden, was genauso schrecklich sein könnte wie buchstäblich aus dem Land vertrieben zu werden.

Eine ganze Generation war nach dem Auszug aus Ägypten in der Wüste umgekommen. In gleicher Weise werden ungläubige, gottlose Juden vieler Generationen in der Wüste umkommen, in die Israel jetzt gelockt wird.

Israels Schöpfer sagt, er selbst werde Israel in diese Wüste „führen". Er wird dabei persönlich mitwirken, so wie er auch bei Noah und dem Bau der Arche mitgewirkt hat. Gott hatte zu Noah gesagt: „**Komm** du mit deiner ganzen Familie in die Arche" (1. Mose 7,1 – Neue Evangelistische Übersetzung), was voraussetzt, dass der Herr zu diesem Zeitpunkt selbst in der Arche war.

Als die Israeliten als Sklaven in Ägypten lebten, hat Gott sechzehnmal gesagt, dass er sie aus Ägypten heraus „führen" und in das Verheißene Land bringen würde. Er hat sie auch aus Ägypten heraus „geführt" und in das Verheißene Land gebracht, wie er gesagt hatte. Dabei ist es nicht Gott

Vom Schöpfer gelockt 101

anzulasten, dass die Israeliten erst mit einer vierzigjährigen Verspätung ins Verheißene Land einzogen, sondern ihrem Unglauben. Allerdings ist es interessant festzustellen, dass man in der Bibel 83 Verse findet, in denen Gott sagt: „Ich brachte sie aus Ägypten heraus." Das weist auf ein wichtiges, persönliches Engagement hin. Gott hat die Israeliten höchstpersönlich auf ihrer Reise geführt. Er ging vor ihnen her in einer Wolkensäule bei Tag und einer Feuersäule bei Nacht. Er war auch ihre Nachhut, wenn Probleme auftauchten: Er stellte sich hinter die Nachzügler und schützte das gesamte Volk vor dem Feind (z. B. 2. Mose 14,19).

Sucht man nach Prophetien, in denen Gott sagt: „Ich will bringen", dann findet man im Alten Testament 98. Hier einige Beispiele:

> Und ich will euch in das Land bringen, um dessentwillen ich meine Hand [zum Schwur] erhoben habe, dass ich es Abraham, Isaak und Jakob gebe. Das will ich euch zum Besitz geben, ich, der Herr. – 2. Mose 6,8

> Siehe, ich bringe über euch, du Haus Israel, ein Volk aus der Ferne, spricht der Herr, ein zähes Volk, ein uraltes Volk, ein Volk, dessen Sprache du nicht kennst und dessen Rede du nicht verstehst. – Jeremia 5,15

> Denn ich will sie wieder in ihr Land zurückbringen, das ich ihren Vätern gegeben habe. – Jeremia 16,15

Im Nachhinein wissen wir, dass sich jede einzelne dieser 98 Prophetien bis auf das letzte i-Tüpfelchen erfüllt hat. Wenn wir verstehen, was für ein persönliches Engagement des Schöpfers Israels hinter den Worten „Ich will bringen" steht, und die absolute Gewissheit über die Erfüllung vorheriger Prophetien haben, ist es ratsam, die Bedeutung der Worte in dem Vers aus Hosea zu würdigen, wo Gott sagt: „Siehe, ich selbst werde sie locken und sie bringen ..."

---

1 *Antisemitism in America Today: Outspoken Experts Explode the Myths*, Jerome A. Chanes, New York: Carol 1995, S. 5 – eigene Übersetzung.

2 „The return of ‚respectable' English anti-semitism", Jerusalem Post, 21. Dezember 2001 – eigene Übersetzung.

9
Die Wüste - unterschiedliche Facetten

Die Wüste, in die Israel derzeit gelockt wird, ist eine wirkliche Wüste – aber im übertragenen Sinn. Sowohl wirkliche als auch symbolische Wüsten können allerdings viele verschiedene Facetten haben, und in diesem und den folgenden Kapiteln werden wir auf einige dieser Facetten genauer eingehen. Der moralische Zustand Israels heute ist nichts anderes als eine Wüste. Gottlosigkeit breitet sich unter den Israelis in beunruhigender Weise aus: Homosexualität und Pornografie nehmen in alarmierender Geschwindigkeit zu; die Kriminalität steigt; Prostitution, Abtreibungen, Scheidungen, Vergewaltigungen, Habgier und Korruption nehmen immer mehr zu. Die Jugend des Landes scheint im Großen und Ganzen keinen Sinn im Leben zu sehen, ist wild und ungezügelt, Alkohol und Drogen verfallen. Viele Jugendliche tragen Messer bei sich, sogar Kinder im Schulalter, zur „Selbstverteidigung", wie sie es zynisch nennen, und sind auch durchaus bereit, diese Waffen in tödlichen Kämpfen mit ihresgleichen einzusetzen. Im Mai 2012 wurde ein Jugendlicher in Jerusalem festgenommen, weil er seinem Lehrer ein Messer an die Kehle gesetzt und gedroht hatte, ihn umzubringen. Im gleichen Monat führte die Polizei nach einer landesweiten Verbrechenswelle, bei der sich Jugendliche tödliche Messerstechereien geliefert hatten, im nördlichen Bezirk eine Sonderoperation gegen Jugendkriminalität durch, bei der an einem Wochenende nicht weniger als 75 Jugendliche festgenommen wurden. Ein Polizeibeamter kommentierte: „Alkohol und Messer sind eine explosive Mischung." Er fügte hinzu: „Kioskbesitzer, die Alkohol an Minderjährige verkaufen, sind von Profitgier verblendet." Am 12. August 2012 mussten Sanitäter allein im Bezirk Haifa bei sechs Raufereien Verletzungen durch Messerstiche behandeln.

104 Die Wüste

Aktuell umgehen etwa 25 Prozent aller Jugendlichen die Einberufung ins israelische Militär, und diese Zahl wird voraussichtlich in den nächsten zehn Jahren auf ca. 40 Prozent ansteigen.

Momentan kommt es vor, während und nach Fußballspielen regelmäßig zu gewaltsamen, oft sehr übel endenden Ausschreitungen. Im März 2012 randalierten nach einem Fußballspiel in Jerusalem Fans in einem nahe gelegenen Einkaufszentrum. Sie riefen rassistische Beschimpfungen, belästigten arabische Arbeiter und Reinigungspersonal und brachten den allgemeinen Betrieb zum Erliegen. Im darauffolgenden Monat, im April, kam es in Haifa zu einem Handgemenge zwischen Spielern und Trainern. Eine weitere Rauferei ereignete sich im April an einem Freitagnachmittag auf dem Spielfeld von Tel Aviv zwischen gegnerischen Spielern und Vereins-Funktionären. Daraufhin wurden sämtliche Samstag-Spiele abgesagt.

Manche sind der Meinung, dass dieses verabscheuungswürdige Benehmen eigentlich nur den gewalttätigen Charakter der israelischen Gesellschaft widerspiegle.

Innerhalb eines halben Jahrzehnts, von 2005 bis 2010, hat Israel sich gewandelt. Die vorherrschende Mentalität im heutigen Israel lautet: „Fressen oder gefressen werden." Die Bevölkerung ist allgemein sehr egoistisch geworden, und Israel gehört zu den Ländern mit den höchsten Lebenshaltungskosten. In unseren Tagen ist Israel ein Land, wo außer Obst und Gemüse fast alles doppel oder dreimal so teuer ist wie in anderen Ländern. Die Löhne haben sich allerdings den Lebenskosten nicht angepasst, und die Wohnkosten sind auf ein wahrlich groteskes Niveau angestiegen. Der israelische Kapitalismus hat die Wirtschafts-Mogule aggressiv und egoistisch gemacht, sie werden nur von reiner Habgier angetrieben.

Der Grund, warum Israel sich so zum Schlechten verändert hat, kam erst ans Licht, als der erste Bericht des neu eingesetzten obersten Rechnungsprüfers Yosef Shapira im September 2012 veröffentlicht wurde. Die Veröffentlichung dieses Berichts erfolgte kurz vor *Rosh Hashanah* (dem jüdischen Neujahr) und kurz nach einem Anstieg der Brot- und Benzinpreise sowie nach Steuererhöhungen, die am 1. September in Kraft getreten waren.

Dem Bericht des Rechnungsprüfers zufolge

> ... unterblieb zwischen 2005 und 2011 die Kontrolle der Lebensmittelpreise in Israel durch die Regierungsbehörden, was den Unternehmen in einem nicht-wettbewerbsfähigen

Die Wüste - unterschiedliche Facetten   105

Markt erlaubte, die Preise zu diktieren. Dies führte zu wachsenden Profiten seitens der Erzeuger und Importeure und verschärfte gleichzeitig die wirtschaftlichen Schwierigkeiten durchschnittlicher Israelis.

Am 1. November 2012 rief der israelische Innenmister Eli Yishai die Öffentlichkeit auf, Supermarktketten zu boykottieren, um gegen angekündigte Preisanstiege zu protestieren. Besonders Super-Sol, Israels größte Kette, nahm Yishai ins Visier, weil das Unternehmen plante, die Preise Tausender Produkte um durchschnittlich vier Prozent zu erhöhen. Zudem kam diese Ankündigung kurz nach der Enthüllung, dass sich der Millionenprofit des Unternehmens im dritten Steuerquartal 2012 verdoppelt hatte.

Anstatt sich ihres perversen Lebensstils zu schämen, machen die Israelis Witze über ihre Gottlosigkeit. Und die Regierung griff nur wegen der massiven Bürgerproteste wieder in die Regulierung der Grundnahrungsmittel ein:

Im September 2011 demonstrierten eine halbe Million Israelis gegen die hohen Lebenshaltungskosten und die unerschwinglichen Mieten. Es war die größte Protestdemonstration in der Geschichte des Staates Israel. Sie veranlasste die Regierung zu sofortigen Maßnahmen, ansonsten hätten die Köpfe einiger Politiker rollen müssen. Deshalb rief der Innenminister jetzt öffentlich zum Boykott der Lebensmittelketten auf, um die Lebensmittelpreise wieder zu senken. Eigentlich sind die Manager der Lebensmittelketten kaum weniger als neuzeitliche *Fagins* (aus dem Roman *Oliver Twist* von Charles Dickens, Anm. d. Übers.): Sie unterrichten in der Kunst der Habgier.

Nicht nur die israelischen Supermarktketten gieren nach Profit. Am 2. Dezember 2012 wurde ausführlich über die Ankündigung der beiden größten israelischen Banken, *Leumi* und *Hapoalim*, berichtet, sie würden insgesamt rund 1.600 Angestellte entlassen. Durch diesen Arbeitsplatzabbau sollten die Dienstleistungen der Banken rationalisiert werden, nachdem diese durch eine Regierungsanordnung dazu gezwungen sind, ab 2013 ihre Provisionen und Gebühren zu senken.

Die Leumi-Bank gab bekannt, dass sich ihr Nettogewinn im dritten Quartal 2012 verdreifacht habe, der Nettogewinn der Hapoalim-Bank war im gleichen Zeitraum um 32 Prozent gestiegen. Israels modernen „Oligarchen" ist es egal, dass sie durch ihre Habgier Tausende von ums Überleben kämpfende israelische Familien an Kredithaie verfüttern.

Die Wüste

Zu allen Zeiten sind Israelis von ihren Führern und Lehrern betrogen worden. Daran hat sich auch bis heute nichts geändert. Und wie schon gesagt: Das Volk wird am Ende so wie seine Führer.

Weitere Facetten einer Wüstenerfahrung sind geistlicher Natur: Israel befindet sich aktuell in einer geistlichen Wüste.

Johannes der Täufer war die „Stimme eines Rufenden in der Wüste" (Matthäus 3,3). Die Wüste des Johannes war sowohl moralischer als auch geistlicher Art. Johannes sprach die herrschenden Zustände seiner Zeit an. Sowohl Johannes als auch Jesus prangerten die geistliche Heuchelei des religiösen Establishments an. Johannes nannte die Religionsführer eine „Schlangenbrut" (Matthäus 3,7). Und Jesus nannte sie „Ihr Schlangen! Ihr Otterngezücht!" (Matthäus 23,33). Die heutigen Religionsführer üben einen solchen Würgegriff auf das tägliche Leben in Israel aus, dass vielen Israelis durch religiöse Gesetze, Regelungen und Heuchelei praktisch die Luft abgeschnürt wird.

Im 3. Kapitel haben wir bereits erörtert, dass Tausende hauptsächlich junger Israelis Yeshua (Jesus) angenommen haben und trotz Verfolgung vonseiten der ultrareligiösen Bevölkerung treu an ihrem Glauben festhalten. Die Ultrareligiösen tun alles in ihrer Macht Stehende, um die Ausbreitung des Evangeliums in Israel zu behindern. Wiederum zeigt sich, dass sich seit den Tagen, in denen Jesus auf dieser Erde lebte, kaum etwas geändert hat. Doch wie zur Zeit der ersten Apostel, als das Evangelium unter vielen Verfolgungen gepredigt wurde und die jüdische Gemeinde sehr schnell wuchs, wird das Evangelium auch heute unter Verfolgung gepredigt und die jüdische Gemeinde wächst sehr schnell – sehr zum Leidwesen der ultrareligiösen Bevölkerung.

In vieler Hinsicht gleichen die ultraorthodoxen Juden den muslimischen Taliban. Sie verlangen Geschlechtertrennung in den öffentlichen Bussen, wo die Frauen nur auf den hinteren Sitzen Platz nehmen dürfen, und sie führten die Geschlechtertrennung auf den Straßen von *Mea She'arim*, einem vorwiegend ultraorthodoxen Stadtviertel von Jerusalem, ein. Zwei Meter hohe, mit Stoff verhängte Zäune wurden errichtet, um Männer und Frauen zu trennen, wobei private Ordner die Leute anwiesen, auf welcher Straßenseite sie zu gehen hatten. Der Oberste Gerichtshof in Israel hat diese Segregation für illegal erklärt und entschieden, dass es von 2012 an keine getrennten Straßen mehr geben darf.

In den vergangenen Jahren wurden junge Mädchen aus *Mea She'arim* verprügelt und auf die Straße geworfen, weil sie sich nicht an die ultraorthodoxen Vorstellungen von „Anstand" gehalten hatten, die vorschreiben, dass die Arme und Beine bedeckt gehalten werden und Röcke oder Kleider bis zu den Knöcheln reichen müssen.

In einem Grundsatzurteil vom Juli 2012 gewährte ein Richter in Beit Schemesch einem fünfzehnjährigen Mädchen ein Schmerzensgeld von umgerechnet 3200 US-Dollar, weil sie von zwei ultraorthodoxen Männern gezwungen worden war, sich in den hinteren Teil eines Busses zu setzen. Die Männer verlangten von Ariella Marsden und ihren zwei Freundinnen, sie sollten sich nach hinten setzen. Als Marsden sich weigerte, wies der Busfahrer sie an, sich umzusetzen, damit die beiden Haredi-Männer im vorderen Teil Platz nehmen konnten. Der Richter verurteilte die Busgesellschaft zur Zahlung der Geldstrafe.

Am 13. August 2012 berichtete die *Times of Israel*, dass eine jugendliche Soldatin in Zivil von ultraorthodoxen Passagieren heftig beschimpft und gezwungen wurde, im hinteren Teil des Busses zu stehen – weinend. Schon als sie in den Bus einsteigen wollte, hatte ihr ein ultraorthodoxer Mann verboten, den vorderen Einstieg zu benutzen. Die *Times* berichtet:

> Der Busfahrer, der sehr wohl mitbekam, was vor sich ging, griff nicht ein oder kam ihr zu Hilfe, sondern sagte ihr nur, sie solle aufhören zu weinen.

Am Ende beschloss die Soldatin, den Bus vor ihrem Zielort zu verlassen, um weiteren Beschimpfungen zu entgehen. Ein Sprecher der Busgesellschaft, die zuvor völlig geschlechtergetrennte Buslinien durch *Mea Sche'arim* betrieben hatte, bis ein Jerusalemer Gericht diese für illegal erklärte, sagte in einem Interview mit *Israel Radio*, dass die Angelegenheit derzeit untersucht werde.

Am 10. August 2012 berichtete *Globes* von Debra Ryder, einer amerikanisch-jüdischen Frau, die gerade die israelische Fluggesellschaft El Al um 50.000 Schekel (rund 12.500 US-Dolllar) verklagte, weil sie gezwungen worden war, ihren Platz zu tauschen und sich von einigen ultraorthodoxen jüdischen Männern weg in den hinteren Teil der Maschine zu setzen. Ryder verlangte Schadenersatz für seelische Belastung und Diskriminierung aufgrund ihres Geschlechts.

Der Apostel Paulus schrieb über die unvereinbaren Unterschiede zwischen denen, die glaubten, und denen, die nicht glaubten:

Die Wüste

> Was heißt das also? Israel hat nicht erreicht, worum es sich mit aller Kraft bemühte. Das wurde nur einem kleinen, von Gott auserwählten Teil des Volkes geschenkt. Alle übrigen aber sind verhärtet und taub für Gottes Botschaft. Von ihnen sagt die Heilige Schrift: „Gott hat einen Geist über sie kommen lassen, der sie wie in tiefen Schlaf versetzt hat. Mit ihren Augen sehen sie nichts, mit ihren Ohren hören sie nichts – und das bis auf den heutigen Tag." – Römer 11,7–8 (Hoffnung für alle)

Wieder einmal geht es um die Frage nach der absoluten Souveränität des Herrn: Der auserwählte Überrest erlangt die Erlösung, alle anderen sind verblendet – und zwar auf eine Verordnung des allmächtigen Gottes hin. Wir wollen dies näher untersuchen, so wie wir es mit Pharao und den Ägyptern bereits getan haben.

Wie schon im 6. Kapitel besprochen, waren Pharao und die Ägypter Gefäße des Zorns: Menschen, die aufgrund ihrer hartnäckigen Rebellion ihre Vernichtung selbst bewirkten. Es wurde darauf hingewiesen, dass das Verstocken ihrer Herzen und ihre letztendliche Zerstörung die Folge ihrer hartnäckigen Ablehnung der Gnade Gottes und der Missbrauch seiner Güte waren. Genauso geht es dem jüdischen Volk.

Gott sandte seinen „eingeborenen Sohn" – den fleischgewordenen Gott – in die Welt (Johannes 1,14), damit er das Passah-Lamm würde, das „die Sünde der Welt" wegnimmt (Johannes 1,29). Jesus war das „getreue Abbild seines Wesens" (Hebräer 1,3), und wer Jesus sah, sah den allmächtigen Gott (Johannes 14,9). Jesus tat und sagte nur das, was der allmächtige Gott selbst getan oder gesagt haben würde (Johannes 5,19–23; 8,28).

Die große Mehrheit des jüdischen Volkes und seine Religionsführer ignorierten nicht nur die Worte und die Lehren Jesu, sondern auch die Wunder, die er tat: Jesus hat die Verkrüppelten wieder heil gemacht (Matthäus 12,10–13), er verwandelte Wasser in Wein (Johannes 4,46), gab den Blinden das Augenlicht (Matthäus 15,30) und den Tauben, dass sie wieder hören konnten (Matthäus 11,5), machte die Aussätzigen rein (Matthäus 15,30), ließ die Stummen wieder sprechen (Matthäus 11,5), die Lahmen wieder gehen (Matthäus 11,5), weckte die Toten auf (Johannes 12,1), speiste mehrere Tausend mit dem Mittagessen eines kleinen Jungen (Matthäus 14,19) und noch vieles mehr. Doch sie haben nicht nur Augen und Ohren vor den Worten und Wundern Jesu verschlossen,

Die Wüste - unterschiedliche Facetten 109

sondern auch Gott beschimpft und beleidigt (Johannes 8,49), indem sie Jesus wiederholt beschuldigten, von Dämonen besessen oder verrückt zu sein (Johannes 7,20; 8,52; 10,20).

Die große Mehrheit des jüdischen Volkes hat damals vor dem Licht, das Jesus brachte, absichtlich die Augen verschlossen; genau das Licht, das das jüdische Gewissen aufwecken und ihnen Leben hätte geben können. Sie lehnten das Evangelium, die gute Nachricht Gottes, ab, ließen sich von seinen Forderungen und Wahrheiten nicht berühren und lästerten den Heiligen Geist, durch den Jesus die Wunder vollbrachte. Die Bibel sagt sehr deutlich, dass die Lästerung des Heiligen Geistes eine unverzeihliche Sünde ist (Matthäus 12,31). Gott hat die Juden ihrer selbst verschuldeten Gleichgültigkeit überlassen, genauso wie er die Menschheit ihrer „Unreinheit" (Römer 1,24) und ihren „schändlichen Leidenschaften" (Römer 1,26) überlassen hat. Es ist so, als hätte der Herr gesagt: „Ihr habt euch euer Bett gemacht, jetzt müsst ihr auch darin liegen!"

Das will allerdings nicht heißen, dass alle heute ungläubigen Juden und Heiden morgen unweigerlich vernichtet werden. Der erste überlieferte Ausspruch Jesu in Dienst auf der Erde lautet: „Tut Buße!" (Matthäus 4,7). Genau das ist Gottes einzige Bedingung, um in sein Reich aufgenommen zu werden, und alle, die sich von ihrer Verderbtheit bekehren und ihre verstockten Wege verlassen, werden entdecken, dass der Herr sie schon mit offenen Armen erwartet und ihnen eine vollständige Erlösung anbietet:

> Denn ich habe kein Gefallen am Tod dessen, der sterben muss, spricht Gott, der Herr. So kehrt denn um, und ihr sollt leben! – Hesekiel 18,32

> Der Herr zögert nicht die Verheißung hinaus, wie etliche es für ein Hinauszögern halten, sondern er ist langmütig gegen uns, weil er nicht will, dass jemand verloren gehe, sondern dass jedermann Raum zur Buße habe. – 2. Petrus 3,9

Unser Herr ist in der Tat der einzig wahre, lebendige Gott:

> … welcher will, dass alle Menschen gerettet werden und zur Erkenntnis der Wahrheit kommen. – 1. Timotheus 2,4

Die Israelis sehen sich selbst heute in einem bestimmten Licht, doch Gott sieht ihren wahren Zustand:

110 Die Wüste

... eine Generation, die in ihren Augen rein ist und doch nicht gewaschen von ihrem Unflat. – Sprüche 30,12 (Elberfelder)

Vor fast zweitausend Jahren hatte Jesus Israel moralisch und geistlich aufgerüttelt, und der Schöpfer Israels wird sein Volk ebenfalls heftig aufrütteln – moralisch, geistlich und physisch – und zwar sehr bald.

Eine weitere Facette der Wüste ist eine Aussage, welche die christliche Gemeinde gegen Israel formuliert hat. Diese Facette ist bekannt als die „Substitutionstheologie"[1]. Die Substitutionstheologie wurde auch als „Goliath der Theologie der protestantischen Kirche" bezeichnet. Sie besagt, dass alle Segensverheißungen Gottes, die er dem Volk Israel gegeben hat, jetzt nur noch auf die Gemeinde zu beziehen wären. Sie lehrt, dass die Gemeinde heute das neue Jerusalem wäre und dass Gott das physische Israel verworfen hätte. Das ist absolut nicht schriftgemäß und dazu noch eine Gotteslästerung.

In Markus, Kapitel 12, versuchten die Sadduzäer, die nicht an die Auferstehung glaubten, Jesus mit einer unsinnigen Frage über die Auferstehung in die Falle zu locken. Jesus hat auf ihre Frage geantwortet, und heute würde er allen die gleiche Antwort geben, die die Substitutionstheologie vertreten oder törichte Fragen über Gottes ewige Zusagen an die Juden als sein besonderes Volk stellen. In Vers 24 lesen wir die Antwort Jesu an die Sadduzäer:

Da antwortete Jesus und sprach zu ihnen: **Irrt** ihr nicht darum, weil **ihr weder die Schriften kennt noch die Kraft Gottes**? – Markus 12,24

Jesus betont die Frage nach der Schriftkenntnis noch einmal, als er in Markus 12,26 sagt: „Habt ihr nicht gelesen?" Und in Vers 27 weist er die angeblichen Schrift-„Gelehrten" zurecht, dass sie sich „sehr irren".

Die Schrift zu lesen und darüber nachzudenken ist der Schlüssel zu ihrem Verständnis. Viele Bibelleser unterstreichen bestimmte Passagen in ihrer Bibel, aber meistens sind es genau die Passagen, die nicht unterstrichen sind, denen man mehr Aufmerksamkeit schenken sollte.

In der Substitutionstheologie werden nur die Segensverheißungen Gottes an Israel auf die Gemeinde übertragen. Alle Verheißungen über Gericht werden nicht beansprucht, sondern bleiben weiterhin auf die Juden bezogen. Wer die Substitutionstheologie vertritt und glaubt, dass die Gemeinde das neue Israel wäre – dass die Gemeinde das Volk Israel als Gottes aus-

Die Wüste - unterschiedliche Facetten 111

erwähltes Volk ersetzt („substituiert") hätte – muss folglich tief im Herzen antisemitische, anti-jüdische Gefühle hegen.

Die Substitutionstheologie verbannt Israel in eine geistliche Wüste.

Wir wollen uns nun wieder unserem Text in Hosea und dem sechsten hebräischen Wort zuwenden:

לכן הנה אנכי מפתיה והלכתיה המדבר ודברתי צֵל-לבה

la'chen hineh unochi miftihah vehalachtihah **hadmidbar** *vedibarti al'livah.*

Darum siehe, ich will sie locken und in **die Wüste** führen und ihr zu Herzen reden.

המדבר – *hamidbar* – „die Wüste"

Das hebräische Wort מדבר – *midbar* bedeutet wortwörtlich „ein wüstes Ödland", „eine karge Wüste", in der es kaum Leben gibt. Es ist ein verlassenes, sandiges, ausgetrocknetes Milieu, ein brachliegendes, unbewohntes, menschenfeindliches und ausgedörrtes Gebiet, in dem es so gut wie nie regnet.

Das Wort Wüste ist abgeleitet von dem Begriff „wüst" bzw. „wild", mit anderen Worten, das, was der Mensch nicht beherrscht und nicht erschlossen hat. Eine biblische Wüste wird durch einen Mangel an Feuchtigkeit gekennzeichnet:

> … und sie wanderten **drei Tage lang** in der Wüste **und fanden kein Wasser.** – 2. Mose 15,22

> … aber da hatte das Volk **kein Wasser** zu trinken. – 2. Mose 17,1

> Jetzt aber ist er in der Wüste gepflanzt, in einem **dürren und trockenen Land.** – Hesekiel 19,13

> Ich habe mich deiner angenommen in der Wüste, **im dürren Land.** – Hosea 13,5

> … diese **große und schreckliche Wüste** geleitet hat, wo **feurige Schlangen** waren und **Skorpione** und **dürres Land ohne Wasser.** – 5. Mose 8,15

> Er hat ihn in der **Wüste** gefunden, in der **Öde**, im **Geheul der Wildnis.** – 5. Mose 32,10

112 Die Wüste

Viele Leute denken, dass eine Wüste ein eher flaches, sandiges oder mit Buschwerk bewachsenes Gebiet ist. Doch die Wüstengebiete in und um Israel sind alles andere als flach. Es sind felsige, raue, gebirgige Gebiete, mit vielen steilen Abhängen, wo in trockenem Klima reichlich Dornen und Stachelbüsche gedeihen.

Das Kennzeichen einer Wüste ist eine „ungeordnete Verwirrung": ein fruchtloses, staubiges Ödland, in dem nur sehr wenig wächst und fast nichts zur Reife gelangt. Sollten dort Früchte wachsen, dann sind sie nur sehr dürftig, und falls dort Getreide wächst, dann hat es aufgrund des dürren Erdbodens keinen Nährwert. Eine Wüste ist ein eigenartiger Ort:

> Sie **irren im Land umher**, die Wüste hat sie eingeschlossen!
> – 2. Mose 14,3

Einigen modernen Naturschriftstellern zufolge sind Wüstengebiete für die menschliche Seele lebenswichtig. Es ist offensichtlich, dass der Herr dies ebenfalls glaubt. Von Jesus wird gesagt:

> Er aber **zog sich zurück in die Wüste** und betete.
> – Lukas 5,16 (Luther)

Gott ist seinem Volk sehr oft in Wüsten und auf Berggipfeln begegnet. Dafür gibt es sowohl im Alten als auch im Neuen Testament Beispiele:

> Als nun der HERR herniedergekommen war auf den Berg Sinai, oben **auf seinen Gipfel**, berief er Mose hinauf **auf den Gipfel des Berges** und Mose stieg hinauf.
> – 2. Mose 19,20 (Luther)

David, der Mann nach dem Herzen Gottes (Apostelgeschichte 13,22), betete Gott auf einem Berggipfel an:

> … als David auf den **Gipfel** gekommen war, wo man sich vor Gott niederwirft. – 2. Samuel 15,32 (Elberfelder)

Elia wurde befohlen, Gott auf einem Berg zu begegnen:

> Er aber sprach: Komm heraus und tritt **auf den Berg** vor den Herrn! – 1. Könige 19,11

Gott begegnete Jesus, Mose und Elia auf einem hohen Berg:

Und nach sechs Tagen nahm Jesus den Petrus, den Jakobus und dessen Bruder Johannes mit sich und führte sie beiseite **auf einen hohen Berg**. Und er wurde vor ihnen verklärt, und sein Angesicht leuchtete wie die Sonne, und seine Kleider wurden weiß wie das Licht. Und siehe, es erschienen ihnen Mose und Elia, die redeten mit ihm. – Matthäus 17,1–3

Die Begegnung des auferstandenen Christus mit seinen Jüngern fand ebenfalls auf einem Berg statt:

Die elf Jünger aber gingen nach Galiläa **auf den Berg**, wohin Jesus sie bestellt hatte. – Matthäus 28,16

Gott liebt es, seinem Volk auf Bergen zu begegnen. Das hat verschiedene Gründe, beispielsweise:

a) Wer auf einen Berg steigt, um Gott zu begegnen, meint es ernst mit dem Wunsch, Gott zu begegnen.

b) wenn ein Mensch Gott auf einer höheren Ebene begegnet, ist er eher in der Lage, die Dinge aus Gottes Sicht zu betrachten.

Es wird zahlreiche hohe Berge geben, die Israel in der Wüste, in die Gott es führt, erklimmen muss. Das letztendliche Ziel des Herrn für Israel in der Wüste ist, dass es ihm begegnet – und zwar zu seinen Bedingungen.

Die Reise Israels durch die letzte Wüste wird eine Zeit des Gerichts sein – gefolgt von Versöhnung.

Im Buch Hesekiel spricht der Herr:

Ich will euch in **die Wüste der Völker** führen und dort mit euch ins Gericht gehen von Angesicht zu Angesicht.
– Hesekiel 20,35

An dieser Schriftstelle kann man sehen, dass der Herr noch eine weitere Art der Wüste gebrauchen will. Der Vers aus Hesekiel bezieht sich zweifellos auf die Zerstreuung der Juden unter die Heidenvölker. In der „Wüste der Völker" waren die Juden unvorstellbarer Bedrängnis und Verfolgung ausgesetzt, es war eine Zeit des Gerichts.

In unserem Text in Hosea geht es um eine andere Art der „Wüste der Völker". Es ist eine von den **Völkern** bereitete **Wüste**, verursacht durch Israels hartnäckige Rebellion gegen den Herrn.

114 Die Wüste

Es gibt interessante Parallelen zwischen den Wüstenerfahrungen nach dem Auszug aus Ägypten und der „Wüste der Völker", und, wie wir später sehen werden, auch der letzten Wüste. Zunächst eine Parallele mit der „Wüste der Völker":

> Und ich will euch in die Wüste der Völker führen und dort mit euch ins Gericht gehen **von Angesicht zu Angesicht. Wie ich in der Wüste des Landes Ägypten mit euren Vätern ins Gericht gegangen bin**, so will ich auch mit euch ins Gericht gehen, spricht Gott, der Herr. – Hesekiel 20,35–36

Obwohl der Herr schon in der ersten Wüste **„von Angesicht zu Angesicht"** mit Israel ins Gericht gegangen war, hatte eine gesamte ungläubige Generation sich selbst dazu verurteilt, in der Wüste zu sterben und begraben zu werden. In der „Wüste der Völker" ging der Herr ebenfalls mit dem jüdischen Volk ins Gericht: Millionen litten und starben in den Nationen auf dieser zweitausendjährigen Wanderung. Wir werden später sehen, wie der Herr in der letzten Wüste, in die er sie führt, noch einmal **„von Angesicht zu Angesicht"** mit Israel reden wird.

Wir sollten nicht vergessen, dass die letzte Wüste, in die der Herr Israel lockt, zunächst einmal eine Wüste des Gerichts und der Bestrafung ist. Erst danach wird sie zu einem Ort der Versöhnung werden. Der Herr wird „König" über das gesamte Volk Israel werden und eine weitere Wüstenerfahrung ist nötig, damit es das akzeptieren kann. Die letzte Wüste wird das Volk Israel reinigen, und die verblichenen Knochen der Unreinen und Ungläubigen werden in ihr zurückbleiben.

Einige von denen, die heute zum gläubigen Leib gehören, werden aufgrund der Bedrängnisse und der „Sorgen dieser Welt" (Matthäus 13,22) sicherlich abfallen, doch viele, die heute noch nicht glauben, werden zu der Gemeinde des Herrn hinzugefügt werden.

Gott wird sein Volk demütigen, wie er es schon zuvor gedemütigt hat: durch Mangel und Leiden. Doch er wird es in der Stunde seiner Not auch retten, wie er es zu Moses Zeiten getan hat. Gott versorgte die Israeliten mit Wasser aus dem Felsen und Brot vom Himmel, ihre Kleider und ihre Sandalen nutzten auch nach vierzigjährigem Gebrauch nicht ab, und darüber hinaus errettet der Herr Israel von all seinen Feinden.

Die Wüste - unterschiedliche Facetten

Die Wüste ist ein trockener und staubiger, ein harter und einsamer Ort. In einer solchen Umgebung wird Gott die Seele des modernen Israels auf seine Erlösung vorbereiten. Aus den Tiefen der Verzweiflung wird es rufen nach der Tiefe des Erbarmens ihres Schöpfers. „Eine Tiefe ruft die andere" (Psalm 42,7).

Es ist Gottes unerschütterliche Liebe für sein Bundesvolk, die ihn dazu bewegt, es mit harter Hand anzufassen. Die Verheißungen, die Gott Abraham, Isaak und Jakob gegeben hatte, werden eintreffen. Die Verheißungen, die durch die Propheten gegeben wurden, werden sich erfüllen. Gottes Glaubwürdigkeit steht in dieser glaubenslosen Welt auf dem Spiel. So wie Weintrauben zerdrückt werden müssen, um daraus den süßen Saft zu gewinnen, so muss Gott auch Israel zerdrücken, bis aus dem alten Wein neuer Wein wird.

Was wir bisher aus Hosea 2,16 gelernt haben, ist, dass der Herr selbst Israel in eine Wüste führen wird, die viele verschiedene Facetten hat. Es wird durch seine eigenen Begierden verlockt, verführt und getäuscht werden. In die Wüste zu gehen, verheißt für Israel zunächst nichts Gutes.

So wie die Israeliten in längst vergangenen Zeiten gesehen haben, wie Gott Zeichen und Wunder vollbringt, so hat auch das moderne Israel miterlebt, wie Gottes Hand viele Wunder bewirkt; diese Wunder waren genauso bemerkenswert wie jene, die in Ägypten und Kanaan geschehen sind.

Im Laufe der letzten vierundsechzig Jahre haben sich mehr Prophetien erfüllt als in den vorausgegangenen zweitausend Jahren, und die Prophetie aus Hosea ist gerade dabei sich zu erfüllen.

Die meisten evangelikalen Christen heute glauben, dass wir in den letzten Tagen der Endzeit leben. Von daher sollten wir erwarten, dass die mit Israel verknüpften Ereignisse in den nächsten Tagen, Monaten und Jahren noch an Vehemenz zunehmen werden.

---

1   Eine ausführliche Darstellung und Gegenargumente gegen die Substitutionstheologie findet sich in Kapitel 4 des Buches *Wenn Tag und Nacht vergehen*.

10
Die Wüste - Geografie

Wenn man eine Karte des Nahen Ostens betrachtet und mit der demografischen Zusammensetzung der Länder auf dieser Karte vertraut ist, dann sieht man, dass alle Staaten in dieser Region islamisch sind – bis auf eine Ausnahme: Israel. Das Heimatland der Juden bildet die Ausnahme der „islamischen Regel", die in der gesamten Region des Nahen Ostens und Nordafrika gilt.

Sieht man die Karte genauer an, dann wird man auf die Lage dieses nicht-islamischen Staates aufmerksam. Dieses winzige Land Israel sticht sofort ins Auge. Israel liegt sehr zentral, im Mittelpunkt des islamischen Kerngebiets, dem Geburtsort des Islams. Israel ist wie die Mitte einer Zielscheibe. Es steht völlig allein in einem Meer des Islams, einem sehr feindseligen Meer. Israel befindet sich in einer sehr unangenehmen Lage, mitten in einer tatsächlichen geografischen Wüste.

Es war der Herr, der die Grenzen jeder Nation festgelegt hat, und er hat dabei auch ganz besonders an Israel gedacht:

> Als der Allerhöchste den Heiden ihr Erbe austeilte, ... da setzte er die Grenzen der Völker fest **nach der Zahl der Kinder Israels**. – 5. Mose 32,8

Natürlich könnte man argumentieren, dass Israel schon lange vorher existiert hat, noch ehe die Idee des Islams in den Gedanken Mohammeds aufkeimte. Das ist richtig, aber man darf nicht vergessen, dass Gott allwissend ist. Er weiß alles, was es zu wissen gibt – die Vergangenheit, die Gegenwart und die Zukunft:

118 Die Wüste

Gedenkt an das Frühere von der Urzeit her, dass Ich Gott bin und keiner sonst; ein Gott, dem keiner zu vergleichen ist. **Ich verkündige von Anfang an das Ende, und von der Vorzeit her, was noch nicht geschehen ist.** Ich sage: Mein Ratschluss soll zustande kommen, und alles, was mir gefällt, werde ich vollbringen. – Jesaja 46,9–10

Es ist offensichtlich, dass der Herr schon den Islam im Blick hatte, als er die Grenzen Israels festsetzte. Er wurde nicht im Schlaf vom Islam überrascht, denn „siehe, der Hüter Israels schläft noch schlummert nicht" (Psalm 121,4).

Das Land Israel ist ein besonderes Land und liegt an einem ganz bestimmten, einzigartigen Ort. Es ist:

… ein Land, um das sich der Herr, dein Gott, kümmert, **auf das die Augen des Herrn, deines Gottes, allezeit gerichtet sind**, vom Anfang des Jahres bis zum Ende des Jahres. – 5. Mose 11,12

Da Gott allwissend ist, wusste der Herr, dass Mohammed und seine Anhänger Israel zähnefletschend ansehen und versuchen würden, es zu vernichten. Mohammed versuchte vergeblich, die Juden vom Judentum abzubringen, damit sie stattdessen ihm folgten. Sie weigerten sich.

Mohammed und seine Anhänger hielten anfangs den Samstag, den jüdischen Sabbat, als ihren heiligen Tag, und sie beteten fünfmal täglich nach Jerusalem gewandt. Doch die Juden haben Mohammed verärgert, weil sie ihm nicht folgen wollten, und so änderte er den Feiertag auf Freitag und auch die Gebetsrichtung, sodass Muslime jetzt nach Mekka in Arabien gewandt beten. Nach dieser Zeit begann Mohammed dann auch, den Qu'ran (Koran) mit Hetzreden gegen die Juden zu füllen.

Im Koran fordert Mohammed die Vernichtung aller Juden. Die *Hadith*, die Mohammed zugeschriebenen Aussprüche, die über die Jahrhunderte überliefert wurden, fordern ebenfalls den Tod aller Juden. Die *Hadith* geht sogar so weit zu sagen, dass es für einen Muslim Pflicht sei, die Juden zu beseitigen, und dass der muslimische Messias nicht kommen könne, „bevor es nicht zu einer großen Abschlachtung der Juden gekommen ist".

Einer der meistzitierten Aussprüche Mohammeds, den er auf seinem Sterbebett gesagt haben soll, ist: „In Arabien darf es nie gleichzeitig zwei

Die Wüste - Geografie 119

Religionen geben." Obwohl die arabische Halbinsel heute neun arabische Länder umfasst (Jordanien, Irak, Kuwait, Bahrain, Katar, die Vereinigten Arabischen Emirate, Oman, Jemen und Saudi-Arabien), musste Mohammed sicherlich die antike Enklave Israel als Teil des geografischen Arabiens berücksichtigt haben. Für die meisten Araber ist Arabien der gesamte Nahe Osten, auch wenn ein großer Teil der Bevölkerung lediglich muslimisch, nicht jedoch arabisch ist, demzufolge wenden sie diese Verfügung Mohammeds auf die gesamte Region an.

Unter dem kurdisch-muslimischen Krieger Salah ad-Din (Saladin) besiegten die Araber im zwölften Jahrhundert die Kreuzfahrer und vertrieben sie aus dem Heiligen Land. Die Araber haben das Land nur sehr kurz – lediglich 22 Jahre lang – beherrscht und regiert, doch nach Auffassung der Muslime gehört das, was einmal unter muslimischer Herrschaft war, für immer dem Islam. Keine andere Religion kann toleriert werden. Besonders das Judentum und auch das Christentum müssen ausgerottet werden. Nachdem jordanische Truppen im Krieg mit Israel von 1948–49 die Osthälfte Jerusalems eingenommen hatten, zerstörten sie sämtliche antiken jüdischen Synagogen (57 Synagogen, die aus dem 13. Jahrhundert stammten), gruben jüdische Grabsteine aus und verwendeten sie zum Bau von muslimischen Latrinen, und Juden wurde der Zugang zur Westmauer (Klagemauer), der heiligsten Gebetsstätte der Juden, verboten.

Die meisten frühen Christen, die seit vor fast zweitausend Jahren dort gelebt haben, sind aufgrund der jahrhundertelangen brutalen Unterdrückung und Verfolgung durch die Muslime aus der Region geflohen. In den letzten paar Jahren allein wurden Hunderte Kirchen, Häuser von Christen und christliche Unternehmen im Nahen Osten niedergebrannt. Am 12. März 2012 wurde der Großmufti Scheich Abdul Asis Al-Asheikh, der höchste Religionsführer Saudi-Arabiens, in den arabischen Medien mit der Aussage vor einer Delegation aus Kuwait zitiert, dass es im Einklang mit Mohammeds Anordnung „notwendig" sei, „alle Kirchen in der Region zu zerstören".

Israel besteht inmitten von einem Meer erbitterter Feinde. Feinde, die Juden bekämpfen müssen und sie auch weiter bekämpfen und töten werden, weil ihr Koran und andere heilige Schriften es ihnen befehlen. Im Koran heißt es, Israel sei am Ende und die Juden seien „Söhne von Affen und Schweinen". In der Bibel dagegen wird Hunderte Male gesagt, dass die Juden wieder in ihr vormaliges Land zurückkehren und ihre Städte wieder aufbauen werden. Und das haben sie getan. Die Erfüllung dieser biblischen

Prophetien beweist, dass die Bibel die Wahrheit sagt und der Koran sich irrt. Doch das ist für einen Muslim undenkbar. Israel muss zerstört werden, damit sich sowohl Mohammed als auch der Koran als wahr erweisen.

Durch die andauernden Kriege, in die Israel von seinen aggressiven, zahlenmäßig überlegenen arabischen Nachbarn immer wieder verwickelt wurde, wurde die *Israel Defense Force* zu einem der mächtigsten Militärapparate der Welt. Israel muss wachsam und stark genug bleiben, um alle seine Feinde auf einmal besiegen zu können. 1973 war Israel nicht wachsam gewesen, als die Araber den Jom-Kippur-Krieg starteten und damit der IDF am Suez-Kanal schwer zu schaffen machten. Israel hat seine Lektion auf die harte Tour gelernt.

Die arabischen Nationen kämpfen für eine religiöse Sache, Israel kämpft ums Überleben. Angreifende arabische Armeen sind von Israel immer wieder besiegt worden. Sie werden es weiter angreifen und weiter von Israel besiegt werden. Wenn Israel auch nur einen einzigen dieser Kriege verlieren würde, würde es aufhören zu existieren.

Nach dem Jom-Kippur-Krieg redete ein israelischer Offizier mit einem ägyptischen Offizier, den er gefangen genommen hatte. Er sagte zu dem Ägypter: „Wir haben jetzt fünfmal gegeneinander gekämpft, und fünfmal seid ihr besiegt worden. Warum greift ihr uns immer wieder an?" Der Ägypter antwortete:

> Ihr habt uns vielleicht fünfmal besiegt, und vielleicht besiegt ihr uns auch fünfzehnmal. Aber das sechzehnte Mal werden wir gewinnen.

Es herrscht kein Friede im Nahen Osten, und es wird auch kein Friede herrschen und kein Friede möglich sein, bis Jesus, der „Friedefürst" (Jesaja 9,6) wiederkommt, um von Jerusalem aus zu regieren und zu herrschen. Israel bleibt weiter in einer geografischen Wüste: einer islamischen Wüste, in einem aufgewühlten Meer muslimischen Hasses.

11
Die Wüste - Diplomatie

Der Begriff „diplomatische Wüste" umschreibt eine Situation, in der eine Person, eine Körperschaft oder ein staatliches Gebilde in einem Zustand der Ungnade ist. Israel befindet sich in einem Zustand der politischen Ungnade. Israel wird absichtlich von den Nationen isoliert, doch die positive Seite dieses Antisemitismus ist, dass viele Juden aus der Diaspora hinaus- und in ihr göttliches Erbe hineingeführt werden, ins Land Israel, und dass sich damit eine ganze Reihe biblischer Prophetien erfüllen.

Vom Tag der Gründung des modernen Staates Israel 1948 bis in die späten 1970er-Jahre konnte Israel in den Augen der entwickelten Welt kaum etwas falsch machen. Die Tatsache, dass es gegen seine Feinde kämpfte und die aufeinanderfolgenden Kriege, die gegen das Land geführt wurden, selbst gegen eine überwältigende Übermacht gewann, brachten ihm weltweit Lob und Anerkennung ein. Israels Blitzsieg im Juni 1967, als es in nur sechs Tagen fünf mächtige arabische Armeen besiegte, versetzte die Welt in Erstaunen. Die Wertschätzung und der Respekt für Israel stiegen in vielen Ländern der Welt immens, und seine brillanten Strategien in diesem Krieg werden heute noch in westlichen Militärakademien gelehrt.

Im Oktober 1973 gab es eine Überraschungsoffensive gegen Israel. Mehrere arabische Armeen griffen das Land am höchsten jüdischen Feiertag, Jom Kippur, dem „Versöhnungstag" (3. Mose 23,27) an, einem Tag, an dem fast alles in Israel zum Erliegen kommt. Am Jom Kippur verkehren keine öffentlichen Verkehrsmittel, erscheinen keine Zeitungen, gibt es kein Fernseh- und kein Radioprogramm. An diesem heiligsten Feiertag fahren praktisch nur Krankenwagen auf den Straßen und die meisten Israelis würden noch nicht einmal ans Telefon gehen, wenn es klingelte. Alles außer den unabdingbaren Notdiensten kommt am Jom Kippur zum Stillstand. Viele Israelis kleiden sich am „Tag der Versöhnung" in Weiß und gehen in die Synagogen, wo mehrere Stunden lange Gottesdienste abgehalten werden.

Zwei Armeen, nämlich die ägyptische und die syrische, starteten an diesem heiligsten Feiertag eine erste Angriffswelle mit einer riesigen Menge an Soldaten, Kriegsgerät und Waffen.[1] Sie überwältigten die nichts ahnenden israelischen Truppen, von denen nur ein minimaler Teil in Bereitschaft war. Sehr schnell gesellten sich zehn weitere arabische Armeen zu denen der Ägypter und Syrer. Darüber hinaus sandten Nordvietnam und Nordkorea Piloten, um Ägypten und Syrien zu unterstützen.

Da die öffentlichen Kommunikationsmittel an diesem Feiertag nicht in Betrieb waren, konnte Israel seine Truppen nicht mobilisieren und nur wenige bekamen überhaupt mit, dass ein Krieg begonnen hatte. Sirenen ertönten, aber die Israelis dachten, es müsse sich um einen Fehlalarm handeln. Niemand hörte zu, als der Radiodienst der israelischen Armee auf Sendung ging, und keiner ging ans Telefon, als die Truppen auf diese Weise einberufen werden sollten. Es dauerte drei Tage, bis Israel seine Truppen mobilisiert hatte, und bis dahin waren schon viele Soldaten gefallen. Einige Einheiten kämpften buchstäblich bis zum letzten Mann.

Doch bereits am zehnten Tag des Krieges hatte Israel alle angreifenden Armeen von seinem Gebiet vertrieben, und nach zwanzig Tagen standen die Truppen vor den Toren von Kairo und Damaskus. Die Sowjetunion transportierte Waffen per Luftbrücke nach Ägypten und Syrien und drohte damit, Israel mit Atomwaffen anzugreifen, wenn es seine Truppen nicht von syrischem und ägyptischem Boden abziehen würde.

In einem der dramatischsten Duelle des Jom-Kippur-Krieges von 1973 umkreisten das sowjetische Mittelmeergeschwader und die sechste Flotte der USA einander in einem seltsamen Tanz, Hunderte von Seemeilen vom Land entfernt, in den eng begrenzten Gewässern des Mittelmeeres. Mehr als 150 Schiffe, darunter drei Flugzeugträgerverbände und über dreißig U-Boote, einige davon mit nuklearen Sprengköpfen ausgestattet, manövrierten umeinander herum, während die Kommandeure den Finger am Abzug hielten. Es war die größte Konfrontation auf See während des Kalten Kriegs, aber da die gesamte Welt auf Israels heftigen Zwei-Fronten-Krieg an Land schaute, wurde dieses Aufeinandertreffen der USA und der Sowjetunion nicht weiter beachtet. Nur durch dieses Eingreifen der USA auf See wurde ein Atomkrieg verhindert.

Die Wüste - Diplomatie

Doch obwohl die Araber die größte Kampftruppe aller Zeiten mobilisiert hatten – Schätzungen zufolge waren es über 1,2 Millionen Soldaten – und obwohl sie den Krieg mit einem Überraschungsangriff auf Israel begonnen hatten, das an seinem heiligsten Feiertag mit religiösen Aktivitäten beschäftigt war, wurden sie wieder besiegt. Israel verlor fast 2.700 seiner besten jungen Männer, aber die Verluste der Araber überstiegen diese Zahl um ein Vielfaches. Für die Araber war die Zeit gekommen, nach einer neuen Strategie zu suchen. Kriege zu führen war zu teuer geworden – und zu erniedrigend.

Die neue Strategie der Araber bestand dann darin, die Waffe „Erdöl" einzusetzen. Sie gebrauchten diese Waffe gegen die gesamte Welt, um die Nationen gegen Israel aufzuhetzen, und das hat sich als sehr wirksam herausgestellt. Direkt nach dem Jom-Kippur-Krieg brachen dreizehn Länder ihre diplomatischen Beziehungen zu Israel ab. Damit begann die Talfahrt der Wertschätzung Israels. Das internationale Buckeln vor den erdölproduzierenden Ländern hält bis heute noch an. Und der ölgeschmierte Abstieg Israels in eine durch Erdöl verursachte Wüste ebenfalls.

Es gibt weltweit mehr und mehr Versuche, die Existenz Israel für illegitim zu erklären, was für den Fortbestand des jüdischen Staates ein echtes Risiko darstellt. Israel ist das am meisten isolierte, einsamste Land der Welt. Gegenwärtig muss sich Israel gegen eine ganz neue Art von Waffen verteidigen. Mit den militärischen Angriffen und dem wirtschaftlichen Boykott hatten die arabischen Länder keinen Erfolg. Auch der Terrorismus hat versagt, deshalb versuchen sie es jetzt mit der Delegitimierung (worauf im folgenden Kapitel noch detaillierter eingegangen wird).

Im Rahmen seiner hasserfüllten Tiraden sagte der iranische Präsident Mahmud Ahmadinedschad unter anderem, Israel müsse „von der Landkarte der Geschichte gelöscht werden". Doch die Gefahr, dass der Iran zu einer Atommacht wird, ist nicht so groß wie die neue Anti-Israel-Mentalität, die von den arabischen und muslimischen Ländern herangezüchtet und seither von den Organen der Vereinten Nationen und vielen westlichen Ländern, besonders in Europa, übernommen wurde.

Im August 2012 fand in der iranischen Hauptstadt Teheran eine Konferenz der Bewegung blockfreier Staaten (NAM, Non-Aligned Movement) statt. Repräsentanten von 140 Staaten nahmen daran teil, darunter zwei Könige, siebenundzwanzig Präsidenten, zahlreiche Außenminister und der Generalsekretär der Vereinten Nationen. In seiner Rede bezeichnete der oberste Führer des Iran, Ali Khameni, Israel als „einen Staat blutrünstiger Wölfe", und der Außenminister der Palästinenserbehörde Riad Maliki ließ einen solchen Schwall an Beschimpfungen über Israel los, dass der damalige israelische Außenminister Avigdor Liebermann meinte, Malikis Rede habe „auch von Joseph Goebbels [Hitlers Propagandaminister] verfasst" sein können. Sowohl Khamenei als auch Maliki stießen auf ein dafür empfängliches Publikum. Niemand verließ den Saal, niemand machte Zwischenrufe, niemand protestierte.

Israel ist heute mehr denn je isoliert, und die Chancen, sich aus dieser Isolation zu befreien, sind nicht sehr groß, um es milde auszudrücken, da so viele Einzelne, Gruppen, Organisationen und Regierungen alles daransetzen, Israel zu dämonisieren und zu diskreditieren.

Die Hamas regiert in Gaza. Die Hisbollah regiert im Libanon. Die Türkei ist heute eher feindlich gesinnt. Die Palästinenserbehörde hat ihre Hoffnung auf die USA aufgegeben und verlangt heute von der UN-Vollversammlung und dem UN-Sicherheitsrat einen unabhängigen Staat. Dank Barack Obama gibt es Hosni Mubarak, Israels Partner in Ägypten, nicht mehr, und die israelische Botschaft in Kairo wurde geplündert. Das Gleiche haben Aufständische in Jordanien mit der israelischen Botschaft in Amman versucht.

In den ersten fünfzehn Monaten nach dem Fall Hosni Mubaraks im Januar 2011 wurde die Gas-Pipeline, mit der Israel von Ägypten Erdgas bekam, vierzehnmal in die Luft gesprengt. Im April 2012 kündigte das neue islamistische Regime von Ägypten den gesamten Erdgasvertrag, den Israel mit der Mubarak-Regierung abgeschlossen hatte, ohne Rechtsgrundlage. Der dadurch entstandene wirtschaftliche Verlust ist für Israel weitreichender als alle Boykotte, Embargos, Sanktionen und aller Investitionsabbau zusammengenommen.

Am 24. Juni 2012 wurde Mohammed Mursi, ein Mitglied der Muslimischen Bruderschaft, Ägyptens neuer Staatspräsident. Mursi hatte sich schon in der Vergangenheit heftig gegen Israel eingestellt gezeigt, und er versprach, den Friedensvertrag mit Israel „neu zu verhandeln" und engere Beziehungen zum Iran aufzubauen. Mursi hat Berichten zufolge auch geäußert, er wolle „Jerusalem erobern".

Als Hosni Mubarak noch im Amt war, hatte er zu israelischen Regierungsbeamten gesagt: „Israel hat mit der ägyptischen Regierung Frieden geschlossen, nicht mit dem ägyptischen Volk." Wie schon durch die Kündigung des Erdgasabkommens mit Israel wird dies auch an anderen Maßnahmen Ägyptens seit der Absetzung von Mubarak sehr deutlich. Am 6. Juni 2012 berichtete die ägyptische Tageszeitung *Al-Ahram*, dass die Produktion eines ägyptischen Kinofilms mit dem Titel *Regheef Aish* (Laib Brot) von der Zensurbehörde gestoppt wurde, weil er angeblich die Normalisierung der Beziehungen mit Israel befürwortet.

Der Friedensvertrag, den Israel mit Jordanien unterzeichnet hat, war anscheinend auch nur mit der jordanischen Regierung und nicht mit dem jordanischen Volk geschlossen worden. Die unabhängige jordanische Tageszeitung *Al-Arab Al-Yawm* berichtete am 5. Juni 2012, dass israelische Touristen auf einem Markt im südlichen Jordanien angegriffen wurden und dass einer der Augenzeugen meinte:

> Alle, die von einem Frieden zwischen den Israelis und den Jordaniern sprechen, verfolgen eine Wahnvorstellung. Die unterzeichneten Abkommen sind nichts weiter als Tinte auf einem Blatt Papier. Sie haben keinerlei Bedeutung.

Der „Arabische Frühling", in dessen Folge Ägyptens Hosni Mubarak und andere autokratische Führer und Diktatoren im Nahen Osten abgesetzt wurden, hat die Dämonen des ethnischen Nationalismus und des islamischen Fundamentalismus entfesselt, die ganz scharf gegen Israel gerichtet sind.

Nach der „Erdöl-Waffe" erfolgte der wirksamste Großangriff gegen Israel vonseiten der Vereinten Nationen (UN). Die Vereinten Nationen sind eine Institution von überragendem Zynismus und enormer Verlogenheit und darüber hinaus die antisemitischste Organisation der Welt. Bei einer Zusammensetzung aus 57 islamischen Staaten und einer ganzen Reihe der korruptesten, repressivsten Westentaschendiktaturen der Welt unter den 193 Mitgliedstaaten, die alle den Buckel vor den erdölproduzierenden Arabern und dem Iran krumm machen, sind Negativabstimmungen der Vollversammlung gegen Israel vorprogrammiert. Im Sicherheitsrat hat die USA viele Male ihr Vetorecht gegen anti-israelische Resolutionen geltend gemacht und Israel damit oft gerettet.

Egal ob man einen israelischen Politiker, einen Universitätsdozenten oder einen Taxifahrer nach ihrer Meinung über die Vereinten Nationen fragt, man bekommt fast immer die Antwort „*Oom Shmoom*", was in der hebräischen Umgangssprache abfällig so viel bedeutet wie „Vereintes Nichts". Dieser verächtliche Ausdruck wurde vor 60 Jahren von David Ben-Gurion geprägt und ist bezeichnend für die Einstellung der Israelis gegenüber den Vereinten Nationen.

Die Wüste

Im 3. Kapitel wurde schon erwähnt, dass die meisten Staaten der Welt Israel wie einen Paria-Staat behandeln. Der Herr verlangt von Israel den höchsten moralischen Standard, und wie schon in der Antike wird auch das moderne Israel teuer dafür bezahlen, dass es Gottes Gesetzen den Rücken gekehrt hat. Doch auch die Nationen verlangen von Israel einen anderen ethischen und moralischen Standard, nämlich einen Standard, der sehr viel höher ist als der, nach dem sie sich selbst richten. Das ist blanke Heuchelei.

Europa wird Israel gegenüber immer feindseliger, und gegen Israel zu sein ist im Grunde das Gleiche wie Antisemitismus. Antisemitismus gehört zum genetischen Erbe der meisten Europäer. Allgemein kann man sagen, dass die Politiker nicht die Courage haben, sich gegen die muslimische Invasion in ihren Ländern zu wehren. Die Islamisten brauchen nur in den europäischen Hauptstädten gegen Israel zu demonstrieren und mit Gewalt zu drohen, dann kapitulieren die Länder und nehmen eine noch deutlicher anti-israelische Haltung ein.

Die Vereinten Nationen verbringen mehr Zeit mit der Debatte über Probleme, die mit Israel zu tun haben, als mit der über irgendein anderes Problem in der Welt. Dass Israel von den Vereinten Nationen permanent isoliert und verurteilt wird, ist ein deutliches Beispiel für eine internationale Kampagne, die darauf abzielt, den jüdischen Staat zu zerstören. Würde man die Zahl der Resolutionen gegen Israel als Messlatte nehmen, dann könnte man daran sehen, wie viel Verachtung die internationale Gemeinschaft Israel entgegenbringt. Von allen Mitgliedstaaten ist Israel der einzige, der jemals der „Punkt 7"-Behandlung unterworfen wurde, d. h., ein fester Punkt auf der Tagesordnung des UN-Sicherheitsrats zu sein.

Das Thema Israel kommt bei jeder Sitzung des Rates auf den Tisch, unabhängig davon, was sonst an Unmenschlichkeiten anderswo in der Welt begangen wird.

Israel wird von den Nationen in eine Isolation gezwungen, doch schon Jahrhunderte zuvor hat sein Schöpfer zu ihm gesagt: „Ich, der Herr, bin euer Gott, der ich euch von den Völkern abgesondert habe" (3. Mose 20,24). Er hat beschlossen, dass Israel ein Volk sein soll, das abgesondert lebt. Wer ein geistliches Gespür hat, für den ist das offensichtlich:

> Da begann er seinen Spruch und sprach: „Aus Aram hat mich Balak herbeigeführt, der König der Moabiter von den Bergen des Ostens: Komm, verfluche mir Jakob, komm und verwünsche Israel! Wie sollte ich den verfluchen, den Gott

Die Wüste - Diplomatie 127

nicht verflucht? Wie sollte ich den verwünschen, den der Herr nicht verwünscht? Denn von den Felsengipfeln sehe ich ihn, und von den Hügeln schaue ich ihn. Siehe, **ein Volk, das abgesondert wohnt und nicht unter die Heiden gerechnet wird.** – 4. Mose 23,7–9

Die Verachtung, die die Nationen Israel gegenüber an den Tag legen, und die diplomatische Isolation, die sie Israel aufzwingen, spielen den Plänen des Herrn in die Hände.

Zum Zeitpunkt des Schreibens befinden sich die USA in einer tiefen Rezession, der Immobilienmarkt ist seit der Weltwirtschaftskrise nicht auf einem derartigen Tiefpunkt gewesen. Seit November 2012 erhalten 47 Millionen Amerikaner Lebensmittelmarken, unzählige Millionen sind arbeitslos („unzählig" deshalb, weil mir die offiziell veröffentlichten Zahlen als Lichtjahre von der Wirklichkeit entfernt erscheinen). Die Obama-Regierung berechnet die Zahl der Arbeitslosen an der Zahl der Arbeitslosenhilfeempfänger, doch Arbeitslosenhilfe wird nur für eine begrenzte Zeit gezahlt, und damit sind viele Millionen nicht berechtigt, diese Hilfe zu beanspruchen. Diese Millionen tauchen also nicht in den offiziellen Arbeitslosenstatistiken auf, denn wenn sie berücksichtigt würden, stiege die offizielle Arbeitslosenrate um ein Dreifaches. Am 9. September 2012 berichtete *CNSNews*, dass die Anzahl der Amerikaner, die vom Arbeitsamt der USA als berechtigt eingestuft wurden, aber im August „nicht zur erwerbstätigen Bevölkerung zählten", die Rekordzahl von fast 89 Millionen erreicht hat. Das bedeutet, dass die wahre Arbeitslosenzahl in den USA etwa doppelt so hoch ist wie die monatlich offiziell veröffentlichte.

Anfang September 2012 hatte die Verschuldung der USA sechzehn Billionen Dollar überschritten. Allein die Zinsen dieser Summe betragen weit mehr als der jährliche Landesverteidigungshaushalt. Ein Bericht vom 11. September 2012 des US-Büros für wirtschaftliche Analysen (*Bureau of Economic Analysis*, BEA) gibt an, dass nach den am Ende des 10. September 2012 vorliegenden Informationen das Bruttoinlandsprodukt (BIP) der USA für 2012 um etwa eine halbe Billion geringer gewesen ist als die Staatsschuld. Das heißt, dass Amerikas Schulden an diesem Datum 103 Prozent des Bruttoinlandsprodukts entsprachen.

Großbritannien steckt mitten in einer Rezession, Griechenland, Spanien, Portugal, Italien und Irland sind entweder pleite oder stehen am Rande des

Bankrotts und die Eurozone könnte wegen der finanzpolitischen Unfähigkeit vieler Mitgliedstaaten auseinanderbrechen. Die israelische Wirtschaft wächst jedoch weiter und die Auswirkungen der weltweiten Finanzkrise auf Israel waren minimal. Vielleicht werden die Nationen und ihre führenden Politiker eines Tages verstehen, dass ihr Wohlstand von ihren Beziehungen und ihrem Umgang mit dem Staat Israel abhängig ist.

Das wirtschaftliche Wachstum Israels inmitten einer schweren, weltweiten Wirtschaftskrise könnte sehr wohl ein Grund dafür sein, dass Israel zunehmend von europäischen Ländern beschimpft wird. Nichts ist erfolgreicher als der Erfolg, und nichts ärgert mehr als der Erfolg eines anderen.

Vor Tausenden von Jahren schon hat Gott, der Herr, der Allmächtige, der Schöpfer Israels, eine Linie im Sand gezogen und erklärt, dass derjenige, der das jüdische Volk segnet – und damit auch den Staat Israel –, gesegnet sein wird, und derjenige, der es verachtet, beschimpft, demütigt oder lächerlich macht, verflucht sein wird. Diese Wahrheit ist fast verloren gegangen, und zwar hauptsächlich aufgrund von traditionellen Sichtweisen, weil fast alle englischen (und deutschen) Bibelübersetzungen die Verheißung in 1. Mose 12,1–3 nicht richtig übersetzen. Die meisten Übersetzungen lauten etwa folgendermaßen:

> Der Herr aber hatte zu Abram gesprochen: Geh hinaus aus deinem Land und aus deiner Verwandtschaft und aus dem Haus deines Vaters in das Land, das ich dir zeigen werde!
>
> Und ich will dich zu einem **großen Volk** machen und dich segnen und deinen Namen groß machen, und du sollst ein Segen sein.
>
> Ich will **segnen**, die dich **segnen**, und **verfluchen**, die dich **verfluchen**; und in dir sollen gesegnet werden alle Geschlechter auf der Erde! – 1. Mose 12,1–3

Soweit ich weiß, wird nur in der *Literal Translation of the Bible* von Jay P. Green der hebräische Text in Vers 3 korrekt übersetzt, und dafür zolle ich ihm alle Anerkennung. Im Gegensatz zu den traditionellen Übersetzungen des 3. Verses übersetzt Green korrekt folgendermaßen:

> Ich will segnen, die dich segnen, und den verfluchen, der dich verachtet; und durch dich sollen alle Familien der Erde gesegnet werden. – (eigene Übersetzung des Textes von J. P. Green; die deutsche Zürcher Bibel verwendet statt „fluchen" das Wort „schmähen", was der oben genannten Übersetzung von Green nahekommt; Anm. d. Übers.)

Die Wüste - Diplomatie 129

Segnen will ich, die dich segnen, wer dich aber schmäht, den will ich verfluchen, und Segen sollen durch dich erlangen alle Sippen der Erde. – 1. Mose 12,3 (Zürcher Bibel)

Der Unterschied bei der Übersetzung dieses Verses mag nur geringfügig erscheinen, doch das ist er nicht. Dieser Vers birgt in zwei Worten das physische, geistliche und finanzielle Wohl von unzählbaren Millionen von Menschen, Christen und Ungläubigen: „segnen" und „fluchen". Das hebräische Wort, das mit „segnen" übersetzt wird, ist ברן (*baruch*), was die Bedeutung hat: „segnen", „preisen", „ehren", und es ist dasselbe Wort an allen vier Stellen dieses Textes. Es werden jedoch im Hebräischen zwei unterschiedliche Wörter gebraucht, die im Englischen (und Deutschen) in den meisten Übersetzungen beide mit „fluchen" übersetzt werden. Anscheinend sind die Lektoren und Verleger dieser Bibelübersetzungen mehr von Tradition und Profit motiviert als von der Wahrheit und den Tatsachen: Sie wollen keinen Staub aufwirbeln.

Das erste hebräische Wort, das mit „fluchen" übersetzt wird, ist ארר (*arar*) und hat wirklich schreckliche Konsequenzen. Es ist das gleiche Wort, das der Herr gebrauchte, als er in 1. Mose 3,14 die Schlange verfluchte und ihr sagte, dass sie von nun an auf dem Bauch kriechen und ihr Leben lang Staub fressen müsste. Die meisten Menschen wissen nicht, dass man beim Sezieren einer Schlange vier degenerierte Beine findet. Es war zuvor ein Tier gewesen, das auf vier Beinen ging, bis Gott es für immer gedemütigt hat. Das Wort wird auch in verschiedenen weiteren Situationen auf Menschen angewandt, jedes Mal mit ähnlichen tragischen Folgen.

Das zweite hebräische Wort, das in den bekannten Übersetzungen mit „fluchen" übersetzt wird, ist קלל (*killel*) und hat nicht die Bedeutung des Fluchens. Es bedeutet: „verachten", „schmähen", „verabscheuen", „demütigen", „lächerlich machen" u. Ä. Und genau das ist eben der Haken: Alle, die Israel segnen, loben oder ehren, werden von Gott gesegnet, gelobt oder geehrt werden. Doch alle, die Israel verachten, lächerlich machen, demütigen, schmähen oder verabscheuen, werden von seinem Schöpfer verflucht werden (ארר *arar*) und die Folgen dieses schrecklichen Fluchs für einzelne Personen oder ganze Völker sind zu furchtbar, als dass man sie sich ausmalen möchte.[2] Die Völker seien damit gewarnt! Und die Vereinten Nationen, als ganze Organisation, müssen eine wichtige Lektion aus dem Orakel von Bileam lernen:

Die Wüste

Komm, ... verwünsche Israel! Wie sollte ich den verfluchen, den Gott nicht verflucht? Wie sollte ich den verwünschen, den der Herr nicht verwünscht? – 4. Mose 23,7b–8

Die Beziehung zwischen Israel und den Vereinten Nationen ist, gelinde gesagt, stürmisch. Der Völkerbund, der Vorläufer der Vereinten Nationen, spielte eine wichtige Rolle dabei, dass der Staat Israel heute Teil der Völkerwelt ist. Allerdings widerstehen und verurteilen die Vereinten Nationen Israel heute auf unfaire Weise bei jeder sich bietenden Gelegenheit.

Die Vereinten Nationen haben einen Sonderbeauftragten für Menschenrechte in den palästinensischen Gebieten. Er heißt Richard Falk und ist ein amerikanischer Jude. Damit der Leser Richard Falk besser einschätzen kann, ist es an dieser Stelle nicht unwichtig zu bemerken, dass er ein Mitglied der *9/11-Wahrheitsbewegung* ist, d. h. er vertritt die feste Überzeugung, die Terroranschläge vom 11. September 2001 wären von der Regierung der USA selbst verübt und diese Tatsache dann mit Hilfe der Medien verschleiert worden.

Falk ist ein lautstarker, ungenierter und voreingenommener Kritiker der Aktionen Israels in der Westbank und im Gazastreifen und hat die israelische Politik gegenüber den Palästinensern mit den Aktionen der Nazis gegenüber den Juden verglichen.

In Kreisen der Diplomatie und der internationalen Organisationen weiß man schon seit Langem, dass jemand ein Jude sein muss, wenn er als besonders geeignet gelten soll, auf Israel Druck auszuüben. Falk, emeritierter Professor in internationalem Recht an der Universität von Princetown, ist ein sich selbst hassender Hofjude. Ein sich selbst hassender Jude ist ein Jude, der wünschte, er wäre kein Jude, und ein Hofjude ist ein Jude, der zu einer Machtposition in der nichtjüdischen Gesellschaft aufsteigt. Er beweist seine Loyalität als Hofjude, besonders in einer anti-israelischen Organisation, mit wiederholter Verurteilung Israels. Auf diese Weise wird den Verurteilungen noch besondere „Glaubwürdigkeit" verliehen.

Nach Falks Meinung kann Israel nichts richtig machen, die Palästinenser dagegen machen alles richtig. Aus dem Grund weigert sich die israelische Regierung, mit Falk zusammenzuarbeiten, und verwehrt ihm die Einreise nach Israel und in die Westbank.

Die Praxis, Juden in Organisationen und Gruppierungen einzugliedern, die Israel feindlich gesinnt sind, wird als „Judenwäsche" bezeichnet. Diese

Die Wüste - Diplomatie 131

Praxis ist in Nicht-Regierungsorganisationen (NGO) sehr geläufig, um ihren voreingenommenen Berichten „Glaubwürdigkeit" zu verleihen und dadurch mehr Gelder zu bekommen.

In einem Internetbeitrag vom August 2011 veröffentlichte Richard Falk eine Karikatur, auf der ein Hund zu sehen war, der „USA" auf dem Bauch geschrieben hat und eine *Kippa* trägt (die runde Kopfbedeckung jüdischer Männer). Dieser Hund uriniert auf eine Abbildung der Gerechtigkeit und verschlingt gleichzeitig die blutigen Knochen eines Skeletts. Die Organisation UN Watch schrieb an Navi Pillay, die Hohe Kommissarin für Menschenrechte, verlangte eine Verurteilung Falks wegen der Veröffentlichung einer „offenkundig antisemitischen" Karikatur und machte darauf aufmerksam, dass diese „den Hass gegen Juden sowie gegen Amerikaner" schüre. Die Antwort des Büros der Hohen Kommissarin für Menschenrechte (OHCHR) lautete wie folgt:

> Es obliegt nicht den Pflichten des Büros der Hohen Kommissarin für Menschenrechte, Kommentare über einen Sonderbeauftragten abzugeben, der vom Menschenrechtsrat eingesetzt wurde.

So sieht die absurde Objektivität sowohl Falks als auch des Büros der Hohen Kommissarin für Menschenrechte aus.

Am 1. Juli 2012 gab Richard Falk dem UN-Menschenrechtsrat einen sechzehn Seiten langen Bericht über Israel. In seinem mehrseitigen Hetzschreiben besaß Falk die Unverfrorenheit zu behaupten: „Israels militärische Vergeltungsschläge gegen den palästinensischen Raketenbeschuss von Gaza aus sind nicht gerechtfertigt." Er würde sicherlich die gleiche Art von Fairness anwenden, sollte der Iran Atombomben auf Israel abfeuern und Israel darauf reagieren.

Am 25. Oktober 2012 machte Falk wieder Schlagzeilen mit einem weiteren Angriff auf Israel vor der Menschenrechtskommission der UN-Vollversammlung und legte der UN-Vollversammlung seinen Bericht vor. Falks jüngster Bericht fordert:

> eine internationale Kampagne rechtlicher Angriffe und wirtschaftlicher Kampfaktionen (Boykotte) gegen eine weitgefächerte Gruppe von Unternehmen, die mit Israel Handelsbeziehungen unterhalten.

Unter den in Falks Bericht hervorgehobenen Unternehmen waren: Caterpillar Inc. (USA), Veolia Environment (Frankreich), G4S (Großbritannien), Dexia (Belgien), Ahava (Israel), die Volvo Group (Schweden), die Riwal Holding Group (Niederlande), Elbit Systems (Israel), Hewlett Packard (USA), Mehadrin (Israel), Motorola (USA), Assa Abloy (Schweden) und Cemex (Mexiko). Der Bericht warnt amerikanische Angestellte der ins Visier genommenen Unternehmen, dass sie rechtliche Risiken eingehen:

> Gegen Angestellte dieser Unternehmen können Untersuchungen und Strafverfolgung wegen Menschenrechtsverletzungen eingeleitet werden, unabhängig davon, wo diese Verletzungen begangen wurden.

Die US-Botschafterin bei den Vereinten Nationen Susan Rice verurteilte Falks Bericht mit der Bemerkung, sein Boykottaufruf sei „unverantwortlich und unannehmbar und vergifte das Klima im Hinblick auf einen Frieden".

Der kanadische Außenminister John Baird meinte, Falks Bericht wäre „aggressiv und nicht zweckdienlich". Ein Sprecher des Außenministeriums schrieb in einer E-Mail:

> Kanada fordert Herrn Falk dazu auf, diesen voreingenommenen und schändlichen Bericht entweder zu widerrufen oder von seiner Position bei den Vereinten Nationen zurückzutreten.

Israel und die USA schlossen sich Kanada in seiner Forderung von Richard Falks Rücktritt und Ablösung an.

Eine 2012 durchgeführte Umfrage der BBC, bei der über 24.000 Menschen in 22 Ländern befragt wurden, zeigte, dass nur Pakistan und der Iran schlechter eingestuft wurden als Israel, das sich mit Nordkorea den dritten Rang teilte. Es ging bei der Umfrage um die Ermittlung des Staates mit dem schlechtesten Ruf. Nur in den USA (50 % positiv, 35 % negativ), Nigeria (54 % positiv, 31 % negativ) und Kenia (45 % positiv, 31 % negativ) gab es eine Mehrheit unter den Befragten, die meinten, Israel hätte eher einen positiven Einfluss auf die Welt, verglichen mit jenen in den jeweiligen Ländern, die eine entgegengesetzte Meinung vertraten.

Länder wie Großbritannien und Deutschland – auch wenn sie oft die israelische Politik kritisieren – halten immer noch weithin eine Position der Befürwortung des jüdischen Staates. Und doch war der Ausgang dieser Umfrage in Großbritannien eher negativ (69 % negativ, 16 % positiv).

Kanada gilt zum Zeitpunkt des Schreibens als Israels bester Freund, mehr noch als die USA. Und doch äußerten 59 % der befragten Kanadier in der BBC-Umfrage eine negative Meinung über Israel und nur 25 % eine positive. Es ist offensichtlich, dass die kanadische Regierung die Sichtweise der kanadischen Bevölkerung über Israel nicht nachhaltig prägt.

Wenn die Regierung die öffentliche Meinung über Israel nicht beeinflusst, dann ist der offensichtlichste Grund dafür die kontinuierliche, voreingenommene Berichterstattung in den Medien, die oft völlig verfälschte[3] Reportagen über Israel in Umlauf bringen. Unter den führenden westlichen, gegen Israel gerichteten Medientiteln sind zum Beispiel eine Reihe britischer Blätter wie der *Guardian* und der *Independent* sowie die *BBC*. Die amerikanische *New York Times,* das *Time Magazine, Newsweek* und die *CNN* stehen den britischen Medien in nichts nach.

Einer der Grundsätze des Journalismus ist, sicherzustellen, dass die Glaubwürdigkeit der eingeholten Informationen nicht in Frage gestellt werden kann. Dieser Grundsatz wird heutzutage weitgehend nicht mehr respektiert. Nicht Fakten helfen, Tageszeitungen, Magazine oder TV-Werbespots zu vermarkten, „News" hingegen schon. Und was „News" sind, wird von den Medien bestimmt. Viele Reporter lassen ihren persönlichen Standpunkt mit einfließen, wodurch die Berichte gefärbt oder beschönigt werden, je nach der jeweiligen Weltsicht des Reporters, und Israel zieht dabei regelmäßig den Kürzeren. Natürlich darf ein Reporter seine eigene Meinung haben, aber er darf nicht die Tatsachen mit seiner persönlichen Einstellung färben. Die Medien treiben die Menschen zu einer anti-israelischen Haltung.

Eine weitere Ursache für die negative öffentliche Meinung über Israel sind die offenkundig antisemitische Handlungsweise und die Politik der Vereinten Nationen. Darüber hinaus sind die eher linksgerichteten Medien nur zu gerne bereit, den antisemitischen Resolutionen der Vereinten Nationen Prime-Time-Aufmerksamkeit zu schenken, oft mit großem Trara und fetten Schlagzeilen.

Israels Feinde, und zwar auch die terroristischen Organisationen, haben schon vor langer Zeit erkannt, dass auf dem modernen Schlachtfeld nicht nur mit Gewehren, Panzern oder Flugzeugen gekämpft wird, sondern auch mit Kameras und dem geschriebenen Wort. Der ständige, systematische Fluss von Nachrichten über den arabisch-israelischen Konflikt kann nicht unbeachtet bleiben. Irgendwann wird Israel ein politisch so heißes Eisen sein, dass kein Politiker mehr wagen wird, sich pro-israelisch zu äußern, um seine Wähler nicht zu verlieren.

Die drei Durban-Konferenzen der Vereinten Nationen waren wahrscheinlich die bedauerlichsten und verhängnisvollsten Veranstaltungen im ersten Jahrzehnt des 21. Jahrhunderts. Durch sie wurde deutlich, dass die internationale Gemeinschaft im Allgemeinen und die Vereinten Nationen im Besonderen nicht fähig sind, das Übel des Rassismus und des Antisemitismus zu bekämpfen.

Noch bedauerlicher ist die Tatsache, dass der Versuch der internationalen Gemeinschaft, dem Rassismus durch die Durban-Konferenz 2001 entgegenzuwirken, sozusagen gekidnappt wurde. Die Konferenz wurde usurpiert, politisiert und manipuliert, bis sie schlussendlich zu einer bitteren, rassistischen, antisemitischen und gegen Israel gerichteten Hass-Orgie wurde.

Nicht weniger verwerflich war die Befürwortung einer globalen Kampagne im Rahmen der Durban-Konferenz, dem Staat Israel innerhalb der internationalen Gemeinschaft das Recht auf Existenz abzuerkennen. Der dadurch entstandene Schaden ist unermesslich und hat bleibende Auswirkungen.

Die Konferenz Durban I im Jahr 2001, ein Forum, dessen ursprüngliche Absicht war, sich ernsthaft mit den oben genannten Fragen zu beschäftigen, wurde zu einem Synonym für scharfzüngigen Rassismus, Intoleranz, Hass, Antisemitismus und für die Verunglimpfung Israels.

Die ursprünglichen Arbeitspapiere, die in etlichen Regionalkonferenzen und Expertenseminaren von einem formellen Vorbereitungskomitee erarbeitet worden waren und den Teilnehmern bei Eröffnung der Konferenz vorgelegt wurden, enthielten etliche Absätze in Klammern. Diese behandelten „rassistische Praktiken von Zionisten gegen den Semitismus", sie beschrieben Israel als „rassistischen Apartheidstaat" und beschuldigten es der „ethnischen Säuberung der arabischen Bevölkerung im historischen Palästina". In den eingeklammerten Absätzen wurde auch zur Widerrufung israelischer Gesetze aufgerufen, die auf rassistischer oder religiöser Diskriminierung beruhen, wie z. B. das israelische Rückkehrgesetz. Der Begriff *Holocaust* wurde durch den wiederholten Verweis auf die „Holocausts" anderer Völker, auch der Palästinenser, abgewertet – eine grobe Schändung des Gedenkens an die sechs Millionen Juden, die während des Nazi-Holocausts ermordet wurden.

In gleicher Weise verlangte das Aktionsprogramm, die „ausländische Besetzung Jerusalems durch Israel sowie alle seine rassistischen Praktiken zu beenden", und forderte alle Länder auf, Jerusalem nicht als Hauptstadt des Staates Israel anzuerkennen. Demonstrativ verließen die USA und Israel die Durban-Konferenz am vierten Tag.

Die Wüste - Diplomatie 135

In einem Versuch, den Durban-Prozess „zu bestätigen und für legitim zu erklären", beschloss die UNO-Vollversammlung, 2009 eine Nachfolgekonferenz in Genf einzuberufen: die „Durban Review Conference", die allgemein als „Durban II" bezeichnet wird. Erwartungsgemäß gab der UN-Sicherheitsrat Libyen, assistiert vom Iran und von Kuba, den Vorsitz des Vorbereitungskomitees.

Anfang 2008 wurde deutlich, dass mehrere Länder die Absicht hatten, die Nachfolgekonferenz zu boykottieren, weil Durban I sich einen so schlechten Ruf erworben hatte. Im Januar 2008 verkündete Kanada seine Absicht, Durban II zu boykottieren:

> Wir haben uns von einem Prozess zurückgezogen, bei dem der Iran Teil des organisierenden Komitees ist, ein Land, dessen Präsident wiederholt zum Völkermord an den Juden aufgerufen hat; von einer Konferenz, bei der Libyen durch seinen Platz im Organisationskomitee eine zentrale Rolle spielt; von einer Konferenz, bei der die wichtigsten organisatorischen Zusammenkünfte – ohne Zweifel ganz zufällig – auf jüdische Feiertage gelegt wurden, um die Anzahl israelischer und jüdischer Delegierter zu verringern; von einem Prozess, zu dem all jene NGOs wieder eingeladen wurden, die aktiv dazu beigetragen haben, dass aus der ursprünglichen Durban-Konferenz eine notorische Hass-Orgie geworden ist, einschließlich der für die Verbreitung des „Protokolls der Ältesten von Zion" Verantwortlichen und der Organisationen, die vor dem Konferenzort Hitler-Bilder zeigten; von einer Konferenz, die auch jene NGOs wieder eingeladen hat, die es jüdischen NGOs erschweren oder sogar unmöglich machen, als Beobachter teilzunehmen.

Im Mai 2008 sagte der britische Europaminister:

> Ich erkläre in aller Deutlichkeit, dass die Regierung Großbritanniens an einer derart ausgerichteten Zusammenkunft nicht mitwirken wird. Wir arbeiten weiter, um die Konferenz zum Erfolg zu führen, werden aber nicht an einer internationalen Konferenz mitwirken, die ein so schändliches Maß an Antisemitismus aufweist wie die vorausgegangene.

Die Wüste

Nach Kanada und Großbritannien boykottierten auch Israel, die USA, Australien, Polen, Neuseeland, die Tschechische Republik, Deutschland und Italien die Durban-II-Konferenz.

Da sich der schlechte Ruf, den Durban I erworben hatte, nicht abschütteln ließ, degenerierte Durban II sehr schnell zu einem total gegen Israel und den Zionismus gerichteten Forum. In der von niemand anders als dem iranischen Präsidenten Mahmud Ahmadinedschad gehaltenen Eröffnungsrede rief dieser, wie zu erwarten war, zu einer Ausrottung des Zionismus auf und machte den Zionismus und Israel für alle Probleme der Welt verantwortlich:

> Das Wort Zionismus ist eine Personifikation des Rassismus, der sich fälschlicherweise der Religion bedient und religiöse Gefühle missbraucht, um sein hässliches Gesicht zu verbergen.

Diese infame Aussage veranlasste viele Delegationen, den Raum zu verlassen.

In von der UNO-Vollversammlung 2009 und 2010 angenommenen Resolutionen wurde die Einberufung eines eintägigen Plenums für Staatsoberhäupter und Regierungen im September 2011 gefordert. Es sollte ein Nachfolgetreffen sein, um den zehnjährigen Jahrestag der Durban-Konferenz von 2001 zu begehen. Diese Zusammenkunft erhielt die Bezeichnung Durban III, diesmal fand das antisemitische, anti-israelische Hass-Orgie im UNO-Gebäude in New York statt.

Der kanadische Minister für Staatsbürgerschaft, Immigration und Multikulturalismus Jason Kenney rief die aus Durban in Südafrika stammende Hohe UNO-Kommissarin für Menschenrechte Navi Pillay auf, „den Prozess zu stoppen und zu erkennen, dass das Gift von Durban I den gesamten Prozess permanent in Frage gestellt hat". (In einem Editorial der *New York Daily News* im August 2010 wurde Navi Pillay als „Anti-Israel-Zarin der Vereinten Nationen" bezeichnet.) Die öffentliche Verlautbarung der kanadischen Regierung vom 25. November 2010 besagte:

> Unsere Regierung hat das Vertrauen in den Durban-Prozess verloren. An diesem Event, das eine Agenda zelebriert, die Rassismus eher fördert als bekämpft, werden wir nicht teilnehmen.

Im Juni 2011 informierten die USA die Vereinten Nationen folgendermaßen über ihre Absicht, die Sitzung zu boykottieren:

Die Wüste - Diplomatie 137

Die USA werden an der Durban-Gedenkveranstaltung nicht teilnehmen. Im Dezember haben wir gegen die Resolution gestimmt, die diesen Event beschlossen hat, weil der Durban-Prozess hässliche Zurschaustellungen der Intoleranz und des Antisemitismus beinhaltete, und das wollen wir nicht feiern.

In einem ähnlichen Sinn gab der tschechische Außenminister am 21. Juli 2011 bekannt, dass er an der Sitzung nicht teilnehmen werde:

Prag ist von dem Durban-Prozess sehr enttäuscht, da er oft dazu missbraucht wurde, eine ganze Reihe untragbarer Aussagen mit anti-jüdischen Konnotationen zu machen.

Weitere elf Länder boykottierten den Event, darunter auch bedeutende Demokratien. Durban III, die Gedenkveranstaltung des zehnten Jahrestags, wurde auf den gleichen Tag gelegt wie die einseitige Initiative der Palästinenser, vor den Vereinten Nationen die offizielle Anerkennung eines Palästinenserstaates „gemäß der Grenzen von 1967" zu bewirken. Es ist sehr zweifelhaft, dass diese Doppelbelegung zufällig war, und nur die Androhung eines Vetos durch die USA hielt den UN-Sicherheitsrat davon ab, die Resolution zu verabschieden und „Palästina" als Mitglied der UNO zu begrüßen.

Das Hilfswerk der Vereinten Nationen für Palästina-Flüchtlinge im Nahen Osten (UNRWA) wurde im Dezember 1949 gegründet, um den Tausenden von Arabern zu helfen (der Begriff „palästinensische Araber" existierte zu der Zeit noch nicht[4]), die im Zuge des israelischen Unabhängigkeitskrieges entwurzelt wurden. Heute betreibt es Krankenhäuser, Schulen und soziale Dienste für die vermeintlich sieben Millionen[5] Flüchtlinge und deren Familien in Lagern der Westbank (dem biblischen Judäa und Samaria), dem Gazastreifen, in Jordanien, Jerusalem, im Libanon und Syrien.

Die Palästinenser sind die Ersten, an die man denkt, wenn man das Wort „Flüchtlinge" hört, und sie haben teuer dafür bezahlt, diesen falschen Eindruck aufrechtzuerhalten. Die Palästinenser sind von ihren arabischen Brüdern in großem Umfang enteignet worden und leben seit über sechs Jahrzehnten als zweitklassige Bürger im Nahen Osten.

Tausende junge pro-palästinensische Menschen auf der gesamten Welt protestieren jedes Jahr gegen die *nakba* (arabisches Wort für „Katastrophe") der Entstehung des Staates Israel und der angeblich dadurch verursachten, riesigen Zahl von Hunderttausenden von arabischen Flüchtlingen. „Palästi-

138 Die Wüste

na" ist heute eins der weltweit populären, radikalen Themen, für das „man" sich einsetzt. Doch keiner der empörten Protestierer verwendet auch nur einen Gedanken auf die andere *Nakba*, nämlich die jüdische.

Joan Peters dokumentiert in ihrem Monumentalwerk *From Time Immemorial* anhand unzähliger Aufzeichnungen aus den britischen Archiven, zu denen sie ungehinderten Zugang hatte, dass „maximal 340.000 arabische Flüchtlinge" in die eine Richtung aus Palästina hinaus flohen, während über 850.000 jüdische Flüchtlinge in die andere Richtung aus den arabischen Ländern flohen.

Es war sehr ermutigend für Israel zu erfahren, dass das kanadische Parlamentsmitglied, der ehemalige Justizminister Irwin Cotler, am 8. November 2012 im kanadischen Parlament beantragte, offiziell anzuerkennen, dass 850.000 Juden „seit der Geburt des Staates Israel 1948 gewaltsam verdrängt und aus arabischen Ländern vertrieben wurden". Cotler sagte:

> Die arabischen Länder lehnten die UN-Teilungsresolution von 1947–1948 ab und starteten eine zweifache Kriegsaggression gegen den entstehenden jüdischen Staat einerseits und die Bürger jüdischen Ursprungs in ihren Ländern andererseits. Die Folge war zwei Arten von Flüchtlingsbevölkerungen: palästinensische Flüchtlinge und jüdische Flüchtlinge aus den arabischen Ländern.

Der Moment ist gekommen, den Schmerz und die Not der jüdischen Flüchtlinge aus arabischen Ländern wieder in die internationalen Berichte über Frieden und Gerechtigkeit aufzunehmen, in denen diese Tatsache in den vergangenen sechzig Jahren in den Hintergrund gedrängt worden war.

Der Grund für die Flucht der Araber 1948 war Krieg: ein Krieg, den sieben arabische Länder gegen den gerade flügge gewordenen Staat Israel am Morgen nach seiner historischen Gründung begonnen hatten. Der Grund für die Flucht von Juden aus den arabischen Ländern war eine ethnische Reinigung und Enteignung. Israel hatte nie die politische Absicht, die arabische Bevölkerung zu vertreiben. Hätte es eine solche Politik verfolgt, dann würden die Araber heute nicht 21 Prozent der Bevölkerung Israels ausmachen und dann würden Araber auch keine wichtigen Positionen in der israelischen Regierung und im Justizwesen besetzen.

Im Gegenzug dazu ist der jüdische Bevölkerungsanteil in den arabischen Ländern, die zusammen 10 Prozent der bewohnbaren Erdoberfläche ausmachen, von über einer Million auf weniger als 4.000 gefallen. Der Arabische Frühling, der Ende 2010 in Tunesien begann, dezimiert die verbleibenden Juden in Tunesien, Jemen, Ägypten und Marokko noch mehr. Eine Verminderung der jüdischen Bevölkerung in den arabischen Ländern um über neunzig Prozent kann nicht mit der Erklärung abgetan werden, dass „Juden aus freien Stücken ihre Heimat verlassen". Sie wurden vertrieben.

Weitreichende Ausschreitungen, Tötungen, Verhaftungen und Beschimpfung von Juden in den arabischen Ländern wurden als gerechtfertigte Vergeltungsmaßnahme für die Gründung des jüdischen Staates im Herzen des „muslimischen Arabien" angesehen.

Alle jene, die so gut über die Zerstörung arabischer Dörfer in Israel während des Krieges informiert sind, sollten auch nicht vergessen, dass die jüdische Lebensart, Kultur und Zivilisation aus fast jeder Stadt und jedem Dorf im Nahen Osten und Nordafrika ausgemerzt wurde. Der „Weltorganisation der Juden aus arabischen Ländern" zufolge haben Juden nicht nur Häuser, Schulen, Geschäfte, Märkte, Synagogen und Friedhöfe verloren, sondern auch „amtlich beurkundetes Land und Eigentum, das insgesamt ein Fünffaches der Fläche des Landes Israel ausmacht".

Im Unabhängigkeitskrieg 1948/49 kämpfte Israel ums Überleben, und trotzdem nahm es die Flüchtlinge auf, die aus den arabischen Staaten vertrieben wurden. Man muss es wirklich als ein modernes Wunder anerkennen, dass Israel eine Zahl an Flüchtlingen aufnahm, die größer war als seine gesamte Bevölkerung zu der Zeit. Diese lag bei rund 600.000 Menschen. Es ist eine offiziell bestätigte Tatsache, dass die Bevölkerung Israels im Jahr 2012 zu etwa fünfzig Prozent aus Flüchtlingen oder Nachkommen von Flüchtlingen aus den arabischen Ländern besteht.

Israel hat alle Flüchtlinge aus den arabischen Ländern aufgenommen, dagegen nahmen die 21 arabischen Staaten, mit ihrem riesigen Landgebiet und enormen Ölvorkommen, die sie zu den reichsten Ländern der Erde machen, nicht einen einzigen arabischen Flüchtling auf. Nur Jordanien gestand den von ihm aufgenommenen Flüchtlingen eine Art von Bürgerrecht zu. Seit 1988 jedoch entzieht die jordanische Regierung zahlreichen Flüchtlingen wieder die Staatsbürgerschaft und macht sie damit staatenlos, wie schon im zweiten Kapitel erwähnt. Darüber hinaus gibt es dort Pläne, die Bürgerrechte aller arabischen Flüchtlinge aufzukündigen.

Der Krieg von 1948/49 hatte de facto einen Bevölkerungsaustausch zur Folge, hauptsächlich zugunsten der arabischen Staaten. Die arabischen

Angriffe auf Israel schufen zwei unterschiedliche Flüchtlingsprobleme, doch dank der westlichen Medien kennt man auf der ganzen Welt nur das Problem der arabischen Flüchtlinge. Der Flüchtlingsstrom verlief in zwei Richtungen, doch Gerechtigkeit wird nur für die Araber gefordert.

Auch was die Behandlung der Flüchtlinge angeht, wird man ständig mit TV-Clips und Fotos in Zeitungen und Zeitschriften überflutet (von denen einige wahrheitsgetreu sind, andere nicht), auf welchen die erbärmlichen Lebensbedingungen arabischer Flüchtlinge zu sehen sind. Viele der in Lagern lebenden Flüchtlinge hausen in der Tat unter ärmlichen, rattenverseuchten Bedingungen, aber daran ist nicht Israel schuld. Erstens haben viele Araber im Nahen Osten ein geringes Verständnis von gesunden Lebensbedingungen und Hygiene, und offene Abwasserkanäle gehören seit Generationen zum Lebensstil. Zweitens haben nicht die Israelis die Flüchtlingslager gebaut, sondern die Araber. Drittens versucht Israel immer wieder, arabische Flüchtlinge unter besseren Bedingungen unterzubringen.

Ständig bemüht sich Israel, die Lebensbedingungen in den Flüchtlingslagern auf seinem Staatsgebiet zu verbessern. Anfang 1970 wurden Pläne erstellt und Schritte unternommen, um die Lage der Flüchtlinge zu verbessern und ihnen anständige Wohnmöglichkeiten und Infrastruktur zu bieten. Man realisierte besondere Wohnviertel-Projekte, die etwa 10.000 Familien, die sich zum Verlassen der Flüchtlingslager entscheiden, Unterbringung gewähren. Jede Familie erhielt ein Grundstück, und über 70 Prozent der Familien bauten ihre Häuser gemäß ihren Bedürfnisse und Vorlieben. Die neuen Wohnviertel wurden auf staatseigenem Land errichtet, innerhalb von Gemeinden in der Nähe der Lager, und jedes Viertel erhielt seine eigene Strom- und Wasserversorgung, Kanalisation, Bürgersteige und ein erschlossenes Umfeld. In jedem Viertel wurden öffentliche Gebäude (Schulen, Kliniken, Einkaufszentren und Moscheen) gebaut.

Diese Politik wird auch heute noch weitergeführt. Ein Flüchtling, der das Lager verlassen will, erhält ein Grundstück, sucht sich aus, was für ein Haus er bauen will, erhält die Baupläne und eine Baugenehmigung von den gemeindlichen Behörden, denen die Bauaufsicht zukommt. Er wird vollrechtlicher Eigentümer, sobald das Haus fertig gebaut ist, und sein Grundstück wird im Grundbuch eingetragen. Israel möchte damit zeigen, dass man das Problem durchaus lösen kann.

Doch seit 1971 wird jedes Jahr eine nicht sehr beachtete UNO-Resolution bezüglich des Gaza-Streifens verabschiedet, welche unter anderem besagt:

Die Vollversammlung wiederholt nachdrücklich seine Forderung, dass Israel davon absieht, palästinensische Flüchtlinge aus dem Gazastreifen abzuziehen und umzusiedeln.

Eine ähnliche Resolution bezüglich der Westbank besagt unter anderem:

Die Vollversammlung ist alarmiert über Israels Pläne, palästinensische Flüchtlinge aus der Westbank abzuziehen und umzusiedeln und ihre Lager zu zerstören. Die Vollversammlung fordert Israel erneut auf, diese Pläne aufzugeben und keine Aktionen zu unternehmen, die zum Abzug und der Umsiedlung palästinensischer Flüchtlinge führen würde.

Es ist schon ironisch, dass diejenigen, die ständig darüber predigen, dass man der Notlage der Flüchtlinge in den Lagern Abhilfe schaffen muss, auch diejenigen sind, die durch UN-Resolutionen dazu beitragen, das Problem bestehen zu lassen.

Die UNO möchte nicht, dass die Flüchtlinge die Lager verlassen, sondern sie möchte einfach, dass Israel das Land verlässt. Das arabische Flüchtlingsproblem ist politischer Natur. Es ist eine Waffe, die gegen Israel eingesetzt wird; das Leid und das Schicksal der Flüchtlinge sind denen, die diese Waffe einsetzen, völlig egal.

Die jüdischen Flüchtlinge aus arabischen Ländern wurden alle von Israel aufgenommen und eingebürgert, aber eine weit übertriebene Zahl von sieben Millionen Flüchtlingen und deren Nachkommen aus dem Krieg von 1948 vegetieren immer noch in 59 sogenannten „Übergangslagern" des UNO-Hilfswerks UNRWA.

Das im Dezember 1949 gegründete UNRWA-Hilfswerk wird heute mit etwa zwei Milliarden Dollar jährlich von 38 westlichen Demokratien unterstützt, allein die US-Regierung finanziert 25 Prozent des Budgets.

Allerdings unternimmt das Hilfswerk der Vereinten Nationen für Palästina-Flüchtlinge im Nahen Osten keinerlei ernsthaften Anstrengungen, eine langfristige Lösung des Problems für die Nachkommen arabischer Flüchtlinge zu suchen, die seit über 63 Jahren die Demütigung eines Lebens als Flüchtling erdulden. Es könnte die Richtlinien des Hochkommissariats der Vereinten Nationen für Flüchtlinge anwenden, mit deren Hilfe Tausende arabische Flüchtlinge aus dem Irak umgesiedelt und in verschiedene Länder der Welt eingegliedert wurden, vor allem in Chile.

Im Gegensatz dazu nährt das UN-Hilfswerk UNRWA in Millionen Arabern die falsche Hoffnung, sie würden in ihre ehemaligen Dörfer von 1948 zurückkehren, auch wenn es diese Dörfer heute gar nicht mehr gibt. Es unternimmt keinerlei Anstrengungen, die Nachkommen arabischer Flüchtlinge auch nur dahingehend zu ermutigen, sich auf die Möglichkeit eines zukünftigen Palästinenserstaats in der Westbank und im Gazastreifen vorzubereiten. Stattdessen vertritt UNRWA das von der Palästinenserbehörde, Syrien, Libanon und Jordanien eingeforderte „Rückkehrrecht". Die Einrichtungen des UN-Hilfswerks für Palästina-Flüchtlinge können Landkarten von „Palästina" vorweisen, auf denen Israel gar nicht auftaucht und auf denen alle israelischen Städte als arabische Städte bezeichnet werden.

Das Schulsystem des UN-Hilfswerks für Palästina-Flüchtlinge ruft dazu auf, den bewaffneten Kampf um das „Rückkehrrecht" in den Lehrplan aufzunehmen, wodurch die Lager zu Brutstätten für den Terrorismus geworden sind, in denen es sogar militärartiges Training und Waffenlager gibt. Im März 2012 ist die Hamas im Gazastreifen zum fünften Mal in Folge zur führenden Kraft der UNRWA-Gewerkschaft und der UNRWA-Lehrergewerkschaft gewählt worden.

Etwa zwei Millionen palästinensische Flüchtlinge sind in den jordanischen Zweigstellen des UN-Hilfswerks für Palästina-Flüchtlinge registriert. 2011 hat die Gemeinschaft der Angestellten des UNRWA eine Entscheidung befürwortet, der zufolge die Einführung des Unterrichts über den Holocaust in den von dem Hilfswerk geleiteten Schulen verboten werden soll:

> Die Schüler der UNRWA-Schulen im Rahmen der Menschenrechte über den sogenannten „Holocaust" zu unterrichten, ist schädlich für die palästinensischen Interessen und beeinträchtigt die Meinung der Schüler über ihren größten Feind: die Israelis.

Seit 2009 wehrt sich die Hamas in Gaza aktiv gegen Versuche des UNRWA, den Holocaust in den Lehrplan in Gaza zu integrieren – mit der Begründung, das stehe im „Widerspruch zur palästinensischen Kultur".

Das UNRWA verlängert das arabische Flüchtlingsproblem absichtlich durch ständige Wiederbelebung. Es ist eine anachronistische Institution, die schon vor Jahrzehnten hätte sterben müssen.

Etwas, das dem UN-Hilfswerk für Palästina-Flüchtlinge Sand ins Getriebe streuen könnte, ist eine im Juni 2012 verabschiedete Gesetzesänderung, die kürzlich vom Bewilligungsausschuss des US-Senats bestätigt wurde. Darin wird gefordert, dass der Außenminister einen Bericht darüber abgeben muss, wie viele der Palästinenser, die Zuwendungen durch das UNRWA erhalten, tatsächlich im israelischen Unabhängigkeitskrieg ihre Häuser verlassen oder aus ihrer Heimat fliehen mussten, und wie viele lediglich deren Nachkommen sind.

1950 definierte das UN-Hilfswerk für Palästina-Flüchtlinge, ein Flüchtling sei jemand, der „sein Zuhause und seine Erwerbsquelle" während des Krieges verloren hat, der von den arabischen Ländern nach der Staatsgründung Israels begonnen wurde. 1965 entschied das UNRWA, gegen die Einwände der USA, auch jene als Flüchtlinge zu berücksichtigen, die Kinder, Enkel und Urenkel dieser Personen sind, die Israel verlassen haben. Und 1982 erweiterte das UNRWA diesen Anspruch noch auf alle nachfolgenden Generationen – für immer.

Nach den Regeln des Hilfswerks für Palästina-Flüchtlinge ist ein Nachkomme eines arabischen Flüchtlings selbst dann noch ein Flüchtling, wenn ihm die Staatsbürgerschaft eines anderen Staates bewilligt wurde. Zum Beispiel haben von den zwei Millionen in Jordanien registrierten Flüchtlingen alle bis auf 167.000 die jordanische Staatsbürgerschaft. Indem es diese Politik vertritt, verstößt das Hilfswerk für Palästina-Flüchtlinge eklatant gegen das Abkommen über die Rechtsstellung von Flüchtlingen (Genfer Flüchtlingskonvention) von 1951, in dem ganz klar festgelegt wird, dass eine Person nicht mehr als Flüchtling zu betrachten ist, wenn sie „eine neue Staatsangehörigkeit erworben hat und den Schutz des Landes seiner neuen Staatsangehörigkeit genießt".

Jonathan Schanzer, der für die *Foundation for Defense of Democracies* Nachforschungen unter den Palästinensern anstellt, schätzt, dass die Zahl heute lebender Flüchtlinge, die während des Unabhängigkeitskrieges vertrieben wurden, rund 30.000 beträgt, im Gegensatz zu den 7 Millionen bei der UNRWA registrierten Personen.

Schanzer meint, die Billigung des Gesetzes durch den Bewilligungsausschuss des US-Senats habe zumindest symbolische Auswirkungen:

> Seit Jahren vertreten die Palästinenser schon eine sehr großzügige Position, was das Rückkehrrecht angeht. Keiner hat das je hinterfragt. Dies verlagert den Schwerpunkt der Debatte.

Die Reaktion der Palästinenserbehörde auf diese Gesetzesänderung war lachhaft: Dadurch würde sich der Friedensprozess mit Israel noch weiter hinauszögern. Wer macht sich hier über wen lustig? Die Palästinenser haben bisher alle möglichen Tricks aus dem Hut gezogen, um einen dauerhaften Frieden zu vermeiden. Sie sollten aufwachen und sich der Tatsache stellen, dass sie umso weniger bekommen werden, je länger sie damit warten, an den Verhandlungstisch zurückzukehren: weniger Gebiete für ihren Staat und vielleicht auch geringere Berücksichtigung ihrer politischen „Flüchtlings"-Waffe.

Der Menschenrechtsrat der Vereinten Nationen (UNHRC) wurde bereits als „orwellsch" beschrieben. Diese Bezeichnung geht auf den Romanautor Eric Blair zurück, besser bekannt unter seinem Pseudonym George Orwell. Sie ist von seinem Künstlernamen abgeleitet und zu einem festen Bestandteil der englischen Sprache geworden. Als „orwellsch" bezeichnet man eine bizarre Realität, und der UN-Menschenrechtsrat ist in der Tat ein bizarres Gebilde.

Der UN-Menschenrechtsrat wurde 2006 eingesetzt, nachdem UN-Generalsekretär Kofi Annan zugegeben hatte, dass dessen Vorläufer, die Menschenrechtskommission, sich in parteiischen Programmen festgefahren hatte, dass Länder mit einem haarsträubenden geschichtlichen Hintergrund darin aufgenommen wurden und dass sie ihre ursprüngliche Ausrichtung völlig verloren hatte. Annan versicherte vor der Welt, dass die Menschenrechtskommission eine Reformation dringend nötig hätte.

Doch erwies es sich, dass die alte Krankheit robuster war als Annans Heilmittel. Länder wie der Iran, Sudan, Simbabwe und Nordkorea – allesamt Länder, in denen Menschenrechte durch die herrschende Politik verletzt werden – sind in den UN-Menschenrechtsrat gewählt worden. Libyen, wo Misshandlungen an der Tagesordnung sind, wurde der Vorsitz dieser Organisation zugeteilt, obwohl gleichzeitig gegen dieses Land wegen Korruption ermittelt wird.

Am 8. November 2012 wählte die UN-Vollversammlung in einem weiteren orwellschen Manöver den vom *Warlord* Omar al-Bashir geführten Sudan ab 2013 zum Mitglied des UN-Menschenrechtsrates. Das islamistische Regime von al-Bashir erhielt dabei mehr Stimmen als die USA.

Gegen den sudanesischen Präsidenten Omar al-Bashir liegen seit Anfang 2009 beim Internationalen Gerichtshof Anklagen wegen Kriegsverbrechen und Verbrechen gegen die Menschlichkeit vor, die während des Darfur-Konflikts verübt wurden, 2010 kamen Anklagen wegen Völkermord dazu. Die US-Vertreterin Ileana Ros-Lehtinen sagte:

> Diese völkermordende Diktatur, die Tausende ihrer Bürger ermordet hat, in einem solchen Komitee sitzen zu lassen, geht über Heuchelei weit hinaus. Es ist rücksichtslos, gefährlich und tragisch – das geht ganz einfach zu weit.

Ros-Lehtinen fügte noch hinzu: „Es ist mehr als offensichtlich, dass die Vereinten Nationen erledigt sind."

Am 10. Dezember 2012 beging der UN-Menschenrechtsrat den Tag der Menschenrechte damit, Mauretanien in den Rat zu wählen. Mauretanien ist ein nordafrikanischer islamischer Staat, wo der Übertritt zu einer anderen Religion mit der Todesstrafe geahndet wird. Die Versklavung von Schwarzafrikanern ist seit Jahrhunderten fest in der mauretanischen Gesellschaft verankert; man schätzt, dass aktuell bis zu 18 Prozent der gesamten Bevölkerung versklavt ist. Man muss schon ein noch groteskeres Wort als „orwellsch" erfinden, um diese absonderlichen Handlungen des UN-Menschenrechtsrats zu beschreiben.

Wer ist der Verlierer bei diesen schändlichen Vorgängen? Es sind die Menschenrechte und die Menschen selbst: die iranischen Mädchen, die man schon im Alter von 9 Jahren zur Heirat zwingen kann; saudische Frauen, die nicht wählen, Auto fahren, ohne eine männliche Überwachung draußen spazieren gehen dürfen oder sexuellen Missbrauch nur dann anzeigen können, wenn sie vier Zeugen haben; die Unschuldigen in Darfur, in Harare und Peking, die Demütigungen erleiden, ohne je die Hoffnung darauf zu haben, dass ihre Verfolger zur Rechenschaft gezogen werden, und die Opfer von Genitalverstümmlung oder Kindersklaverei.

Im März 2012 ermordete Mohammed Merah einen Rabbi, drei jüdische Kinder und drei französische Fallschirmspringersoldaten in Toulouse in Südfrankreich. Als Motiv gab Merah seine Treue zur Al-Kaida-Ideologie an. Die Boshaftigkeit seiner Taten, besonders die kalte Grausamkeit, mit der er die achtjährige Myriam Monsonego verfolgte, sie bei den Haaren packte und dann dreimal auf sie schoss, brachte das Leben in Frankreich zum Erliegen und die Präsidentschaftswahlkampagne wurde ausgesetzt. Merahs Schwester Souad soll gesagt haben: „Ich bin stolz auf meinen Bruder – sehr stolz!"

Was hat der UN-Menschenrechtsrat, das Verteidigungsbollwerk der Menschenrechte, getan? Hat er diese barbarische Vergewaltigung der fundamentalsten Menschenrechte, das Recht auf Leben, in irgendeiner Weise verurteilt? Oder innegehalten – und sei es auch nur kurz –, um den trauernden Familien, die in diesem so hinterhältigen und nach Verurteilung schreienden Akt zerrissen wurden, Trost zu spenden? Das war nicht der Fall. Was der Menschenrechtsrat allerdings tat, war, nur Stunden später fünf Resolutionen zu verabschieden, in denen Israel verurteilt wurde, und eine Mission einzusetzen, die untersuchen soll, welche

> ... Auswirkungen die israelischen Siedlungen auf die zivilen, politischen, wirtschaftlichen, gesellschaftlichen und kulturellen Rechte des palästinensischen Volkes haben.

In dieser schamlos einseitigen Resolution wurde weder der Terrorismus noch die beständige Provokation durch die Benennung von Schulen nach Selbstmordattentätern oder die auf Zivilisten abgeschossenen Raketen erwähnt. Bei der Abstimmung – 31 Stimmen für und eine dagegen – fanden sich unter den Befürwortern Länder wie der Iran und Syrien – wobei man wissen muss, dass Syrien in weniger als zwei Jahren fast 80.000 seiner eigenen Bürger abgeschlachtet hat. So wie beim Goldstone-Bericht über den Gazakrieg – auch eine „Untersuchung" des Menschenrechtsrats – wurde Israel schon durch die Aufgabenstellung von vornherein für schuldig befunden.

Es ist absolut tragisch, dass das vermeintliche Parlament der Nationen nicht in der Lage ist, auch nur dem Anschein nach die Menschenrechte zu schützen, geschweige denn die Situation bezüglich der Menschenrechte weltweit zu verbessern. Die Sitze im Menschenrechtsrat werden unter fünf regionalen Gruppen verteilt, von denen die Afrikaner und Asiaten den größten Teil ausmachen. Mitglieder der OIC (Organisation der islamischen Konferenz) bilden die Mehrheit innerhalb der afrikanischen und asiatischen Gruppen, sodass sie einen Vorteil bei der Machtverteilung haben. Israel dagegen gehört als einziges Land aller 193 UN-Mitgliedstaaten zu keiner Gruppe.

Wenn man sich dieses Zahlenverhältnis ansieht, dann ist es kein Zufall, dass der UN-Menschenrechtsrat mehr Resolutionen gegen Israel verabschiedet hat als gegen alle anderen 192 Mitgliedstaaten zusammengenommen, dass Kritik an Israel ein ständiger Tagesordnungspunkt ist und dass der Rat 30 Untersuchungen in Auftrag gegeben hat, die zu einer negativen Beurteilung Israels führten. In krassem Gegensatz dazu stehen die nur fünf

Die Wüste - Diplomatie 147

Untersuchungen über Syrien, drei über den Iran und keine einzige über Saudi-Arabien, China oder die völkermordende Charta der Hamas – deren Abgesandter Ismail al-Ashqar im März 2012 in Genf vor dem Menschenrechtsrat eine Rede hielt.

Im Juni 2012 sprach Sameh Habeeb, der Medienchef des *Palestinian Return Centre*/PRC vor der Versammlung des UN-Menschenrechtsrats. Das PRC ist eine der zentralen Institutionen, durch die die Hamas in Großbritannien arbeitet. Habeeb sagte u. a. – in einem Raum der Vereinten Nationen, durch ein Mikrofon der Vereinten Nationen, bei einem von den Vereinten Nationen angekündigten Event, assoziiert mit der höchsten Menschenrechtsinstitution der Vereinten Nationen:

> 1947, 1948 und 1949 wurden palästinensische Flüchtlinge durch die israelischen Banden einer ethnischen Säuberung unterworfen. Einige arabische Armeen kamen nach Palästina, um das zionistische Vorhaben zu bekämpfen, das aus ganz Europa kam, um in Palästina die Macht zu übernehmen und es zu einer Heimat für die Juden zu machen, obwohl es über Tausende und Abertausende von Jahren schon immer die Heimat der Palästinenser war.

Diese arabische Propaganda – die von vorne bis hinten nur aus Lügen besteht[6] – ist von der allerschlimmsten Sorte. Vor einem voreingenommenen, Israel feindlich gesinntem Publikum wird dadurch die Delegitimierung Israels vorangetrieben, und die Lügen werden von den leichtgläubigen Zuhörern kritiklos geschluckt.

Bedauerlicherweise ist der internationalen Völkergemeinschaft vorzuwerfen, dass sie eigennützigen Interessen gestattet, einer Richtigstellung moralischer Verdrehungen im Weg zu stehen, ja, diesen Umstand sogar befürwortet.

Die Spannungen zwischen dem Amt für die Koordinierung humanitärer Angelegenheiten innerhalb der Vereinten Nationen (United Nations Office for the Coordination of Humanitarian Affairs – OCHA) und der israelischen Regierung sind auch gewachsen, besonders nachdem die Informationsbeauftragte des OCHA Kuhlood Badawi im März 2012 ein Foto getweetet hatte, auf dem ein palästinensischer Vater seine blutüberströmte Tochter in den Armen trägt. In ihrem Tweet behauptete Badawi, das Mädchen sei bei einem Angriff der israelischen Armee getötet worden. Badawis Foto war von folgendem Kommentar begleitet:

Palästina blutet. Noch ein Kind von Israel ermordet. Noch ein Vater trägt sein Kind in Gaza zu Grabe.

Dieses Foto explodierte förmlich im Internet.

Israel wies den Bericht Badawis als falsch zurück. Es stellte sich später heraus, dass das Foto aus einem archivierten *Reuters*-Bericht stammte, der schon 2006 veröffentlicht worden war. *Reuters* bestätigte, dass das Foto ein palästinensisches Mädchen zeigte, das bei einem Unfall ums Leben gekommen war, der mit Israel überhaupt nichts zu tun hatte. Kuhlood Badawi war schon 2008 in mehrere andere Vorfälle verwickelt, bei denen sie Twitter nutzte, um lokale Unruhen anzustacheln. Der israelische Botschafter bei den Vereinten Nationen Ron Prosor ist zunehmend verärgert über Valerie Amos, eine britische Staatsangehörige und Vorsitzende des OCHA, weil sie sich weigerte, die Anstellung Badawis bei den Vereinten Nationen zu kündigen, obwohl es eine ganze Liste von Vorfällen gibt, bei der Badawi immer wieder gegen die ethischen Richtlinien der Organisation verstoßen hat.

Lügen, Betrug und Untätigkeit sind jedoch ein integraler Bestandteil der Politik der Vereinten Nationen, um Israel in den Augen der Welt als illegitim erscheinen zu lassen.

Trotz des Lobbying der USA und verschiedener Einwände in letzter Minute hat die UNESCO (Organisation der Vereinten Nationen für Erziehung, Wissenschaft und Kultur) Ende Oktober 2012 abgestimmt, „Palästina" als ihr 195. Mitglied aufzunehmen. Die USA reagierten nur Stunden danach und kündigten ihre finanzielle Unterstützung mit der Folge, dass im Monat darauf eine Zahlung von 60 Millionen Dollar nicht getätigt werden konnte.

Ein US-Gesetz von 1990 verbietet der Regierung in Washington, eine UN-Agentur finanziell zu unterstützen, die einen palästinensischen Staat ohne ein vorausgehendes Friedensabkommen mit Israel anerkennt. Der Präsident der Palästinenserbehörde Mahmud Abbas hat sich geweigert, die Verhandlungen wieder aufzunehmen, solange Israel nicht all seinen Forderungen nachkommt. Abbas verlangt, dass Israel alle Bauvorhaben in den umstrittenen Gebieten einfriert, dass es einen unabhängigen Palästinenserstaat in den Grenzen von 1967 anerkennt – mit nur geringfügigen Änderungen – und dass es all die Tausende von palästinensischen Gefangenen freilässt, die wegen Mitwirkens bei terroristischen Aktivitäten gegen Israel in israelischen Gefängnissen sitzen.

Die ersten beiden Forderungen von Abbas sind das direkte Resultat der politischen Unfähigkeit von Barack Obama. Vor fast drei Jahren sagte Obama der Welt, dass „Israel aufhören sollte, Siedlungen in der Westbank (dem biblischen Judäa und Samaria) zu bauen." Obamas Aussage wurde zu Abbas' Mantra. Seit dieser Zeit besteht Abbas darauf, dass Israel vor einer Wiederaufnahme der Verhandlungen alle Siedlungsaktivitäten einfriert.

Vor einem Jahr sagte Obama: „Die Basis für ein Friedensabkommen zwischen Israel und den Palästinensern sollten die Grenzen von 1967 sein." Darauf hat Abbas sofort reagiert und es zu seiner zweiten Forderung gemacht. Am 14. Mai 2012 sagte Abbas, er selbst „könne nicht mehr palästinensisch gesinnt sein als Obama". Anscheinend tritt Obama von einem Fettnäpfchen ins nächste.

Am 12. September 2012 lauteten die ersten Zeilen des Leitartikels der *Jerusalem Post* mit dem Titel „The Palestinians Authority's sorry state" folgendermaßen:

> Keine einzige Schlagzeile wurde veröffentlicht, als der Präsident der Palästinenserbehörde Mahmud Abbas kürzlich darauf bestand, dass es keinen Frieden geben würde, solange die Juden nicht „Jerusalem, unsere Heilige Stadt und ewige Hauptstadt unseres Staates", räumen würden.

Und tatsächlich machte dies weder in Israel noch in den Mainstream-Medien Schlagzeilen. Israel schenkt normalerweise Abbas' Hang zu grotesken, oft rassistischen Forderungen keine große Aufmerksamkeit, weil die vermeintlichen „Friedensverhandlungen" zum Zeitpunkt des Schreibens seit 18 Jahren aufgrund der palästinensischen Unnachgiebigkeit immer wieder unterbrochen wurden. Was die Siedlungen angeht, kann man nicht von den Israelis erwarten, die Arbeiten für ein neues Haus, ein neues Badezimmer oder ein zusätzliches Schlafzimmer endlos hinauszuzögern, und deshalb gehen die Bauvorhaben weiter und werden auch weitergehen, bis ein Verhandlungsabkommen eine Veränderung herbeiführt.

Einer der vielen Mythen, die die internationale Meinung über den arabisch-israelischen Konflikt verzerren, ist, dass es vor 1967 schon „Grenzen" zwischen Israel und dem Westufer des Jordanflusses gegeben hätte. Der Sechstagekrieg von 1967 war die Folge eines erneuten arabischen Versuchs „Israel von der Landkarte zu tilgen" – eine Wiederholung des Unabhängigkeitskrieges von 1948, der nur mit einem temporären Waffenstillstand geendet hatte und in dessen Folge die meisten arabischen Führer absolut kein Interesse an einem langfristigen Friedensvertrag mit Israel hatten. Das ist der Grund, warum es vor 1967 nie etablierte Grenzen zwischen Israel und dem Westufer des Jordanflusses gegeben hat.

Die Waffenstillstandslinien von 1949 sind genau das: Waffenstillstandslinien. Diese Waffenstillstandslinien sind nicht die Grenzen Israels und wurden auch nie rechtlich als solche anerkannt, sie sind lediglich die Linie, die von der israelischen Armee gehalten wurde, als die Kampfhandlungen 1949 eingestellt wurden, und von der aus sie das Land verteidigte, als der Krieg 1967 ausbrach.

Ein weiterer Mythos ist die Annahme, dass Israel im Krieg von 1967 „den palästinensischen Ostteil von Jerusalem und die Westbank" besetzt habe. Dieses Gebiet war im Zuge des Krieges von 1948 von Jordanien besetzt worden, und Israel wurde wiederholt von dort aus angegriffen. Das heilige und historische, jüdische Jerusalem wurde während dieser Periode systematisch abgeschottet und entweiht. 1967 konnten sich die Juden dort wieder etablieren, als die israelische Armee die jordanischen Streitkräfte besiegte. Jordanien hatte Judäa und Samaria 1950 annektiert und in *Westbank* umbenannt, doch diese Annektierung wurde nur von zwei Staaten anerkannt: Großbritannien, ein Land, das anti-israelische Gefühle hegt, und Pakistan, ein deutlich anti-israelisch eingestelltes Land.

Als die israelische Regierung dann eine Politik entwickelte, bei der Land gegen den lang erwarteten Frieden eingehandelt werden sollte, schlug die Arabische Liga bei einer Zusammenkunft in Khartum jeglichen weiteren Verhandlungen oder Abkommen die Tür vor der Nase zu, indem sie die drei berühmten „Nein" formulierten: „Nein zum Frieden mit Israel, Nein zur Anerkennung Israels, Nein zu Verhandlungen mit Israel." Erst danach – auf der Grundlage der arabischen Ablehnungsideologie – begann der davor nicht geplante und improvisierte Siedlungsbau.

In den zehn Jahren nach 1967 waren nur eine Handvoll Siedlungen in den eroberten Gebieten errichtet worden. Nach 1977 stellte die kontinuierliche Aggressivität der Araber eine treibende Kraft für eine Ausweitung der Siedlungsbewegung dar. Im Moment leben etwa 300.000 Israelis in 121 Siedlungen in der Westbank (dem biblischen Judäa und Samaria). Diese Siedlungen nehmen heute weniger als zwei Prozent des Gebietes der Westbank ein. Es ist völlig offensichtlich, dass die kleine Fläche, die von diesen Siedlungen belegt wird, die Gründung eines palästinensischen Staates in der

Die Wüste - Diplomatie 151

Westbank und Gaza, wo Israel nicht präsent ist, nicht verhindern wird oder verhindern könnte. Der einzige Grund, warum die Friedensverhandlungen nicht wieder aufgenommen werden, sind die unnachgiebigen Forderungen von Mahmud Abbas. Allerdings würden Friedensverhandlungen wahrscheinlich sowieso sehr schnell wieder abgebrochen werden, sobald nämlich die Palästinenser einen anderen Vorwand dafür fänden.

Einen palästinensischen Staat mit den „Grenzen" von 1967 zu gründen ist unmöglich. Diese Linien sind für Israel nicht verteidigbar und sind als „Auschwitz-Linien" bezeichnet worden, eine Andeutung auf das Vernichtungslager Auschwitz in Polen, wo die Nazis während des Zweiten Weltkriegs über 1,1 Millionen Juden ermordet haben. In einer Einigung mit den Palästinensern muss Israel sichere, verteidigbare Grenzen aushandeln.

Die dritte Forderung von Mahmud Abbas, Israel müsse alle palästinensischen Gefangenen freilassen, bevor er die Gespräche mit Israel wieder aufnehmen würde, ist eine weitere Unmöglichkeit. Rund sechstausend Palästinenser aus israelischen Gefängnissen zu entlassen, von denen Tausende eingeschworene Terroristen sind, an deren Händen israelisches Blut klebt, würde dem Todesurteil Hunderter oder Tausender israelischer Zivilisten gleichkommen.

Der Präsident der Palästinenserbehörde, Mahmud Abbas, weiß sehr wohl, dass Israel sich seiner jüngsten Serie von Forderungen nie beugen wird, und das ist den Palästinensern nur recht, weil sie dann weiter Israel dafür die Schuld geben können, dass die Wiederaufnahme der Verhandlungen keine Fortschritte macht. Abbas, der ehemalige Stellvertreter von Jassir Arafat, will genauso wenig einen Staat für sein Volk, wie Arafat selbst es wollte. Premierminister Ehud Barak hatte Arafat 98 % der Westbank und den gesamten Ostteil Jerusalems angeboten, einschließlich des Tempelbergs, dem heiligsten Ort des Judentums, doch Arafat hatte abgelehnt und einen Kleinkrieg initiiert, die sogenannte Zweite Intifada, bei dem Tausende von Palästinensern und israelischen Zivilisten ihr Leben ließen.

Premierminister Ehud Olmert war bereit, mehrere Dutzend Siedlungen zu zerstören und die Zwangsräumung zu veranlassen, von der über 180.000 Israelis betroffen gewesen wären. Olmert bot Abbas 92 Prozent der Westbank und ganz Ost-Jerusalem einschließlich des Tempelberges an, aber Abbas lehnte das Angebot ab. Ich möchte folgenden Punkt klipp und klar zum Ausdruck bringen: Die palästinensische Führung hat kein Interesse an einem Staat, der zwischen Israel und ihnen selbst verhandelt wird, sie wol-

152 Die Wüste

len die Zerstörung Israels. Sie glauben, dass sie jetzt einen Weg gefunden haben, das zu erreichen, und zwar mithilfe des latenten Antisemitismus, der im Erbgut europäischer Völker verankert ist.

Mahmud Abbas verfolgt eifrig die Anerkennung eines unabhängigen Staates „Palästina" durch die UNO, die, wie schon deutlich gemacht wurde, die antisemitischste Organisation auf dem ganzen Globus ist. Wenn es allein der UN-Vollversammlung überlassen wäre, „Palästina" in die Organisation aufzunehmen, wären die Palästinenser schon drinnen. Doch nur der Sicherheitsrat hat die Autorität, einem Antrag auf volle Mitgliedschaft zuzustimmen oder sie zu verweigern, auch wenn die Vollversammlung sie befürwortet. Hauptsächlich dank der Bemühungen der USA ist es den Palästinensern im September 2011 nicht gelungen, eine Mehrheit unter den 15 Mitgliedern des Sicherheitsrates zu bekommen und die USA damit zu zwingen, ihr Vetorecht geltend zu machen. Doch viele Mitglieder des Sicherheitsrats haben nur ein zweijähriges Mandat. Abbas wird warten, bis neue Mitglieder des Sicherheitsrates (die von der Vollversammlung gewählt werden) eine günstigere Zusammenstellung bilden, um die USA zur Ausübung ihres Vetorechts zu zwingen, damit „Palästina" nicht aufgenommen wird. Juristisch gesehen wäre es für die Palästinenser immer noch eine Niederlage, aber es wäre ein moralischer Sieg und würde der Welt das Signal geben, dass die USA Vorurteile gegen die Palästinenser hätte.

Als die UNESCO darüber abgestimmt hat, „Palästina" als Vollmitglied aufzunehmen, war das ein bedeutender Sieg für die Palästinenser. Die Abstimmung wurde vollzogen, obwohl klar war, dass die USA gedroht hatten, ihre finanzielle Unterstützung zu entziehen, die 22 Prozent des gesamten UNESCO-Haushalts ausmacht. Die Abstimmung wurde vollzogen, und 173 Länder stimmten ab: 107 Länder waren dafür, 14 dagegen und 52 enthielten sich.

Mahmud Abbas' Büro ließ die Absicht verlauten, eine Mitgliedschaft in 18 UN-Einrichtungen zu beantragen. Doch da die UNESCO über 90 Millionen Dollar jährlich verloren und die USA angekündigt hatte, jeder UN-Organisation, die eine gleiche Entscheidung trifft, ebenfalls die Finanzen zu entziehen, beeilte sich UN-Generalsekretär Ban Ki-moon, Abbas von der Notwendigkeit zu überzeugen, dass er auf Kandidaturen für weitere Mitgliedschaften in UN-Agenturen verzichtet. Die UNO würde dadurch mehrere Hundert Millionen Dollar verlieren, was sie sich schwerlich leisten kann.

Die Wüste - Diplomatie 153

Zum Zeitpunkt des Schreibens kann Abbas mit seinem einseitigen Gesuch an die UNO, „Palästina" als „Nicht-Mitgliedsstaat" anzuerkennen, einen Erfolg verzeichnen. Diesen Status hat heute sonst nur der Vatikan inne. Um ihn zu erreichen, bemühte sich Abbas um die Unterstützung der geopolitischen Gruppen der UNO. Die PLO ist schon seit 1974 als „ständiger Beobachter" zugelassen.

Der palästinensische Hauptverhandlungsführer Saeb Erekat sagte gegenüber der in London ansässigen Tageszeitung *Al-Quds Al-Arabi*, „dass diese Statusanhebung aus ‚Palästina' einen Staat mit den Grenzen von 1967 macht, deren Hauptstadt Ost-Jerusalem ist". Er fügte hinzu, dass der palästinensische Staat in der Folge als ein „militärisch besetzter Staat anerkannt werden wird".

Der Status eines „Nicht-Mitgliedsstaats" wird der PLO in der UN-Vollversammlung zwar kein Stimmrecht geben, aber die Möglichkeit, internationalen Institutionen wie z. B. dem Internationalen Gerichtshof und dem Internationalen Strafgerichtshof beizutreten und internationale Konventionen zu unterzeichnen. Man könnte meinen, Abbas sei ein eifriger Leser von George Orwell, der gesagt hat:

> Wer die Gegenwart beherrscht, beherrscht die Vergangenheit. Wer die Vergangenheit beherrscht, beherrscht die Zukunft.

Das ist nirgendwo auf der Welt so dicht an der Wahrheit wie im Nahen Osten.

Die palästinensische Führung will deshalb einen eigenen Staat, um Zugang zum Internationalen Strafgerichtshof und zum Internationalen Gerichtshof zu haben. Durch die Anerkennung der UNO werden die Palästinenser in der Lage sein, eine ganze Reihe von Anklagen gegen Israel zu erheben: Anklagen wegen Kriegsverbrechen, Verbrechen gegen die Menschlichkeit, Staatsterrorismus, militärische Besetzung eines benachbarten Staates usw. Angesichts solcher Klagen wird eine Armee israelischer Anwälte nötig sein, um die Verteidigung zu gewährleisten. (Das Thema der „juristischen Kriegsführung" wird im 13. Kapitel ausführlicher behandelt werden.)

Abbas will die direkten Verhandlungen umgehen und den Prozess zu seinen Gunsten beeinflussen. Die USA haben immer wieder auf die Wichtigkeit direkter Verhandlungen hingewiesen, um im Streit zwischen Palästinensern und Israelis ein „Zwei-Staaten"-Abkommen zu bewirken, und indem sie den finanziellen Knüppel schwingt, denkt die Regierung in Washington, dass sie Abbas aufhalten kann – was allerdings zweifelhaft ist. Die USA hat Abbas gewarnt, dass ein erfolgreiches Durchdrücken „Palästinas" bei den Vereinten Nationen dazu führen wird, dass Amerika jegliche finanzielle Hilfe an die Palästinenser streicht. Ein Mitglied der Obama-Regierung meinte: „Es gibt Konsequenzen für die Abkürzung des Prozesses." Abbas wischt das kurzerhand vom Tisch und nennt diese Ankündigung der Amerikaner „lediglich eine Drohung, die uns nicht davon abhalten wird, eine gerechte Lösung für die Palästinenser zu bewirken."

Einige Mitgliedstaaten der UNESCO haben sich bereits dieser Organisation bedient, um im Streit zwischen Palästinensern und Israelis Partei zu ergreifen, insbesondere im Zusammenhang mit Stätten von historischer und religiöser Bedeutung.

Anfang 2011 nahm die israelische Regierung die Grabstätten der biblischen Patriarchen Abraham, Isaak und Jakob in die Liste der 150 Stätten des nationalen Kulturerbes auf und löste dadurch eine Welle der Empörung aus. Die Höhle der Patriarchen weist zwar eine fast viertausendjährige Verbindung mit dem jüdischen Volk auf, doch sie liegt in Hebron und damit innerhalb des von den Palästinensern als zukünftigen Staat reklamierten Gebiets. Die durch muslimische Lehren einer Gehirnwäsche unterzogenen Moslems verehren ebenfalls die biblischen Patriarchen als „islamische Propheten", und die Organisation für Islamische Zusammenarbeit (OIC) forderte, dass die UNO gegen „diese einseitige israelische Aggression" vorgehe.

Acht Monate später verabschiedete die UNESCO mit 41 zu einer Stimme (USA) eine Resolution mit der neuerlichen Bekräftigung, dass die Stätte in Hebron

> … integraler Bestandteil der besetzten palästinensischen Gebiete ist und dass jegliche einseitige Aktion der israelischen Regierung als ein Verstoß gegen das internationale Recht sowie gegen die UNESCO-Konventionen und Resolutionen des UN-Sicherheitsrates anzusehen sei.

Vier weitere Resolutionen, die am selben Tag mit überwältigender Mehrheit verabschiedet wurden, nahmen Partei für die palästinensischen und andere arabische Positionierungen gegen Israel. Mahmud Abbas hat vor zu beantragen, dass die Grabstätte der Patriarchen sowie andere Stätten, darunter auch der traditionelle Geburtsort Jesu in Bethlehem, zum UNESCO-

Welterbe gezählt werden. (Im Juni 2012 verkürzte das Komitee für Weltkulterbe der UNESCO den normalerweise 18 Monate langen Prozess und nahm die Geburtskirche in Bethlehem in die Liste der gefährdeten Stätten des Weltkulturerbes auf.)

Der palästinensische Premierminister Salem Fayad begrüßte diese Entscheidung als einen Sieg für die Gerechtigkeit und für „Palästina". Der palästinensische Sprecher meinte, diese Entscheidung sei eine Bestätigung der palästinensischen Souveränität über diese Stätte, an der nach christlicher Tradition Jesus geboren wurde.

Dass sie die Geburtskirche so schnell als Weltkulturerbe anerkannt sehen wollen, gilt als Zeichen für die palästinensischen Bemühungen um internationale Akzeptanz.

Als Reaktion auf die Entscheidung der Organisation ließ das Büro des israelischen Premierministers verlauten:

> Die internationale Einrichtung hat wieder einmal bewiesen, dass sie von politischen und nicht von kulturellen Aspekten beeinflusst wird.

Es sei daran erinnert, dass die Geburtskirche 2002 von mehreren Dutzend palästinensischen Terroristen entweiht wurde, die sich 39 Tage in ihr verschanzten – wobei sie mehrere Mönche und Pilger als Geiseln hielten, die Kirche beschädigten und sie während dieser Zeit auch mit Kot und Urin beschmutzten.

Ende Mai 2012 berichtete *CNSNews*, dass die UNESCO drei Tage lang Versammlungen in Paris abhielt. Die Redner klagten Israel des „systematischen Terrorismus", des „Festhaltens der Menschen" in Gaza, der Verfolgung „krimineller" Politik und einer „Politik der rassistischen Gewalt" an. Sie beschuldigten Israel ebenfalls, eine „Foltermaschine zu betreiben" und Propaganda zu verbreiten, um die Ansprüche der Palästinenser herunterzuspielen.

Wie schon erwähnt, stellten die USA ihre finanzielle Unterstützung der UNESCO ein, nachdem diese als erste UN-Organisation „Palästina" die volle Mitgliedschaft zugestanden hatte. Präsident Barack Obama möchte diese finanzielle Unterstützung wieder gewähren, derzeit versucht er im amerikanischen Kongress Unterstützung für einen Erlass bzw. ein neues Gesetz zu bekommen, das die Wiederaufnahme ermöglicht. Obama ist grundsätzlich gegen Israel, aber er verdeckt diese Haltung hinter pro-israelischen Phrasen, um die Stimmen der jüdischen Wähler nicht zu verlieren. Er erhielt bei seiner

Wiederwahl 69 Prozent der Stimmen aller jüdischen Wähler in Amerika. Im Gegensatz dazu haben die in Israel ansässigen amerikanischen Wähler durch Briefwahl 85 Prozent ihrer Stimmen Mitt Romney gegeben.

Über das dreitägige Israel-Bashing in Paris sagte Ileana Ros-Lehtinen, die Vorsitzende des Auswärtigen Ausschusses im US-Repräsentantenhaus:

> Dies erinnert uns daran, dass die Anerkennung „Palästinas" durch die UNESCO kein Zufall war, und dass die UNESCO wieder zu einer anti-israelischen Parteinahme zurückkehrt, wodurch eine finanzielle Unterstützung durch die USA nicht vertretbar ist.

Ros-Lehtinen sagte weiter:

> Anstatt das verteidigen zu wollen, was nicht zu verteidigen ist, sollte die Obama-Regierung aufhören, die UNESCO zu unterstützen, die anti-israelische Haltung dieser Organisation verurteilen und ihren Antrag auf Gesetzesänderung im Kongress zurückziehen, durch welche die finanzielle Unterstützung der UNESCO wieder bewilligt werden könnte.

Nachdem die UNESCO nun „Palästina" anerkannt hat, wird sich wohl auch in Zukunft zeigen, dass sie ein Stachel im Fleisch Israels ist. Der größte Schaden wird allerdings durch die sich immer schneller verbreitende negative öffentliche Meinung über Israel angerichtet, und seine Isolation in der Welt wird dadurch noch vorangetrieben.

Der jüngste „orwellsche" Akt der UNO (zum Zeitpunkt des Schreibens) war am 7. Juli 2012 die Vergabe des stellvertretenden Vorsitzes eines 15 Mitglieder zählenden Komitees bei der UN-Konferenz für ein internationales Waffenhandelsabkommen an den Iran. Die Ernennung des Iran geschah zeitgleich mit der Verurteilung des UN-Sicherheitsrates von Teherans illegalen Waffenlieferungen an andere skrupellose Staaten und Terrorgruppen. Hiller Neuer, der Direktor von UN-Watch, sagte dazu: „Das ist, als würde man Bernie Madoff die Betrugskontrolle am Börsenmarkt übertragen."

Die britischen Nachrichtenmedien sind schon seit Langem Vorreiter für eine voreingenommene Berichterstattung gegen Israel, und es gibt in Großbritannien einige sehr aktive anti-israelische Politiker, die Israel unermesslichen Schaden zufügen, indem sie die öffentliche Aufmerksamkeit auf ihre außerordentlich markanten, pro-palästinensischen Stellungnahmen lenken – immer auf Kosten Israels.

Bedauerlicherweise hat Premierminister David Cameron im Mai 2012 dem pro-palästinensischen Druck nachgegeben und seinen Namen von der Liste der Schirmherren des Jüdischen Nationalfonds streichen lassen. Seit 1901 ist der britische Premierminister immer der Schirmherr des Jüdischen Nationalfonds gewesen. Cameron ist damit der erste britische Premierminister, der seit dem 110-jährigen Bestehen des Fonds mit dieser Tradition bricht.

Camerons Name wurde wohl auf Gesuch der Downing Street entfernt, auch wenn pro-palästinensische Aktivisten sich den Verdienst dafür zugeschrieben haben. Downing Street verweigerte einen Kommentar über die sehr aktive Einflussnahme der *„Stopp dem JNF"*-Kampagne auf Cameron.

Der Rücktritt Camerons von der Schirmherrschaft des Jüdischen Nationalfonds, einer Wohltätigkeitsorganisation, die in Israel über 240 Millionen Bäume gepflanzt, 180 Dämme und Wasserreservoirs gebaut, 250.000 Morgen Land kultiviert und über 1.000 Parks eingerichtet hat, erhielt große Aufmerksamkeit in den Medien und verstärkte damit die diplomatische Isolation Israels noch weiter.

Im Mai 2012 wurde die Europäische Union von der in Jerusalem ansässigen Organisation

„NGO Monitor" für die Verbreitung falscher Informationen über Israel und den Nahostkonflikt scharf kritisiert.

Zwischen 2010 und Anfang 2012 wurden von Repräsentanten der EU in Israel und der Westbank sechs Dokumente weitergegeben, die sich alle kritisch gegenüber Israel äußerten. Jetzt hat NGO Monitor, Israels Menschenrechts-Überwachungsorganisation, verlauten lassen, dass diese Berichte Dutzende faktischer Ungenauigkeiten aufweisen.

In einem Bericht heißt es, dass 2009 die palästinensische Bevölkerung im Jordantal 56.000 Menschen zählte. Der Bericht behauptet, dass vor der Übernahme des Gebiets durch Israel 1967 diese Bevölkerung „schätzungsweise zwischen 200.000 und 320.000 lag". Im Gegenzug darauf schrieb NGO Monitor:

> Die von Israel 1967 in der Westbank durchgeführte Bevölkerungszählung ergab 9.078 Anwohner im Bezirk von Jericho, welcher Jericho selbst – die einzige Stadt im Jordantal – und die umliegenden Gebiete umfasst.

158 Die Wüste

Ein weiterer Bericht enthält eine falsche Darstellung israelischer Gesetze. Der Bericht gibt an: „Nur israelische Staatsbürger oder Juden können auf staatseigenen Grundstücken erbautes Eigentum erwerben." Tatsächlich sind aber die weitaus meisten israelischen Häuser auf staatseigenem Grund und Boden erbaut, und das israelische Gesetz erlaubt jedem Staatsbürger und jedem mit ständigem Wohnsitz in Israel, auf Staatsland erbautes Eigentum zu erwerben, unabhängig von seiner Religion, Rasse oder Nationalität.

Die Tatsache, dass die Europäische Union sich auf falsche Informationen stützt, um ihre Außenpolitik zu definieren, verstärkt die bestehenden und immer intensiver werdenden Reibungen zwischen Europa und Israel und wirkt einem Frieden in dieser Region entgegen. Die Europäische Union akzeptiert blind Aussagen, die von gemeinnützigen Nichtregierungsorganisationen gemacht werden, ohne sie zu überprüfen – ein Verstoß gegen die Sorgfaltspflicht.

Der Leiter von NGO Monitor, Professor Gerald Steinberg, sagt:

> Diese durchgesickerten Dokumente, in denen gegen die fundamentalsten Regeln einer fairen Diplomatie verstoßen wird, heizen die komplexen Sachverhalte, die darin behandelt werden, wie z. B. die Frage nach Jerusalem und der arabisch-israelischen Bevölkerung, nur noch weiter an.

Was Professor Steinberg an diesem außergewöhnlichen Durchsickern von Dokumenten am meisten alarmiert, ist die ganz klare Verbindung zwischen der israelischen und palästinensischen Menschenrechtslobby und den Berichterstattungsteams der EU. Die israelische Delegation der EU lehnte es ab, diese Berichte zu kommentieren. Weitere Beispiele für die Beteiligung der Europäischen Union an der Delegitimierung Israels sind in Kapitel 12 und 13 zu finden.

Europa ist eine sprichwörtliche Brutstätte des Antisemitismus und des Antizionismus. Diese bedauernswerte Tatsache ist schon seit mindestens eintausend Jahren Bestandteil der europäischen Seele. Im zwölften Jahrhundert (1189) leitete der britische König Richard den dritten Kreuzzug ins Heilige Land. Als seine Truppen Jerusalem erreichten, trieben sie die gesamte jüdische Bevölkerung zusammen – alle Männer, Frauen, Kinder und Säuglinge – und versammelten sie in der großen Synagoge von Jerusalem, um diese dann mitsamt den darin gefangenen Menschen in Brand zu setzen und völlig niederzubrennen. Im zwanzigsten Jahrhundert ermordete

Nazi-Deutschland, mit dem geheimen Einverständnis vieler französischer, ungarischer, rumänischer und kroatischer Beamter, sechs Millionen Juden in den Gaskammern, ehe sie die Leichen in speziell dafür gebauten Krematorien verbrannten.

Auch heute erreicht der europäische Antisemitismus wieder ein hohes Niveau, was zweifellos teilweise an der ständig steigenden Einwanderungsquote von Muslimen in europäische Länder liegt. In Großbritannien, Deutschland, Österreich, Frankreich, Holland, Ungarn und Schweden fürchten viele Juden um ihr Leben. Andere, die in Norwegen und Dänemark leben, spüren ebenfalls den Hass, dem sie in der Öffentlichkeit begegnen. Am 13. Dezember 2012 warnte der israelische Botschafter in Dänemark Juden davor, sich als solche zu erkennen zu geben. Er riet ihnen, in der Öffentlichkeit weder die Kippa noch den Davidstern als Schmuck zu tragen. Im November 2012 verwüsteten antiisraelische Demonstranten die israelische Botschaft in Kopenhagen, einer Stadt, in der im vergangenen Jahr 39 antisemitische Übergriffe verzeichnet wurden.

Am 18. Oktober 2012 leugnete der rumänische Abgeordnete im Europaparlament Corneliu Vadim Tudor den Holocaust bei einer TV-Talkshow. In jedem Winkel Europas sind die Juden und Israel Spott und Schikane ausgesetzt.

Im norwegischen Oslo wurde ein sechzehnjähriger jüdischer Schüler im Juni 2012 bei einer von der Schule veranstalteten Grillparty am Nacken mit einer glühendheißen Münze gebrandmarkt. Es war ein Schüler norwegischer Abstammung, nicht etwa ein Muslim, der die Münze auf den Nacken des Jungen drückte. Die Schulleitung hielt es nach dieser Brandmarkung nicht für nötig, die Familie zu kontaktieren. Der betreffende Schüler war schon wiederholt das Opfer antisemitischer Beschimpfungen und Gewalt gewesen, weil sein Vater Israeli ist. Die Mutter des Schülers hatte sich 2010 in einer Radiosendung über die antisemitische Atmosphäre in der Schule beklagt und erwähnt, dass die Schulleitung nichts dagegen unternommen habe. Der Schüler wurde danach an eine andere Schule versetzt und davor gewarnt, mit Volksnorwegern oder Moslems zu verkehren.

Doch die Feindseligkeiten gegen Israel beschränken sich nicht auf die öffentlichen Straßen und Schulen. Trine Lilleng, eine norwegische Diplomatin in Saudi-Arabien, sandte mehrere Dutzend Bilder per E-Mail an Freunde, in denen Juden als Nazis portraitiert wurden. Es handelte sich um Dokumente, auf denen Bilder vom Holocaust mit Bildern vom 22-Tage-Krieg zwischen Israel und der Hamas im Dezember 2008 in Verbindung gebracht wurden.

Im Oktober 2010 gab der norwegische Außenminister bekannt, dass es dem deutschen Schiffbauer HDW nicht genehmigt werden würde, seine U-Boote der „Dolphin-Klasse", die HDW für die israelische Marine baute, in norwegischen Gewässern zu testen. Und das trotz der Tatsache, dass HDW von Norwegen einen Marinestützpunkt mietet, um U-Boote in tiefen Gewässern zu testen.

Im Zuge einer hitzigen Debatte in Jerusalem, die das „Jerusalemer Zentrum für öffentliche Angelegenheiten", JCPA, am 5. November 2012 organisierte, kritisierte die bekannte Historikerin, Bestseller-Autorin und norwegische Senior-Diplomatin Hanne Nabintu Herland Norwegen heftig als „das antisemitischste Land im Westen". Herland sagte:

> Der Grad an Antisemitismus in Norwegen heute, auf Regierungsebene, in den Medien, in den Gewerkschaften und an Universitäten, Hochschulen und Schulen, ist beispiellos in der modernen Geschichte Norwegens. Die einflussreichen Persönlichkeiten, die diese negative und voreingenommene Haltung in Norwegen gefördert haben, sind heute dafür verantwortlich, einen politisch korrekten Hass gegen Israel erzeugt zu haben, wegen dem mein Heimatland aktuell auf internationaler Ebene als das antisemitischste Land des Westens angesehen wird.

Herland sagte weiter, dass die Grundhaltung Oslos gegenüber Israel und der norwegische Antisemitismus in enger Verbindung stehen: „Der Antizionismus ist das neue Gesicht des Antisemitismus in Europa." Sie bewies anhand von Umfragen und Berichten über antisemitische Handlungen, dass das Wort „Jude" das am meisten gebrauchte Schimpfwort an Osloer Schulen ist.

Als Vertreter der norwegischen Botschaft in Tel Aviv wies Vebjørn Dysvik, ihr stellvertretender Leiter, Herlands Behauptungen zurück, gab aber zu, dass seine „Regierung bezüglich der anti-jüdischen Sentiments innerhalb der norwegischen Gesellschaft etwas unternehmen muss".

Am 15. August 2012 riefen im Verlauf eines Fußballspiels zwischen Israel und Ungarn in Budapest ungarische Fans während des Spiels antisemitische Beschimpfungen und schwenkten palästinensische und iranische Flaggen. Auf einem Video sind ungarische Fans zu hören, die „dreckige

Juden" und „Buchenwald" (der Name eines Nazi-Todeslagers) rufen und während der *Hatikva,* der israelischen Nationalhymne, lautstark spotten. Das antisemitische Rowdytum spiegelt den wachsenden Antisemitismus in Ungarn wider.

Bis zum Sechstagekrieg von 1967 war Frankreich Israels Hauptwaffenlieferant. 1967 brach Charles de Gaulle die Verbindungen zu Israel ab. Der Grund war, dass de Gaulle Ägypten, Syrien und Jordanien unterstützte, Israels arabische Nachbarn, und deshalb ein Waffenembargo gegen Israel verhängte.

1969 trat de Gaulle vom Amt des französischen Präsidenten zurück, und Israel hatte die Hoffnung, dass sein Nachfolger Georges Pompidou die Beziehungen zwischen Frankreich und Israel wieder verbessern würde. Doch Pompidou hielt das Waffenembargo aufrecht.

François Hollande, der neue französische Staatspräsident, der seit Mai 2012 im Amt ist, sagte, dass er die Verbindung zu Israel wieder vertiefen wolle, obwohl er darüber besorgt war, dass seine Wahl die antiisraelische Linke bestärken würde.

Nicolas Sarkozy, der im Mai von Hollande geschlagen wurde, galt als einer der pro-israelischsten Staatsoberhäupter Europas, und doch hob auch er das Waffenembargo nicht auf.

Großbritannien widerrief nach dem 22-Tage-Krieg mit Gaza einige der Waffenexportlizenzen für Israel, bestand jedoch darauf, dass dies kein Teilembargo bedeutete. Das ist Diplomatenjargon für ein Embargo, das die Briten aber als „Sanktion" bezeichnen.

Großbritannien verhängte allerdings ein teilweises Waffenembargo über Israel, indem es sich weigerte, Ersatzteile und andere Ausrüstung für Kanonenboote der Klasse *Sa'ar 4.5* zu liefern, weil sie im Gaza-Krieg („Operation Gegossenes Blei") eingesetzt worden waren.

Am 27. Dezember 2008, nachdem Israel einen acht Jahre andauernden Hagel von über zwölftausend auf die Zivilbevölkerung im südlichen Israel abgeschossenen Raketen und Granaten ertragen hatte und nachdem alle anderen Optionen ausgeschöpft waren, begann es die 22 Tage dauernde Militäroperation gegen die Hamas in Gaza. Für diese *Chuzpe*, diese Dreistigkeit, sein eigenes Volk zu verteidigen, wurde Israel von Europa und den Vereinten Nationen heftig kritisiert.

In einem Artikel in der *Jerusalem Post* vom 27. November 2012 mit dem Titel **„Wie die Briten mit den palästinensischen Terroristen umgingen"**, zitiert Rafael Medoff kurz vorher veröffentlichte britische Regierungsdokumente, in denen die Grausamkeiten beschrieben werden, mit der die Briten gegen arabisch-palästinensische Terroristen in den 1930er-Jahren vorgegangen sind. Medoff schrieb in der Einleitung zu seinem Artikel:

> In Anbetracht der Grausamkeiten, die von der britischen Armee in jenen Jahren gegen die Araber in Palästina verübt wurden, haben die Briten kein Recht, Israel eine moralische Standpauke zu halten.

Die Dokumente berichten über mehrere Antiterror-Strategien, die in den 1930er-Jahren von der britischen Armee gegen die palästinensischen Araber eingesetzt wurden, darunter diese:

> Gefangene in Handschellen wurden erschossen, Häuser von Zivilisten wurden bombardiert und Araber wurden gezwungen, mit Taxis als Minensuchern vor britischen Soldaten her zu fahren, die Gebiete durchkämmten, wo Minen vermutet wurden.

Naomi Shepherd beschreibt in ihrem Buch *Ploughing Sand*, das das britische Mandat in Palästina zum Thema hat:

> Acht palästinensische Araber in Halhul starben an Überhitzung, als britische Soldaten an einem brütend heißen Tag eine Gruppe von Männern im Zuge einer Durchsuchung zusammentrieben und sie ohne Wasser stundenlang in der Hitze stehen ließen.
> Nach einem Angriff auf eine britische Patrouille im Dorf Kawkab Abu Haija zerstörte die britische Armee das gesamte Dorf.
> Als ein britisches Armeefahrzeug in der Nähe von Kafr Yasif über eine Mine fuhr, brannten Soldaten siebzig Häuser ab und töteten neun Dorfbewohner mit Maschinengewehren.

In jedem Krieg werden Zivilisten getötet. Die „mutigen Kämpfer" der Hamas, des Islamischen Dschihad und der Hisbollah operieren aus zivilen Wohnblöcken, Schulen und Krankenhäusern sowie auch aus der unmittelbaren Nähe von oder manchmal sogar direkt aus UN-Einrichtungen heraus. Ein solches Vorgehen gilt als Heimtücke und stellt gemäß der Genfer Konvention einen ernsthaften Verstoß gegen das Kriegsrecht dar.

In dem Editorial der *Jerusalem Post* vom 20. Juni 2012 schrieb Louis René Beres, Professor für Internationales Recht an der Purdue-Universität in West Lafayette (US-Staat Indiana) und Autor zahlreicher Bücher und Artikel über Terrorismus, internationales Recht und Kriegsrecht:

> Unter internationalem Recht kann die Anwendung von Tücke in einem Waffenkonflikt durchaus akzeptabel sein, doch der Internationale Gerichtshof in Den Haag hat es für widerrechtlich erklärt, militärisches Gerät oder militärisches Personal in von Zivilbevölkerung besiedelten Gebieten einzusetzen. Das Verbot der Heimtücke ist im 1. Zusatzprotokoll von 1977 zur Genfer Konvention von 1949 dargelegt.

Etwa achthundert der 1.200 Palästinenser, die bei der „Operation Gegossenes Blei" getötet wurden, sind eindeutig als Kämpfer identifiziert worden. Wenn Zivilisten jedoch freiwillig Deckung für Schützen und deren Waffen bieten, kann man sie dann zu Recht als Nicht-Kämpfer einstufen? Viele Zivilisten wurden gegen ihre Willen gezwungen, als menschliche Schutzschilder zu dienen, aber die meisten wurden nicht gezwungen – sie haben den Terroristen freiwillig und aktiv geholfen.

Israel wird ständig angeklagt, unangemessene Gewalt auszuüben, weil es seine militärische Stärke einsetzt, um seine Feinde zu schlagen. In seinem Editorial schreibt Beres:

> Das Kriegsrecht fordert, dass jeder Einsatz von Gewalt durch eine Armee oder eine aufständische Gruppe den Test der Verhältnismäßigkeit besteht. Verhältnismäßigkeit bedeutet, dass jeder Einsatz von bewaffneter Gewalt sich auf das unbedingt Notwendige beschränken muss, um die maßgeblichen militärischen Ziele zu erreichen. Dieses Prinzip wird auf alle Berechnungen militärischer Vorteile und auf alle Vergeltungsmaßnahmen angewendet.

Verhältnismäßigkeit bedeutet nicht, dass der sich verteidigende Staat den Einsatz von Gewalt auf genau das Maß beschränken muss, das von der anderen Seite eingesetzt wurde. An dieser Stelle liegt die herkömmliche Meinung ganz einfach falsch.

So wie der bereits erwähnte UN-Sonderberichterstatter für Menschenrechte in den palästinensischen Gebieten, Richard Falk, würden die antisemitischen, uninformierten TV-Moderatoren in den europäischen Hauptstädten es auch lieber sehen, wenn Israel sich gar nicht gegen die Geschosse der Palästinenser und der Hisbollah verteidigt, die kontinuierlich auf seine Städte und Dörfer abgeschossen werden. Doch vielleicht sollte Israel seinerseits eine Rakete und Granate nach der anderen wahllos auf palästinensische und libanesische Gebiete mit Zivilbevölkerung abfeuern, „verhältnismäßig" zu dem, was auf Israel abgeschossen wird? Ein israelisches Geschoss für jedes der Tausende palästinensische Geschosse, die auf israelische Städte und Dörfer abgeschossen wurden? Das wäre in der Tat eine „verhältnismäßige" Gewaltanwendung und würde zweifellos der Neigung arabischer Terrorgruppen ein Ende bereiten, wahllos Raketen und Granaten auf israelische Bevölkerungszentren abzuschießen.

Europas Zeitpunkt wird kommen. Die Bombenanschläge in London und Madrid sind nur ein Vorgeschmack auf das, was noch auf es zukommt. Europa wird bald genug ein anderes Lied singen. Die Schuldigen der Bombenattentate von London und Madrid werden in den europäischen Medien als „Terroristen" bezeichnet, doch von Palästinensern, die Busse in die Luft sprengen und israelische Frauen und Kinder ermorden – zum Beispiel fünf Mitgliedern einer Familie, einschließlich einem Kleinkind, die Kehle durchschneiden – spricht man immer noch lediglich als von „Angreifern". Was für eine Heuchelei!

Fünf europäische Staaten – Großbritannien, Spanien, Italien, Portugal und Deutschland – haben die größte israelische Fluggesellschaft *El Al* davon in Kenntnis gesetzt, dass Flüge, die schwere Munition an Bord haben, in Zukunft nicht mehr zum Auftanken auf ihren Flughäfen zwischenlanden dürfen. Jeder einzelne dieser fünf Staaten unterhält diplomatische Beziehungen mit Israel und war daran beteiligt, die Friedenstruppen im Libanon (UNIFIL) zu stärken. Trotzdem weigern sie sich jetzt, Israels staatlicher Fluggesellschaft Zwischenlandungen zum Auftanken zu gestatten, wenn sie schweres militärisches Gerät aus den USA transportieren.

In einem Brief an Israels Premierminister beschwerte sich der Vorsitzende der Pilotenvereinigung der *El Al*, Itai Regev, darüber, dass diese neuen Regelungen die Transporte aus den USA nach Israel sehr einschränkten. Regev schrieb:

> Frachtflüge verlassen die USA mit sehr viel weniger Gewicht und erreichen Israel mit bedeutend weniger Munition, als nötig wäre.

Eine ausgewachsene Krise zwischen Israel und der Türkei wirkt bis heute nach, sie spitzt sich sogar wieder zu. Die Türkei und Israel waren bis zum Mai 2010 feste Verbündete. Der Handel zwischen den beiden Ländern war auf einen Umfang von mehreren Milliarden Dollar jährlich gewachsen. Siebzig Prozent aller israelischen Reisenden reisten durch die Türkei oder machten dort Urlaub, denn es war für die Israelis ein beliebtes Urlaubsziel. Doch dann kam es zu der Enter-Aktion, bei dem neun radikale türkische Islamaktivisten von den israelischen Kommandos in Selbstverteidigung getötet wurden.

Die Aktion vor Gaza war eine militärische Operation von Israel gegen sechs Schiffe der „Gaza-Friedensflotte" am 31. Mai 2010 im Mittelmeer. Die Flottille, die vom *Free Gaza Movement*, der türkischen Stiftung für Menschenrechte und Freiheiten und der Internationalen humanitären Hilfsorganisation (IHH) organisiert worden war, beabsichtigte, für ihren Transport von Hilfsgütern nach Gaza die israelisch-ägyptische Blockade des Gazastreifens zu durchbrechen.

Am 31. Mai 2010 enterten israelische Marinetruppen die Schiffe von Schnellbooten und Hubschraubern aus, um sie zur Überprüfung in den israelischen Hafen Aschdod zu zwingen. Auf dem türkischen Schiff MV Mavi Marmara trafen die enternden Truppen auf lebensbedrohlichen Widerstand durch etwa vierzig IHH-Aktivisten, welche die UNO später als eine separate Radikalengruppe beschrieb: Diese waren mit Eisenstangen, Ketten und Messern bewaffnet. Die Mavi Marmara befand sich nicht auf einer friedlichen Mission. Ihre Ladung bestand aus Waffen und Baumaterial, das zum Bau von Bunkern eingesetzt worden wäre.

Bei den Kämpfen wurden neun Aktivisten von den Kommandotruppen erschossen und viele verletzt. Zehn israelische Truppenmitglieder wurden verletzt, einer davon schwer. Die fünf anderen Schiffe der Flottille leisteten nur passiven Widerstand, mit dem die Kommandotruppen ohne größere Zwischenfälle fertig wurden. Die Schiffe wurden dann nach Aschdod geschleppt, wo sämtliche Passagiere festgehalten wurden, ehe man sie zurückschleppte.

Die Bezeichnung „Türkische Stiftung für Menschenrechte, Freiheit und humanitäre Hilfe" ist irreführend. Es handelt sich um eine radikale islamistische Organisation – von Israel, den USA und Deutschland wird sie als terroristische Organisation definiert. Die türkische Regierung hatte eine direkte Verbindung zu dieser Terroristengruppe und war deshalb Komplize bei der Inszenierung dieser absichtlichen Provokation. Videos von dem Entern der israelischen Marinetruppen, die von begleitenden Schiffen gefilmt wurden, zeigen die Heftigkeit der Angriffe gegen die Soldaten, als sie sich aus Hubschraubern auf das Schiff abseilten. Die Kommandosoldaten waren mit Paintball-Gewehren ausgerüstet, doch einige mussten ihre Seitenwaffen einsetzen – mit tödlichen Folgen.

Sogar die Vereinten Nationen verteidigen die Legitimität der israelischen Seeblockade von Gaza, die eingerichtet wurde, um die Einfuhr von Waffen nach Gaza für die Hamas und den Islamischen Dschihad zu verhindern, die diese gegen Israel einsetzen würden. Mehrere „Flottillen" waren schon vorher und werden auch seitdem von Israel aufgehalten, ihre Boote nach Aschdod geschleppt, die Ladung inspiziert, auf LKW verladen und im Konvoi nach Gaza transportiert.

Im Juni 2012 wurde das Büro von Premierminister Benjamin Netanjahu im Bericht eines Untersuchungsausschusses mit der Verlautbarung zitiert, der türkische Ministerpräsident Recep Tayyip Erdoğan hätte Israel, über Dritte, den Eindruck gegeben, er würde die Mavi Marmara davon abhalten, im Mai 2010 in See zu stechen. Der Bericht zitierte das Büro des Premierministers wie folgt:

> Durch diplomatische Verbindungen, insbesondere mit dem türkischen Ministerpräsidenten Erdoğan, bemühte sich Premierminister Netanjahu intensiv, die Fahrt der türkischen Flottille abzuwenden. Ein Erfolg dieser Bemühungen erschien höchst wahrscheinlich.

Der türkische Ministerpräsident verlangte von der israelischen Regierung eine offizielle Entschuldigung, Entschädigungspakete für die Angehörigen der toten Aktivisten sowie die Aufhebung der Gaza-Blockade. Israel bot einen Kompromiss an: ein offizielles Bedauern der Tötungen und ein Entschädigungspaket von sechs Millionen Dollar; für den brutalen Angriff islamistischer Aktivisten auf die eigenen Truppen aber wollte es sich nicht entschuldigen und verweigerte auch die Aufhebung der Gaza-Blockade, solange die Hamas, der Islamische Dschihad usw. nicht von ihren Terrorkampagnen gegen Israel absähen. Erdoğan lehnte das israelische Angebot pauschal ab.

Nach dem Flottillen-Vorfall wies Erdoğan den israelischen Botschafter aus und kündigte jegliche militärische Zusammenarbeit auf. Obwohl Israel in Konzeption, Herstellung und Export unbemannter Flugkörper (UAVs) weltweit führend ist, schickte Erdoğan, begleitet von erheblicher Publicity,

Die Wüste - Diplomatie 167

drei Aerostar-Drohnen wegen „unzulänglicher Leistung" wieder zurück und verlangt volle Erstattung sowie eine Entschädigung.

Erdoğan hat auch ein Verbot für israelische Militärflugzeuge verhängt, in den türkischen Luftraum einzutreten, verbietet Israel den Export bereits bestellter Waffen, Artillerie und unbemannter Flugzeuge (Drohnen) in die Türkei, droht damit, Kriegsschiffe ins Mittelmeer zu senden, um weitere Flottillen zu eskortieren und jedes israelische Marineschiff anzugreifen, das die israelischen Hoheitsgewässer verlässt und sich in internationale Gewässer wagt. Besonders schmerzhaft sind die militärischen Verbindungen betroffen, die vormals diese „besondere Beziehung" untermauert hatten.

Ministerpräsident Erdoğan hat es sich seither zur Gewohnheit gemacht, bei jeder Gelegenheit gegen Israel vorzugehen. Israel ist immer wieder aufs Neue geschockt von Erdoğans vorsätzlichen und immer schärfer werdenden Angriffen auf die ehemals äußerst symbiotischen Beziehungen zwischen den beiden Ländern. Inzwischen warnt Israel vor Reisen in die Türkei, doch die israelischen Touristen haben schon von sich aus Pläne für einen Urlaub in der Türkei aufgegeben, Reiseveranstalter berichten über massive Stornierungen. Die Zahl der israelischen Türkeibesucher ist aktuell von Zehntausenden auf unter Hundert zurückgegangen.

Die Türkei war mehr als nur ein Land, in dessen Luftraum und Hoheitsgewässern die israelische Armee Übungen durchführen konnte. Es gab auch einen aktiven Austausch von Geheimdienstinformationen bezüglich Terrordrohungen. Dann war da noch der israelische Angriff im September 2007 auf die Baustelle des Kernreaktors, den Präsident Bashar Assad im Nordosten Syriens bauen ließ. Nach der Bombardierung, als die Kampfjets ihre Booster zündeten, um den syrischen Luftabwehrraketen auszuweichen, warfen die Piloten der israelischen Armee ihre Zusatztanks über türkischem Hoheitsgebiet ab. Die Türken wurden beschuldigt, Israel erlaubt zu haben, ihren Luftraum zu benutzen, regten sich auf und verlangten eine Erklärung von Israel. Doch der Vorfall wurde im Interesse beider Länder schnell beigelegt.

Israel verliert dadurch somit nicht nur einen diplomatischen und militärischen Verbündeten, sondern auch einen Partner im Kampf gegen den Terror, was bedeuten könnte, dass die Türken kein großes Interesse mehr daran haben, Waffentransporte durch ihr Land aufzuhalten, die für die vom Iran unterstützten Terrorakteure in Gaza und Libanon bestimmt sind. Doch so wichtig „besondere Beziehungen" auch sein mögen, keine ist unentbehrlich.

Aus sicheren Quellen geht hervor, dass der Flottillen-Vorfall anscheinend die Gelegenheit war, auf die Erdoğan gewartet hatte. Die Verbindung zwischen der Türkei und Israel war sehr solide gewesen, bis Erdoğan, der Führer der AK-Partei („Partei für islamische Gerechtigkeit und Entwicklung"), 2003 an die Macht kam. Die Türkei war von Mustafa Kemal Atatürk als ein säkularer muslimischer Staat gegründet worden, und das türkische Militär hatte die Islamisten daran gehindert, die Macht zu übernehmen. Seit Erdoğan, der Führer einer islamischen Bewegung, diese wichtige Machtstellung einnimmt, stellt er die Rolle der säkularen Elite des Landes infrage und verdrängt das Militär aus seiner langjährigen Rolle als Wächter über die säkulare Regierungstradition.

Es besteht kein Zweifel daran, dass Erdoğan in seinen neun Jahren als Ministerpräsident die Türkei ins 21. Jahrhundert geführt und dem Land einen neuen Aufschwung beschert hat. Erdoğans Partei ist die Mehrheitspartei, doch unangefochtener Regent ist Erdoğan selbst. Erdoğan ist von Ehrgeiz getrieben, und sein Apparat fügt sich all seinen Wünschen und Ideen. Die Türkei wird zum Zeitpunkt des Schreibens – genau wie die USA – von einem Mann geführt, um den ein Personenkult rankt.

Nach und nach hat Erdoğan immer mehr islamische Gesetze eingeführt. Er ist dabei, das Land zu islamisieren. Es gibt zum Beispiel ein neues Gesetz, das für jedes Einkaufszentrum, Filmtheater und jede öffentliche Einrichtung im Land einen moslemischen Gebetsraum vorsieht. Dafür besteht kein dringendes Bedürfnis, aber diese Gesetze werden verabschiedet, weil die Regierung darauf abzielt, den ehemals säkularen Staat zu islamisieren.

Im Juni 2011 gab es eine massive Rücktrittswelle hoher Militärs. Erdoğan führte innerhalb des Militärs, seines größten Rivalen, eine Säuberungsaktion durch. Seit Anfang 2012 sitzen fast einhundert Journalisten, Verleger und Herausgeber im Gefängnis, weil sie es gewagt haben, seine Politik zu kritisieren.

Erdoğan verbirgt nicht seine Ambitionen, sein Land wieder dem glorreichen Osmanischen Reich anzugleichen und in dieser Region der Welt die islamische Schlüsselmacht zu werden, von der er selbst der Sultan ist. Um dieses Ziel zu erreichen, muss Erdoğan seine Führerschaft beweisen, indem er gegen den Erzfeind der arabischen und muslimischen Staaten vorgeht: Israel.

Erdoğans Regierung ist so hemmungslos feindselig gegenüber Israel, dass der Führer der türkischen Opposition die Frage stellte, ob Erdoğan einen Krieg gegen Israel beginnen wolle. Die Türkei hat auch beschlossen, gegen hohe israelische Offiziere Strafanzeige zu erstatten, die an dem Versuch

Die Wüste - Diplomatie 169

beteiligt waren, die Mavi Marmara am Durchbruch der Gaza-Blockade zu hindern. Am 28. Mai 2012 berichtete die türkische Zeitung *Today's Zaman*, der Siebte Strafgerichtshof in Istanbul fordere in neun Fällen lebenslange Freiheitsstrafen für den Generalstabschef, die befehlshabenden Offiziere der israelischen Marine und der israelischen Luftwaffe sowie den Chef des Nachrichtendienstes der Luftwaffe. Die Türkei könnte sich sogar an den Internationalen Strafgerichtshof wenden, um Israel zu verklagen.

Wie schon oben erwähnt, kamen diese Informationen aus sicherer Quelle erst nach dem Flottillen-Vorfall ans Licht, was beweist, dass Erdoğan diesen Vorfall für seine Zwecke ausnutzen wollte. Die Gaza-Flottille war nicht der Grund, warum die Türkei heute eine neue Strategie anwendet, sondern eher eine Gelegenheit, auf die Erdoğan schon lange gewartet hatte.

Im Februar 2012 hat Wikileaks (die Internetorganisation, die anonym Dokumente aus privaten, geheimen und vertraulichen Quellen veröffentlicht) durchgesickerte E-Mails der Stratfor, dem in den USA basierten Unternehmen, das globale Sicherheitsanalysen durchführt, ins Internet gestellt, denen zufolge der türkische Ministerpräsident Erdoğan schon lange vor dem Flottillen-Vorfall die Absicht hatte, die Beziehungen mit Israel zu schwächen und „die Brücken hinter sich abzubrechen".

Eine durchgesickerte E-Mail von George Friedman, dem Leiter von Stratfor, lässt erkennen, dass Erdoğan dem ehemaligen US-Außenminister Henry Kissinger mitgeteilt hat, dass er „irgendwann die Brücken zu Israel abbrechen und stattdessen eine engere Beziehung zu den islamischen Staaten suchen würde". Der türkischen Zeitung *Sunday Zaman* zufolge schrieb Friedman in der gleichen E-Mail:

> Die Türkei versteht sich nicht mit Israel und den Vereinigten Staaten. Ein Angriff Israels auf den Iran würde Erdoğan eine gute Gelegenheit bieten, die Verbindungen der Türkei mit Israel und den USA endlich aufzukündigen und die Machtposition der Türkei zu stärken.

Erdoğan ist zu einem weiteren Tyrannen des Nahen Ostens geworden. Israel und Zypern werden militärisch bedroht. Griechenland, Bulgarien und Armenien sind berechtigterweise misstrauisch, und so weiter und so fort. Die größten Fans von Erdoğan sind die Warlords in Gaza. Je hässlicher Erdoğan sich gegenüber Israel verhält, umso mehr sammelt er Punkte als treuer Anhänger des Islam. Im Nahen Osten kann ein Staat, der auf gefühlte

Bedrohungen lediglich mit Rhetorik und verbalen Verurteilungen reagiert, nicht die regionale Leiterschaft beanspruchen.

Anfang Juni 2012 sagte Erdoğan, dass die Türkei nicht die Absicht habe, ihre Beziehungen zu Israel wiederherzustellen. „Wir brauchen keine israelischen Touristen. Wir haben sie schon durch andere ersetzt", sagte er gegenüber der israelischen Tageszeitung *Ma'ariv* beim regionalen Gipfel des Weltwirtschaftsforums. Erdoğan fügte hinzu:

> Die Krise wegen der Besetzung und den Beziehungen mit Israel tut der türkischen Wirtschaft keinen Schaden an.

Am 5. November 2012 begann in Istanbul das schon erwähnte Gerichtsverfahren *in absentia* gegen vier ehemalige israelische Befehlshaber, welche die Türkei für den Tod der neun islamischen Aktivisten an Bord der Mavi Marmara verantwortlich macht. In diesem lächerlichen Schein- bzw. Schauprozess, den Israel als „politisches Theater" bezeichnet, werden etwa 450 Zeugen über eine lange Liste von aus der Luft gegriffenen Beschuldigungen aussagen, an deren Spitze **„Anstiftung zum grausamen Morden durch Folter"** steht. Damit ist beabsichtigt, unter großem Trara ehemalige Würdenträger der israelischen Armee, u. a. den Generalstabschef, die befehlshabenden Offiziere der israelischen Marine und der israelischen Luftwaffe sowie den Obersten des Nachrichtendienstes der Luftwaffe, für schuldig zu erklären und zu absurden **individuellen** Gefängnisstrafen von **über 18.000 Jahren** zu verurteilen. Es steht schon von vornherein fest, dass die Israelis alle im Sinne der Anklage für schuldig befunden und dass internationale Haftbefehle gegen sie beantragt werden. Sollte der Internationale Strafgerichtshof derartige Haftbefehle gegen diese rechtschaffenen Männer ausstellen, werden sie Israel nie wieder verlassen können, ohne das Risiko einzugehen, verhaftet zu werden. Der türkische Ministerpräsident Recep Tayyip Erdoğan will Israel, so schnell es geht, demütigen und damit seinen Anspruch auf eine Führungsrolle in der islamischen Welt stärken.

Leider sind Erdoğan und Barack Obama Busenfreunde geworden und hatten schon mehrere Treffen unter vier Augen im Weißen Haus, in deren Folge Obama deutlich eine Bevorzugung der Türkei über Israel zeigte.

Die durchgesickerte Stratfor-E-Mail zeigt, dass Erdoğan die USA nicht unbedingt liebt. Bei einer Mitte Juni 2012 veröffentlichten Umfrage des „Pew Global Attitudes Project" wurde festgestellt, dass nur fünfzehn Prozent aller Türken eine positive Meinung über die USA haben. Und doch hat Obama Erdoğan in den Kreis seiner engsten Vertrauten aufgenommen. Ein Beispiel: Die USA blockierte die Beteiligung Israels am ersten Treffen des „Global Counter Terrorism Forum" (GCTF), das im Juni 2012 in Istanbul stattfand, obwohl Israel weltweit mit die weitreichendsten Erfahrungen bei der Terrorismusbekämpfung hat. Eine pro-israelische Quelle in Washington sagte der israelischen Zeitung *Globes*, Israel sei von der Begegnung ausgeschlossen worden, weil sich der türkische Präsident Recep Tayyip Erdoğan vehement dagegen ausgesprochen hätte.

Israel hat angestrengt versucht, eine Einladung zum Global Counter Terrorism Forum zu erhalten, und sein Ausschluss war für die Regierung in Jerusalem eine herbe Enttäuschung. Der diplomatische Bruch mit der Türkei isoliert Israel noch mehr in einem schon jetzt sehr explosiven Nahen Osten.

Israel ist an allen Fronten isoliert. Am 28. Juni 2012 wurde dem bekannten algerischen Autor Boualem Sansai ein begehrter französischer Literaturpreis verliehen. Das damit verbundene Preisgeld von 15.000 Euro erhielt er allerdings nicht. Nach seiner Verkündigung als Preisgewinner wurde Sansai zum Jerusalemer Autorenfestival eingeladen, bei dem er als Ehrengast erschien. Für das „Verbrechen", Israel besucht zu haben, zogen die arabischen Sponsoren der Auszeichnung ihre Unterstützung für Sansai zurück.

In einem Kommentar dieser Entscheidung, das Preisgeld zurückzuziehen, sagte Preisgewinner Sansai, dies sei „inakzeptabel", und fügte hinzu, dass arabische Länder, und im Besonderen sein Heimatland Algerien, sich „in ein Gefängnis der Intoleranz eingeschlossen" hätten. Sansai sagte außerdem, wie durch *France24* verlautete: „Ja, die Beziehung zu Israel ist kompliziert, aber wir sind mit ihnen nicht im Krieg."

Eine Sprecherin des arabischen Botschafterrats behauptete:

> Die Botschafter sind gezwungen, sich an die offizielle Position der Arabischen Liga zu halten, in deren Augen sie sich in der Tat im Kriegszustand mit Israel befinden.

Einen weiteren Einblick in die zunehmende Isolierung Israels gewährt eine unverschämt einseitig gefärbte Studie des Global Peace Index (GPI) vom Juni 2012, die Israel als eines der am wenigsten friedfertigen Länder der Welt wertet. Der Global Peace Index, der Büros in New York, Sydney und Washington DC unterhält, stufte in seiner jährlichen Studie 158 Länder ein, wobei Israel auf Rang 150 kam, noch vor Iran, Ägypten oder Syrien. Nur ein Land im Nahen Osten, der Irak, der auf Rang 151 kam, wurde niedriger eingestuft als Israel.

In dieser Skala liegt Israel vor dem Iran, wo Massen von prodemokratischen Demonstranten festgenommen wurden, Hunderte gefoltert und viele für das Verbrechen gehängt wurden, gegen das unterdrückerische, von Mullahs kontrollierte Regime zu protestieren. Der Iran selbst hat im Juni 2012 offiziell angegeben, dass 2011 über sechshundert Menschen hingerichtet wurden, darunter auch Frauen. Und doch kam der Iran im Global Peace Index auf Platz 128.

Syrien, wo in weniger als zwei Jahren fast 80.000 Menschen in Unruhen und Massakern den Tod fanden, wurde auf Platz 147 eingestuft. Ägypten, mit seinen sechzehn Monate anhaltenden Unruhen um den Tahrir-Platz und über 1000 Toten, kam auf Platz 111. Sogar die vom Bürgerkrieg zerrissene Elfenbeinküste überrundete Israel und erreichte Platz 134.

Der Sprecher des israelischen Außenministeriums, Yigal Palmor, wies den GPI-Bericht zurück und sagte gegenüber der *Times of Israel*:

> Wie ist es möglich, dass Israel ein gefährlicherer Ort ist als Syrien? Vielleicht in irgendeinem Paralleluniversum, aber doch nicht in einer empirischen Realität, wo echte Menschen leben.

Der Global Peace Index wird vom Institut für Wirtschaft und Frieden erstellt, das sich selbst als eine gemeinnützige, unparteiische Forschungsgesellschaft bezeichnet mit der Aufgabe, die Beziehung zwischen Frieden und wirtschaftlicher Stabilität zu untersuchen. Die israelische Wirtschaft hat dank ihrer ausgezeichneten Steuerpolitik die weltweite Finanzkrise ohne größere Probleme überstanden und wächst fast doppelt so schnell wie die der übrigen westlichen Länder. Der Global Peace Index bezieht seine Daten aus Quellen, unter denen sich auch verschiedene Organe der UNO befinden, was eventuell eine Erklärung dafür ist, warum der Index gegen Israel so voreingenommen ist.

Alles hier Dargelegte lässt schlussfolgern, dass die meisten Länder die Absicht haben, Israel zu delegitimieren und von der internationalen Völkergemeinschaft zu isolieren, und damit unwissentlich erfüllen, was die Bibel schon seit Tausenden von Jahren voraussagt: Israel soll abgesondert wohnen. Alles wird vom Schöpfer und Meister des Universums bestimmt:

Wir wissen aber, dass denen, die Gott lieben, alle Dinge zum Guten mitwirken, denen, die nach seinem Vorsatz berufen sind. – Römer 8,28 (Elberfelder)

Wir wissen, dass Israel das einzige Volk der Welt ist, das nach dem Vorsatz Gottes berufen wurde, und dass es heute Zehntausende israelische Juden gibt, die den Herrn von ganzem Herzen lieben.

Der Herr führt Israel in die Wüste, eine Wüste mit vielen Facetten. In dieser Wüste wird der Herr Israel streng richten, doch in dieser Wüste wird es nicht nur die Errettung erlangen, sondern der Herr wird auch die Nationen richten, je nachdem ob sie Israel gesegnet, verachtet, beschimpft, gedemütigt oder verspottet haben. Die Bibel berichtet über viele Völker, die Israel verachtet, beschimpft, gedemütigt oder verspottet haben und die heute nicht mehr existieren. Nur jene, die dem Herrn und seinem Volk Israel gegenüber ein reines Herz haben, werden das überleben, was sehr bald auf unsere kranke und sterbende Welt hereinbrechen wird.

1 Die Anzahl von Armeen, Truppen, Panzern, schwerer Artillerie, Flugzeugen usw., die gegen Israel aufgestellt wurden, wird in Kapitel 19 in *Wenn Tag und Nacht vergehen* dargestellt.

2 Für eine ausführliche Auslegung dieses Bibeltextes siehe Kapitel 7 in *Saga. Die wahre Geschichte von Israel und dem Fall der Nationen.*

3 Ein ausführlich dokumentiertes, frappierendes Exposé über die weltweiten Nachrichtenmedien ist in Kapitel 9 in *Philister: Die große Täuschung* nachzulesen.

4 Vgl. Kapitel 7 in *Philister oder: Die große Täuschung* für eine Beschreibung der Entstehung des Begriffs „palästinensische Araber".

5 In Kapitel 6 in *Philister oder: Die große Täuschung* wird ausführlich dokumentiert, wie die UNO mit den palästinensischen Flüchtlingen umgeht, wie die UNO „palästinensischer Flüchtling" definiert und welche absurden Details ihre Zählung aufweist.

6 Vgl. Kapitel 7 in *Philister oder: Die große Täuschung* für die wahre, ausführlich dokumentierte Geschichte „Palästinas".

12

Die Wüste - Boykott, Desinvestition und Sanktionen

In dem beschriebenen politischen Klima intensiviert sich die Kampagne zur Delegitimierung Israels und breitet sich in der gesamten westlichen Welt aus. Diese Kampagne hat allgemein zur Stärkung der „Boykott-, Desinvestitions- und Sanktions-Bewegung" geführt, besser bekannt unter dem Akronym BDS. Auch eine damit im Zusammenhang stehende Zunahme antisemitischer Ressentiments gegen die jüdische Bevölkerung in den westlichen Staaten ist zu erwähnen.

Zusätzlich zu seinen klassischen Ausdrucksformen manifestiert sich dieser Antisemitismus heute durch Boykotte gegen israelische Waren und akademische Institutionen und durch politisch motivierte, gerichtliche Scheinprozesse gegen führende israelische Persönlichkeiten und Militärpersonal, die Europa besuchen (mehr über diese politisch motivierten Scheinprozesse im nächsten Kapitel).

Die kreative Bosheit Israel hassender Organisationen scheint unerschöpflich zu sein und der in der Welt verankerte Antisemitismus ist ein Fass ohne Boden.

Eine weitere Stufe anti-israelischer Aktivitäten wurde im Juli 2008 bei Google Earth erreicht: Beim Scrollen über orangefarbene Punkte, die die gesamte Karte von Israel besprenkelten, erschien die Nachricht „Nakba – die palästinensische Katastrophe". Die Google-Sprecherin Jessica Powell sagte, Google habe nicht vor, die Inhalte der Anwendung zu beschränken, obwohl sich diese Bösartigkeit ausschließlich auf Israel bezog.

176 Die Wüste

Eine Umfrage vom Februar 2008 zeigte, dass nur 53 Prozent aller Niederländer sich vorstellen könnten, für einen jüdischen Premierminister zu stimmen. In der Meinung der Niederländer kamen Juden weit hinter Frauen (93 %), Homosexuellen (78 %) und Schwarzen (75 %).

Am Vorabend des Datums der „Reichskristallnacht", am 8. November 2012, hat ein ehemaliger niederländischer Premierminister, Dries Van Agt von der Partei *Christlich Demokratischer Aufruf (CDA)*, der als „ein harter Kritiker Israels" und „pro-palästinensischer Aktivist" beschrieben wird, angeblich gesagt, so die niederländische Tageszeitung *Telegraaf*:

> Der jüdische Staat hätte in Deutschland gegründet werden sollen, denn der Nahe Osten hatte mit dem Zweiten Weltkrieg nichts zu tun.

Nicht nur bewies Van Agt mit dieser Aussage eine völlige Unkenntnis der geschichtlichen Fakten, sondern streute außerdem Salz in jüdischen Wunden, weil er diese geschmacklosen Bemerkungen ausgerechnet am Vorabend des Jahrestages der Kristallnacht machte. Dieses von der damaligen Nazi-Regierung initiierte Pogrom hatte am 9. November 1938 stattgefunden. Über 90 deutsche Juden verloren ihr Leben, Hunderte von Synagogen wurden verwüstet oder ausgeraubt, ebenso wie fast 8.000 jüdische Geschäfte. Dass Van Agt seine Bemerkungen vor Seminarteilnehmern ausgerechnet am Vorabend des Gedenktages der sogenannten Kristallnacht machte, kann nur als übelster Antisemitismus bezeichnet werden.

Ein weiterer schockierender Beweis für den europäischen Antisemitismus war ein Vorfall, der sich am 18. November 2012 in Belgien ereignete, als das Musik-Ensemble der israelischen Armee nach Antwerpen kam, um ein Konzert zu geben. Am Veranstaltungsort wurden die Musiker von Hunderten von Demonstranten „begrüßt" mit den Rufen: „Hamas, Hamas, alle Juden ab ins Gas!"

Am 15. Januar 2009 berichtete die *Jerusalem Post*, dass jüdische Studenten der York-Universität im kanadischen Toronto gezwungen waren, sich in einem Büro zu verbarrikadieren, weil antiisraelische Demonstranten an die Glastüren hämmerten und riefen: „Stirb, du Schlampe, und geh zurück nach Israel", oder: „Stirb, du Jude, mach, dass du vom Campus kommst." In der Vergangenheit nahm die Welt Juden als Einzelne aufs Korn. Heute nimmt die Welt die Juden als Volk aufs Korn.

Die Wüste - Boykott, Desinvestition und Sanktionen

Auf der anderen Seite der Weltkugel, in Australien, marschierten Hunderte pro-palästinensische Demonstranten – darunter auch viele muslimische Immigranten – am Jahrestag der Unabhängigkeit Israels, dem 15. Mai nach dem Gregorianischen Kalender, durch das Zentrum von Sydney und schwenkten Plakate mit der Aufschrift: „Abbruch der Beziehungen zu Apartheid-Israel!"

In ähnlicher Weise störte eine kleinere Menge wütender pro-palästinensischer Demonstranten am 5. Juni 2012 in Melbourne die Jahresfeier des israelischen Unabhängigkeitstages. Wieder bestand der größte Teil der Menge aus Muslimen und musste von der Polizei zurückgehalten werden. Der Premierminister des Bundesstaates Victoria und eine Gruppe hochrangiger Politiker und Diplomaten waren gezwungen, an dem aufgebrachten, schimpfenden Mob vorbeizugehen, der Plakate mit den Aufschriften „Israel – ein Apartheidsstaat" und „Freiheit für Palästina" schwenkten. Die Demonstranten verbrannten sogar eine Puppe, die den Premierminister des Bundesstaates Victoria, Ted Baillieu, darstellen sollte. Eine Zeitung zitierte Baillieu später:

> Die BDS-Kampagne für Boykott, Desinvestition und Sanktionen sollte umbenannt werden in „engstirnig, gefährlich und schändlich" (engl. „Bigoted, Dangerous and Shameful").

Es ist interessant festzustellen, dass die pro-palästinensischen Aktivisten auf der ganzen Welt Israel als Apartheidsstaat bezeichnen. Wie bereits gesagt, sind aber 21 Prozent der israelischen Bevölkerung Araber. Darüber hinaus hat Israel etwa hunderttausend schwarze äthiopische Juden aufgenommen und integriert. Alle Bürger, einschließlich der über eine Million israelischen Araber, genießen die gleiche Gesundheits- und Sozialfürsorge, und jeder Bürger hat das Recht, überall in Israel Immobilien zu mieten oder zu erwerben.

Wenn allerdings Israelis versehentlich in von Palästinensern kontrollierte Gebiete kommen, werden sie gewöhnlich mit Steinen beworfen, verprügelt und bisweilen gelyncht. In diesen Gebieten ist es absolut tabu, Juden Grundstücke zu vermieten; Juden ein Grundstück zu verkaufen gilt sogar als Schwerverbrechen, und die für schuldig befundenen Palästinenser werden kurzerhand in einem Scheinprozess verurteilt und hingerichtet.

Als Israel im Mai 1994 riesige Landgebiete an Jassir Arafat – dem Paten des internationalen Terrorismus – und seine Gefolgsmänner der Palästinensischen Befreiungsorganisation PLO abtrat, um damit seine Friedensbemühungen zu untermauern, wurde von den Palästinensern umgehend ein Gesetz erlassen, das jedem Palästinenser unter Androhung der Todesstrafe verbietet, Land an Juden zu verkaufen. Seither haben der Präsident der PLO Mahmud Abbas und seine Kohorten immer wieder bestätigt, so wie zuvor Arafat, dass kein Jude je die Erlaubnis erhalten wird, in einem palästinensischen Staat zu residieren. Und *Israel* wird von der Welt als Apartheidstaat bezeichnet? Wie absurd!

Der südafrikanische Richter Richard Goldstone, der unter dem Apartheidregime jahrelang an südafrikanischen Gerichtshöfen diente, hat unmissverständlich gesagt, dass Israel „kein Apartheidstaat" ist, und dass „eine solche Bezeichnung sowohl respektlos als auch verleumderisch" ist. Es gibt in der Welt anscheinend viele pro-palästinensische Aktivisten, die selbst Ignoranten und Fanatiker sind.

Viele Jahre lang sind arabische Selbstmordattentäter und Heckenschützen von palästinensisch dominierten Gebieten aus in von Juden dominierte Gebiete eingedrungen und haben Hunderte von unschuldigen Israelis ermordet. Im Juni 2002 begann Israel damit, einen Trennzaun entlang der Grenze der Westbank zu bauen, um die israelische Zivilbevölkerung vor der Bedrohung durch den Terror zu schützen. Der Bau dieses Zaunes wird bis heute weiter fortgeführt. Der Gitterzaun ist dreieinhalb Meter hoch, oben mit Stacheldraht versehen und steht unter Strom. Einige Abschnitte der „Sperranlage", die in der Nähe von arabischen Dörfern verlaufen, sind aus fünf bis acht Meter hohen, vorgefertigten, ineinander gefügten Betonplatten gebaut. Diese Abschnitte aus Beton, von denen einige länger sind als andere, dienen dazu, Terroristen davon abzuhalten, auf israelische Fahrzeuge zu schießen, wenn sie in der Nähe der arabischen Städte vorbeifahren, und die arabischen Jugendlichen daran zu hindern, israelische Fahrzeuge mit Steinen oder Brandsätzen zu bewerfen.

Diese relativ wenigen Betonabschnitte haben die Bezeichnung „Apartheid-Mauer" hervorgerufen, die von den Palästinensern und ihren eifrigen Anhängern weithin gebraucht wird. Diese groteske Bezeichnung wird durch die Lügenmärchen der Palästinenser und der pro-palästinensischen Aktivisten verbreitet. Der Trennzaun wurde gebaut, um palästinensische Terroristen und Autodiebe aus Israel fernzuhalten. Er hat sich als ein sehr effizientes Mittel zur Reduzierung des Terrorismus herausgestellt, und auch die Zahl gestohlener und in palästinensische Gebiete verschobener israelischer Autos

Die Wüste - Boykott, Desinvestition und Sanktionen 179

ist stark zurückgegangen. Zum Zeitpunkt des Schreibens ist der Autodiebstahl durch Palästinenser von mehreren Tausend Autos jährlich auf einige Hundert gesunken, und gestohlene Autos werden jetzt innerhalb Israels zu sogenannten „Chop-Shops" (Werkstätten, wo gestohlene Autos ausgeschlachtet werden) gebracht, die hauptsächlich von israelischen Arabern betrieben werden, also von Palästinensern mit israelischer Staatsbürgerschaft.

Gemäß Statistiken, die von der israelischen Regierung veröffentlicht wurden, wurden in den dreißig Monaten zwischen Januar 2000 und Juli 2003, als der erste durchgehende Abschnitt der Mauer gebaut wurde, 73 Selbstmordattentate von der Westbank aus verübt, bei denen 293 Israelis getötet und mehr als 1900 verletzt wurden. In den 28 Monaten zwischen August 2003 und Ende 2006 jedoch wurden nur zwölf Attentate gezählt, bei denen 64 Israelis getötet und 445 verletzt wurden. In dem Maße, wie die Arbeit an der Trennmauer voranschreitet, fällt die Zahl der Attentatsversuche weiter, sodass sie heute schon fast der Vergangenheit angehören.

Arabische Terroristen greifen Israel an, einfach weil es existiert, und Israel verteidigt sich. Diese Selbstverteidigung wird aus dem Zusammenhang gerissen und als willkürliche Grausamkeit dargestellt. Die Selbstverteidigung Israels wird als Rechtfertigung für nicht enden wollende Anklagen eingesetzt, die von Antisemitismus motiviert sind, mit dem Ziel, die Zerstörung des Staates Israel herbeizuführen. Diese Anklagen lassen den jüdischen Staat als kriminell erscheinen und das jüdische Volk als mutmaßliche Befürworter eines kriminellen jüdischen Staates.

Statistiken über Hassverbrechen in unzähligen Ländern zeigen, dass die Juden weit an erster Stelle der Opfer stehen. Antisemitische Hass-Veranstaltungen mit der Bezeichnung „Israeli Apartheid Week" schießen auf den Campus von Universitäten weltweit aus dem Boden. Überall tauchen Graffiti auf, in denen der Davidstern (der Judenstern) mit dem Nazi-Hakenkreuz gleichgesetzt wird. Der Iran bedroht Israel mit Auslöschung und strebt den Besitz der Atombombe an, um genau diese Drohung wahr zu machen. Doch auf internationaler Ebene wird durch eine Resolution nach der anderen, in einer Sitzung nach der anderen und Konferenz um Konferenz nur immer Israel aufs Korn genommen.

Die Zahl der Veranstaltungen zur „Israeli Apartheid Week" haben sich seit ihrem Beginn im kanadischen Toronto 2005 stark erhöht, wobei die Organisatoren zu vermeiden versuchen, dass die Medien über die eigentlichen Inhalte der Veranstaltungen berichten. 2009 sagte Golda Schahidi, eine Vertreterin von „Studenten gegen Israel-Apartheid", der *Jerusalem Post* in einem Telefongespräch von Toronto aus:

> In vierundvierzig Städten weltweit wurden „Israeli Apartheid Week"-Veranstaltungen abgehalten, das sind doppelt so viele wie letztes Jahr, und in Toronto haben mehrere Tausend Menschen an den Veranstaltungen teilgenommen. Fast jedes Gebäude war bis zum letzten Platz gefüllt.

Der offiziellen Website zufolge war die „Israeli Apartheid Week" im Jahr 2011:

> unglaublich erfolgreich durch die Beteiligung von 97 Städten ... wir hoffen, dass ihr BDS an erste Stelle eurer Kampagnen gestellt und euch für die Israeli Apartheid Week zusammengeschlossen habt: der Höhepunkt aller Aktionen in Universitäten weltweit.

Die achte jährliche „Israeli Apartheid Week" fand im Februar und März 2012 statt. 116 Städte nahmen auf der ganzen Welt daran teil:

> Sie war beliebter, besser besucht, mit einer Reihe von noch aggressiveren antiisraelischen Veranstaltungen und Vorlesungen als je zuvor.

An den Universitäten der westlichen Welt wird die Jugend mit Hass indoktriniert. Aus Orten, die ursprünglich Stätten der höheren Bildung sein sollten, werden heute Brutstätten des brutalen Antisemitismus. Die meisten, wenn nicht sogar alle Organisatoren der „Israeli Apartheid Week" sind muslimische Immigranten, die der Westen leichtsinnigerweise in seine Länder hineingelassen hat. Die deutsche Bundeskanzlerin Angela Merkel, der britische Premierminister David Cameron und der ehemalige französische Präsident Nicolas Sarkozy haben jeweils gesagt, dass der Multikulturalismus in ihren Ländern versagt habe. Doch es sind die Juden, die beim Versagen des Multikulturalismus die großen Verlierer sind. Die israelischen Sportmannschaften sind auch in Schweden, Spanien, Ungarn, Rumänien und der Türkei auf heftige Feindseligkeiten und Protestaktionen gestoßen. Sogar in seiner letzten Wüste findet Israel keine Erleichterung, sondern ist ständigen Angriffen ausgesetzt.

In einer als „bedauernswert und diskriminierend" qualifizierten Entscheidung weigerte sich die afro-amerikanische Autorin und Pulitzerpreis-

Gewinnerin Alice Walker, ihr Buch *Die Farbe Lila* von einem israelischen Verleger auf Hebräisch übersetzen zu lassen. Walker sagte, sie sei dagegen, weil „Israel der Apartheid und der Verfolgung des palästinensischen Volkes schuldig ist".

In einem Brief an den Verleger, der auf der Internetseite der *Palästinensischen Kampagne für den akademischen und kulturellen Boykott Israels* veröffentlicht wurde, schrieb Walker:

> Ich habe Hoffnung, dass die gewaltlose BDS-Bewegung (Boykott, Desinvestment und Sanktionen), der ich angehöre, ausreichend Druck auf die israelische Zivilbevölkerung ausüben wird, um die Situation zu verändern.

Abraham H. Foxman, der nationale Direktor der „Anti-Defamation Leage", sagte darauf:

> Es ist traurig festzustellen, dass Menschen, die andere inspirieren, gegen Bigotterie und Vorurteile zu kämpfen, selber einen Hang zu Voreingenommenheit und Bigotterie haben. Seit einiger Zeit wird Walker durch ihre antiisraelische Feindseligkeit verblendet.

Anscheinend war die Autorin schon durch Vorurteile verblendet, bevor sie 1982 ihr hochgelobtes Buch über ihre Kindheit im rassistisch geprägten Bundesstaat Georgia schrieb. Zehntausende sind im Nahen Osten und Nordafrika in den letzten Jahren durch Selbstmordattentäter und Heckenschützen ermordet oder verstümmelt worden. Und doch konnte Alice Walker ohne mit der Wimper zu zucken 2011 in einem Interview sagen: „Ich glaube, dass Israel der größte Terrorist in jenem Teil der Welt ist." Vorurteil wiegt immer schwerer als Tatsachen, und diese Aussage ist ein Beweis dafür. Sie zeigt auch, dass Alice Walker naiv und leichtgläubig genug ist, um der arabischen und pro-palästinensischen Propaganda und deren alternativer Schreibung mehrerer Tausend Jahre menschlicher Geschichte Glauben zu schenken.

Im vorigen Kapitel wurde dargelegt, dass die Abhängigkeit der Europäischen Union von falschen Informationen zur Etablierung ihrer Außenpolitik die Spannungen zwischen Europa und Israel noch verschärft. Die Europäische Union schenkt Aussagen von gemeinnützigen Nichtregierungsorganisationen (NGO) Glauben, ohne sie zu überprüfen. Das kommt einer Verletzung der Sorgfaltspflicht gleich.

Großbritannien, Finnland, die Europäische Union und Norwegen verteilen jedes Jahr mehrere zehn Millionen Euro an über zwanzig antiisraelische Nichtregierungsorganisationen und sind der Meinung, dass die Berichte dieser Organisationen der Wahrheit entsprechen. Aufgrund der Voreingenommenheit gegen Israel und den jüdischen Staat sind die genannten Länder weitgehend nicht an dem Dialog über den israelisch-palästinensischen Friedensprozess beteiligt worden. Um Daniel Patrick Moynihan zu zitieren: „Jeder hat das Recht auf eine eigene Meinung, aber nicht das Recht auf eigene Fakten."

Die finanzielle Unterstützung antisemitischer, antiisraelischer Nichtregierungsorganisationen, die ganz offen in Israel und den palästinensischen Gebieten tätig sein können, und dann auf deren eigene Berichte hin zu handeln, ist eine eklatante Einmischung in die Politik Israels. Es wäre undenkbar, dass irgendein Land der EU oder Norwegen eine solche Situation akzeptieren würde, bei der andere demokratische Regierungen Organisationen finanziell unterstützen, deren Hauptziel es ist, das betreffende Land vor einem feindlich gesinnten Publikum schlechtzumachen.

Am 2. August 2012 machte das *Simon Wiesenthal Center* seine Empörung deutlich, als aus der *Washington Post* zu erfahren war, dass eine von der EU 2010 für technische Hilfe bewilligte Subvention von 14.600.000 Dollar an Syrien in Wirklichkeit dazu verwendet wurde, das syrische Chemiewaffenprogramm auszubauen. Die EU unterstützt antiisraelische Boykotte israelischer Erzeugnisse durch nichtstaatliche Organisationen – und gleichzeitig unterstützt sie Syriens Chemiewaffenprogramm, dessen Angriffsziel letztendlich die israelische Zivilbevölkerung sein wird.

„Sprachrohre für Europa" – so der Titel eines Artikels in der *YNetNews* über antiisraelische Nichtregierungsorganisationen im November 2011. Die Berichte dieser NGOs sind nichts anderes als Propaganda mit dem Ziel, eine bestimmte politische Agenda voranzutreiben, und sie bringen Israel in große Bedrängnis.

Unter diesen Nichtregierungsorganisationen sind auch zahlreiche christliche Gruppen wie z. B. *Christian Aid* und *Oxfam*. Ebenfalls findet man Ärzteorganisationen wie *Physicians for Human Rights*. Sie alle sind voreingenommen gegen Israel – und einige davon sogar ganz laut und deutlich.

Zwischen April 2011 und September 2012 haben *Oxfam International* und deren Zweigstellen lediglich drei Berichte veröffentlicht, in denen die fortwährende Gewaltausübung in Syrien verurteilt wurde, durch die etwa

Die Wüste - Boykott, Desinvestition und Sanktionen

60.000 Zivilisten getötet wurden und Zehntausende als Flüchtlinge das Land verlassen haben. Zum Vergleich hat Oxfam im gleichen Zeitraum Israel in mindestens neun öffentlichen Erklärungen verurteilt. Während des dreiwöchigen Gaza-Kriegs 2008/09, bei dem etwa 350 Zivilisten getötet wurden, verurteilte Oxfam Israel in zehn Veröffentlichungen. Stark voreingenommene Reportagen und Presseberichte durch NGOs haben dazu beigetragen, dass die Massen in der westlichen Welt sich gegen Israel wenden.

Die Organisationen *War on Want*, *Physicians for [Human] Rights Israel*, *Keshev*, *I'lam* und *Israel Committee against House Demolitions* – die unter anderem von der EU und der finnischen und britischen Regierung sowie dem von George Soros unterstützten *New Israel Fund* unterstützt werden – schlossen sich einer Reihe von extremistischen NGOs an, um die „Israeli Apartheid Week" zu fördern.

2010 sprach die israelische NGO *Breaking the Silence*, eine Gruppe unzufriedener israelischer Soldaten, vor dem irischen Parlament, vor einer Volksmenge in Washington, unter der sich auch der Botschafter der Vereinigten Arabischen Emirate in den USA befand, vor dem ersten UN-Sekretär von Pakistan und an zahlreichen Universitäten in den USA und bei weiteren ähnlichen Terminen. Bei einem dieser Termine in Schweden ließ der *Breaking the Silence*-Aktivist Yonatan Shapiro sogar verlauten:

> Wir sind die Unterdrücker, wir sind diejenigen, die täglich gegen die Menschenrechte verstoßen. Wir rufen im Grunde den gegen uns gerichteten Terror selbst hervor.

Am 20. November 2011 hielt der Vertreter von *Breaking the Silence*, Oded Na'aman, an der Universität von Pennsylvania eine Rede bei einem Event, das von *Penn for Palestine* (vormals *Students for Justice in Palestine*), einer antiisraelischen Organisation, die Boykotte unterstützt, gesponsert wurde. Nur wenige stellen die Frage, warum eine Gruppe, die von sich behauptet, die israelische Gesellschaft beeinflussen zu wollen, so viel Zeit damit verbringt, vor antiisraelischem Publikum im Ausland zu sprechen und das Image der israelischen Soldaten als Übeltäter und „Kriegsverbrecher" zu verstärken. *Breaking the Silence* wird von mehreren europäischen Regierungen unterstützt, mehr als 75 Prozent des Budgets in 2010 stammte – nach den jüngsten verfügbaren Unterlagen – aus den Kassen europäischer Länder, unter dem Vorwand der Förderung der Menschenrechte und der Demokratie.

Die Wüste

In den zwölf Monaten von Dezember 2011 bis November 2012 haben palästinensische Dschihad-Gruppen über 800 Raketen und Granaten auf die israelische Zivilbevölkerung abgefeuert. Jede Rakete und jede Granate kommt einem Kriegsverbrechen gleich. Doch erst als die israelische Armee mit einer Bombardierung der Raketenarsenale und Raketenwerfer in Gaza aus der Luft auf diese willkürlichen Angriffe reagierte, haben die NGOs ihre Stimme wiedergefunden. Bis dahin hatte eine Totenstille geherrscht.

Am 22. März 2012 hat der UN-Sicherheitsrat eine Resolution verabschiedet, in der er fordert, dass:

> eine unabhängige, internationale Erkundungsmission, die vom Ratsvorsitzenden eingesetzt wird, um die Auswirkungen der israelischen Siedlungen auf die zivilen, politischen, wirtschaftlichen, sozialen und kulturellen Rechte des palästinensischen Volkes in den besetzten palästinensischen Gebieten, einschließlich Ost-Jerusalem, zu erforschen.

Genau wie bei der UN-Erkundungsmission von 2009 bezüglich des Gaza-Konflikts (Operation Gegossenes Blei), die von Richter Richard Goldstone geleitet wurde, bei der Pseudo-Investigation wegen des angeblichen „Dschenin-Massakers" und vielen weiteren Beispielen spiegelt auch diese neue Resolution wider, welche Rolle die NGOs bei der Zusammenarbeit mit der mächtigen OIC (Organisation Islamischer Zusammenarbeit) haben.

Diese Verbindung war auch für die berüchtigte UN-Konferenz in Durban verantwortlich, über die im vorangegangenen Kapitel berichtet wurde, und in deren Verlauf das Forum der Nichtregierungsorganisationen eine Strategie der „kompletten Isolation Israels" annahm, auf der Grundlage völlig falscher Anschuldigungen wegen „Kriegsverbrechen" und diverser Pseudo-Untersuchungen. Sie steht auch hinter dem einseitigen Gutachten des Internationalen Gerichtshofs von 2004 über den von Israel errichteten Sicherheitszaun.

Vor der letzten Sitzung des UN-Sicherheitsrats unterbreiteten die in Ramallah basierte und von Norwegen finanzierte Al-Haq, Irland und das Nichtstaatliche Entwicklungszentrum (NDC) – eine palästinensische Organisation, die finanzielle Hilfe an den nichtstaatlichen Sektor weiterleitet und gemeinsam von Schweden, Dänemark, der Schweiz und den Niederlanden finanziert wird – eine schriftliche Erklärung im Namen von elf palästinensischen nichtstaatlichen Organisationen, in der sie dafür plädieren,

Die Wüste - Boykott, Desinvestition und Sanktionen 185

eine UNO-Erkundungsmission [einzusetzen], um die weitverbreitete und systematisch angewendete Politik und Praktiken Israels zu untersuchen, die dazu führen, dass die geschützte palästinensische Bevölkerung gewaltsam umgesiedelt wird.

Unter jenen Nichtregierungsorganisationen sind auch von Europa finanzierte palästinensische Aktivistengruppen, Al-Dameer, Al-Mezan, BADIL und Defense for Children International in Palästina.

Während der Sitzung wurden außerdem von verschiedenen Nichtregierungsorganisationen wie Al-Haq, BADIL, der Kommission der Kirchen für internationale Angelegenheiten des Ökumenischen Rates der Kirchen, der Internationale Bund der Menschenrechtsligen (auch im Namen des palästinensischen Menschenrechtszentrums) und Nord Süd XXI mündliche Erklärungen abgegeben, in denen antiisraelische Resolutionen unterstützt wurden, indem sie Verteufelungen aussprachen und ihre einseitigen und voreingenommenen Agenden vortrugen.

Das Ergebnis dieser und ähnlicher Kampagnen ist, dass jene Nichtregierungsorganisationen und ihre europäischen Sponsor-Regierungen gemeinsam dafür verantwortlich sind, den UN-Sicherheitsrat als Rahmen für politische Kriegsführung gegen und Diskriminierung von Israel zu missbrauchen.

Israel hat gegenüber den Palästinensern viele Annäherungsversuche gemacht in dem Bemühen, den Dialog wieder zu beleben, doch erneute, vom UN-Sicherheitsrat angeordneten Untersuchungen machen diese Bemühungen zunichte und treiben die Parteien nur weiter auseinander.

Im März 2012, als die Untersuchung über die israelischen Siedlungen angekündigt wurde, kappte Israel seine Verbindung sowohl zum UN-Menschenrechtsrat als auch zur UN-Hochkommissarin für Menschenrechte, Navi Pillay. Die *Times of Israel* berichtet, ein leitender Mitarbeiter des israelischen Außenministeriums habe erklärt:

> Von nun an werden wir in keiner Weise mehr mit irgendeinem Mitarbeiter des Rates zusammenarbeiten, auch nicht mit der Hochkommissarin. Wenn jemand aus dem Rat uns anruft, werden wir einfach den Hörer nicht abnehmen.

Es war Israel wichtig, der internationalen Gemeinschaft mitzuteilen, dass es nicht mit einer voreingenommenen Erkundungsmission zusammenarbeiten würde, dessen Ergebnis schon im Voraus feststeht. Man würde den Ermittlern den Zutritt zum Land oder zur Westbank verwehren.

Es sollte angemerkt werden, dass diese Untersuchung die dritte ist, die in den letzten vier Jahren vom UN-Menschenrechtsrat bezüglich israelischer Aktivitäten angeordnet wurde. Bei diesen Untersuchungen der israelischen Aktionen geht es nicht um die zu untersuchenden Punkte, sondern es sind einfach politische Werkzeuge, um Israel anzugreifen und zu delegitimieren.

Bei allem Dämonisieren der israelischen Siedlungen, die nur deshalb existieren, weil die Araber 1967 in Khartum jegliche Verhandlungen mit Israel abgelehnt hatten, kamen im Juli 2012 überraschende Vorfälle ans Licht.

Im Januar 2012 hatte Premierminister Benjamin Netanjahu eine Kommission einberufen, die aus dem ehemaligen Richter am Obersten Gerichtshof, Edmund Levy, dem ehemaligen Berater des Außenministeriums, Alan Baker, und dem ehemaligen stellvertretenden Vorsitzenden des Bezirksgerichts in Tel Aviv, Tschia Schapira, bestand. Sie sollte über die Rechtmäßigkeit der nicht autorisierten israelischen Außenposten und Siedlungen befinden. Im Juli unterbreiteten diese drei Rechtsexperten der Regierung ihren Bericht. Der Bericht enthält eine Tiefenanalyse des gesamten Siedlungsthemas, nicht nur der illegalen Außenposten.

Der Bericht kritisierte die Aktionen der vergangenen Regierungen, die zu der Entstehung der illegalen jüdischen Kommunen in der Westbank (dem biblischen Judäa und Samaria) geführt hatten, und empfahl gleichzeitig, diese – wo möglich – in neue Siedlungen umzuwandeln. Der Bericht führte an, dass etwa einhundert Außenposten, die im Zeitraum von 1991 bis 2005 gebaut worden waren, Hilfen von Regierungsstellen und Ministerien erhalten hatten, und dass die jüdischen Bauvorhaben

> durchgeführt wurden mit dem Wissen, der Ermutigung und dem ausdrücklichen Einverständnis auf höchster politischer Ebene, d. h. der Minister und des Premierministers.

Die drei Rechtsexperten meinten, dass dies als „implizites Einverständnis" anzusehen sei, und schlossen, dass ein solches Einverständnis der Netanjahu-Regierung den Weg bahnte, diese Bauvorhaben zu legalisieren, sollte sie sich dazu entschließen.

Der Bericht konzentrierte sich nicht so sehr auf Israels diplomatische Überlegungen in Bezug auf den Friedensprozess, stattdessen betrachtete er die Verpflichtungen Israels bezüglich internationalen und nationalen Rechts.

Die Wüste - Boykott, Desinvestition und Sanktionen

Die Aussicht, dass ein juristisches Gutachten den Weg dafür ebnen könnte, die Außenposten in permanente Siedlungen zu verwandeln, war für Israel ein überraschender Wendepunkt, doch der Bericht schloss auch, dass die klassischen Gesetze über Landbesetzung,

> so, wie sie in den relevanten internationalen Konventionen festgelegt wurden, nicht anwendbar sind auf die einzigartigen und besonderen historischen und rechtlichen Umstände der Präsenz von Israel in Judäa und Samaria, die mehrere Jahrzehnte umfasst.

In gleicher Weise stellte der Bericht fest, dass die Beschlüsse der Vierten Genfer Konferenz gegen Bevölkerungsumsiedlung im Jahr 1949 nicht für die israelische Siedlungsaktivität in Judäa und Samaria gilt.

> Die Israelis haben juristisch gesehen das Recht, sich in Judäa und Samaria anzusiedeln, und der Bau der Siedlungen als solcher kann nicht als illegal betrachtet werden.

Kurz gesagt, der Bericht zieht die Schlussfolgerung, dass der Bau von Siedlungen in der Westbank nicht gegen internationales Recht verstößt und dass Juden sich völlig legal dort ansiedeln dürfen. Er besagt auch, dass Israel nicht die Kriterien einer „militärischen Besatzung" erfüllt, wie sie im internationalen Recht definiert wird, und dass deshalb die Siedlungen und Außenposten legal sind, da es kein internationales Gesetz gibt, das jüdische Siedlungen in diesem Gebiet untersagt.

Die Ergebnisse des Kommissionsberichts müssen noch vom Ministerausschuss für Siedlungen oder der Regierung bestätigt werden. Zu diesem Zeitpunkt sind diese Ergebnisse lediglich Empfehlungen, doch der Bericht führte unverzüglich zu einer Neubelebung der Forderungen, die Westbank zu annektieren und den ca. zwei Millionen palästinensischen Arabern die israelische Staatsbürgerschaft zu verleihen. Doch das würde sicherlich Israel als die sprichwörtliche Katze in den Taubenschlag der Nationen schicken. Es bleibt abzuwarten, ob Netanjahu die Courage aufbringt, das Spießrutenlaufen durch die UNO zu ertragen.

Nichtregierungsorganisationen (NGOs) bereiten Israel heute sehr viel Kopfschmerzen. Der Schaden und die Ungerechtigkeiten, die Israel aufgrund der vielen hauptsächlich von NGOs verbreiteten Lügen und Falschinformationen erlitten hat, ist nicht abzuschätzen.

188 Die Wüste

Entsprechend dem bei der Durban-Konferenz herrschenden Zirkustreiben (was im vorangegangenen Kapitel behandelt wurde) oder der von Lynchrufen und Beschimpfungen gegen Israel geprägten Atmosphäre in und um die Durban-Konferenz herum (u. a. gewaltsame Anti-Israel-Demonstrationen in den Straßen von Durban), übernahm auch die Parallelkonferenz – ein skandalöser Event – in ihrer eigenen Erklärung über Israel Formulierungen wie:

> „eine militärische Kolonialbesatzung", „ein rassistischer Apartheidstaat, in dem die Art, wie Israel Apartheid lebt, ein Verbrechen gegen die Menschlichkeit ist".

Die Parallelkonferenz erklärte Israel schuldig in Bezug auf:

> rassistische Verbrechen einschließlich Kriegsverbrechen, Völkermord und ethnischer Säuberung.

Das Aktionsprogramm der Konferenz forderte die Einführung von Maßnahmen gegen Israel, wie jene, die zuvor gegen das südafrikanische Apartheidregime getätigt wurden: Einsatz einer unabhängigen internationalen Schutztruppe; Wiederinkraftsetzung der UNO-Resolution 3379 „Zionismus ist gleich Rassismus"; Widerruf des israelischen Rückkehrgesetzes, wonach alle Juden ein Recht auf ‚Alija' (Rückkehr) in das jüdische Heimatland haben; Einrichtung eines UN-Sonderkomitees, das die Apartheid in Israel und andere rassistischen Verbrechen behandelt; Start einer internationalen Bewegung gegen „Israeli Apartheid" und Aufruf an die internationale Völkergemeinschaft, Israel völlig zu isolieren.

Der Inhalt dieser unerhörten Konferenz ist heute in den Aufzeichnungen der UNO nachzulesen und damit in die Geschichte eingegangen. Es war nur ein Vorgeschmack auf den immer intensiver werdenden Hass der Nichtregierungsorganisationen Europas und der islamischen Länder auf Israel.

Eine Nichtregierungsorganisation, die sehr viel Medienaufmerksamkeit bekommt, ist Amnesty International mit Sitz in London. Amnesty scheint einen festen Zeitplan für Proteste gegen Israel zu haben, die mit monotoner Regelmäßigkeit laut werden. Oberflächlich gesehen, wirkt Amnesty wie eine aktive, unparteiische und unabhängige Wohltätigkeitsorganisation, die in den Dritte-Welt-Ländern sehr viel Gutes bewirkt, und sowohl die Medien als auch Diplomaten sind der Ansicht, dass diese NGO die allgemeinen Grundsätze der Menschenrechte vertritt und verteidigt.

Doch was Israel betrifft, schlägt Amnesty Ethik, Unparteilichkeit und Fairness in den Wind, indem sie nur Quellen in Betracht zieht, die antiisraelische Standpunkte vertreten. Die von Israel herausgegebenen Berichte über die verschiedenen Geschehnisse werden komplett ignoriert. Man braucht jedoch nicht lange nach der Erklärung dafür zu suchen.

Das öffentliche Bild von Amnesty ist irreführend. Im Gegensatz zu dem, was Amnesty auf seiner Website und anderen PR-Materialien zu verstehen gibt, ist es keine unabhängige Wohltätigkeitsorganisation. Amnesty International und seine Zweigstellen akzeptieren Gelder von Regierungen und sind folglich nicht neutral, sondern von ihren Spendern beeinflusst. Amnesty International hat Millionen von Britischen Pfund und Euros aus Europa erhalten, wobei Großbritannien der wichtigste Geldgeber ist.

Auf seiner Website behauptet Amnesty Israel:

> Wir arbeiten unabhängig von Regierungen und politischen oder religiösen Überzeugungen. Wir werden von unseren Mitgliedern und Spendern finanziert und erbitten oder nehmen keine Regierungsgelder.

(Originaltext der Internetseite der deutschen Sektion: Amnesty International ist politisch unabhängig. Regierungsgelder lehnen wir ab und finanzieren uns über Spenden, Vermächtnisse und Beiträge. – http://www.amnesty.de/spenden)

Diese Aussage ist schlicht und einfach nicht wahr. Zwischen 2008 und 2010 hat die Zweigstelle von Amnesty in Israel von den Niederlanden und den USA 429.710 israelische Schekel (etwa 91.000 Euro oder 120.000 US-Dollar) erhalten. Es geht dabei nicht um die Höhe der Gelder, sondern um die Täuschung darüber, dass sie angenommen wurden.

Amnesty behauptet, dass es eine Politik der „Unparteilichkeit" verfolgt und bei seinen Nachforschungen über angezeigte Menschenrechtsverletzungen unvoreingenommen vorgeht. Trotzdem sie diese Behauptung aufstellt, beschäftigt Amnesty einen antiisraelischen Aktivisten als Forschungsmitglied in seiner Abteilung „Israel, die besetzten palästinensischen Gebiete und die Palästinenserbehörde". Es kann ausführlich dokumentiert werden, dass diese Person, Deborah Hyams, in der Vergangenheit im Kontext des arabisch-israelischen Konflikts als radikale Aktivistin aufgetreten ist, wodurch die Glaubwürdigkeit und Neutralität von Amnesty deutlich geschwächt wird.

Die Wüste

Deborah Hyams hat sich in Beit Jala (bei Bethlehem) als „menschliches Schutzschild" zur Verfügung gestellt, um eine militärische Reaktion Israels auf Gewehr- und Granatenbeschuss zu verhindern. 2008 unterzeichnete sie einen Brief mit der Behauptung, Israel sei:

> ... ein Staat, der auf dem Fundament des Terrorismus, der Massaker und der Enteignung des Landes eines anderen Volkes errichtet wurde.

Eine weitere Aktivistin von Amnesty International ist Sahel Hijazi, eine in Jerusalem geborene und in Ramallah aufgewachsene Palästinenserin, die ebenfalls als PR-Angestellte für das Büro des Planungsministeriums in Ramallah arbeitet und die 2007 als Kontaktperson für die NGO *Another Voice* angegeben wurde. Diese Gruppe unterzeichnet mit den Parolen „Widersteht! Boykottiert! Wir sind die Intifada!"

Im November 2012 wurde von Kristyan Benedict, dem Nahostkampagne-Manager von Amnesty UK, ein Tweet mit dem Logo von Amnesty International verschickt, in dem drei jüdische Parlamentsmitglieder aufs Korn genommen werden, und worin ganz klar suggeriert wird, diese jüdischen Parlamentsabgeordneten (Louise Ellman, Robert Halfon und Luciana Berger) hätten die Gaza-Bombardierung und die Ermordung von Zivilisten in Gaza befürwortet. Dieser ehrabschneidende Tweet brachte die britisch-jüdische Gemeinschaft in Aufruhr. Sie forderte von Benedict eine „ordnungsgemäße Entschuldigung" und von Amnesty die Verhängung einer „Disziplinarmaßnahme".

Schon in der Vergangenheit waren Aktivitäten von Benedict durchaus umstritten, und die jüdische Gemeinschaft hat schon in anderen Fällen Amnesty gegenüber ihre Bedenken zum Ausdruck gebracht, wie zum Beispiel im Juli 2012. Benedict hatte erklärt, dass Israel

> jetzt mit auf der Liste all der idiotischen Diktaturen steht, in denen die fundamentalsten Menschenrechte verletzt werden, wie z. B. Birma, Nordkorea, der Iran und der Sudan. Die israelische Regierung behandelt die Menschen auf die gleiche sträfliche Weise.

Die Fassade der Unparteilichkeit von Amnesty International ist genauso ungeheuerlich wie weitreichend.

Die Wüste - Boykott, Desinvestition und Sanktionen

Eine weitere große Nichtregierungsorganisation, die sich als antiisraelisch erwiesen hat, ist die von George Soros finanzierte Organisation „Human Rights Watch" (HRW), die großen Einfluss auf Regierungen, Nachrichtenzentren und Klassenzimmer auf der ganzen Welt ausübt. Genau wie Amnesty International stellt sich Human Rights Watch als ein Verteidiger der Menschenrechte dar, aber wie auch Amnesty fletscht sie Israel gegenüber die Zähne. Die Welt ist sich nicht klar darüber, wie sie von einer Unmenge von bestimmten Organisationen für dumm verkauft wird, die alle ihre eigene Agenda verfolgen, aber die Gelder von Regierungen und Steuerzahlern brauchen, um weiter operieren zu können.

Human Rights Watch vertritt die Strategie des NGO-Forums von 2001 in Durban (von dem im vorigen Kapitel die Rede war), die darauf abzielt, Israel mithilfe des Arguments der Menschenrechtsverletzungen zu isolieren. Eingehende Nachforschungen zeigen, dass Human Rights Watch allein mindestens 86 Forderungen nach „unabhängigen Untersuchungen" in Israel veröffentlicht hat.

Marc Garlasco war der „hochrangigste Militärexperte" bei Human Rights Watch und Mitautor zahlreicher Berichte, in denen Israel verurteilt wurde. Auf einen Forschungsbericht von NGO Monitor[1] hin stellte sich heraus, dass Garlasco begeisterter Sammler von Nazi-Devotionalien war. Diese Enthüllung erklärte, warum sich Human Rights Watch wiederholt auf falsche und unbestätigte Berichte gestützt hat, um Israel zu verurteilen, und auch, warum eine antiisraelische Ideologie unter Mitarbeitern bei Human Rights Watch zu beobachten ist.

Nach den peinlichen Enthüllungen von NGO Monitor, Garlasco sammle Nazi-Reliquien, wurde dieser im September 2009 von Human Rights Watch suspendiert, im Februar 2010 verließ er die Organisation. Auch Richard Falk, der UNO-Sonderberichterstatter für Menschenrechte in den palästinensischen Gebieten (im vorigen Kapitel erwähnt), wurde aus einem der Komitees von Human Rights Watch entfernt. Die Website von Human Rights Watch wurde dementsprechend aktualisiert, um den Ausschluss Falks aus dem Komitee zu dokumentieren. Dem Rauswurf von Falk ging eine Serie von Beschwerden aus mehreren Ländern voraus sowie ein offener Brief von UN-Watch, die Falks Absetzung forderten, weil er so offenkundig feindselig gegen Israel eingestellt war.

Im Mai 2009, als Marc Garlasco noch der „hochrangigste Militärexperte" bei Human Rights Watch war, besuchten Leiter von Human Rights Watch

Saudi-Arabien, um Gelder für die Organisation zu erbitten. Saudi-Arabien gehört zu den größten Übertretern der Grundsätze, die von Human Rights Watch angeblich vertreten werden. Arabische Nachrichten verkündeten, dass „hochrangige Mitglieder" von Human Rights Watch – u. a. die Leiterin der Nahost-Abteilung, Sarah Leah Whitson, und Hassan Elmasry, Mitglied des internationalen Vorstands und des beratenden Ausschusses der Nahost-Abteilung – an einem „Empfangsdinner" teilgenommen und „prominente Mitglieder der saudischen Gesellschaft" ermutigt haben, ihre Arbeit zu finanzieren. Das Hauptargument, das beim saudischen Fundraiser genannt wurde, waren die antiisraelischen Aktivitäten von Human Rights Watch.

> Die Organisation ist mit Finanzierungsengpässen konfrontiert, was an der weltweiten Finanzkrise liegt und auch daran, dass die intensive Arbeit bezüglich Israel und Gaza das Budget von Human Rights Watch in dieser Region sehr beansprucht.

Indem Sarah Whitson in dieser Weise Gelder und Unterstützung aus Saudi-Arabien erbittet, bestätigt sie die übermäßig gegen Israel zielende Ausrichtung der Organisation.

Whitson berichtete den saudischen Führern auch von der Rolle, die Human Rights Watch in antiisraelischen Aktionen im US-Kongress und innerhalb der UNO spielt, und brüstete sich damit, dass diese Propagandakampagne sehr wichtig für die „UNO-Erkundungsmission zur Untersuchung der Anklagen wegen schwerer Verstöße Israels während des Gaza-Kriegs" sei, die von Richter Richard Goldstone geleitet werden sollte, der zu dieser Zeit ebenfalls Vorstandsmitglied bei Human Rights Watch war. (Er trat zurück, als die Untersuchungen aufgenommen wurden. NGO Monitor hatte angemerkt, dass Goldstones Zugehörigkeit zum Vorstand von Human Rights Watch einen Interessenkonflikt darstelle.)

Richter Goldstone sammelte seine „Fakten" über den Gaza-Krieg von einer Reihe von NGOs, darunter auch Amnesty International und Human Rights Watch, und schluckte alles unbesehen. Goldstones Untersuchungsergebnisse wurden den Vereinten Nationen vorgelegt und von den Medien auf der ganzen Welt verbreitet: Israel war der „Kriegsverbrechen" und der „Verbrechen gegen die Menschlichkeit" für schuldig befunden worden.

Einige Monate später begann Goldstone, seine Untersuchungsergebnisse zu widerrufen, die auf Berichten von NGOs basierten. In einem Gastkommentar der *Washington Post* vom 2. April 2011 schrieb Goldstone:

Die Wüste - Boykott, Desinvestition und Sanktionen

> Wir wissen heute sehr viel mehr darüber, was während des Gaza-Kriegs 2008/2009 passierte, als damals, als ich die vom UN-Menschenrechtsrat eingesetzte Erkundungsmission leitete, die den sogenannten Goldstone-Bericht produziert hat. Wenn ich damals gewusst hätte, was ich heute weiß, wäre der Goldstone-Bericht völlig anders ausgefallen. Ich bedaure, dass unserer Erkundungsmission kein Beweismaterial zugrunde lag, aus denen die Umstände klar hervorgingen, die zu den, wie wir berichtet hatten, Angriffen auf Zivilisten geführt haben, denn dann wären unsere Ergebnisse in Bezug auf die Vorsätzlichkeit und die Kriegsverbrechen sicher anders ausgefallen.

Dass Goldstone als Richter einen solchen Bericht veröffentlichen konnte, der den Namen Israel auf der ganzen Welt anschwärzte, ohne alle Fakten in Betracht zu ziehen, ist unfassbar. In Abwesenheit von Fakten hätte er davon Abstand nehmen sollen, solch folgenschwere Begriffe wie „Kriegsverbrechen" und „Verbrechen gegen die Menschlichkeit" zu verbreiten. Goldstones Reuegefühle darüber, dass er diese Fakten erst nach Veröffentlichung seines Berichts erfahren hat, sind ein Hohn auf die Gerechtigkeit und bringen Israel nur wenig Trost ein. Letztendlich waren die gefälschten Berichte der Nichtregierungsorganisationen schuld am Goldstone-Bericht, aber Goldstone sollte sich schämen, diesen auf so naive Weise Glauben geschenkt zu haben. Richard Goldstone ist selbst Jude, ein weiteres Beispiel dafür, wie Juden in Organisationen und Gruppen integriert werden, die Israel gegenüber feindlich gesinnt sind. Wie schon im vorigen Kapitel erwähnt, ist dies unter dem Begriff „Judenwäsche" bekannt und fördert die „Glaubwürdigkeit" voreingenommener Berichte über Israel.

Die voreingenommene Haltung von Human Rights Watch gegenüber Israel ist vor allem Direktor Kenneth Roth zuzuschreiben, ein weiteres Beispiel für „Judenwäsche". David Feith, der stellvertretender Redakteur für Sonderberichte des *Wall Street Journal*, schrieb am 4. Dezember 2011 einen Gastkommentar mit dem Titel „Tanz um den Völkermord". Darin beschreibt Feith, dass es innerhalb von Human Rights Watch über das Thema der gegen den jüdischen Staat gerichteten Anstiftung zum Völkermord geteilte Meinungen gibt. Indem er aus E-Mails zitiert, die er von Human Rights Watch erhalten hat, zeigt Feith, dass der stellvertretende Vorsitzende der Organisation an seine Kollegen schreibt:

> Stillzusitzen, während der Iran behauptet „berechtigt zu sein, alle Juden zu töten und den Staat Israel zu vernichten" ... ist eine Einstellung, derer unsere großartige Organisation unwürdig ist.

Roth, der Leiter der Organisation, ist da offensichtlich ganz anderer Meinung: Über die Erklärung von Irans Präsident Mahmud Ahmadinedschad, dass Israel „von der Landkarte gelöscht" werden muss, sagt Roth, dass solche und ähnliche Aussagen nicht als „Anstiftung" gewertet werden können, was gemäß der UN-Konvention von 1948 über die Verhütung und Bestrafung des Völkermordes rechtswidrig wäre, sondern lediglich als „Befürwortung", was nicht strafbar ist. Roth verteidigt seine Position mit der Aussage, der Iran habe lediglich die Zerstörung Israels befürwortet, doch weil keiner auf diese Befürwortung hin gehandelt hätte, habe der Iran sich nichts vorzuwerfen!

In einem Gastkommentar vom 20. Oktober 2009 in der *New York Times* mit dem Titel „Menschenrechts-Watchdog verirrt in Nahost" hat Robert L. Bernstein, der Gründer von Human Rights Watch und 20 Jahre lang aktiver Vorsitzender, heute Ehrenvorsitzender, der englischsprachigen Welt deutlich verkündet, wie tief seine Enttäuschung über die von ihm gegründete Organisation ist:

> Ich muss etwas tun, was ich mir nie hätte vorgestellen können: Ich muss mich öffentlich auf die Seite der Kritiker schlagen. Human Rights Watch hatte ursprünglich die Mission, verschlossene Gesellschaften aufzubrechen, sich für Grundfreiheiten einzusetzen und Widerständler zu unterstützen. Doch in der letzten Zeit wurden von ihr Berichte über den israelisch-arabischen Konflikt in Umlauf gebracht, die jenen in die Hände spielen, die aus Israel einen Paria-Staat machen wollen. ...
> Als ich 1998 zurücktrat, war Human Rights Watch in siebzig Ländern tätig, von denen die meisten verschlossene Gesellschaften waren. Heutzutage schiebt die Organisation immer häufiger die wichtige Unterscheidung zwischen offenen und geschlossenen Gesellschaften beiseite.
> Das kommt nirgendwo besser zum Ausdruck als bei ihrer Arbeit im Nahen Osten. Diese Region wimmelt von autoritären Regimes mit erschreckenden Menschenrechtsbilanzen. Und doch hat Human Rights Watch weitaus häufiger

Die Wüste - Boykott, Desinvestition und Sanktionen

Verurteilungen gegen Israel wegen Verstößen gegen internationales Recht veröffentlicht als gegen jedes andere Land in dieser Region.
Bei einer Bevölkerung von 7,4 Millionen beherbergt Israel mindestens 80 Menschenrechtsorganisationen, hat eine lebhafte freie Presse, eine demokratisch gewählte Regierung, ein Gerichtswesen, das häufig gegen die Regierung entscheidet, politisch aktive Akademiker, eine Vielzahl von politischen Parteien und – wenn man nach dem Umfang der Berichterstattungen geht – wahrscheinlich mehr Journalisten pro Kopf als jedes andere Land der Welt, von denen viele nur aus dem Grund vor Ort sind, um über den israelisch-palästinensischen Konflikt zu berichten.
Dagegen regieren die arabischen und iranischen Regime über 350 Millionen Menschen, und die meisten davon sind nach wie vor brutal, verschlossen und autokratisch und gestatten wenig oder gar keine internen Meinungsabweichungen.
Das Flehen dieser Bevölkerungen, die wohl am meisten von der Aufmerksamkeit, die eine große und gut finanzierte internationale Menschenrechtsorganisation ihnen schenken würde, profitieren könnten, wird von der Abteilung von Human Rights Watch im Nahen Osten einfach ignoriert, weil sie einen Bericht nach dem anderen über Israel vorbereitet.
Human Rights Watch hat seine kritische Perspektive verloren, wenn es um den Konflikt geht, bei dem Israel wiederholt von der Hamas und der Hisbollah angegriffen wurde, Organisationen, die israelische Bürger ins Visier nehmen und ihre eigenen Leute als menschliche Schutzschilder benutzen. Diese Gruppen werden von der iranischen Regierung unterstützt, die offen erklärt hat, dass sie nicht nur Israel zerstören, sondern auch jeden Juden töten will, wo immer sie ihn findet. Diese Anstiftung zum Völkermord ist ein Vergehen gegen die Konvention über die Verhütung und Bestrafung des Völkermordes.
Die Leiter von Human Rights Watch wissen, dass die Hamas und die Hisbollah absichtlich von dicht besiedelten Gebieten aus operieren und damit Wohnviertel vorsätzlich in Schlachtfelder verwandeln. Sie wissen auch, dass noch mehr und bessere Waffen sowohl nach Gaza als auch in den Libanon eingeflogen werden, mit denen diese erneut zuschlagen werden. Und sie wissen, dass diese Militanz

> den Palästinensern weiterhin jede Möglichkeit raubt, die Art von friedlichem und produktivem Leben zu führen, die sie verdienen. Und trotzdem ist Israel, das immer wieder das Opfer von gewalttätigen Aggressionen wird, die Hauptzielscheibe der Kritik durch Human Rights Watch.
> Die Organisation ist besonders und hauptsächlich besorgt darüber, wie in Kriegen gekämpft wird, nicht so sehr über die Motive. Doch selbst Opfer von Aggressionen unterliegen Kriegsgesetzen und müssen tun, was in ihrer Macht steht, um die Zahl der Zivilopfer niedrig zu halten. Nichtsdestoweniger existiert ein Unterschied zwischen Unrecht, das in Selbstverteidigung begangen wird, und solchem, dass vorsätzlich verübt wird.
> Doch wie kann Human Rights Watch wissen, ob diese Gesetze verletzt wurden? In Gaza und überall dort, wo es keinen Zugang zum Schlachtfeld oder zu den militärischen und politischen Führern, welche die strategischen Entscheidungen treffen, gibt, ist es extrem schwierig, abschließende Urteile über Kriegsverbrechen zu machen. Die Berichterstattung ist oft abhängig von Zeugen, deren Geschichten nicht nachgeprüft werden können, und die eventuell aussagen, um politische Vorteile zu erhalten, oder weil sie Vergeltungsmaßnahmen durch ihre eigene Regierung fürchten. Oberst Richard Kemp, der ehemalige Befehlshaber der britischen Streitkräfte in Afghanistan und ein Experte für Kriegsführung, hat bezeichnenderweise ausgesagt, dass die israelische Armee in Gaza „mehr dazu beigetragen hat, die Rechte der Zivilbevölkerung zu wahren, als jede andere Armee in der Kriegsgeschichte".
> Erst wenn sie wieder zurückfindet zu ihrer ursprünglichen Mission und einem Geist der Demut, aus dem sie geboren wurde, kann sich Human Rights Watch wieder als eine moralische Kraft im Nahen Osten und auf der ganzen Welt erheben. Wenn sie das nicht tut, dann wird ihre Glaubwürdigkeit großen Schaden erleiden und ihre wichtige Rolle in der Welt wird bedeutend geschwächt werden.

Nur jemand, der auf einem anderen Planeten lebt, würde es nicht seltsam finden, wenn jemand die von ihm selbst gegründete Menschenrechtsorganisation kritisiert, und dazu noch weil diese gegen Israel voreingenommen ist. Bernstein blickte offensichtlich hinter die Fassade der Unparteilichkeit

Die Wüste - Boykott, Desinvestition und Sanktionen 197

der Nahost-Abteilung von Human Rights Watch. Und doch besteht kein großer Unterschied zwischen der Behandlung Israels vonseiten des Geschäftsführers und der gesamten Nahost-Abteilung von Human Rights Watch und vonseiten der Vereinten Nationen und der Vielzahl antiisraelischer Nichtregierungsorganisationen. Es ist eine Schande. Und leider glauben Millionen von Menschen, dass diese Gruppen über alle Kritik erhaben sind, und schlucken die Lügen und Desinformationen, die sie verbreiten.

Mitte Juni 2012 veröffentlichten etwa fünfzig Nichtregierungsorganisationen und UN-Gruppen einen gemeinsamen Aufruf an Israel, die Blockade des Gazastreifens zu beenden, der von der Hamas-Terrorgruppe regiert wird. In der Petition wurde behauptet:

> Seit über fünfzig Jahren leben über 1,6 Millionen Menschen in Gaza unter einer Blockade, die gegen das internationale Recht verstößt. Über die Hälfte dieser Menschen sind Kinder. Wir, die Unterzeichneten, fordern einstimmig: „Beendet die Blockade jetzt!"

Unter den Unterzeichneten waren Amnesty International, Save the Children, die Weltgesundheitsorganisation, Oxfam, das Büro des Hochkommissars für Menschenrechte und fünf weitere UNO-Organisationen.

Die Blockade Gazas durch Israel ist von internationalen Rechtsexperten für legal erklärt worden, sogar von seinem größten Kritiker, der UNO. Die Beschuldigung, die Blockade sei ein Verstoß gegen internationales Recht, ist vielmehr die Erfindung einer sehr facettenreichen Gruppe antiisraelischer Nichtswisser.

Israel hat 2001, nach dem Beginn der zweiten *Intifada*, Einschränkungen des Handels nach Gaza verhängt und diese 2007 noch verschärft, nachdem die Hamas in der Küstenenklave neben Ägypten die Macht übernommen hatte. Ägypten hat ebenfalls eine Blockade verhängt, die bis kurz nach dem Sturz Hosni Mubaraks 2011 aufrechterhalten wurde.

In den letzten zwei Jahren hat Israel angesichts des starken internationalen Drucks seine sehr strengen Regelungen etwas gelockert, doch es besteht weiter darauf, alle Waren, die in das Gebiet eingeführt werden, zu kontrollieren, um zu verhindern, dass Waffen oder entsprechendes Material die Hamas erreichen.

Die Charta der Hamas fordert die Zerstörung Israels. Sie hat Tausende Raketen und Granaten auf israelische Städte und Dörfer abgefeuert, und deshalb muss jede Ladung nach Gaza überprüft werden. Es steht außer Frage, dass es unfair wäre, von Israel zu erwarten, diese Einschränkungen für militärische genutzte Gegenstände aufzuheben, solange sich die Terrorgruppen in Gaza so feindselig und aggressiv verhalten wie heute.

Im Juni 2012 forderten zwei christliche Gruppen die britische Regierung auf, Produkte zu boykottieren, die aus israelischen Siedlungen stammen, und behaupteten, dies würde den Frieden zwischen den Israelis und den Palästinensern fördern. Die Organisation Christian Aid und die Quäker forderten vom außenpolitischen Komitee im englischen Parlament, dass die Regierung per Gesetz ein totales Einfuhrverbot von Produkten aus den Siedlungen verhängen solle.

Es wurde schon darauf hingewiesen, dass Großbritannien ein fruchtbarer Boden für die BDS-Bewegung ist (Boykott, Desinvestment und Sanktionen). Es scheint ein stattliches Maß an Feindseligkeit gegen Israel in der britischen Seele zu geben. Ich bin in England geboren und aufgewachsen, und ich glaube, dass dieser tiefsitzende Groll gegen Israel daher kommt, dass eine kleine Gruppe militanter Juden eine ausschlaggebende Rolle darin gespielt hatten, die Briten zu zwingen, das UN-Mandat Palästina aufzugeben. Dem britischen Militär und dem politischen Stolz der Briten wurde eine heftige Wunde zugefügt, und während der britische Löwe sich seine Wunden leckte, spiegelte die Zeitung *New Statesman* die Stimmung der Nation wider, indem sie am 23. Juni 1946 ein ganzseitiges Editorial auf der Titelseite veröffentlichte, das den Titel trug: **„Krieg um das Weißbuch?"** Dort hieß es u. a.:

> Bei dem Kampf gegen die Juden hatte die Regierung die Unterstützung der BBC und wahrscheinlich der meisten weitverbreiteten Tageszeitungen, und es gab eine Flut von anti-jüdischen „Schauergeschichten" und Leitartikeln, in denen die Liquidation der hartnäckigen Überlebenden von Hitlers Gaskammern gerechtfertigt wurde.

In den letzten etwas mehr als sechzig Jahren hat sich daran nicht viel geändert. Viele der „weitverbreiteten" britischen Tageszeitungen und auch die BBC senden oder drucken immer noch „eine Flut von anti-jüdischen Schauergeschichten". Die BBC sendete offensichtlich schon lange vor der Deklaration des Staates Israel „anti-jüdische Schauergeschichten", und auch heute ist sie eine der unzuverlässigsten Nachrichtenquellen, was die Berichterstattung über den Nahen Osten angeht. Die BBC hat schon viele Male versucht, ihren schlampigen Journalismus zu rechtfertigen, wenn es

Die Wüste - Boykott, Desinvestition und Sanktionen

um die Berichterstattung über Israel geht, und sie hatte in Israel sogar eine Zeitlang Sendeverbot aufgrund ihrer offenkundigen Voreingenommenheit. Eine Organisation mit dem Namen „BBC Watch" wurde 2012 gegründet, um die von der BBC verbreiteten Nachrichten zu überwachen und zu prüfen, ob der Sender seiner rechtlichen Pflicht nachkommt, exakte und unparteiische Reportagen zu liefern. Nach zwei aufeinander folgenden Skandalen im November 2012 – nach denen der Generaldirektor der BBC gezwungen war zurückzutreten – sagte der BBC-Vorsitzende Chris Patten, dass diese Skandale von einem „unakzeptablen, schlampigen Journalismus" gekennzeichnet wären, dass die Organisation in einer „schrecklichen Klemme" stecke und eine „fundamentale Umstrukturierung" nötig hätte. Patten sagte darüber hinaus:

> Die BBC gehört zu den Institutionen, welche die Bezeichnung „britisch" definieren und reflektieren, und das sollten wir nicht aufs Spiel setzen.

Wenn es etwas gibt, das „die Bezeichnung ‚britisch' definiert und reflektiert", dann ist es die negative Einstellung gegenüber Israel. Viele Millionen Israelis und Freunde Israels weltweit würden es liebend gerne sehen, wenn diese spezifische Reflektion des „Britisch-Seins" der BBC verloren ginge.

Es ist sicherlich kein Zufall, dass der ehemalige Generaldirektor der BBC, Mark Thompson, der diese Position bis September 2012 besetzte, am 12. November 2012 der neue Generaldirektor der *New York Times* wurde. Die *New York Times* ist die Tageszeitung in Amerika, die Israel am meisten in den Dreck zieht, und sie ist Pflichtlektüre der liberalen Linken.

BBC Watch zufolge sehen und hören 97 Prozent aller Einwohner Großbritanniens und etwa 225 Millionen Menschen auf der ganzen Welt jede Woche Sendungen der BBC. Diese ausgesprochen antiisraelische Voreingenommenheit kann einen sehr schädigenden Einfluss auf die Hörer haben und muss aufhören.

Es trug nicht gerade zur Verbesserung der diplomatischen Beziehungen zwischen Israel und Großbritannien bei, dass die weitgehend unausgebildeten Bauernsoldaten Israels während des Unabhängigkeitskriegs von 1948/49 die sieben von den Briten ausgebildeten und ausgerüsteten arabischen Armeen, die sich an dem multinationalen Angriff auf den gerade entstandenen Staat beteiligt hatten, besiegten. Drei dieser von den Briten ausgebildeten und ausgerüsteten Armeen wurden außerdem noch von britischen Offizieren

200 Die Wüste

angeführt. Es muss außerordentlich erniedrigend für die Briten gewesen sein, die einst die vorherrschende militärische Land- und Seemacht gewesen waren, von weniger als 20.000 Bauernsoldaten gedemütigt zu werden, die hauptsächlich selbstgebaute Waffen verwendeten.[2] (Ian V. Hogg, ein Kriegshistoriker und einer der führenden britischen Autoritäten für militärische Aktionen, behauptet, dass Israel lediglich „etwa 18.000 Truppensoldaten, 10.000 Gewehre und 3600 Maschinengewehre" gegen die vereinten Kräfte der sieben Armeen aufbringen konnte.)

Inzwischen ist der Israel-Hass in Großbritannien anscheinend sogar zu einem anerkannten Verteidigungsargument für Kriminelle geworden. Im Juli 2012 wurden fünf Personen der gewaltsamen Zerstörung von Eigentum angeklagt, dessen Wert auf über 143.000 britische Pfund geschätzt wurde (etwa 170.000 Euro). Es handelte sich um einen Einbruch in eine Waffenfabrik in Brighton im Januar 2009. Alle fünf wurden für unschuldig erklärt, obwohl alle fünf gestanden hatten, den Einbruch verübt zu haben.

Einer Reportage des *Guardian* zufolge brüsteten sich die Angeklagten zum Zeitpunkt des Vorfalls in Online-Foren damit, ihr Verbrechen vorsätzlich ausgeführt zu haben. Es wurde während der 22 Tage dauernden „Operation Gegossenes Blei" verübt, die Israel gegen die Hamas in Gaza durchführte. Die Jury befand die Angeklagten für nicht schuldig auf der Grundlage, dass die Verteidigung argumentierte, die Fabrik sei mutwillig zerstört worden, um Israel daran zu hindern, in Gaza Kriegsverbrechen zu begehen. Die Waffenfabrik hatte einige Geschäfte mit der israelischen Armee laufen, deshalb meinten die Angeklagten – mit Zustimmung der Jury – , dass sie es verdiente, attackiert zu werden.

Im August 2012 zirkulierten 150 Londoner Busse in schamloser Weise mit einem riesigen antiisraelischen Plakat, auf dem für die jährliche „*al-Quds-Tag*"-Parade geworben wurde. Der Al-Quds-Tag ist eine Erfindung von Ayatollah Ruhollah Khomeini, dem islamischen Revolutionsführer im Iran. Auf den Plakaten war zu lesen: „Unsere Freiheit ist nicht vollkommen ohne die Freiheit der Palästinenser." Am 10. August erklärte die Londoner Transportgesellschaft, sie würde die Plakate erst nach der Parade am 17. August entfernen.

Am 17. August 2012 wurde bekannt, dass der israelische Professor Motti Crystal das britische Gesundheitswesen wegen Diskriminierung verklagte. Professor Crystal hätte am 8. Mai 2012 in Manchester ein Seminar für den Staatlichen Gesundheitsdienst halten sollen, aber seine Einladung wurde kurzfristig zurückgezogen aufgrund von Beschwerden „über seine Staatsangehörigkeit".

Mitte November 2012 wurde der Auftritt der israelischen Batsheva Dance Company in der britischen Stadt Birmingham nachhaltig durch antiisraelische Demonstranten gestört. Birmingham war der vierte Auftritt der Truppe in England, und bei allen Veranstaltungen war es zu Demonstrationen und Störungen gekommen. Der danach vorgesehene Auftritt wurde wegen der zu hohen Kosten für Sicherheitsmaßnahmen abgesagt.

Im Dezember 2011, während eines Besuchs von Freunden im englischen Yorkshire, erlitt ich nach einer Rede vor einer Versammlung in Sheffield einen Herzinfarkt. Während ich mich einer Herzoperation unterzog, füllte meine Frau die nötigen Papiere aus, in denen auch die Angaben über meinen Wohnort in Israel aufgeführt wurden.

Drei Tage später, als ich noch auf der kardiologischen Abteilung lag, erhielt ich den Besuch der Rehabilitationsfachärztin. Sie hatte einen Stapel Papiere bei sich, unter denen sich auch meine Patientenakte befand. Die Adresse in Israel war darin geändert worden und lautete nun: Jerusalem, „Palästina". Es scheint ein Reflex der Briten zu sein, die Bezeichnung Israel bei jeder sich bietenden Gelegenheit mit dem nicht existierenden Land „Palästina" zu ersetzen. Als ich die Ärztin darauf aufmerksam machte, dass ich in Israel lebe und dass es ein Land mit dem Namen „Palästina" gar nicht gibt, starrte sie mich nur mit einem leeren Gesichtsausdruck an. Sie wusste nicht, was sie dazu sagen sollte.

In gleicher Weise war auf der offiziellen Internetseite der BBC für die Olympischen Spiele in London 2012 Israel als einziges Land ohne Hauptstadt aufgelistet. Im Landesprofil von „Palästina" jedoch war als Hauptstadt Ost-Jerusalem und als Landeswährung der US-Dollar aufgeführt.

Für Israel mit seiner über dreitausendjährigen Geschichte in Jerusalem wurde keine Hauptstadt angegeben, stattdessen wurde ihre heilige Stadt – *die Stadt des großen Königs (Psalm 48,2)* – als Hauptstadt eines Landes angegeben, das auch heute noch nicht einmal existiert. Außerdem ist die Landeswährung in den von den Palästinensern kontrollierten Gebieten nicht der US-Dollar, sondern der israelische Schekel.

Nach heftigen Protesten seitens der israelischen Regierung änderten die Verantwortlichen der BBC-Website für die Olympischen Spiele das Landesprofil von Israel, sodass nun der „Regierungssitz in Jerusalem" angegeben wurde, doch sie weigerten sich nach wie vor, die Tatsache anzugeben, dass Jerusalem die Hauptstadt von Israel ist.

Die Wüste

Der Bürgermeister von Jerusalem, Nir Barkatt, griff die BBC ganz direkt an:

> Wir werden niemanden akzeptieren, der unsere Geschichte, unsere Souveränität und unser Recht leugnet, unsere eigene Hauptstadt zu bestimmen. Ungeachtet der politischen Agenda der BBC war, ist und bleibt Jerusalem die Hauptstadt Israels und das geistliche, politische und physische Zentrum des jüdischen Volkes.

Mark Regev, der Sprecher des Büros des Premierministers, schrieb ein zweites Mal an den Bürochef der BBC. In seinem Brief sagte Regev:

> Ich fürchte, dass trotz unserer Bemühungen Israel weiterhin auf der Website der BBC für die Olympischen Spiele diskriminiert wird. Ich bitte Sie daher, die Hauptstadt Israels korrekt auf ihrer Website zu benennen.

Ein ähnliches Phänomen ist, dass weder die *BBC* noch *SkyNews* jemals die Temperatur für Jerusalem in ihren Wetterberichten anzeigen, sondern nur die für Tel Aviv. (*Kol Hakavod – Gratulation!* – an *France24*, das entgegen dem europäischen Trend die Temperatur für Jerusalem in seinem Wetterbericht zeigt.) Es ist nicht erstaunlich, dass Großbritannien von seinem Status als vorherrschende Weltmacht gefallen ist und heute nur noch ein europäischer Staat ist, der hinter Deutschland die zweite Geige spielt. Die Talfahrt Großbritanniens begann, als es unter Neville Chamberlain gegen jüdische Interessen handelte. 1939 veröffentlichte Großbritannien das Weißbuch, in dem die vorher empfohlene Aufteilung Palästinas fallen gelassen und die Zahl der ins Land immigrierenden Juden eingeschränkt wurde.

Im Juli 1922 erhielt Großbritannien vom Völkerbund (dem Vorläufer der UNO) das Mandat, eine jüdische „nationale Heimstätte" in ganz Palästina zu etablieren, das zuvor dem nicht mehr bestehenden Osmanischen Reich angehört hatte. Doch aufgrund der enormen Menge an Erdöl, die im Nahen Osten zu fließen begonnen hatte, hat Großbritannien an den Juden treulos gehandelt.

Großbritannien teilte etwa 77 Prozent des Gebietes, das für die jüdische Heimstatt gedacht war, ab, und schuf ein arabisches Land, das heute unter dem Namen Jordanien bekannt ist und aus dem die Juden ausgeschlossen wurden. Danach begrenzte Großbritannien die Anzahl der Juden, die in das Mandatsgebiet einwandern durften, erheblich und ging sogar so weit, Schiffe mit Tausenden verzweifelter Juden an Bord, die aus Nazi-Deutschland flohen, daran zu hindern, die Ufer ihres uralten jüdischen Heimatlands zu

Die Wüste - Boykott, Desinvestition und Sanktionen

erreichen. Die Tore des ehemaligen jüdischen Heimatlands, die sich ihnen durch das den Briten vom Völkerbund anvertraute Mandat hätten öffnen sollen, waren von Großbritannien wieder zugeschlagen worden.

Einige der Schiffe, die Juden „geladen" hatten, die aus der Hölle Nazi-Deutschland flohen, wurden von der britischen Marine nach Zypern eskortiert, wo die Juden „entladen" und bis zum Ende des Kriegs in große Stahlkäfige eingesperrt wurden. Einige der jüdischen Flüchtlingsschiffe wurden kurzerhand von britischen Kriegsschiffen abgedrängt. Diese Schiffe, mit ihrer erbarmungswürdigen menschlichen Ladung, trieben auf rauer See und einige davon erlitten Schiffbruch, mit nur wenigen oder gar keinen Überlebenden. Der grausamste und inhumanste Akt aller Zeiten war wohl, als Großbritannien ein Schiff mit seiner menschlichen Ladung verzweifelter Juden – über 4500 Überlebende des Holocaust, darunter auch 1 700 Kinder – wieder nach Deutschland zurückschickte.

Winston Churchill, der inspirierende Leiter, der Großbritannien durch die dunkle Zeit des Krieges geführt hat, und der wahrscheinlich der größte britische Staatsmann war, den es je gab, wurde für seine noblen Bemühungen dadurch belohnt, dass er 1946 aus dem Amt geworfen wurde, ehe er die jüdische Heimstätte in Palästina etablieren konnte. Die Labour-Partei kam an die Macht, mit Clement Attlee als Premierminister und Ernest Bevin als Außenminister. Weder der eine noch der andere unterstützten das Engagement ihrer Partei, eine jüdische Heimstätte zu gründen, und arbeiteten dagegen, was am Ende zu viel Blutvergießen in Palästina führte.

Am 16. Mai 1948 schrieb Christopher Mayhew, ein treuer Anhänger Ernest Bevins, in sein Tagebuch:

> Ich muss die antisemitistische Einstellung von Ernest erwähnen. Es gibt keinen Zweifel daran, dass Ernest die Juden hasst. Er macht hin und wieder Witze über das „auserwählte Volk" und sagt, dass das Alte Testament das unmoralischste Buch sei, das je geschrieben wurde. Er macht abfällige Bemerkungen darüber, dass Juden ins Parlament gewählt wurden, aber keine Araber. Er sagt, dass die Juden Hitler die Terrortechniken beigebracht haben und dass sie sich jetzt in Palästina wie die Nazis aufführen. ... Ich gebe ihm nur in einem Punkt Recht, und zwar dass er, wenn er seinen irrationalen und völlig unhaltbaren Vorurteilen Luft macht, ausspricht, was Millionen von britischen Bürgern denken.

204 Die Wüste

Anscheinend hat sich in den Herzen der meisten Briten nicht viel verändert; wie schon zuvor erwähnt, zeigte eine Umfrage der BBC, dass 68 Prozent aller Briten eine negative Meinung über Israel haben. Angesichts seines tragischen geschichtlichen Hintergrunds ist es bedauerlich, dass Großbritannien selbst 64 Jahre nach der Gründung des modernen Staates Israel seinen politischen Kleinkrieg gegen den jüdischen Staat fortführt. Es ist nach wie vor antijüdisch und entschieden proarabisch. Und es ist noch bedauerlicher, dass eine Vielzahl christlicher Denominationen und Gruppen in Großbritannien sich der gegen Israel gerichteten BDS-Bewegung (Boykott, Desinvestition und Sanktionen) angeschlossen haben. Diese Leute sollten nicht vergessen, dass z. B. ohne Israels enorme technologische Fortschritte alle Finanz-, Geschäfts- und Telekommunikationsbereiche in Großbritannien zusammenbrechen würden.

William Bell, der Beauftragte der britischen Hilfsorganisation Christian Aid für Israel und die palästinensischen Gebiete, hat geäußert:

> Die Siedlungen sind gemäß internationalem Recht illegal, eine der Hauptursachen für die Armut der Palästinenser und ein Hindernis für den Frieden.

Ich habe schon dargelegt[3], dass die Siedlerbewegung ausgelöst wurde von der Weigerung der Araber, über einen Frieden mit Israel im Austausch für das in einem Selbstverteidigungskrieg eroberte Land zu verhandeln. Am 2. September 1964 veröffentlichte die sowjetische Tageszeitung *Prawda* eine Stellungnahme des Obersten Sowjets, worin ganz spezifisch Bezug genommen wird auf die Besetzung Osteuropas durch die Sowjets während und nach dem Zweiten Weltkrieg, als sie die einfallenden Nazitruppen besiegt hatten.

> Ein Volk, das angegriffen wird, sich verteidigt hat und Kriege gewinnt, hat die heilige Pflicht, für sich selbst eine dauerhafte politische Situation zu schaffen, bei der die Quelle der Aggression völlig eliminiert wird. Es hat das Recht, diesen Zustand aufrechtzuerhalten, solange die Gefahr einer erneuten Aggression nicht gebannt ist.

Ein Volk, das auf Kosten zahlreicher Todesopfer die eigene Sicherheit bewirkt hat, wird niemals mit der Wiederherstellung der ursprünglichen Grenzen einverstanden sein. Kein einziges Gebiet kann zurückgegeben werden, solange die Gefahr der Aggression noch besteht.

Diese sowjetische Formel war in den Augen der Völkergemeinschaft völlig annehmbar. Doch was für die Sowjetunion galt, gilt anscheinend nicht für Israel. Anscheinend ist die sogenannte Völkergemeinschaft nichts anderes als eine internationale Gemeinschaft von Heuchlern.

Konfrontiert mit der arabischen Ablehnungsideologie und nachdem Milliarden von Dollar in den Bau von wohlhabenden Städten und Kleinstädten geflossen sind, in denen heute etwa 300.000 Israelis leben, flehen die Palästinenser die Völkergemeinschaft heute an, Israel dazu zu zwingen, all diese Gebiete, Städte und Kleinstädte an sie zurückzugeben – zurück an jene, deren einziger Wunsch darin besteht, den jüdischen Staat zu vernichten.

Im August 2005 gab Israel den Palästinensern den Gazastreifen zurück. Israel machte die Häuser von 9480 Israelis dem Erdboden gleich, ließen aber alle Gewächshäuser und Synagogen intakt. Die Logik hinter den intakt gelassenen Gewächshäusern war, dass die Palästinenser ein Landwirtschaftssystem übernehmen könnten, das Millionen Dollar wert war und einen großen wirtschaftlichen Nutzen für sie hätte. Der Gedanke war auch, dass die Palästinenser gegenüber den Synagogen Respekt zeigen und sie nicht zerstören würden und sie eventuell sogar in Moscheen verwandeln könnten, mit dem Segen Israels. Doch sobald die Palästinenser Zugang zum freigegebenen Land hatten, plünderten sie alle Gewächshäuser, entfernten alle Bewässerungsanlagen und andere Ausrüstungen, und nachdem sie alles Wertvolle geplündert hatten, zerstörten sie die Gebäude. Die Synagogen erlitten das gleiche Schicksal und wurden alle komplett zerstört.

Von den freigegebenen Gebieten aus haben palästinensische Terroristen Tausende Raketen und Granaten auf israelische Städte und Dörfer abgefeuert. Und die Palästinenser – und die internationale Gemeinschaft – glauben, dass Israel dumm genug ist, dieses Experiment zu wiederholen, nur in einem sehr viel größeren Maßstab. Das wird nie geschehen, und mehr gibt es darüber nicht zu sagen.

Die Boykotte gegen israelische Waren, die in den Gebieten jenseits der Grünen Linie[4] produziert werden, beeinträchtigen den Lebensunterhalt von über 15.000 Palästinensern im Bereich C der Westbank, in dem sich alle israelischen Unternehmen befinden. Bereich C ist das Gebiet, in dem Israel durch anerkannte internationale Verträge für Bürgerrechte und Sicherheit zuständig ist, und wo die meisten israelischen Siedler leben.

Doch Palästinenserpräsident Mahmud Abbas ermutigt die Palästinenser zu einer illegalen „Bebauungs-Intifada", durch die das Recht Israels auf den Bereich C langsam, aber sicher ausgehöhlt wird.

In den Weltmedien wird lang und breit beschrieben, wie schwierig es für Palästinenser ist, von der israelischen Regierung Baugenehmigungen zu bekommen. Um es richtig darzustellen, muss gesagt werden, dass die meisten Palästinenser nur Baugenehmigungen in den Gebieten beantragen, von denen sie genau wissen, dass Israel keine palästinensischen Bauvorhaben erlaubt, und die Ablehnung dieser Anträge liefert immer neue Schlagzeilen für die antiisraelischen Medien. Die Oslo-Verträge geben Israel die volle Aufsicht über verwaltungs- und sicherheitstechnische Angelegenheiten im Bereich C. Die Zuweisung der endgültigen Herrschaft über den Bereich sollte durch Verhandlungen zwischen Israel und der Palästinenserbehörde bestimmt werden. Doch die Palästinenser haben illegal über 50.000 Häuser im Bereich C und auf Israels Staatsgebiet gebaut – und auf diese Weise sogenannte „neue Tatsachen" geschaffen.

Die Boykotte beeinträchtigen sicherlich die israelischen Firmen im Bereich C und auch die israelischen Kleinbauern, die in anderen kleinen Siedlungen Blumen, Obst und Gemüse produzieren. Doch der größte Verlust wird die Palästinenser treffen, die ihre Arbeitsplätze verlieren und Mühe haben werden, ihre Familien zu ernähren.

Die Quäker sagen, dass für sie Boykotte „eine gewaltlose Aktion für die Unterstützung der Friedensbemühungen in der Region" sind. Wann werden die Menschen endlich anfangen, aus der Geschichte zu lernen? Die Geschichte zeigt uns immer wieder, dass die friedlichsten Zeiten jene waren, wenn die Führer der Völker sich am wenigsten um Frieden bemüht haben. Wenn die Völkergemeinschaft versuchen will, Israel ihren Willen aufzuzwingen, wird es eines Tages auf sie zurückfallen, wahrscheinlich auf einem Schlachtfeld.

Nur der Herr kann die israelisch-palästinensische Frage beantworten, und er ist schon dabei, indem er Israel in die Wüste führt und den Völkern erlaubt, ihren freien Willen gegen Israel einzusetzen.

Eine große Zahl christlicher Denominationen, Kirchen und Organisationen im Westen engagieren sich sehr in der BDS-Bewegung. Im Laufe des letzten Jahrzehnts ist die BDS-Bewegung gegen Israel zu einem zentralen Thema innerhalb der Hauptströmungen der christlichen Denominationen in den USA, Europa, Kanada und anderswo geworden.

Die Wüste - Boykott, Desinvestition und Sanktionen 207

Eine Reihe von europäischen Regierungen, gemeinsam mit den USA und Kanada, geben Gelder für diese kirchlichen Aktionen, die darauf abzielen, Israel zu delegitimieren. Das Geld des Steuerzahlers wird in Form von Stipendien an kirchliche humanitäre NGOs weitergegeben, die diese Gelder dann an politisch hoch aktive propalästinensische NGOs weiterleiten, auch an christliche Gruppen, welche BDS, die Einstaatenlösung und in vielen Fällen antisemitische Substitutionstheologien in den christlichen Hauptströmungen unterstützen.

Am 9. Juli 2012 hat die Generalsynode der Kirche von England, das höchste Gremium innerhalb dieser Kirche, dafür gestimmt, die „lebenswichtige Arbeit" der Organisation EAPPI (Ökumenisches Programm zur Begleitung von Palästina und Israel) zu unterstützen. In diesem Programm werden Kirchenmitglieder in die Westbank gebracht, um „das Leben unter Besatzung kennenzulernen", jeweils für einen Zeitraum von drei oder vier Monaten. Von den Teilnehmern wird erwartet, dass sie sich nach ihrer Rückkehr für Folgendes einsetzen:

> Eine gerechte und friedliche Lösung des israelisch-palästinensischen Konflikts durch ein Ende der Besatzung, der Respektierung internationalen Rechts und die Umsetzung der UNO-Resolutionen.

Die Kirchenmitglieder verbringen nur einige Tage, höchstens eine Woche in Israel, innerhalb der Grünen Linie. Den Rest der Zeit verbringt die Gruppe dann mit Palästinensern. Israel ist der Ansicht, die Unterstützung dieses antiisraelischen Projekts durch die Kirche von England demonstriere eine große Voreingenommenheit zugunsten der Palästinenser.

Vielleicht müssen diese kirchlichen Gruppen und einzelne Personen darüber unterrichtet werden, was der Herr über sein Volk Israel und über Aktivitäten, mit denen sein „besonderer Schatz" delegitimiert werden soll, zu sagen hat:

> Denn so spricht der Herr der Heerscharen: Nachdem die Herrlichkeit [erschienen ist], hat er mich zu den Heidenvölkern gesandt, die euch geplündert haben; denn **wer euch antastet, der tastet seinen Augapfel an!** – Sacharja 2,12

Wer Israel anrührt, um ihm Schaden zuzufügen, egal ob es sich dabei um einen weltlichen oder einen „christlichen" Menschen handelt, sticht seinen

Finger in das Auge des Herrn, des Schöpfers Israels, und die Folgen einer solchen Tat sind zu schrecklich, um weiter darüber zu reden. Es ist unmöglich Jesus zu lieben, „den neugeborenen König der Juden" (Matthäus 2,2), und gleichzeitig seine Brüder zu verachten. Man sollte darüber nachdenken, was in der Fußnote 5 in der Schlussfolgerung vom 2. Kapitel gesagt wurde.

Marisa Johnson vom EAPPI-Programm, das von den Quäkern verwaltet wird, meint: „Das Problem ist viel weitreichender als die offensichtlichen Auswirkungen auf das tägliche Leben der Palästinenser und schadet den Aussichten auf Frieden."

Die in Jerusalem ansässige Organisation NGO Monitor sagt, das EAPPI-Programm vertrete einen antiisraelischen Standpunkt, indem es die gegen Israel gerichtete BDS-Kampagne (Boykott, Desinvestition und Sanktionen) unterstützt sowie das Rückkehrrecht aller schätzungsweise 7 Millionen palästinensischen Flüchtlinge nach Israel hinein, also innerhalb der Grünen Linie.

Die Versammlungshäuser der Quäker in Großbritannien werden regelmäßig von Gruppen genutzt, die das Recht Israels auf Existenz in Frage stellen und Boykottaktionen unterstützen. 2007 haben sich die Quäker einer Koalition von Anti-Israel-Gruppen angeschlossen, um „den 40. Jahrestag der israelischen Besatzung von Gaza und der Westbank sowie Ost-Jerusalems zu begehen."

Der Boykott-Krieg gegen Israel gewinnt schnell an Boden. Nachdem Südafrika seine Importfirmen angewiesen hat, nicht mehr das Label „Produziert in Israel" (siehe unten) für in jüdischen Siedlungen in Judäa und Samaria produzierte Waren zu verwenden, hat die dänische Regierung auch angekündigt, diese Politik zu verfolgen. Dann hat der irische Außenminister Eamon Gilmore vorgeschlagen, dass die Europäische Union auch den Einfuhrstopp von Waren aus diesen Siedlungen in Betracht ziehen sollte. Dieser Vorschlag folgt einer britischen Entscheidung, dass Händler Waren mit „Produkt aus israelischen Siedlungen" oder „palästinensisches Produkt" kennzeichnen dürfen.

Sollte Europa Waren als „Produkt aus israelischen Siedlungen" ausweisen, wird es für israelische Unternehmen unmöglich sein, die im Ausland befindlichen Verkaufsstellen zu erreichen. Andere europäische Länder werden diese rassistische Politik übernehmen. Gemäß einer Entscheidung des Gerichtshofs der Europäischen Union von 2010 gehören die „umstrittenen Gebiete" nicht zu Israel, und deshalb sind die in diesen Gebieten produzierten Waren den Einfuhrzöllen der Europäischen Union unterworfen. Diese historische Entscheidung hat ihren Ursprung in einer deutschen Klage, die von der Brita GmbH eingereicht wurde. Die deutsche Firma importiert Getränkemaschinen für Sprudelwasser von Soda Club, einer israelischen Firma, die in Mishor Adumin, einem der Industriegebiete in der Westbank, ansässig ist.

Während der ersten *Intifada* hat der damalige Minister für Industrie, Handel und Arbeit, Ariel Sharon, verlauten lassen, dass die gewaltsamen Aufstände, die durch die Verschärfung der Boykott-Kampagnen westlicher Aktivisten ausgelöst worden waren, eine „drastische Minderung" des Konsums israelischer Waren aus Judäa und Samaria bewirkt hätten.

Die Verkaufszahlen für israelische Landwirtschaftsprodukte sind von 1987 bis 1988 um ca. 60 Prozent gefallen. Die Produktion anderer Waren wurde ebenfalls verringert, darunter Textilien, Gummi und Kunststoff, Mineralien, Bekleidung und Bruchsteine.

Die Boykott-Kampagne ist seitdem im Westen immer populärer geworden. Gestern noch kamen die Befehle aus Damaskus, von wo aus die Arabische Liga die arabischen Boykottaktionen koordinierte, heute hat sich der Boykottvirus ausgebreitet auf europäische Rentenfonds, Supermärkte, Handelsgesellschaften, Gewerkschaften, Lebensmittelgenossenschaften und Industrieunternehmen.

Europäische Regierungen, auch die Großbritanniens, haben von internationalen Rechtsberatern juristische Gutachten erhalten, die besagen, dass es völlig rechtmäßig wäre, eine Handelssperre gegenüber den israelischen Siedlungen in der Westbank einzuführen. Dieses Gutachten sollte im Juli 2012 vom britischen Gewerkschaftsbund Trades Union Congress veröffentlicht werden, der eine anhaltende Kampagne für die Einfuhrsperre von Waren aus den israelischen Siedlungen führt. Brendan Barber, der Generalsekretär des Trade Union Congress, sagte, dass Großbritannien „wirklich etwas bewirkt hat", indem darauf bestanden wurde, die Waren aus den Siedlungen korrekt zu kennzeichnen.

Agrexco, Israels führender Blumenexporteur, musste Konkurs anmelden, teilweise wegen des Boykotts seiner Waren. Über zwanzig Organisationen in dreißig europäischen Ländern unterstützten einen Boykott gegen diese Firma, die zum Teil israelisches Staatseigentum ist. Sie hatte Plantagen im Jordantal und in Tekoa, einer Siedlung am Rand der Wüste Juda.

Der norwegische Erdölfonds zog seine Investitionen von Africa-Israel und Danya Cebus zurück, mit der Begründung, dass diese sich am „Siedlungsbau" beteiligen. Eine schwedische Einkaufsgenossenschaft stellte den Einkauf aller Sprudelgeräte von Soda-Club ein.

Der größte niederländische Rentenfonds Pensioenfonds Zorg en Welzijn, der in Anlagen von insgesamt 97 Milliarden Euro investiert, hat sich aus fast allen israelischen Unternehmen bei seinem Portfolio zurückgezogen (Banken, Telekommunikationsfirmen, Bauunternehmen und Elbit Systems). Die britische Supermarktkette Co-Operative Group befürwortete den Boykott von Waren aus Judäa und Samaria. Ein großer schwedischer Rentenfonds zog ebenfalls seine Investition in Elbit zurück, weil das Unternehmen sich an dem Bau des israelischen Sicherheitszauns an der Westbank beteiligt hatte. Ein neuseeländischer Staatsfonds hat seine Investitionen in israelische Unternehmen zurückgezogen, die sich daran beteiligt hatten, den israelischen Sicherheitszaun oder Siedlungen in Judäa und Samaria zu bauen.

Der Ethikrat von vier schwedischen Pensionsfonds (sogenannte „Bufferfonds") hat Motorola dringend geraten „sich aus den von Israel besetzten Gebieten der Westbank zurückzuziehen", ansonsten würden die Investitionen abgezogen werden. Die norwegische staatliche Pensionskasse und die Deutsche Bank haben ihre Anlagen bei Elbit gekündigt. Der Londoner Flagship-Store der israelischen Firma Ahava, die Kosmetikprodukte und Cremes produziert, wurde nach jahrelangem Protest geschlossen.

Der multinationale, britisch-holländische Lebensmittelriese Unilever hat sich aus Ariel, Israels größter Siedlung, zurückgezogen. Unilever stellt bekannte Haushaltsprodukte wie Waschmittel und Kosmetika her. Der Konzern verkaufte seine 51-prozentigen Anteile an den Beigel-Bakery-Fabriken in Judäa und Samaria.

Die Erzeugnisse aus den israelischen Siedlungen werden nicht nur deshalb boykottiert, weil sie politischen Symbolcharakter haben, sondern auch, weil die Unternehmen in Jescha und Golan einen wichtigen Teil der israelischen Wirtschaft ausmachen. Es handelt sich um Firmen wie Oppenheimer, Super Class und Shamir Salads, Golan Heights Dairies, Ahava und Hlavin, Beitili und Barkan Brackets.

Die meisten Unternehmen der israelischen Siedler befinden sich in Barkan (Ariel), Mishor Adumin (östlich von Jerusalem), Atarot (nördliches Jerusalem) und Ma'aleh Efraim (Jordantal). Trotz der Tatsache, dass Barkan als Industriegebiet voll und ganz in die Wirtschaftszone von Gusch Dan integriert ist, haben sich mehrere Unternehmen, z. B. die schwedische

Die Wüste - Boykott, Desinvestition und Sanktionen 211

Firma Assa Abloy und die Barkan Wine Cellars, die sich zum Teil in niederländischem Besitz befinden, schon aus Ariel zurückgezogen.

Doch das Anvisieren der Siedlungen ist nur eine Ausrede, um Israels Wirtschaftleben als Ganzes zu zerstören. Es geht bei der Boykottkampagne nicht um die geografische Größe Israels, sondern schlicht und einfach um seine Existenz. Die lange Liste der durch den Boykott weltweit betroffenen israelischen Erzeugnisse ist ein deutliches Zeichen für den Hass auf die Existenz des jüdischen Staates, egal mit welchen Grenzen. Die Boykottbewegung richtet sich auch gegen Teva, eine Firma, die schon 47 Jahre vor der Neugründung Israels in Jerusalem gegründet wurde, und das nur, weil sie heute eines der größten Pharmaunternehmen der Welt ist.

Die BDS-Bewegung richtet sich auch gegen Delta Galil Industries, das sich innerhalb der 1967er-Grenzen von Israel befindet, nur weil Delta Galil der wichtigste Textilhersteller Israels ist. Sie richtet sich gegen Sabra, nur weil es Israels zweitgrößter Nahrungsmittelhersteller ist und weil diese Firma die israelische Armee versorgt. Sie richtet sich gegen Intel, weil das erste Entwicklungszentrum außerhalb der USA in Israel eingerichtet wurde und Tausende Israelis dort angestellt sind.

Der wirtschaftliche Boykott gegen deutsche Juden in der Geschäftswelt und am Arbeitsplatz war in Deutschland damals der erste Schritt zum Holocaust. Der gleiche Boykott saugt jetzt den Staat Israel aus. Der Nazi-Aufruf „Kauft nicht bei Juden" ist wieder da, und zwar kommt er hauptsächlich aus Europa. Dass er auch aus den arabischen und muslimischen Ländern kommt, versteht sich von selbst.

Boykotte israelischer Akademiker, Boykotte von Erzeugnissen „Made in Israel", israelischem Obst, Gemüse und Blumen sind in Großbritannien heute ganz normal. Propalästinensische Aktivisten postieren sich vor den großen Supermärkten und fordern Konsumenten auf, keine Israel-Erzeugnisse zu kaufen. Der antiisraelische Ehrgeiz ist auf dem Siedepunkt angelangt und kocht in andere Länder über.

Im Mai 2012, als sich die Beziehungskrise zwischen Israel und Südafrika verschärfte, beschuldigte ein Sprecher des Außenministeriums in Jerusalem den Handelsminister aus Pretoria einer „unglaublichen Ignoranz", weil dieser darauf drängte, dass Erzeugnisse aus den israelischen Siedlungen nicht mehr mit „Made in Israel" gekennzeichnet werden dürfen. Gleichzeitig sagte eine südafrikanische Universität die Vorlesung des stellvertretenden Botschafters von Israel ab, weil diese Veranstaltung eine „negative Publicity" erzeugen und dem Ruf des Instituts schaden könne.

Der stellvertretende Botschafter Yaakov Finkelstein hätte an der Universität von KwaZulu-Natal (UKZN) sprechen sollen, aber der Vizekanzler des Instituts, Joseph Ayee, kündigte am Nachmittag davor an, dass die Vorlesung abgesagt worden sei. Presseberichten einer südafrikanischen Gruppe, die für den Boykott von Israel ist, zufolge sagte Ayee:

> Ich habe noch einmal überdacht, welch sensible Reaktionen der geplante Besuch des stellvertretenden Botschafters von Israel hervorgerufen hat.

Ayee hat die Veranstaltung abgeblasen, weil die Universität dadurch eventuell „in ein schlechtes Licht gerückt" werden und „wahrscheinlich eine Rufschädigung davontragen" könnte.

Der Pressebericht zitierte auch noch die Politikprofessorin Lubna Nadvi, deren Spezialgebiet der politische Islam ist, die verlauten ließ, diese Entscheidung der Universitätsleitung spiegele die allgemeinen Gefühle der Studenten und Mitarbeiter wider. Nadvi wurde folgendermaßen zitiert:

> Israel entwickelt sich rapide zu einem Paria-Staat, so wie Südafrika unter dem Apartheidregime, mit dem keiner wirklich etwas zu tun haben will – auch die Akademiker und Studenten nicht.

Hila Stern, eine Sprecherin der israelischen Botschaft in Pretoria, sagte, dass die Veranstaltung, die als planmäßige Vorlesung vorgesehen war, in Abstimmung mit der Universität abgesagt wurde. Ihr zufolge hatte eine propalästinensische Kampagne der „Einschüchterung und Bedrohungen" ein Niveau erreicht, auf dem „eine echte Gefahr für das Wohlergehen des Diplomaten" bestand. Sie fügte hinzu:

> Antiisraelische Elemente haben eine Kampagne des intellektuellen Terrors eingeleitet, die allem widerspricht, woran alle Akademiker glauben: bedeutungsvolle Dialoge, Diskussionen, Forschung, gegenseitiges Verständnis und Redefreiheit. Der Einsatz von Mobbing, um die freie Meinungsäußerung in einem akademischen Umfeld zum Schweigen zu bringen, ist eine sehr bedauerliche Entwicklung.

Im letzten Jahr zog sich die Universität Johannesburg von einem gemeinsamen Forschungsprojekt mit der Ben-Gurion-Universität in der Negev

Die Wüste - Boykott, Desinvestition und Sanktionen 213

zurück und war damit die erste akademische Einrichtung, die ganz offiziell die Verbindungen zu einer israelischen Universität abgebrochen hat.

Auf die Bitte einer propalästinensischen Organisation mit dem Namen Open Shuhada Street hat der südafrikanische Minister für Handel und Industrie, Rob Davies, angekündigt, dass er eine offizielle Verlautbarung herausgeben wird, durch die:

> Händler in Südafrika verpflichtet werden, Erzeugnisse, die aus den besetzten palästinensischen Gebieten stammen (Occupied Palestinian Territory – OPT), nicht fälschlicherweise als israelische Erzeugnisse zu kennzeichnen.

Davies sagte, dass Pretoria den Staat Israel „nur innerhalb der von der UNO 1948 festgelegten Grenzen anerkennt".

Um es noch einmal zu sagen und um die Dinge klarzustellen: Die UNO hat 1948 überhaupt keine „Grenzen" festgelegt. Wie schon erwähnt, ist die sogenannte „Grüne Linie" eine Waffenstillstandslinie und keine Grenze. Wenn sich die Palästinenser und die internationale Gemeinschaft auf die „Grenzen Israels von 1967" beziehen, dann meinen sie damit automatisch die Grüne Linie, die 1949 – und nicht 1948 – gezogen wurde und die keine „Landesgrenze" ist, sondern die Linie, die von den israelischen Streitkräften gehalten wurde, als die Kampfhandlungen eingestellt wurden, als die arabischen Länder einen Waffenstillstand ausriefen.

Einige in Südafrika und viele in Israel sind besorgt darüber, dass der südafrikanische Minister aufgrund von Darstellungen einer propalästinensischen Lobby-Gruppe, noch dazu einer Nichtregierungsorganisation, die Frage schon im Voraus für sich entschieden hat und eine Etikettierungspolitik befürwortet, die „Besetzte Palästinensische Gebiete" ausweist, und deshalb sehr voreingenommen ist.

Der Südafrikanische Zionistenbund hat seinerseits zum Ausdruck gebracht, er bedauere sehr, dass Davies Israel auf diese Weise der Zensur aussetzt,

> ein Land, das in den Bereichen Landwirtschaft, Wassertechnik, technologischer und unternehmerischer Innovationen ein führendes Beispiel bietet, und ein Land, das sich beständig und partnerschaftlich engagiert hat, mit Südafrika seine ausgezeichnete Expertise zu teilen.

Der Bund warf dem Minister vor, er habe

> sich auf die engstirnigen Ansichten von Lobbygruppen gestützt, deren erklärtes Ziel ist, ein System von Boykotten und Sanktionen gegen Israel durchzusetzen, und dass er sich geweigert hat, Interessengruppen zu treffen und zu konsultieren, die einen entgegengesetzten Standpunkt vertreten.

Wenn dieser Entwurf durchkäme, würde Südafrika das erste Land werden, in dem es Unternehmen gesetzlich untersagt ist, Erzeugnisse aus den Gebieten jenseits der Grünen Linie als israelische Produkte zu kennzeichnen.

Der Außenminister in Jerusalem sagte, dass Davies' Plan Israel auf unfaire Weise isoliert und „einen rassistischen Beigeschmack hat". Das Ministerium ließ weiter verlauten, dass es seine Empörung gegenüber dem südafrikanischen Botschafter Ismail Coovadia zum Ausdruck bringen würde.

Nach israelischem Gesetz gehört die Westbank rechtlich nicht zum Staatsgebiet von Israel, denn sie wurde nie offiziell annektiert. Doch im Licht der vorher erwähnten Ergebnisse der Rechtskommission über die israelischen Siedlungen könnte die Annektierung der Westbank – dem biblischen Judäa und Samaria – durchaus noch stattfinden.

Ein Sprecher des Außenministeriums, Paul Hirschson, merkte an, dass es weltweit über zweihundert Territorialkonflikte gibt. Die Tatsache, dass Südafrika beschlossen hat, sein Hauptaugenmerk

> auf eine Seite von einem dieser vielen Konflikte zu richten, wirft sehr unbequeme Fragen bezüglich der Politik von Südafrika auf. Allein in Afrika gibt es 47 territoriale Streitfälle.

Hirschson sagte außerdem gegenüber der *Times of Israel*:

> Südafrika befindet sich selbst in einem Territorialstreit mit Swasiland, in dem behauptet wird, Pretoria besetze Swasi-Gebiete. Wir wissen, dass es in der Westbank einen territorialen Streit gibt. Doch sich willkürlich eine Seite eines Streits auszusuchen, wirft unbequeme Fragen über die Motivation des Betreffenden auf.

Ein weiterer Sprecher des Außenministeriums, Yigal Palmor, sagte der *Times of Israel*, dass schon die Wortwahl von Davies' Verlautbarung eine „unglaubliche Unkenntnis" der Geschichte Israels deutlich mache und dass

Die Wüste - Boykott, Desinvestition und Sanktionen 215

die südafrikanischen Verbraucher dadurch so sehr verwirrt werden könnten, dass sie alle israelischen Erzeugnisse boykottieren. Wie schon erklärt, hat Davies die israelischen Landesgrenzen als 1948 von der UNO definiert beschrieben, doch Palmor bestätigt, worauf ich schon oben hingewiesen habe, nämlich dass die UNO zu keiner Zeit in dem betreffenden Jahr irgendwelche Landesgrenzen festgelegt hat. Palmor zufolge scheint es so, dass Davies sich auf den Teilungsplan von 1947 bezieht, den die Araber abgelehnt hatten. „Diese unkundige Aussage macht das Ganze nur noch schlimmer", sagte Palmor.

Die Beziehung zwischen Jerusalem und Pretoria sind schon seit einigen Jahren angespannt, doch der Ton verschärft sich spürbar. Das israelische Außenministerium hat auf das Problem der Etikettierung mit scharfen Worten reagiert, aber nur, weil es in der langen Reihe von Beschimpfungen und undiplomatischem Verhalten gegenüber Israel der jüngste Vorfall ist.

Am 21. Dezember 2012 hat die regierende Partei in Südafrika ANC (African National Congress) beschlossen, Boykotte, Desinvestionen und Sanktionen gegenüber Israel in ihre offizielle Regierungspolitik aufzunehmen, womit sie der antiisraelischen BDS-Kampagne zu einem entscheidenden Erfolg verhilft.

Direkt nach der Entscheidung Südafrikas, alle israelischen Erzeugnisse, die im Gebiet C der Westbank produziert werden, als aus den „Besetzten Palästinensischen Gebieten" stammend zu kennzeichnen, rief der Premierminister der Palästinenserbehörde Salam Fayyad am 3. Juni zu einem Boykott aller Erzeugnisse, die von israelischen Firmen in der Westbank hergestellt werden, auf. Fayyads Aufruf besiegelte die Initiative des südafrikanischen Ministers für Handel und Industrie, diese Erzeugnisse entsprechend zu etikettieren. Fayyad bedankte sich beim südafrikanischen Beamten für dessen Unterstützung.

Die im Irak geborene Nahost-Kolumnistin Linda Menuhin Abdul Aziz glaubt, dass der Boykott keinen Erfolg haben wird, wie schon 2010, weil die Palästinenser nicht mitmachen werden. „Die Palästinenser sind in einem Teufelskreis gefangen", meint sie.

> Einerseits können sie es sich nicht leisten, ihre Arbeitsplätze und Gewinne zu verlieren, weder jetzt noch in der Zukunft. Andererseits können sie sich nicht gegen den Boykott stellen, weil sie dann als Verräter abgestempelt werden. Die arabische Welt misst mit zweierlei Maß und hat zwei Gesichter. Was sie in der Öffentlichkeit sagen, ist genau das Gegenteil von dem, was sie privat sagen.

2011 arbeiteten Berichten zufolge 76.723 Palästinenser in Israel und den israelischen Siedlungen. Verglichen mit der Arbeitslosenrate in Israel, die knapp über 5 Prozent liegt, liegt die Arbeitslosigkeit in der Westbank 2011 bei 22,5 Prozent. Nach Angaben im CIA World Factbook beträgt die Gesamtzahl der Arbeitskräfte 745.600 Personen.

Die Arbeitslosigkeit im Gazastreifen wird auf 45 Prozent geschätzt. Israel ist seit 2005 nicht mehr in Gaza präsent, mit Ausnahme der Speditionen, die Erzeugnisse aus der Enklave hinaus oder in sie hinein befördern.

In Europa wiederum berichtet Swissinfo, dass die größte Schweizer Supermarktkette *Migros* angekündigt hat, sie werde die Produkte kennzeichnen, die aus der Westbank und Ostjerusalem stammen. Migros gibt an, sie wolle ihren Kunden eine bessere Transparenz bieten, und fügt hinzu, die Schweizer Regierung und die UNO halte die israelischen Siedlungen für illegal. Die Sprecherin des Unternehmens, Monika Weibel, sagte am 29. Mai 2012, dass Migros keine Boykotte unterstützt, sondern eher den Kunden ermöglichen will, in voller Kenntnis der Sachlage eine eigene Entscheidung zu treffen.

2009 hat die britische Regierung eine offizielle, aber nicht bindende Empfehlung veröffentlicht, in der Einzelhändler dazu angehalten wurden, in der Westbank produzierte Erzeugnisse zu kennzeichnen, unabhängig davon, ob sie von Palästinensern oder in israelischen Siedlungen hergestellt wurden.

Am Wochenende des 28.–29. April 2012 hat die fünftgrößte britische Einzelhandelskette, die Co-Operative Group, verkündet, dass sie mit vier israelischen Unternehmen keine Geschäfte mehr machen würde, weil diese Verbindungen zur Westbank unterhielten oder dort aktiv seien. Der Umsatz der Co-Operative mit den vier israelischen Unternehmen belief sich auf ca. 350.000 Pfund (etwa 415.000 Euro) pro Jahr. In ihrem Kommuniqué sagte die Co-Operative, dass sie „sich aktiv darum bemühen wird, die Handelsverbindungen mit palästinensischen Unternehmen zu auszuweiten".

Dänemark scheint dem Vorbild Großbritanniens zu folgen, denn der Sprecher des Außenministeriums sagte vor der *Agence France-Presse (AFP)*, dass die Regierung

> sich anschickt, ein Informationssystem einzurichten, das auf der freiwilligen Beteiligung der Einzelhändler beruht, bei dem aus israelischen Siedlungen stammende Nahrungsmittel klar gekennzeichnet werden.

Die Wüste - Boykott, Desinvestition und Sanktionen 217

Schweden überlegt auch, ob es dem Beispiel Großbritanniens bezüglich der Etikettierung folgen wird.

Die irische Regierung hat vorgeschlagen, dass die Europäische Union ein totales Einfuhrverbot aller Siedlungserzeugnisse verhängt, und Tròcaire, eine irische, kirchliche NGO, die allein von der irischen Regierung 18 Millionen Euro erhielt, hat eine Kampagne gestartet, um zu bewirken, dass die Europäische Union den Handel mit den israelischen Siedlungen einstellt.

Des Weiteren äußerte ein beliebter irischer Moderator, Vincent Browne, während einer Sendung: „Israel ist das Krebsgeschwür des Außenhandels." Der Sender erhielt keine Beschwerden, und Browne selbst sagte, dass er sich nicht entschuldigen würde. Der stellvertretende israelische Botschafter Nurit Tinari-Modai kommentierte in der Zeitung *Chronicle*:

> Ich hätte es nicht für möglich gehalten, dass einmal der Tag kommen würde, an dem ein irischer TV-Moderator rassistische, antisemitische Bemerkungen macht.

Irland ging es finanziell gut, solange es Israel als einen Freund betrachtete. Doch seit Irland angefangen hat, Seitenhiebe an Israel auszuteilen, geht es mit seiner Wirtschaft bergab; zum Zeitpunkt des Schreibens ist das Land bankrott.

Im Juni 2012 lehnten die Politiker der deutschen SPD, der Linken und der CDU die Kampagne des Jenaer SPD-Bürgermeisters Albrecht Schröter für einen weitreichenden Boykott israelischer Produkte ab. Kritiker beschuldigten Schröter, eine moderne Form des Antisemitismus zu fördern, indem er einen Aufruf des deutschen Zweiges von Pax Christi, einer internationalen katholischen „Friedensbewegung", unterstütze, keine israelischen Erzeugnisse zu kaufen.

Einem Bericht in der *Jerusalem Post* zufolge brachte der Kreisverband Jena der neonazistischen Partei NPD am 6. Juni seine Solidarität mit der von Schröter und der NGO Pax Christi vertretenen Kampagne für den Boykott israelischer Erzeugnisse zum Ausdruck.

Die Neonazis schrieben, Schröter sei aufgrund seiner antiisraelischen Haltung „mutig", und bemerkten:

> Als Nationalisten, die täglich mit diesen jüdischen/linksliberalen Diffamationstaktiken zu tun haben, werden wir an Goethes Zauberlehrling erinnert, der die Geister, die er rief, nicht mehr los wird.

218   Die Wüste

Aber ist eine solche Einstellung nicht symptomatisch für fast ganz Deutschland? Während der Olympischen Spiele in München 1972 wurden elf Mitglieder der israelischen Olympiamannschaft von der PLO-Gruppe Schwarzer September ermordet. Am 26. August 2012 berichtete das deutsche Magazin *Der Spiegel*, deutsche Regierungsbeamte hätten nach dem Massaker im Olympischen Dorf mit der Terrorgruppe Kontakt aufgenommen und diesen Kontakt jahrelang aufrechterhalten. *Der Spiegel* berichtete, dass die deutsche Regierung einen Deal mit der Palästinensischen Befreiungsorganisation abgeschlossen hätte, dem zufolge ihnen ein höherer diplomatischer Status zugestanden würde, wenn sie auf deutschem Boden keine weiteren Terror-Attentate mehr verübten. Später sandte Paul Frank, der Staatssekretär des deutschen Außenministeriums, eine Nachricht an die Palästinensische Befreiungsorganisation, in der er sie darüber informierte, dass das „Kapitel München" jetzt „abgeschlossen" sei.

Zu jener Zeit war ich etwas verwundert darüber, dass die deutsche Regierung sich geweigert hatte, auf die ihr vorliegenden unwiderlegbaren Beweise zu reagieren, die zeigten, dass Jassir Arafat in das Massaker von München verwickelt war. Die deutsche Regierung wies die Beweise zurück mit der Bemerkung, dass eine Aktion gegen Jassir Arafat „nicht im besten Interesse Deutschlands wäre".

Anstatt die Palästinenser, die einen Großteil der israelischen Olympiadelegation beim wichtigsten Sportereignis der Welt ermordet hatten, zu fassen und zu bestrafen, handelte die deutsche Regierung ein Abkommen mit den Mördern aus und hat sie im Grunde entlastet. Heute kann sowohl ich als auch der Rest der Welt verstehen, warum die deutsche Regierung 1972 in dieser Weise gehandelt hatte.

Nach Aussagen deutscher Journalisten und Geheimdienstagenten, die am 26. August 2012 in der *Jerusalem Post* veröffentlicht wurden, besteht zwischen Deutschland und der libanesischen Terroristenvereinigung Hisbollah eine Quidproquo-Politik, die der Haltung Deutschlands zum Schwarzen September ähnelt. Die Bundesrepublik erlaubt 950 Hisbollah-Aktivisten, ganz legal in Deutschland zu arbeiten, im Austausch gegen das Versprechen, keine terroristischen Aktionen auf deutschem Boden zu unternehmen. Wer Freunde wie Deutschland hat, braucht eigentlich keine Feinde mehr!

In Anbetracht all dieser Regierungen, Unternehmen, Supermarktketten und anderen, die Israel und israelische Waren boykottieren und diesen Boykott fördern, bitte ich den geneigten Leser, seinerseits diese Länder zu

Die Wüste - Boykott, Desinvestition und Sanktionen

boykottieren, indem er ihnen lukrative Touristendollars verweigert. Unternehmen, Supermarktketten und Waren aus Ländern, die Boykotte gegen Israel unterstützen, sollten ihrerseits boykottiert werden. Es wäre ein Zeichen der Freundschaft gegenüber Israel, wenn der Anteil nehmende Leser sich auf diese Weise als Freund zu Israel stellen würde.

In gleichem Maße wie die Einwanderung von Millionen von Arabern und anderen Muslimen in die westlichen Länder zugenommen hat, haben sich die antiisraelischen Demonstrationen und Proteste in diesem Teil der Welt vervielfältigt. Regierungen, propalästinensische Lobbys und Scharen von Nichtregierungsorganisationen vertreten die Position der Palästinenser und schlagen auf Israel ein. Mit seltenen Ausnahmen wissen diese Regierungsgruppen und Nichtregierungsorganisationen nur sehr wenig über die Fakten und sind auch nicht daran interessiert, mehr Kenntnisse zu erlangen. Sie sind anscheinend einzig daran interessiert, Israel und den Israelis so viel Schaden wie möglich zuzufügen und die jüdische Nation in die Knie zu zwingen. Doch bei alledem rechnen sie nicht mit dem Gott Israels: Israel ist und wird auch in Zukunft immer „sein Augapfel" (5. Mose 32,10) sein, und wer Israel antastet, „tastet seinen Augapfel an" (Sacharja 2,12).

Israel besteht ewig, so wie Tag und Nacht, aber die Nationen nicht, und sie spielen der größten und destruktivsten Macht der Welt in die Hände. Die Nationen gehen auf eine Konfrontation mit dem *Heiligen Israels* zu, und er wird in keiner Konfrontation unterliegen.

1 Die meisten Informationen über Nichtregierungsorganisationen (NGOs) in diesem und dem folgenden Kapitel stammen von *NGO Monitor*, einer in Jerusalem ansässigen Organisation, die für Israel als „Wächter" über Menschenrechtsorganisationen agiert. Die Internetadresse von NGO Monitor lautet: http://www.ngo-monitor.org.

2 Mehr Dokumentation über Armeen, Truppenzahlen, Panzer, schwere Artillerie, Flugzeuge usw., die gegen Israel eingesetzt wurden, findet sich in *Wenn Tag und Nacht vergehen*, Kapitel 19.

3 Vgl. Kapitel 11, Seite 150.

4 Die Grüne Linie bezeichnet die Demarkationslinie, die im Waffenstillstandsabkommen von 1949 zwischen Israel und seinen Nachbarn festgelegt wurde. Der Name stammt von der grünen Tinte, mit der die Linie im Laufe der Verhandlungen auf den Landkarten gezogen wurde.

13
Die Wüste - juristische Kriegsführung

Wie schon im dritten Kapitel erwähnt, startete Israel in den letzten Dezembertagen des Jahres 2008, nach acht Jahren andauernden Beschusses auf südisraelische Städte und Dörfer, den 22 Tage währenden Gazakrieg, der die Bezeichnung „Operation Gegossenes Blei" erhielt.

Als Teil der politischen Kriegsführung gegen Israel veröffentlichten etwa fünfzig Nichtregierungsorganisationen während der Aktion der israelischen Armee in Gaza über 500 Stellungnahmen, in denen Israel angeklagt wurde, „mutwillig zu töten", „absichtlich auf Zivilisten zu zielen" und „Kriegsverbrechen zu begehen"[1]. Viele dieser Statements riefen zu Boykotten und internationalen Sanktionen gegen Israel auf und forderten die Aussetzung der Annäherungsverhandlungen der Europäischen Union mit Israel. Ein weiterer Aspekt war die Forderung nach internationalen Untersuchungen und „Lawfare" (dt. etwa: juristische Kriegsführung). Auch wenn die meisten angestrebten „Lawfare"-Gerichtsverfahren abgewiesen wurden, ist der Schaden, den Israel dadurch erlitten hat, erheblich. Man denke an die öffentliche Meinung über Israel, die Einmischung in die diplomatischen Beziehungen Israels und die Einschränkung der Bewegungsfreiheit bestimmter, zu diesem Zweck anvisierter israelischer Staatsbürger.

Ich möchte an dieser Stelle zunächst wiederholen, was Robert L. Bernstein, der Gründer von Human Rights Watch, in seinem Gastkommentar in der *New York Times*[2] über Colonel Richard Kemp schrieb, den ehemaligen Befehlshaber der britischen Streitkräfte in Afghanistan und Experten auf dem Gebiet der Kriegsführung. Bernstein zitierte eine Aussage von Kemp in einer BBC-Livesendung, der zufolge die israelischen Streitkräfte in Gaza

mehr getan haben, um die Rechte von Zivilisten in einem
Kampfgebiet zu wahren, als irgendeine andere Armee in der
gesamten Kriegsgeschichte.

Die Rechercheure der Nichtregierungsorganisationen sind keine Profis, wenn es darum geht, juristisch verwendbares Beweismaterial zu sammeln. Nichtregierungsorganisationen benennen nur selten ihre Rechercheure, machen nur selten Angaben darüber, wie sie die Daten sammeln, oder weisen ihre Zeugen klar aus. Es ist deshalb einfach sehr verwunderlich, dass Nichtregierungsorganisationen, die keine Militärerfahrung haben und nur sehr wenig oder gar keinen Zugang zu den tatsächlichen Kampfhandlungen zwischen den palästinensischen Terrororganisationen und der israelischen Armee hatten, vorgeben, besser Bescheid zu wissen als echte Militärexperten. Die einzig mögliche Erklärung dafür ist ein schwelender Hass gegen Israel.

An dieser Stelle sollte ich erklären, worum es beim „Lawfare", dem „juristischen Krieg", geht. Der juristische Krieg bedient sich der Gerichtshöfe in demokratischen Ländern, um – in diesem Fall – israelische Persönlichkeiten mit Zivilklagen und strafrechtlichen Ermittlungen zu belästigen, bei denen Anschuldigungen wegen „Kriegsverbrechen", „Verbrechen gegen die Menschlichkeit" und andere Verstöße gegen das internationale Recht vorgebracht werden. Diese Verfahren geben vor, „Gerechtigkeit" für die palästinensischen Opfer zu bewirken, doch in Wirklichkeit sind sie Teil eines größeren politischen Kriegs.

Die Strategie des juristischen Kriegs gegen Israel wurde vom NGO-Forum bei der Durban-Konferenz 2001[3] angenommen und gehört zu der in Durban beschlossenen Vorgehensweise, um Israel zu dämonisieren und zu delegitimieren. Obwohl Israel nicht das einzige Land ist, das durch einen juristischen Krieg angegriffen wurde (die USA und Großbritannien wurden im Zuge des Irakkriegs ebenfalls angeklagt), ist Israel doch ein bevorzugtes Angriffsziel.

Nichtregierungsorganisationen nutzen dabei die Rechtssysteme in Europa und Nordamerika, um diese Anklagen vorzubringen. Deren Gesetze erlauben einem Gericht, Fälle zu verhandeln, auch wenn der Fall an sich und die darin angeklagten Personen nicht zum betreffenden Land gehören. In einigen Ländern, wie zum Beispiel in Spanien, kann sich eine Nichtregierungsorganisation ohne Wissen oder Zustimmung der Regierung, an ein Gericht wenden, um einen Haftbefehl ausstellen zu lassen oder um eine

Die Wüste - juristische Kriegsführung 223

strafrechtliche Verfolgung einzuleiten. Seit der Übernahme der „Lawfare"-Strategie sind in England, Neuseeland, Spanien, Belgien, der Schweiz und anderen Ländern mindestens zehn Klagen gegen israelische Staatsbürger angestrengt worden.

Übermächtige Nichtregierungsorganisationen wie Amnesty International und Human Rights Watch unterstützten „Lawfare" gegen Israel, indem sie dafür werben, Demonstrationen organisieren und als juristische Schriftsätze ausgegebene Berichte verfassen, die auf die gerichtlichen Anhörungen abgestimmt sind.

Aufgrund der ausgesprochen politischen Natur dieser Gremien beteiligt sich Israel nicht am Internationalen Strafgerichtshof oder dem Internationalen Gerichtshof, was wiederum daran liegt, dass sie zum UNO-Netzwerk antiisraelischer Organisationen gehören. Folglich wenden sich die Nichtregierungsorganisationen nicht an diese Gerichte. Allerdings kann der UN-Sicherheitsrat einen Fall an den Internationalen Strafgerichtshof und die UNO-Vollversammlung kann Fälle zur Begutachtung an den Internationalen Gerichtshof verweisen.

Bei der Befassung mit einer von palästinensischer Seite initiierten UN-Resolution leitete die Vollversammlung 2004 einen Fall an den Internationalen Gerichtshof weiter, um ein Gutachten über die Rechtmäßigkeit des von Israel errichteten Trennzauns zu erhalten. Außer einigen propalästinensischen Israelis machte sich niemand in Israel Illusionen darüber, wie die voreingenommene UN-Agentur entscheiden würde. Die absurde Bewertung des Internationalen Gerichtshofs lautete:

> Israel kann sich nicht auf das Recht auf Selbstverteidigung oder auf eine Ausnahmesituation berufen, um die Unrechtmäßigkeit des Mauerbaus auszuschließen.

Der Gerichtshof behauptete, dass „der Mauerbau und das damit verbundene Regime gegen das internationale Recht verstößt". Israel ist jedoch nicht Teil des Internationalen Gerichtshofs und die von diesem Gericht verfassten Gutachten sind nicht rechtsverbindlich.

In einer indischen Tageszeitung wurde am 25. Januar 2009 berichtet, dass das Palästinensische Zentrum für Menschenrechte in sechs verschiedenen Ländern Gerichtsverfahren anstrebt, in denen 87 Israelis verschiedener Vergehen angeklagt werden. In dem Zeitungsartikel behauptete der Direktor des Palästinensischen Zentrums für Menschenrechte, dass „bereits Dutzende von Haftbefehlen ausgestellt wurden". Zahlreiche andere Nichtregierungsorganisationen rufen zum juristischen Krieg gegen Israel auf, seitdem es auf den palästinensischen Raketenbeschuss aus Gaza reagiert hat.

Eine anonyme Gruppe hat eine Internetseite herausgebracht mit dem Titel „Wanted", auf der Fotos von israelischen Regierungs- und Militärbediensteten zu sehen sind. Auf der Internetseite wird aufgefordert, den Ankläger des Internationalen Gerichtshofs zu informieren, „wenn sich der [die] Verdächtige[n] außerhalb der israelischen Landesgrenzen befindet".

Nichtregierungsorganisationen verdrehen das internationale Recht auch dahingehend, dass sie behaupten, Israel habe „Kriegsverbrechen" begangen, weil es militärische Ziele angegriffen habe, die sich innerhalb ziviler Infrastrukturen wie zum Beispiel Privathäuser, Schulen, Moscheen, Krankenhäuser und UN-Einrichtungen befanden. Gemäß der Genfer Konvention werden militärische Ziele nicht durch die Anwesenheit ziviler Personen immun, und für zivile Todesfälle, die deshalb eintreten, weil terroristische Gruppen in diesen Gebieten menschliche Schutzschilder benutzen, sind eben diese Terrororganisationen zur Verantwortung zu ziehen, und nicht Israel.

Vielleicht überrascht es zu erfahren, dass Israel etwa zwanzig internationale Rechtsanwälte und eine Anzahl Reservisten-Anwälte in die israelische Armee integriert hat. Diese Anwälte genießen ein hohes Ansehen unter den Offizieren der israelischen Armee und ihre Meinung wird vor jeder Militäroperation der israelischen Armee gehört und berücksichtigt.

Die moderne Kriegsführung ist zu einem juristischen Minenfeld geworden. Anwälte der israelischen Armee sind speziell dazu angestellt, die israelischen Streitkräfte von diesem Minenfeld fernzuhalten. Es ist sehr wahrscheinlich, dass die 1500 Ziele, die während der achttägigen „Operation Wolkensäule" (oder: „Operation Säule der Verteidigung") gegen die Hamas im November 2012 von den israelischen Streitkräften getroffen wurden, vor Durchführung der Operation von der Abteilung für internationales Recht als zulässige Ziele untersucht und bestätigt wurden.

Im Gegensatz zu den vielen Aufrufen zum „Lawfare" gegen Israel beantragen nur wenige bzw. keine dieser NGOs Gerichtsverfahren gegen die Hamas, den Islamischen Dschihad oder die Hisbollah. Die Kriegsverbrechen der Hamas, des Islamischen Dschihad und der Hisbollah, wie z. B. der gezielte Angriff auf israelische Zivilisten durch Tausende von Raketen und Granaten, der weitverbreitete Einsatz von menschlichen Schutzschildern innerhalb von Gaza und Libanon und die Tötung und Verstümmelung von

Die Wüste - juristische Kriegsführung 225

Zivilisten in Gaza und im Libanon aufgrund von verfrühten Explosionen von Sprengsätzen der Hamas oder der Hisbollah werden komplett ignoriert.

Israel ist einem systematischen Angriff auf die Legitimität seiner Existenz ausgesetzt. Diese fortwährenden Angriffe könnten Israel zu einem Paria-Staat machen und sind deshalb eine wahre Bedrohung. Diese Angriffe werden von einer Koalition aus propalästinensischen, antizionistischen und antisemitischen Gruppen unterstützt.

Die Frage nach der politischen Legitimität des jüdischen Staates war nach der Resolution der Vollversammlung des Völkerbundes vom November 1947 (Teilungsplan) eigentlich vom Tisch. Doch Israels Existenzrecht steht weiterhin von allen Seiten unter Beschuss.

Die israelische Verteidigung ist besorgt über die Zunahme juristischer Kampagnen an ausländischen Gerichtshöfen, die darauf abzielen, Israel daran zu hindern, Gewalt gegen die Hamas und die Hisbollah einzusetzen. Hohe Abwehr-Offiziere der IDF, die noch unter den Folgen von vier innerhalb einer Woche von Menschenrechtsorganisationen vorgebrachten verurteilenden Berichten über die Aktionen der IDF bei der „Operation Gegossenes Blei" im Dezember 2008 bis Januar 2009 leiden, haben den Eindruck, dass sich die „juristische Front" gegen Israel alarmierend schnell verstärkt.

Hunderte von Petitionen, Verfahren, juristischen Gutachten und Aktionen werden auf der ganzen Welt eingeleitet. Das Phänomen ist weitverbreitet und dehnt sich immer mehr aus. Eine ganze Latte von Gerichtsverfahren gegen israelische Offiziere an europäischen Gerichten sowie die gezielte Aussonderung Israels für Verurteilungen seitens der UNO sind nur zwei Beispiele für diese Kampagne, den jüdischen Staat langsam, aber sicher zu zerstören. Die Gegenseite hat viel Geld, das aus Ländern und von Personen kommt, die Israel nicht freundlich gesinnt sind, doch das ist noch ein anderer Aspekt des Kriegs gegen Israel.

In Kapitel 11 wurde erwähnt, dass die palästinensische Führung nur deshalb einen eigenen Staat fordert, um Zugang zum Internationalen Strafgerichtshof und zum Internationalen Gerichtshof zu bekommen. Wenn die UNO den Palästinenserstaat anerkennt, können sie eine Vielzahl von falschen Klagen gegen Israel einreichen – wegen angeblicher Kriegsverbrechen, Verbrechen gegen die Menschlichkeit, Staatsterrorismus, Besetzung eines Nachbarstaates usw. – Klagen, gegen die Israel dann eine Armee von Anwälten aufbringen muss, um sich zu verteidigen.

226   Die Wüste

Die Palästinenser halten nicht hinter dem Berg damit, was sie zu tun gedenken, wenn sie als Nichtmitgliedsstaat von der UNO anerkannt werden. Nabil Sha'ath, ein hoher palästinensischer Würdenträger, sagte am 3. November 2012 in einem Interview mit der *Times of Israel*, dass hinter der Entscheidung der Palästinenser, eine Anerkennung als Nichtmitgliedstaat zu beantragen, eine politische Absicht stehe. Es gebe durchaus politische Vorteile:

> ... unter anderem, dass wir vollwertiges Mitglied internationaler Organisationen werden, hauptsächlich des Internationalen Strafgerichtshofs.

Sha'ath sagte, dass ein aufgewerteter Status bei den Vereinten Nationen „es ermöglichen würde, Israel für seine Verbrechen zu verklagen". In diesem Interview mit Sha'ath werden die Absichten der Palästinenser ganz deutlich.

Da die Vereinten Nationen schon daran arbeiten, „Palästina" durch die Vollversammlung anzuerkennen, wird sich der Krieg gegen Israel sehr schnell zuspitzen.

Der Bund der Nichtregierungsorganisationen der Europäischen Union bringt nicht nur Jerusalem, sondern die gesamte Region aus dem Gleichgewicht. Die Frage um Jerusalem ist die komplexeste und sensibelste Frage im arabisch-israelischen Konflikt. Seit über 3000 Jahren ist die *Stadt Gottes* (Psalm 46,5) schon ein bedeutender religiöser und nationaler Brennpunkt.

Es ist sehr tragisch, dass die Diplomaten und Beamten der Europäischen Union und einiger seiner Mitgliedsstaaten allem Anschein nach keine Kenntnis von den wahren Fakten über Jerusalem haben. Diese Beamten, die hauptsächlich im arabischen Ost-Jerusalem und in Ramallah sitzen, haben zwei „Richtlinienpapiere" vorgelegt, in denen unüberlegte Analysen und gefährliche Empfehlungen für die Teilung und Zukunft der Stadt dargelegt werden.

Diese EU-Entwürfe, die zwischen 2009 und 2011 verfasst wurden, sind nie Gegenstand einer öffentlichen Debatte gewesen und entsprechen damit nicht den demokratischen Prinzipien, die von Europa immer gepredigt werden. Stattdessen sicherten sie über die Tagesblätter *Ha'aretz*, *The Guardian* und *European Observer* strategisch an die Öffentlichkeit durch.

Was noch schlimmer ist: Die Behauptungen, die der Europäischen Union als Grundlage für diese Dokumente bezüglich Jerusalem dienten, stammten von einigen wenigen politischen Gutachtern oder Nichtregierungsorganisationen, die, entgegen ihrer eigenen Bezeichnung als „Nichtregierungsorganisation", sehr wohl Gelder von europäischen Regierungen erhalten. In der Europäischen Union werden politische NGOs mit Summen unterstützt, die jährlich zig Millionen Euro ausmachen und die durch völlig geheim gehaltene Verfahren weitergeleitet werden, wobei es keinerlei Informationen darüber gibt, wer diese Entscheidungen fällt und auf welcher Grundlage sie gefällt werden.

Die Europäische Union hat einen großen Teil des Textes und der Empfehlungen in diesen „Richtlinienpapieren" aus von Europa finanzierten, antiisraelischen Gruppen übernommen. Indem es die ideologischen Zielsetzungen dieser Randgruppen-NGOs wiederholt, präsentiert das Papier von 2011 ein grob vereinfachtes Bild: Die Palästinenser sind die Opfer und Israel ist der Angreifer.

Der Kampf um Jerusalem wird nicht mehr in den Schützengräben ausgefochten, sondern in Brüssel, der Hauptstadt der Europäischen Union, in Gerichtssälen, an Orten wie dem Internationalen Gerichtshof in Den Haag und in den Konferenzsälen der UNO in New York und Genf. Avigdor Lieberman, der damalige israelische Außenminister, nannte dies „diplomatischen Terrorismus". Die antiisraelischen Brigaden nennen es „internationale juristische Kriegsführung" („international lawfare"), und, wie in jedem Krieg, ist das erste Opfer immer die Wahrheit.

Als wenn es nicht schon schlimm genug wäre, dass die Europäische Union Gruppen unterstützt, deren Leiter die „Einstaatenpolitik" vertreten und dämonisierende, Hass schürende Rhetorik einsetzen, wird dies nun anscheinend auch noch zur Grundlage der europäischen Politik. Antiisraelische Gefühle sind eine nur allzu durchsichtige Verkleidung von Judenhass.

Vor zehn Jahren boten die falschen Anschuldigungen eines „Massakers" und „Kriegsverbrechens" gegen palästinensische Zivilisten in Dschenin das erste Beispiel einer neuartigen Kriegsführung, bei denen die Prinzipien der Menschenrechte missbraucht werden. Es war das erste Mal, dass diese Strategie angewendet wurde, die das NGO-Forum der UN-Konferenz gegen Rassismus 2001, die berüchtigte Durban-Konferenz, zuvor erarbeitet hatte.

Am 3. April 2001, nach einer Flut palästinensischer Selbstmordattentate (unter anderem kamen bei einem furchtbaren Attentat in Nentanja bei einem Pessah-Seder 30 Zivilisten ums Leben und wurden über 140 Menschen verletzt), startete die israelische Armee die „Operation Schutzschild" – die erste größere Operation zur Terrorismusbekämpfung. Die Palästinenser beschuldigten die israelische Armee sofort, im Flüchtlingslager von Dschenin – der Hochburg des Terrors – ein „Massaker" verübt zu haben.

Parallel dazu wiederholten eine Anzahl Verantwortlicher von Menschenrechtsorganisationen die Anschuldigungen, führten aber keine glaubwürdigen, unabhängigen Untersuchungen durch.

Amnesty International und Human Rights Watch, die beide stark in das UN-Fiasko von Durban verwickelt waren, sprangen in die Bresche, wiederholten die Anschuldigung wegen „Kriegsverbrechen" und forderten die Einsetzung eines „unabhängigen Untersuchungskomitees".

Am 16. April zitiert *Le Monde* Human Rights Watch, und am 18. April kommt der Mitarbeiter von Amnesty international Derrick Pounder in der *BBC* zu Wort, der die „Massaker"-Anschuldigungen wiederholt. Obwohl Amnesty keine konkreten Informationen hatte, veröffentlichten sie eine Stellungnahme, in der es hieß:

> Die zusammengetragenen Beweise zeigen, dass ernsthafte Verletzungen der internationalen Menschenrechte und des humanitären Völkerrechts begangen wurden, u. a. auch Kriegsverbrechen.

Im gleichen Zug wie Human Rights Watch und die palästinensischen Behörden forderte auch Amnesty International eine „unabhängige Untersuchung". Weitere einflussreiche Nichtregierungsorganisationen veröffentlichten ähnliche Verurteilungen.

Am 3. Mai, einen Monat nach Beginn der Operation, veröffentlichte Human Rights Watch einen fünfzig Seiten starken „Untersuchungsbericht" mit dem Titel „Dschenin: Militäroperationen der IDF", der sich hauptsächlich auf nicht nachprüfbare „Augenzeugenberichte" von Palästinensern stützte. Keine glaubhafte Analyse hätte in einem solch kurzen Zeitraum erstellt werden können, doch die Absicht dahinter war rein politischer Natur. Der Kontext des Terrorismus wurde darin mit nur einem einzigen Satz erwähnt, während der Rest des Berichts aus offensichtlich falschen Anschuldigungen bestand: „Militärangriffe der IDF waren willkürlich ... machten keinen Unterschied zwischen Kämpfern und Zivilisten ... und waren völlig unverhältnismäßig". Obwohl Human Rights Watch anerkannte, dass es sich nicht um ein Massaker handelte, wurde durch die Wortwahl dennoch der Eindruck erweckt, die israelische Armee sei grausam und bösartig vorgegangen. Die Tatsache, dass die Palästinenser dieses Terrorzentrum in einer dicht besiedelten Wohngegend angelegt hatten – was eine Verletzung der moralischen und rechtlichen Normen darstellt –, wurde mit keinem Wort erwähnt.

Die Wüste - juristische Kriegsführung 229

Human Rights Watch und die anderen politischen NGOs ließen völlig beiseite, dass die IDF entschieden hatte, Bodentruppen einzusetzen anstatt einen Luftangriff zu starten, eben um zivile Opfer unter den Palästinensern möglichst gering zu halten. Das Resultat war, dass 23 israelische Soldaten in mit Sprengfallen versehenen Gebäuden getötet wurden. Doch im Einklang mit ihrer ideologischen Agenda wiederholten leitende Mitarbeiter von Human Rights Watch wie z. B. Kenneth Roth die aus der Luft gegriffenen Anschuldigungen, die IDF hätte wahllos Zivilisten getötet. Wikipedia hält fest:

> Dschenin blieb während der Invasion abgeschottet, und Behauptungen, es sei zu einem „Massaker" gekommen, wurden von palästinensischen Beamten in den Massenmedien verbreitet. Berichte darüber, dass Hunderte oder Tausende Zivilisten in ihren Häusern starben, als diese zerstört wurden, wurden in den internationalen Medien verbreitet. Nachträgliche Untersuchungen ergaben keine Beweise für die Unterstellung eines Massakers, und die offiziellen Zahlen der Opfer auf palästinensischer und israelischer Seite bestätigten, dass zwischen 52 und 54 Palästinenser, zumeist Gewehrschützen, bei den Kämpfen ums Leben kamen.

Für die internationalen Medien und auch für ausländische Diplomaten, politische Führer, Intellektuelle und andere, wurden die Anschuldigungen und falschen Untersuchungsberichte der Nichtregierungsorganisationen wie Human Rights Watch und Amnesty International immer wieder ohne Beanstandung wiederholt. Und jedes Mal, wenn diese Anschuldigungen wiederholt wurden, wie z. B. in vielen der fünfzehn von Human Rights Watch 2002 herausgegebenen Presseberichte und Reportagen, in denen Israel verurteilt wurde, löste das eine neue Welle antiisraelischer Schlagzeilen aus.

Nur einmal – Ende Oktober 2002 – unternahm Human Rights Watch die Initiative, einen Bericht zu veröffentlichen, in dem der palästinensische Terror kritisiert wird, durch den Hunderte von Israelis ums Leben gekommen waren. Und sogar in diesem Bericht wurde die meiste Beweislast ignoriert, um Jassir Arafat von seiner Verantwortung und direkten Rolle bei den Massenmorden zu entbinden.

Die Kampagne der Nichtregierungsorganisationen wurde von der Initiative des Islamblocks begleitet, sodass die UNO in der Folge eine deutlich voreingenommene „Untersuchungskommission" einsetzte, um die Anschuldigungen bezüglich israelischer Kriegsverbrechen „zu recherchieren".

230 Die Wüste

Die israelische Regierung verweigerte daraufhin ihre Zusammenarbeit. Der UNO-Bericht folgte der Tendenz von Human Rights Watch und anderen Nichtregierungsorganisationen und war – ganz, wie es von Israel vorausgesehen wurde – genauso einseitig.

Der Bericht über das „Dschenin-Massaker" beweist, dass die Durban-Strategie erfolgreich eingesetzt werden kann, um politische Kampfführung zu betreiben. Die israelische Regierung und das israelische Militär waren auf diese politische Attacke nicht vorbereitet und konnten sie nicht abwehren. Am Ende machten die Mythen nach und nach den wahren Sachverhalten Platz, doch zu dem Zeitpunkt hatte die Dämonisierungskampagne schon ihre Ziele erreicht. Auf der Grundlage der Dschenin-Märchen wurde die erste Runde der BDS-Kampagne (Boykott, Desinvestition und Sanktionen) in Gang gesetzt.

Das Dschenin-Modell wurde später immer wieder eingesetzt, und mit der Wahl von Richter Richard Goldstone – einem guten Bekannten von Kenneth Roth von Human Rights Watch – als Leiter einer weiteren Pseudo-Untersuchung, die sich wieder auf Anschuldigungen und Erfindungen verschiedener NGOs stützte, noch perfektioniert. Die israelische Regierung lehnte auch die Zusammenarbeit mit Richter Goldstone ab. Der 2009 veröffentlichte „Goldstone-Bericht" über den 22-tägigen Gaza-Krieg wurde auf der gleichen Grundlage erstellt wie der Bericht von Dschenin. Wieder einmal hatte das Märchen vom „Dschenin-Massaker" gezeigt, dass die Durban-Strategie erfolgreich eingesetzt werden konnte, um politisch gegen Israel Krieg zu führen.

In dem von der UNO finanzierten Goldstone-Bericht wurde Israel beschuldigt, während der „Operation Gegossenes Blei" im Gazastreifen Kriegsverbrechen begangen zu haben. Der Hauptautor dieses Berichts, Richter Richard Goldstone, hat allerdings vor Kurzem die Anschuldigungen gegen Israel wegen „Kriegsverbrechen" zurückgezogen und stattdessen die in Gaza regierende Terrororganisation Hamas beschuldigt, für Vergehen gegen die Menschenrechte und das internationale Recht verantwortlich zu sein, siehe Kapitel 12, S. 192f.

Im Mai 2011 veröffentlichte NGO Monitor einen Bericht, in dem die Aktivitäten verschiedener Nichtregierungsorganisationen aufgeführt werden, wie z. B. Al-Haq, das Palästinische Zentrum für Menschenrechte, FIDH (Frankreich), Badil und der palästinensischen Abteilung von Defense for Children. All diese NGOs erhalten Gelder von europäischen Regierungen

Die Wüste - juristische Kriegsführung 231

und sind sehr aktiv darin, den Obersten Gerichtshof in Israel „mit Petitionen zu überschwemmen in der Hoffnung, dadurch die effiziente Ausübung seiner Funktionen zu behindern und seine Ressourcen zu blockieren". Durch diese Aktionen, den Gerichtshof mit Schein-Verfahren gegen israelische Staatsbürger zu überschwemmen, hoffen sie, das israelische Rechtssystem zu diskreditieren und Israel international noch mehr in die Isolation zu treiben.

Der Bericht gibt an, dass diese antiisraelischen Organisationen ebenfalls eine Strategie bei der UNO und dem Internationalen Strafgerichtshof verfolgen, in der Hoffnung, israelische Beamte der Kriegsverbrechen anklagen zu können.

Am 15. September 2005 landete Doron Almog, ein IDF-General mit einer glanzvollen Militärkarriere, mit einem El-Al-Flug in London. Er war nach London gereist, um Spenden für ein Hilfswerk zu sammeln, das Wohnanlagen für behinderte Kinder zur Verfügung stellt. General Almog hatte bei der Flughafenkontrolle in London keine Probleme erwartet, doch die britische Polizei wartete schon mit einem Haftbefehl auf ihn. Ein Londoner Anwalt hatte bei einem örtlichen Gericht einen Haftbefehl gegen General Almog beantragt, und die Polizei wartete bei der Passkontrolle auf ihn, um ihn festzunehmen.

Nur knapp konnte General Almog dem entgehen. Vor der Landung des Flugzeugs wurde er gewarnt, dass die Polizei auf ihn warte, und so blieb er im Flugzeug sitzen. El Al erlaubte der britischen Polizei nicht, das Flugzeug zu besteigen, und so flog General Almog wieder nach Israel zurück, ohne britischen Boden betreten zu haben.

Nach internationalem Recht werden einige Verbrechen als so schwerwiegend eingestuft, dass die Person, die sie begangen hat, in jedem beliebigen Land verhaftet und vor Gericht gestellt werden kann, nicht nur in dem Land, in dem das Verbrechen verübt wurde oder wo die Person lebt, was normalerweise die Regel ist. Zu diesen Verbrechen gehören Piraterie, Folter und Kriegsverbrechen. Das juristische Prinzip dahinter wird „Weltrechtsprinzip" genannt, weil ein Gericht in jedem beliebigen Land bei solchen Verbrechen für die Rechtsprechung zuständig sein kann.

Gemäß diesem Weltrechtsprinzip wurde General Augusto Pinochet, der 82-jährige ehemalige Präsident Chiles, angeklagt, während seines siebzehnjährigen Terrorregimes in seinem eigenen Land Menschen gefoltert zu haben, er wurde im Oktober 1998 in London verhaftet, wobei der Haftbefehl von einem spanischen Richter ausgestellt worden war.

232 Die Wüste

Bis 2011 hatten England und Wales sehr großzügige Regeln darüber, wer bei einem Gericht einen Haftbefehl beantragen durfte, wenn es sich um ein Verbrechen handelte, für das das Weltrechtsprinzip galt. Jeder konnte einem Richter Informationen vorlegen, dass ein Verbrechen begangen wurde, selbst wenn es außerhalb dessen Gerichtsbarkeit verübt worden war, und der Richter konnte daraufhin einen Haftbefehl ausstellen. Im Fall des israelischen Generals Almog hatte eine propalästinensische Gruppe die Ausstellung des Haftbefehls beantragt.

Es gab Ausnahmen für ausländische Politiker, die sich auf „Sondermissionen" im Land aufhielten, aber nicht für gewöhnliche Soldaten. Zur Vorsicht haben israelische Politiker, u. a. auch Außenministerin Tzipi Livni, Reisen nach Großbritannien abgesagt, da sie eine Verhaftung fürchteten.

Nachdem die israelische Regierung und proisraelische Gruppen auf Großbritannien diesbezüglich Druck ausgeübt hatten, wurde das betreffende Gesetz im September 2011 geändert, sodass nun „das Einverständnis des Generalstaatsanwalts erforderlich ist, ehe ein Haftbefehl ausgestellt werden kann". Die israelische Regierung hat diese Änderung gefordert, aber Amnesty International hat sich mit Händen und Füßen dagegen gewehrt und vor und nach der Änderung betont, dies würde

> die Bestrebungen der Opfer erschweren, Privatklagen an britischen Gerichten gegen Gesetzesübertreter vorzubringen, die sich der Folter und Kriegsverbrechen schuldig gemacht haben.

Im September 2011 verabschiedete das britische Parlament schließlich das *Gesetz für Polizeireform und soziale Verantwortung* („Police Reform and Social Responsibility Act"), um das Problem des Weltrechtsprinzips zu lösen. Einem Artikel in der *Ha'aretz* vom 1. Juni 2012 zufolge, der von der britischen Zeitung *Independent* ebenfalls abgedruckt wurde, behauptete ein „hoher israelischer Offizier" anonym, die britische Regierung hätte versichert, das Gesetz würde dahingehend geändert werden, dass nur der Generalstaatsanwalt, der als politische Person das Vertrauen der Öffentlichkeit genießt, einen Haftbefehl nach dem Weltrechtsprinzip genehmigen kann. Die Regierung gab diese Verantwortung jedoch dem „Director of Public Prosecutions" (DPP).

Nach dem neuen Gesetz ist das vorherige Einverständnis dieses Direktors notwendig, ehe ein Haftbefehl gegen Ausländer ausgestellt werden kann, die verdächtigt werden, außerhalb Großbritanniens Kriegsverbrechen begangen zu haben. Der DPP ist ein von der Regierung angestellter Anwalt, dessen Aufgabe darin besteht, unter Berücksichtigung strenger Kriterien zu entscheiden, welche mutmaßlichen Verbrecher strafrechtlich verfolgt werden sollen. Dabei sollen nur Fälle berücksichtigt werden, bei denen eine Verurteilung wahrscheinlich und die Strafverfolgung im öffentlichen Interesse ist.

Im Oktober 2011 besuchte Außenministerin Tzipi Livni auf Einladung des britischen Außenministers William Hague Großbritannien. Es wurde ein Antrag auf Haftbefehl gegen sie gestellt, gemäß des neuen Gesetzes, und der DPP erklärte, dass „nicht schlüssig festgestellt werden konnte, ob eine Strafverfolgung gegen sie eingeleitet werden soll oder nicht", weil sie sich auf einer „Sondermission" in England aufhielt, die ihr diplomatische Immunität gewährte.

Anscheinend entging Livni dem Haftbefehl nur deshalb, weil das britische Außenministerium eine rechtliche Bewertung abgegeben hatte, der zufolge sie sich auf einer „Sondermission" befand. Mit anderen Worten, das neue Gesetz war eigentlich noch nicht getestet worden, und Livnis Besuch wurde als Staatsbesuch definiert, „um ihr den Schutz der diplomatischen Immunität zu bieten". *Ha'aretz* berichtete, dass sich Livni in einem Interview in London besorgt darüber geäußert hatte, dass diese Gesetzesänderung eine Person, gegen die eine Anklage vorliegt, nicht vollständig schützen kann. Das ist anscheinend der Fall, und so tun General Almog und andere hochrangige israelische Staatsbürger gut daran, vorsichtig zu sein und Großbritannien in der nahen Zukunft nicht zu besuchen.

Wegen dieses neuen Gesetzes hat General Almog im Juni 2012 eine geplante Reise nach England abgesagt, weil er von israelischen Regierungsanwälten den Hinweis bekommen hatte, dass gegen ihn ein Haftbefehl ergehen könnte. Offensichtlich ist dieses neue Gesetz für General Almog und andere keine Garantie dafür, dass die britische Polizei an der Passkontrolle nicht doch auf sie wartet.

Im Januar 2011, vor der Änderung des Gesetzes bezüglich des Weltrechtsprinzips in Großbritannien, sagte Tzipi Livni einen geplanten Besuch in ihrer Funktion als Oppositionsführerin und Vorsitzende der größten politischen Partei Israels (Kadima) nach Südafrika ab. Der offizielle Grund für die Absage war ein Streik der Angestellten im Außenministerium. Der wahre Grund jedoch soll gewesen sein, dass Livni befürchtete, gemäß der südafrikanischen Auslegung des Weltrechtsprinzips in Johannesburg verhaftet zu werden.

Die Wüste

Dieser inoffiziellen Version muss man eine gewisse Glaubwürdigkeit zugestehen. Die Organisation „Palestine Solidarity Alliance" begrüßte die Nachricht von der Absage und dankte allen, die zu der „Welle der Unterstützung" gegen diesen Besuch beigetragen hatten, wobei besonders Amnesty International, der Südafrikanische Gewerkschaftsbund, der „Muslim Judicial Council" (dt.: Muslimischer Justizrat) und die Koalition für ein freies Palästina erwähnt wurden.

Am 10. August 2012 berichtete die *Times of Israel*, dass eine propalästinensische Organisation in Kalifornien, die sich selbst als eine von der UNO „akkreditierte" Nichtregierungsorganisation bezeichnet, eine Liste von etwa einhundert israelischen Luftwaffenpiloten veröffentlicht hat, auf der Namen, Geburtsdaten, Ränge und ID-Nummern angegeben wurden. Auf der Internetseite liest man:

> Diese Informationen können gegebenenfalls dazu verwendet werden, die Piloten wegen mutmaßlicher Kriegsverbrechen vor Gericht zu stellen.

Die Webseite empfiehlt den Lesern, diese Informationen zu verwenden, um:

> weitere Informationen einzuholen, wie z. B. Befragungen und mögliche Strafverfolgung der genannten Personen, wenn sie im Ausland auf Reisen sind.

Die IDF hat keinen Kommentar darüber abgegeben, ob sie gegen diese Internetseite rechtlich oder auf irgendeine andere Weise vorgehen will.

---

1   Die meisten Informationen über Nichtregierungsorganisationen (NGOs) in diesem und dem vorangegangenen Kapitel stammen von *NGO Monitor*, einer in Jerusalem ansässigen Organisation, die für Israel als „Wächter" über Menschenrechtsorganisationen agiert. Die Internetadresse von NGO Monitor lautet: http://www.ngo-monitor.org.

2   In Kapitel 12, S. 194, lesen Sie den vollständigen Gastkommentar von Bernstein in der *New York Times*.

3   Weitere Einzelheiten über die UNO-Konferenzen Durban I, II und III sind auf S. 134 ff. beschrieben.

14
Die Wüste - militärische Kriegsführung

Es ist nicht unbedingt ein beruhigender Gedanke, aber die schlimmsten Kriege, die in der Bibel prophezeit und beschrieben werden, stehen noch aus. Wir erhalten nur einen kleinen Einblick in die katastrophalen Ausmaße dieser schrecklichen Kriege, aber zumindest in zweien von ihnen werden Massenvernichtungsmittel eingesetzt. Und natürlich haben diese Kriege alle mit Israel zu tun. Nur die Atombomben, die 1945 auf Nagasaki und Hiroshima abgeworfen wurden, entsprechen auch nur annähernd der Beschreibung des dadurch verursachten menschlichen Leids.

> Das aber wird die Plage sein, mit welcher der Herr alle Völker schlagen wird, die gegen Jerusalem Krieg geführt haben: ihr Fleisch wird verfaulen, während sie noch auf ihren Füßen stehen; ihre Augen werden verfaulen in ihren Höhlen, und ihre Zunge wird verfaulen in ihrem Mund. – Sacharja 14,12

> Und es wird zu jener Zeit geschehen, dass ich für Gog einen Ort zum Begräbnis in Israel anweisen werde, nämlich das Tal Abarim östlich vom [Toten] Meer, und es wird den Umherziehenden [den Weg] versperren. Dort wird man Gog und seinen ganzen Heerhaufen begraben; und man wird es das „Tal des Heerhaufens von Gog" nennen. **Das Haus Israel wird an ihnen sieben Monate lang zu begraben haben**, um das Land zu reinigen. Und zwar **wird das ganze Volk des Landes sie begraben**, und das wird ihnen zum Ruhm

gereichen. Es ist die Zeit, da ich mich verherrlichen werde, spricht Gott, der Herr. Und man wird Männer bestellen, die beständig das Land durchstreifen, um zur Reinigung mit Hilfe der Umherziehenden die auf der Erdoberfläche liegengebliebenen Toten zu begraben; nach Verlauf von sieben Monaten werden sie Nachforschung halten. Und wenn die Umherziehenden auf ihrer Reise durchs Land ein Menschengebein sehen, so **werden sie dabei ein Mal errichten, bis die Totengräber es im „Tal des Heerhaufens von Gog" begraben haben.** – Hesekiel 39,11–15

Die Bibel sagt uns nicht, wie viele vom Volk Israel in diesen kommenden Kriegen getötet werden, aber es ist offensichtlich, dass Israel, mit dem Beistand seines Schöpfers, am Ende bestehen wird. Die Bibel sagt uns, dass der Herr alle Nationen gegen Jerusalem aufbringen wird, in das „Tal Josaphat", das am Rande der Stadt beginnt und sich bis zum Toten Meer hinzieht, und dass er sie dort richten wird:

> Da werde ich alle Heidenvölker versammeln und sie ins Tal Josaphat hinab führen; und ich werde dort mit ihnen ins Gericht gehen wegen meines Volkes und meines Erbteils Israel. – Joel 4,2

Am Ende von Kapitel 12 wurde schon gesagt, dass die Nationen auf eine Konfrontation mit dem „Heiligen Israels" zugehen und dass er nie in einer Konfrontation unterliegt. Anscheinend denken die Nationen über den Gott Israels, dass er entweder nicht existiert oder dass er ein Schwächling ist, der nicht mehr Macht hat als ein Morgennebel. Doch Israels Gott ist „mit Macht umgürtet" (Psalm 65,7), „er herrscht ewiglich in seiner Macht" (Psalm 66,7), die „Macht steht bei Gott" (Psalm 62,12), und um es ganz eindeutig zu sagen: Er ist „die Macht" (Matthäus 26,64; Markus 14,62), was bedeutet, dass er die Kraft ist, die das Universum geschaffen hat und es erhält. Wenn die Nationen die Macht des Einen, der sich selbst als der „allmächtige Gott" vorgestellt hat (1. Mose 35,11), unterschätzen, dann tun sie das auf eigene Gefahr.

Die vorangegangenen Kapitel in diesem Buch haben deutlich gemacht, dass Israel viele Feinde hat: im Nahen Osten, in Nordafrika, in Europa und sogar in Ländern, die dem jüdischen Staat nach außen hin freundlich

Die Wüste - militärische Kriegsführung 237

gesinnt sind. Der Zeitpunkt wird kommen – und nur der allmächtige Gott, der Schöpfer Israels, kennt diesen Zeitpunkt – an dem Israel vielen dieser Feinde direkt ins Auge sehen muss. Dabei kann Israel nur das vollbringen, was menschlich möglich ist; sein König wird das Unmögliche vollbringen. Israel ist ein kleines Land, doch es hat eine große militärische Stärke. Es wird nicht allein auf dem Schlachtfeld stehen, sein Schöpfer hat schon vor langer Zeit beschlossen, dass Israel in militärischer Hinsicht ungewöhnlich stark sein wird:

> Mache dich auf und drisch, du Tochter Zion! Denn ich mache dein Horn zu Eisen und deine Hufe zu Erz, und du sollst große Völker zermalmen; und ich werde ihren Raub dem Herrn weihen und ihren Reichtum dem Beherrscher der ganzen Erde. – Micha 4,13

Die israelische Regierung, die Strategen und die israelischen Streitkräfte planen und bereiten sich auf den Krieg vor, sie haben keine Wahl. Israel existiert inmitten eines Meeres von Feindseligkeiten: Viele arabische Staaten sind nach wie vor mit ihm im Kriegszustand und andere haben ihr ersehntes Ziel und ihre Existenzberechtigung deutlich zum Ausdruck gebracht, nämlich „Israel von der Landkarte zu löschen".

Nach der Eroberung des Verheißenen Landes unter Josua sieht man, dass eine große Zahl von Kämpfern aus acht verschiedenen Nationen immer noch im Land wohnen blieb:

> Das sind aber die Völker, die der Herr übrig bleiben ließ, um durch sie alle diejenigen Israeliten zu prüfen, welche alle die Kämpfe um Kanaan nicht erlebt hatten; **nur um den Geschlechtern der Söhne Israels davon Kenntnis zu geben und sie die Kriegführung zu lehren**, weil sie zuvor nichts davon wussten. – Richter 3,1–2

Zu jener Zeit war die Strategie des Herrn, einige von den Völker Kanaans im Land zu belassen, damit ständig Krieg zwischen ihnen und Israel herrschte, um die zukünftigen Generationen der Israeliten die Kunst der Kriegsführung zu lehren. Bis heute hat sich daran nicht viel geändert.

Der Schöpfer Israels hätte genauso gut den Juden 1947 das gesamte Verheißene Land geben können, aber stattdessen entschied er, ihnen die Hälfte dessen zu geben, was die Briten und ihr Alliierter Frankreich übrig gelassen

238 Die Wüste

hatten, um es vom Völkerbund aufteilen zu lassen. Von der gesamten Fläche Palästinas gab Großbritannien über 70 Prozent den Haschemiten, die das Transjordanische Königreich bildeten (heute Jordanien), und die Franzosen nahmen das gesamte Gebiet Golan (das biblische *Baschan*) und gaben es an Syrien. Somit blieb nur ein kleiner Teil von Palästina übrig, der in zwei Staaten aufgeteilt werden sollte: einen jüdischen und einen arabischen Staat. Der Teilungsplan wurde in einer Resolution der Vollversammlung des Völkerbundes mit einer Mehrheit von 33 zu 12 am 29. November 1947 ratifiziert.

Die Juden akzeptierten den Teilungsplan, selbst wenn es bedeutete, dass sie nur elf Prozent des Verheißenen Landes erhielten. Die Juden waren der Meinung, dass ein kleines Stück besser war als gar keins, doch die Araber haben den Plan nicht akzeptiert.

Am 14. Mai 1948 gründeten die Juden ihren Staat, und am Tag darauf fielen sieben Armeen in den gerade geborenen Staat Israel ein. Auf diese Weise lernten die Israelis die Kunst der Kriegsführung.

Weil sie gezwungen waren, sechs Verteidigungskriege zu führen, vier davon gegen eine überwältigende Übermacht, gelten die israelischen Streitkräfte, die IDF, heute als eine der mächtigsten Streitkräfte der Welt.

Jane's Defense Weekly, unbestreitbar *die* Militärzeitschrift, stufte Israel als die drittstärkste Militärmacht der Welt ein. Später, 2010, wurde Israel von *Jane's* als die sechste Nuklearmacht der Welt eingestuft, auf gleichem Niveau wie Großbritannien, mit bis zu 300 nuklearen Sprengköpfen.

Israel hat den Atomwaffensperrvertrag nicht unterzeichnet und hält absichtlich an einer „Politik der Ambiguität" (also einer „Nicht-Eindeutigkeit") fest, was seine nukleare Kapazität angeht. Israel ist auch im Besitz von fünf U-Booten der Dolphin-Klasse, die mit Flugkörpern ausgerüstet sind, die nukleare Sprengköpfe tragen können. Im April 2012 hat der israelische Verteidigungsminister ein Abkommen zur Beschaffung eines sechsten U-Bootes unterzeichnet.

Schon 1987 hatte Israel nach Angaben von Leonard Spector, damals bei Carnegie Endowment, genügend Kernwaffen, um alle Ballungsräume im Nahen Osten mit 100.000 Einwohnern zu zerstören. Spector hatte auch angegeben, Israel habe ein großes Arsenal an chemischen Waffen und effektive Trägermittel. Das war 1987. Wie sich die militärische Leistungskraft Israels in den letzten 25 Jahren weiterentwickelt haben muss, bleibt der Vorstellungskraft überlassen.

Die Wüste - militärische Kriegsführung

Nur wenige Israelis machen sich Illusionen darüber, was ihrem Land noch bevorsteht. Viele glauben, dass sie mit an Sicherheit grenzender Wahrscheinlichkeit ungewöhnlich zahlreiche Todesfälle im Familien- und Freundeskreis zu beklagen haben werden und dass das Land weitgehend zerstört werden wird. Es ist ein Preis, den Israel für sein Überleben zu zahlen bereit ist. Zwar kann Israel das Menetekel an der Wand lesen, doch es hat nicht begriffen, dass es von seinem Schöpfer geschrieben wurde.

Wie schon in den vorigen Kapiteln dargelegt, scheint Israel sich über die vielen Angriffe zu wundern, die es erleidet. Israel hat keine Erklärung für das, was ihm zustößt. Israel hat den Eindruck, es befände sich in einem Kasten, dessen Wände sich immer mehr verengen und die alles Leben aus ihm herauspressen wollen. Doch in Wirklichkeit steuert Gottes Hand diesen Prozess. In Hosea 2,16 sagte der HERR, dass er Israel in die Wüste führen würde, weil es ihn vergessen habe. Nach allem, was sein Schöpfer für Israel getan hat, hat es sich – wieder einmal – von ihm abgewendet. Doch „Gott sucht das Vergangene wieder hervor" (Prediger 3,15).

Im Verstoß gegen das Wort des Herrn hat Israel riesige Teile seines göttlichen Erbes an jene abgetreten, die es hassen und auf seine Vernichtung hinarbeiten. Der Herr hat Israel ganz deutlich geboten:

> Ihr sollt das Land nicht **für immer** verkaufen; denn das Land **gehört mir**, und ihr seid Fremdlinge und Gäste bei mir. – 3. Mose 25,23

Doch um ein Friedensabkommen mit seinen Feinden zu schließen, haben die Führer Israels dahingehend zusammengearbeitet, das Land des Herrn wegzugeben, und zwar an jene, mit denen es kein Recht hatte, Verträge zu schließen:

> Ihr aber sollt mit den Einwohnern dieses Landes keinen Bund machen, sondern ihre Altäre niederreißen. – Richter 2,2

Israel hat mit den Bewohnern des Landes Bünde (Verträge) geschlossen, entgegen dem Befehl Gottes, und Israel hat auch nicht die Altäre niedergerissen. Die Araber jedoch haben viele jüdische Synagogen abgerissen und antike jüdische Grabsteine zum Bau von Soldaten-Latrinen verwendet.

So wie in biblischen Zeiten hat der Herr auch heute Teile Israels abgetrennt und in die Hände der Feinde fallen lassen – weil Israel seinen Schöpfer vergessen hat.

240 Die Wüste

In den Tagen Josuas gaben die Anführer – zehn der zwölf Kundschafter – einen „ungetreuen" Bericht ab und verursachten damit die vierzig Jahre lange Wanderung Israels in den Wüsten Sin und Sinai und das Sterben einer gesamten Generation in dieser Wüste. Durch ihre fehlgeleiteten Bemühungen um Frieden mit den kriegerischen Nachbarländern und durch die offenkundige Bereitschaft, das Land des Herrn an die Feinde Israels abzutreten, spielen die heutigen Führer Israels eine große Rolle dabei, Israel auf diese letzte Wüstenwanderung zu schicken, auf der mehr als nur ein paar wenige umkommen werden. Denn: „Gott sucht das Vergangene wieder hervor" (Prediger 3,15).

Israel wünscht sich Frieden, doch seine zahlreichen Feinde zwingen es, sich auf den Krieg vorzubereiten und dafür zu planen, was es auch pausenlos tut. In einer Rede am Institut für Zeitgeschichte im Jerusalemer „Center for Public Affairs"[1] sagte Generalmajor Amir Eshel, der Befehlshaber der israelischen Luftwaffe und ehemaliger Leiter des IDF-Planungsstabs im Januar 2012:

> Aus Sicht eines IDF-Planers ist es ein Albtraum, sich auf das Unbekannte vorzubereiten. Der Planungsstab der IDF hat drei Hauptaufgaben: Die erste ist die strategische Planung. Es gibt einen häufigen Austausch mit der Regierung bezüglich der nationalen Sicherheit, der Politik und der Strategie. Die zweite Aufgabe ist, Jahres- und Mehrjahrespläne für die Truppenstruktur der IDF auszuarbeiten. Das beinhaltet die Beschaffung, Organisation und Ressourcenzuteilung. Es gibt einen klaren Zusammenhang zwischen der Strategie und der Truppenstruktur. Die Strategie sollte die Truppenstruktur beeinflussen, doch die Truppenstruktur beeinflusst ihrerseits die Strategie, weil nicht alles umgesetzt werden kann. Sie arbeiten also Hand in Hand.

Der Nahe Osten durchläuft eine dramatische Periode der Veränderung, einen Prozess, der seit Jahrhunderten nicht mehr durchlaufen wurde. Durch die Brille der nationalen Sicherheit gesehen, schafft das viele neue Herausforderungen und Unbekannte, die wir berücksichtigen müssen. Wir haben zwei Möglichkeiten: Die erste ist, zwischen zwei Stühlen sitzen zu bleiben und abzuwarten, was passieren wird, und gleichzeitig zu versuchen, uns auf diese neuen Herausforderungen vorzubereiten. Andererseits würden wir gerne proaktiv sein, um die Dinge in gewisser Hinsicht zu beeinflussen, auch wenn Israels Kapazität, auf die Veränderungen im Nahen Osten einzuwirken, begrenzt ist. Sogar die Supermächte haben nur eine beschränkte Kapazität, in dieser Arena eine Rolle zu spielen. Die Werkzeugkiste ist zwar nicht leer, aber die Werkzeuge, die nötig sind, um mit den aufkommenden Strömungen umzugehen, sind begrenzt.

Aus der Perspektive Israels hat sich der Arabische Frühling in einen Arabischen Winter verwandelt. Im Juni 2011 hat Israel diese regionalen Unruhen so eingeschätzt, dass die Revolutionen in den arabischen Staaten wahrscheinlich von bestimmten Gruppen gekapert werden würden. Das hat sich als korrekt herausgestellt, denn in fast allen Fällen sind in den Staaten, in denen der Arabische Frühling stattgefunden hat, heute radikale Islamisten an der Macht. Die Revolutionen wurden von gut organisierten islamistischen Gruppen gekapert, die ein ganz bestimmtes Programm verfolgen und eine antiisraelische Ideologie vertreten.

Auf der militärischen Ebene gibt es Herausforderung für jeden Teil der israelischen Strategie für nationale Sicherheit. Es gibt die Notwendigkeit der Abschreckung, denn eine Reihe von Ländern im Nahen Osten sind dabei, sich Massenvernichtungswaffen zu beschaffen.

Von Syrien weiß man, dass es chemische und biologische Waffen besitzt, und es strebt auch den Besitz von Atomwaffen an. Israel konnte allerdings das Atomwaffenprogramm von Syrien eindämmen, als die IDF einen heimlich gebauten Komplex in der Nähe von al-Kibar zerstörte, in dem sich ein von Syrien und Nordkorea gemeinsam gebauter Kernreaktor befand. Die israelischen Kommandos suchten zunächst nach Beweisen für eine nukleare Aktivität an diesem Standort, und dann führten sieben israelische Luftwaffen-Kampfjets am 6. September 2007 einen Bombenangriff aus.

Eine Lektion, die einige nahöstliche Führer aus dem Arabischen Frühling gezogen haben, ist die atomare Aufrüstung. Auf diese Weise, glauben sie, werden sie quasi immun für den Druck von außen sein. Sie sind der Meinung, dass Libyens Oberst Muammar Gaddafi einen schweren Fehler begangen hat, als er sein Atomwaffenprogramm aufgab. Sie glauben, keiner hätte es gewagt, mit Gewalt gegen ihn vorzugehen, wenn er atomare Vernichtungswaffen gehabt hätte. Sie glauben auch, dass keiner es gewagt hätte, Saddam Hussein 1991 oder 2003 anzugreifen, wenn er darüber verfügt hätte.

Die ständig wachsende Zahl von Boden-Boden-Raketen und anderen Geschossen sind eine weitere Herausforderung für Israels Abschreckungsstrategie. In der Vergangenheit waren die israelischen Frühwarnsysteme auf großangelegte Kriege ausgerichtet. Heute braucht Israel ein Warnsystem gegen einzelne Terroristen, und deshalb hat es den Trennzaun zwischen Israel und den Palästinensern errichtet, in dem alle zweihundert Meter ein Wachturm positioniert ist.

Aufgrund der Zunahme der Angriffe auf Israel von der Sinai-Halbinsel aus, von jenseits der Grenze zwischen Israel und Ägypten, baute Israel einen 266 Kilometer langen Zaun entlang dieser Grenze. Ursprünglich wurde der Grenzzaun errichtet, um afrikanische Flüchtlinge aufzuhalten, die über Ägypten hereinkamen. Doch später wurde der Zaun so angepasst, dass sowohl Terroristen als auch Wirtschaftsflüchtlinge aufgehalten werden. Der Zaun ist drei Meter hoch, aus Beton und Drahtgeflecht gebaut und auf der ägyptischen Seite von oben bis unten mit Stacheldraht versehen. Der Zaun steht mehrere Meter von der eigentlichen Grenzlinie auf der israelischen Seite und ist mit hochentwickelten Überwachungsanlagen ausgestattet.

Delegationen von Sicherheitsfachleuten aus verschiedenen Ländern sind nach Israel gereist, um den Zaun zu begutachten und die von Israel verwendete Technologie bei ihren eigenen Grenzanlagen einzusetzen. Unter diesen Ländern waren u. a. Indien, das seine Grenze zu Pakistan schützen, und auch die USA, die ihre Grenze zu Mexiko abriegeln möchte. Israel ist ein kleines Land, und die Sicherheitspolitik von David Ben-Gurion, Israels erstem Premierminister, zielte darauf ab, in sehr kurzer Zeit Fakten schaffen zu können, um den Krieg auf die andere Seite der Grenze zu verlagern. Allerdings haben die Feinde Israels große Anstrengungen unternommen, sich mit Boden-Boden-Raketen und Flugkörpern zu bewaffnen. Aus diesem Grund ist Israel heute über 100.000 Raketen und Geschossen ausgesetzt, die in der letzten Zeit größere Reichweiten haben und tödlicher und zielgenauer sind. Der zweite Libanon-Krieg, der längste Krieg, den Israel geführt hat, begann im Juli 2006 und dauerte 34 Tage. In dieser Zeit hat die Hisbollah einen Hagel von fast fünftausend Raketen auf israelische Städte und Kommunen abgeschossen, und trotz des Schadens, den die israelische Luftwaffe der Infrastruktur der Hisbollah aus der Luft zufügte, konnte sie nicht verhindern, dass diese Raketen auf israelische Bevölkerungszentren abfeuert wurden. Dieser Konflikt bewirkte am Ende nicht wirklich etwas Konkretes, er hat aber gezeigt, dass Israel wohl auch in Zukunft Kriege führen muss und dass es gut möglich ist, dass seine Feinde dabei den letzten Schuss abgeben. Dieses Szenario wiederholte sich im November

Die Wüste - militärische Kriegsführung

2012 gegen die Hamas und den Islamischen Dschihad im Gazastreifen. Als Reaktion auf die fast zweihundert Raketen, die innerhalb weniger als einer Woche auf Israel abgeschossen wurden, hat die israelische Armee die Waffenarsenale und die unter der Erde verborgenen Raketenwerfer in Gaza acht Tage lang beschossen, konnte aber nicht verhindern, dass Raketen aus Gaza auf Israel abgefeuert wurden. Diesmal erreichten diese Geschosse sogar die Außenbezirke von Tel Aviv und Jerusalem. Durch die Vermittlung von Ägypten wurde ein Waffenstillstand ausgehandelt, wobei die Hamas allerdings ganz klar als Sieger hervorging, da auf die meisten ihrer Bedingungen eingegangen wurde. Nur innerhalb weniger Stunden nach Abschluss des Waffenstillstandsabkommens wurden zwei weitere Raketen auf Israel abgefeuert, was deutlich machte, dass die Hamas durch den Angriff Israels nicht im Geringsten eingeschüchtert war.

Diese beiden soeben erwähnten Vorfälle sind der Grund, warum die Führung der israelischen Streitkräfte verlauten ließ, dass die Zerstörung, die während der „Operation Gegossenes Blei" in Gaza bewirkt wurde, nicht zu vergleichen wäre mit der Zerstörung, die im Libanon angerichtet werden würde, sollte die Hisbollah einen weiteren Waffengang starten. Sollte das der Fall sein, würde es durchaus zu einem konkreten Ergebnis kommen, und der Libanon würde mindestens ein Jahrzehnt brauchen, um sich davon – wenn überhaupt – zu erholen. Ein führender Offizier der israelischen Streitkräfte verkündete, dass die Zerstörung im Libanon sehr große Ausmaße haben würde, weil die Hisbollah ihre Kommandozentralen und Stützpunkte innerhalb von zivilen Dorfgemeinschaften einrichtet.

Am 14. August 2012 wurde bekannt gegeben, dass Avi Dichter zum Verteidigungsministers ernannt worden war, ein Amt, für das er überaus qualifiziert ist. Dichter ist ehemaliger Direktor des israelischen Geheimdienstes *Shin Bet* und diente auch in der Eliteeinheit der IDF *Sayeret Matkal* gemeinsam mit Premierminister Benjamin Netanyahu. Da man davon ausgeht, dass die Heimatfront Israels in den kommenden Kriegen das Hauptangriffsziel sein wird, hat die Regierung damit die besten Kräfte an die Spitze der Verteidigung setzen wollen.

In den vorangegangenen Kapiteln wurde festgestellt, dass es im Krieg gegen Israel viele verschiedene Fronten gibt. Es handelt sich nicht nur um einen militärisch geführten Krieg, sondern auch um einen politischen, juristischen und wirtschaftlichen Krieg, bei dem auch die diplomatische Isolation, die BDS-Kampagne und *Lawfare* (juristische Kriegsführung) eine

244 Die Wüste

Rolle spielen. Israel bereitet sich auf das Unbekannte vor. Und um das zu tun, muss Israel seine robusten, vielseitigen und flexiblen Kernfähigkeiten verstärken, um Herausforderungen begegnen zu können, die zum heutigen Zeitpunkt noch nicht einmal abzusehen sind. Es ist außerdem absolut notwendig für Israel, Menschen zu haben, die sich auf neue Situationen einstellen können. Israel muss flexibel sein, um seine Vorgehensweise den sich herausbildenden Umständen anzupassen.

Der Stuxnet-Virus erhielt viel Aufmerksamkeit in den Medien. Es handelt sich um ein gemeinsam von den USA und Israel entwickeltes Schadprogramm (*Malware*), durch welches das iranische Atomprogramm behindert wurde. Er blieb bis Juni 2010 unentdeckt, sabotierte über tausend iranische Urananreicherungszentrifugen und übermittelte Gespräche iranischer Atomwissenschaftler sowie Fotos und Daten über das iranische Atomprogramm. Etwa 130 Rechner wurden von diesem Computerwurm infiziert, von denen fast alle für das iranische Atomprogramm arbeiteten. Einige Wochen nach seiner Entdeckung wurde festgestellt, dass Stuxnet ein kodiertes, vorprogrammiertes Shutdown-Datum hatte, und das Programm beendete sich, wie vorgesehen, von selbst eine Sekunde nach Mitternacht am 25. Juni 2012. Das Zeitalter der mächtigen, hochentwickelten Computer-„Superbugs" ist heute Realität.

Im Mai 2012 wurde ein weiterer Internet-Superbug auf iranischen Computern detektiert. Dieses Schadprogramm mit dem Namen „Flame" war zwanzigmal leistungsstärker als Stuxnet und lief schon mehrere Jahre unentdeckt, ehe Stuxnet entwickelt wurde. Es ist das höchstentwickelte Cyber-Spionage-Programm, das je erfunden wurde. Kleine Teile des Flame-Virus sind mit Stuxnet identisch, weshalb man vermutet, dass diese beiden Superbugs eventuell miteinander in Verbindung stehen. Die Obama-Regierung hat Israel dafür gerügt, Flame „einseitig" gegen die iranische Erdölindustrie eingesetzt zu haben, was ein deutlicher Hinweis darauf ist, dass Israel den Flame-Virus hatte, ohne die USA vorher zu konsultieren. Flame löschte die Daten auf einer ganzen Reihe iranischer Rechner und legte einen großen Teil der iranischen Erdölindustrie lahm. Der Iran hat bei den Vereinten Nationen Beschwerde eingereicht wegen der ausgesprochenen Bösartigkeit dieser Cyberwaffe. Das in Moskau ansässige *Kaspersky Lab* enttarnte Flame nach einer Anfrage der Vereinten Nationen. Es war anscheinend der Schaden, den die iranische Erdölindustrie erlitten hat, der zur Enttarnung des Flame-Virus führte und Israel einen Klaps der USA einbrachte.

Der Flame-Virus war so konzipiert, dass er seinen Schaden anrichtete, während er ein Routine-Software-Update von Microsoft vortäuschte. Jahrelang war er einer Enttarnung ausgewichen, indem er mithilfe eines hochkomplexen Programms einen Verschlüsselungs-Algorithmus knackte. Flame betrieb nicht nur Spionage, sondern sabotierte auch komplette Computersysteme. Der Virus kann Computermikrofone und -kameras an- und ausschalten, Tastaturbetätigungen speichern und Bildschirmkopien machen. Auch wenn die meisten Infizierungen durch Flame im Iran passierten, war er auch im ganzen Nahen Osten, in Nordafrika und in Teilen Europas aktiv. Flame beinhaltet einen „Kill"-Befehl, der alle Spuren der Aktivität der Malware vom Computer beseitigt. Die anfänglichen Infizierungen durch Flame hörten nach seiner öffentlich gemachten Entlarvung auf, und der „Kill"-Befehl wurde ausgeführt, um den Virus tatsächlich „nach Hause" zu holen. Außer seinen Betreibern weiß keiner genau, ob andere Computer in anderen Ländern nach wie vor infiziert sind.

Jüngste von Wikileaks veröffentlichte elektronische Schriftwechsel enthielten Behauptungen, israelische Kommandoeinheiten hätten iranische Atomeinrichtungen sabotiert und erheblich beschädigt. In einem kürzlich erschienenen Buch mit dem Titel *Spies Against Armageddon: Inside Israel's Secret Wars*, einem Gemeinschaftswerk von Dan Raviv und Yossi Melman, wird beschrieben, wie israelische Kommandos der „höchst geheimen" Eliteeinheit *Kidon* (Bajonett) heimlich in den Iran eingedrungen und für die Ermordung mindestens vier iranischer Atomwissenschaftler verantwortlich sind.

Sowohl der Stuxnet- als auch der Flame-Virus wurden offensichtlich konzipiert, um die Kapazität des Iran, nukleare Waffen zu entwickeln, hinauszuzögern. Sie waren Teil eines verdeckten Kriegs gegen das Atomprogramm des Iran. Geheimdienstinformationen zufolge wurde geschätzt, dass der Iran in der Lage sein würde, bis 2011 die Atombombe zu produzieren. Diese Einschätzungen wurden jetzt auf 2013/14 korrigiert, was bedeutet, dass der Einsatz der Cyberwaffen, die Ermordung der Atomwissenschaftler und die Sabotage der Atomeinrichtungen in der Tat den Fortschritt des Iran auf diesem Gebiet um bis zu drei Jahre verzögert haben.

Die Entwickler von Stuxnet und Flame arbeiten zweifellos schon an einer neuen Malware. Nur Geheimdienste wie die US-amerikanische NSA und der israelische Mossad haben die Kapazität, solch hochkomplexe Computerviren zu entwickeln. Und die nächste Malware ist wahrscheinlich noch zerstörerischer als alles bisher Bekannte und könnte Militäroperationen, Flugsicherung, Mobiltelefonnetze, Stromnetze, Wasserwerke und Staudämme, Abwasserpumpstationen, Chemiefabriken usw. beeinträchtigen. Die Kriegsführung befindet sich heute auf dem Niveau der Science-Fiction.

Nach wie vor werden hochentwickelte Waffen ungehindert an die Hisbollah im Libanon und an die Hamas und den Islamischen Dschihad in Gaza geliefert. Israel hat aus den vergangenen Kriegen und Scharmützeln mit diesen Terrororganisationen seine Lektion gelernt und reagiert dementsprechend.

Nach dem zweiten Libanon-Krieg 2006, bei dem israelische Panzer unter heftigen Beschuss durch hochmoderne Panzerabwehrraketen der Hisbollah kamen, hat die IDF das Entwicklungsprogramm des für Kampfpanzer konzipierten Raketenabwehrsystems *Trophy* beschleunigt. Trophy wurde von *Rafael Advanced Defense Systems* entwickelt und ist ein aktives Schutzsystem, das eine halbkugelförmige Schutzzone um gepanzerte Fahrzeuge, wie z. B. die israelischen Merkava-Panzer, herum erzeugt. Das System verfügt über Sensoren und ein Radar, um sich nähernde Projektile aufzuspüren und zu identifizieren, und löst den Abschuss von Abfangraketen aus, die das feindliche Geschoss zerstören, ehe es den Panzer trifft.

Die IDF hat das Trophy-System in alle Fahrzeuge der 401. Brigade installiert, deren Merkava-MK4-Kampfpanzer hauptsächlich in Gaza während der „Operation Gegossenes Blei" sowie im Libanon während des zweiten Libanon-Kriegs eingesetzt wurden. Der erste Test des Trophy-Systems erfolgte im Februar 2011, als die Hamas mit einer kabelgelenkten Panzerabwehrwaffe an der Grenze zwischen Israel und Gaza auf einen Merkava-MK4-Panzer zielte. Das aktivierte System konnte das Geschoss erfolgreich abfangen und zerstören. Ein zweiter erfolgreicher Einsatz auf dem Kampffeld wurde im August 2012 vermeldet, als ein aktiviertes Trophy-System eine hochentwickelte Panzerabwehrwaffe russischer Herkunft abfing und zerstörte, die von Gaza aus in der Nähe der israelisch-ägyptischen Grenze abgefeuert wurde.

2010 beschloss das Verteidigungsministerium, das Trophy-System mit einem ähnlichen System mit der Bezeichnung *Iron Fist* (Eiserne Faust) zu kombinieren, das von dem israelischen Waffenhersteller *Israel Military Industries* entwickelt wurde. Iron Fist feuert ein Geschoss ab, das Panzergranaten abfängt, sodass die Kombination beider Systeme Panzern einen Schutz gegen Panzerabwehrwaffen und Panzergranaten bietet.

Die Wüste - militärische Kriegsführung

Es wurde schon erwähnt, dass Israel es mit etwa 100.000 Geschossen und Raketen zu tun hat. Die meisten kommen aus Gaza und dem Libanon, doch Israels Erzfeind Syrien besitzt ballistische Mittelstreckenraketen, die mit chemischen und biologischen Sprengköpfen ausgerüstet werden können und mit denen das gesamte israelische Staatsgebiet erreicht werden kann. Auch der Iran hat eine große Bandbreite ballistischer Raketen, die überall in Israel einschlagen können. Dazu ist der Iran dabei, interkontinentale ballistische Raketen zu entwickeln, die nukleare, chemische oder biologische Sprengköpfe tragen können, und er hat erklärt, dass Israel „von den Seiten der Zeit getilgt werden muss" – ein persischer Ausdruck, der oft mit „von der Landkarte gelöscht" übersetzt wird.

Da es einem solchen Arsenal von Raketengeschossen in den Händen feindlicher Nationen und Organisationen gegenüber steht, hat Israel viel Geld und Zeit investiert, um Raketenabwehrsysteme zu entwickeln. Heute besitzt Israel drei verschiedene Abwehrsysteme: den *Iron Dome*, *David's Sling* und den *Arrow*. Diese Systeme sind Teil eines abgestuften Raketenabwehrsystems, das Israel installiert, um auf die zunehmende Bedrohung einer kontinuierlichen, wochenlangen Bombardierung vorbereitet zu sein, bei der Raketen und Geschosse aller möglichen Kaliber zum Einsatz kommen.

Iron Dome: Fünf Batterien sind derzeit im Einsatz. Der Iron Dome bildet das untere Level des mehrschichtigen Raketenabwehrsystems. Er ist dafür konzipiert, Kurzstreckengeschosse abzufangen, etwa Artillerieraketen, Mörsergranaten und 155-mm-Geschosse, die von der vom Iran mit Waffen versorgten Hisbollah in das nördliche Israel und von den Palästinensern in den Südteil des Landes abgefeuert werden.

Der Iron Dome wurde von *Rafael Advanced Defense Systems* entwickelt und verwendet zwei Radareinheiten, um die Flugbahn anfliegender Geschosse direkt nach ihrem Abschuss zu berechnen. Der Computer entscheidet dann, ob das Geschoss in einem bewohnten Gebiet einschlagen wird oder nicht. Wenn nicht, dann wird es von dem System ignoriert, das stattdessen Geschosse verfolgt, die Todesfälle verursachen könnten. Jede Iron-Dome-Batterie verfügt über 20 Tamir-Abfangraketen und kann ein Gebiet von bis zu 155 Quadratkilometern abdecken. Das israelische Militär bestätigte, dass wahrscheinlich fünfzehn bis zwanzig Iron-Dome-Batterien nötig sind, um die nördlichen und südlichen Grenzgebiete effizient zu schützen.

Anfang 2013 wird die israelische Luftwaffe zwei Iron-Dome-Batterien mit größerer Reichweite in Empfang nehmen. Über die Reichweite dieser

248 Die Wüste

verbesserten Systeme machte die israelische Luftwaffe keine Angaben, doch Offiziere ließen verlauten, dass dadurch die Zahl der Batterien, die Israel insgesamt benötigt, um sich gegen Kurzstreckenraketen aus dem Libanon und aus Gaza zu verteidigen, verringert werde. Iron Dome wurde ursprünglich konzipiert, um Raketen mit einer Reichweite von vier bis siebzig Kilometern abzufangen.

Die neuen Batterien werden mit einer neuen Software und einem neuen Radar ausgestattet sein, die es ermöglichen, ein größeres Gebiet abzudecken. Dazu plant die israelische Luftwaffe in der nahen Zukunft verbesserte Abfangraketen zu beschaffen, die ebenfalls dazu beitragen werden, die Reichweite von Iron Dome zu erweitern.

Der erste erfolgreiche Einsatz von Iron Dome war im April 2011, als das System zum ersten Mal in der südisraelischen Kampfzone eingesetzt wurde. Das mobile System fing mindestens neun 122-mm-*Grad*-Raketen ab, die auf die Stadt Beerscheba in der Negev-Wüste und den Hafen von Aschkelon abgefeuert wurden. Es war weltweit das erste Mal, dass Raketen während des Flugs von Raketenabwehrgeschossen zerstört wurden.

Im November 2012, während der achttägigen „Operation Säule der Verteidigung" („Operation Wolkensäule") gegen Flugkörper, die von der Hamas und dem Islamischen Dschihad von Gaza aus abgefeuert wurden, brachte Israels Iron Dome eine wahre Wende und die westliche Welt zum Staunen. Der Iron Dome machte seinem Namen alle Ehre und zerstörte 421 Raketen in der Luft, was einer Erfolgsquote von 84 Prozent entspricht. Informationen der IDF zufolge schlugen 875 Raketen aus Gaza in offenem Gelände ein und lediglich 58 in Stadtgebieten, wodurch fünf Israelis getötet und 240 weitere verletzt wurden.

Von der *Raytheon Corporation* entwickelte *Patriot*-Flugkörper hatten im Golfkrieg von 1990–1991 versucht, ballistische Flugkörper des Typs *Scud* abzuschießen, allerdings ohne Erfolg. Bis zur Entwicklung von Iron Dome gab es keine Möglichkeit, Kurzstreckenraketen wie *Qassam*- oder *Grad*-Raketen oder die von der Hamas und dem Islamischen Dschihad eingesetzten Mörsergranaten abzufangen.

David's Sling („Davids Schleuder"), manchmal auch als *Magic Wand* („Zauberstab") bezeichnet, bildet die mittlere Ebene des israelischen Abwehrsystems und wird im Lauf des Jahres 2013 in Zentralisrael stationiert werden. David's Sling ist dazu konzipiert, Mittelstreckenraketen mit Reichweiten von 40 bis 300 Kilometern abzufangen. David's Sling ist gemeinsam von *Rafael Advanced Defense Systems* und dem US-amerikanischen Rüstungsunternehmen Raytheon entwickelt worden. Die Abwehrrakete mit dem Namen *Stunner* ist ein zweistufiger Marschflugkörper, der im Flug die Richtung ändern kann und unter allen Wetterbedingungen funktioniert.

Israelischen Medienberichten zufolge wäre David's Sling auch in der Lage, Langstreckenraketen abzufangen, wie z. B. tieffliegende Shahab-Raketen, die von den Arrow-Batterien nicht detektiert werden konnten.

Die Hisbollah und die Palästinenser in Gaza sind dabei, Waffen mit größerer Reichweite anzuschaffen, mit denen sie auch die niedriger gelegenen Zentralregionen in Israel erreichen können. Dadurch wird Tel Aviv, Israels größtes Ballungsgebiet, in dem zwei Drittel der israelischen Bevölkerung wohnt, und das Kerngebiet der israelischen Industrie und vieler strategischer Einrichtungen in zunehmendem Maße verwundbar.

David's Sling wird deshalb gebraucht, um diese Region zu schützen, doch wenn die Bombardierungen beginnen, könnten mehrere Batterien nötig sein.

Das Arrow-System, das vom staatlichen Unternehmen *Israel Aerospace Industries* entwickelt wurde, bildet die obere Ebene des Schutzschilds. Arrow besteht aus der gemeinsam hergestellten Überschall-Arrow-Abwehrrakete, dem Frühwarnradar *Active Electronically Scanned Array* (AESA) und der von Israel Aerospace entwickelten Abschuss-Kontrolleinheit. Das System ist beweglich und kann an andere vorbereitete Standorte transportiert werden.

Arrow gehört zu den fortschrittlichsten Raketenabwehrsystemen, die es heute gibt. Es ist das erste funktionierende Raketenabwehrsystem, das spezifisch dafür konzipiert und gebaut wurde, ballistische Flugkörper abzufangen und zu zerstören. Die erste Arrow-Batterie wurde im Oktober 2000 für funktionstüchtig erklärt. Arrow-2, die aktuell im Einsatz befindliche Variante, ist hauptsächlich konzipiert worden, um *Shahab-3b*-Raketen zu bekämpfen, die derzeit vom Iran verwendet werden, sowie die noch leistungsstärkere Festbrennstoff-Rakete *Sejjil-2*, die aktuell von Teheran entwickelt wird.

Am 5. August 2012 berichtete die *Jerusalem Post*, dass die israelische Luftwaffe in den folgenden Wochen ein neues, verbessertes Arrow-2-System in Empfang nehmen wird. Der Bericht gab an, dass das verbesserte System mit einer neuen Software ausgestattet ist, wodurch es noch besser gegen Langstreckenraketen wie die iranischen Shahab- und Sejjil-Raketen und Syriens Scud-D-Flugkörper vorgehen kann.

Derzeit wird an Arrow-3 gearbeitet, das in der Lage sein soll, ballistische Flugkörper noch früher in der Luft abzufangen. Man erwartet, dass es 2014 einsatzbereit sein wird.

Die israelische Raumfahrtorganisation überwacht Bewegungen der Staatsfeinde mithilfe seiner vielen Augen am Himmel. Sie ist eine staatliche Einrichtung, die alle israelischen wissenschaftlichen, militärischen und kommerziellen Raumfahrtprojekte koordiniert. Außerhalb von Israel wird weder dem sehr aktiven israelischen Raumfahrtprogramm noch seiner erfolgreichen Produktion und der Leistungsfähigkeit von Satelliten große Beachtung geschenkt. Israel ist das kleinste Land der Welt, das eigene Satellitenstartkapazitäten hat, und nur das achte Land, das von seinem eigenen Staatsgebiet aus Satelliten in die Erdumlaufbahn bringen kann.

Die Israelische Raumfahrtsorganisation hat eine Reihe von Satelliten mithilfe ihrer *Shavit*-Trägerraketen ins All gebracht. Dreizehn Satelliten machen zusammen 66 Jahre in der Umlaufbahn aus. Israels Satelliten dienen Forschungszwecken, der Kommunikation, der Aufklärung und der Überwachung. Die Satelliten der letzten beiden Aufgabenbereiche werden auch als Spionagesatelliten bezeichnet. Die *Ofeq*-Serie umfasst mehrere Satelliten, die die Erde alle 90 Minuten umkreisen, was bedeutet, dass Länder, die eine Bedrohung für den jüdischen Staat darstellen, ununterbrochen überwacht werden. Die Kameras, mit denen die Aufklärungs- und Überwachungssatelliten ausgestattet sind, können sogar Nummernschilder von Autos auf der Erde lesen. Derzeit befinden sich sechs Satelliten in der Umlaufbahn und vier weitere Serien werden aktuell entwickelt. Die israelische Raumfahrtorganisation produziert außerdem individuell gefertigte Satelliten für andere Länder und führt auch das „SPACEIL"-Programm weiter, das sich die Aufgabe gestellt hat, das erste israelische Raumschiff bis 2014 zum Mond zu schicken.

Atomwaffen: Es wurde schon erwähnt, dass Israel bezüglich seiner nuklearen Waffenkapazität absichtlich eine „Politik der Mehrdeutigkeit" verfolgt. Nichtsdestoweniger sind alle verlässlichen westlichen Geheimdienste und die Zeitschrift *Jane's Defense Weekly* davon überzeugt, dass Israel über ein gut bestücktes Arsenal nuklearer Sprengköpfe verfügt und auch über die entsprechenden Trägerraketen. 1986 hat Mordechai Vanunu, ein ehemaliger israelischer Atomtechniker, dafür ein „Trinkgeld" von 60.000 britischen Pfund (das entspricht heute unter Berücksichtigung der Inflationsrate 125.500 US-Dollar) erhalten, dass er Informationen über das israelische Atomwaffenarsenal an die *London Sunday Times* weitergab. Vanunu sagte der *Sunday Times,* dass Israel zu jenem Zeitpunkt im Besitz von ca. 200 Sprengköpfen war.

EMP-Waffen (EMP = elektromagnetischer Impuls): Die Lage in der Nahost-Region ist nicht stabil und Israel hat viele Feinde. Wenn Israel in die Zukunft blickt, ist der erste strategische Faktor, den es zu berücksichtigen hat, der Iran. Ein mit Atomwaffen ausgerüsteter Iran würde in der Region eine dramatische Veränderung bewirken, und zwar zunächst allein durch die Tatsache, dass er über diese Macht verfügt, und dann auch wegen den potenziellen Auswirkungen. Neue Geheimdienstinformationen, die Israel, die USA, Großbritannien, Frankreich und Deutschland Anfang August 2012 erhalten haben, zeigen, dass der Iran einen größeren Fortschritt bei seinem Atomwaffenprogramm gemacht hat, als dem Westen bisher bekannt war.

Israel muss das Verhalten radikaler nichtstaatlicher Akteure unter dem iranischen nuklearen Schutzschild antizipieren. Sie werden sich aggressiver verhalten und wagen Schritte zu unternehmen, zu denen sie derzeit vielleicht noch nicht bereit sind.

Die Bedrohung durch den Iran gegen den jüdischen Staat spiegelt sich in den Worten des iranischen Präsidenten Mahmud Ahmadinedschad wider, jene Worte, die er am 26. Oktober 2005 ausgesprochen hat, als er sagte, dass Israel „von der Landkarte gelöscht werden muss". Diese Worte hat Israel vor der internationalen Gemeinschaft zitiert um zu zeigen, dass das Zulassen von iranischen Atomwaffen die Existenz des jüdischen Staates bedroht.

Ahmadinedschad hat seit 2005 weitere Drohungen gegen Israel ausgestoßen. Die bisher letzte (zum Zeitpunkt des Schreibens) wurde am 2. August 2012 auf seiner Internetseite veröffentlicht. Er erklärte dort: „Das letztendliche Ziel der Weltherrscher muss die Vernichtung Israels sein." Es ist deshalb verständlich, warum Israel schon lange einen Angriff auf das iranische Atomprogramm plant, falls die die Bestrebungen des Irans, nukleare Waffen zu produzieren, nicht mit diplomatischen Bemühungen aufzuhalten sind.

Wenn es so aussieht, als sei Israel übermäßig auf den Iran fixiert, dann deshalb, weil der Iran eine reale Existenzbedrohung des jüdischen Staates darstellt. Mancher Leser mag die Drohungen Irans, Israel von der Erdoberfläche verschwinden zu lassen, als aggressive Rhetorik radikaler muslimischer Führer eines fanatischen Regimes abtun. Wäre das wirklich der Fall, würde sich Israel nicht einen Deut um den Iran scheren, doch Tatsache ist, dass die iranische Führung wirklich glaubt, dass es die Bestimmung des Irans wäre, Israel zu vernichten.

In Kapitel 10 sagte ich es bereits: Mohammed selbst hat im Koran zur Vernichtung aller Juden aufgerufen, und die *Hadith*, die gesammelten und über die Jahrhunderte weitergegebenen Aussprüche Mohammeds fordert ebenfalls den Tod aller Juden. Die *Hadith* geht sogar so weit zu sagen, dass es für einen Muslim Pflicht sei, die Juden zu töten, und dass der muslimische Messias nicht kommen könne, „bevor es nicht zu einer großen Abschlachtung der Juden gekommen ist".

Der muslimische Messias wird unterschiedlich benannt: Er ist „der Mahdi", „der zwölfte Imam" und „der verborgene Imam". Der iranische Präsident Mahmud Ahmadinedschad erwähnt häufig den Mahdi mit den verschiedenen Bezeichnungen und vertritt den Glauben, dass die islamische Welt sich heute in der Ära „des Kommens" befindet, was erklärt, warum der Iran so sehr auf die Entwicklung von Atomwaffen aus ist, mit denen er Israel vernichten kann. Einfach ausgedrückt: Der Iran braucht Atomwaffen, um den Untergang Israels zu gewährleisten, denn sonst kann der Mahdi, der muslimische Messias, nicht kommen. Israel hat gute Gründe, einen Angriff auf die nuklearen Einrichtungen des Iran zu erwägen.

In einem Bericht der *New York Times* vom 1. August 2012 hieß es, in Israel gebe es „fieberhafte Spekulationen" darüber, dass Premierminister Benjamin Netanyahu „im September oder Anfang Oktober handeln wird". Auch der frühere Mossad-Chef und nationale Sicherheitsberater Efraim Halevy sagte in einem Interview mit *Israel Radio* am Tag danach, dass Israels Androhung einer Militäraktion eine gewisse „Glaubwürdigkeit" und „Ernsthaftigkeit" zeige. Er fügte hinzu: „Wenn ich Iraner wäre, würde ich mich vor den kommenden zwölf Wochen sehr fürchten."

Ein sehr geläufiger Ausspruch unter hohen israelischen Beamten lautet: „Jene, die reden, wissen nichts; und jene, die etwas wissen, reden nicht." Heute, im Januar 2013, kurz vor der Fertigstellung dieses Buches, wissen wir, dass die Experten, die einen bevorstehenden Angriff Israels auf das iranische Nuklearwaffenprogramm vorausgesagt haben, keineswegs Propheten waren, sondern einfach nur Leute, die „reden, ohne etwas zu wissen".

Teil des großen Medienrummels über einen möglichen Angriff Israels auf das iranische Nuklearwaffenprogramm waren auch mehrere „undichte Stellen" unter hochrangigen israelischen Militärs. Diese Lecks traten im August und September 2012 auf. Eine dieser „undichten Stellen" betraf eine

„Geheimwaffe", die Israel angeblich schon seit den 1990er-Jahren entwickelt und sehr wohl in einem geplanten Angriff auf den Iran einsetzen könnte. Israel liegt gut tausend Kilometer vom Iran entfernt, und die israelische Luftwaffe müsste durch feindlichen Luftraum fliegen und ihre Kampfjets in der Luft auftanken. Es sind so viele „durchgesickerte" Informationen veröffentlicht worden, sowohl von der Obama-Regierung als auch von israelischen Beamten, die gegen einen solchen Angriff sind, dass der Iran Zeit genug hatte, sein Atomwaffenprogramm zu sichern und seine Luftabwehr zu verstärken. Nach jüngsten Informationen des israelischen Sicherheitsapparats hat der Iran seine atomaren Einrichtungen so weit verstärkt, dass sie nicht mehr durch einen klassischen Luftangriff gefährdet werden können, nicht einmal bei Einsatz schwerster „Bunker-Busters" (bunkerbrechender Bomben). Dem israelischen Sicherheitsapparat zufolge können jetzt nur noch strategische Kernwaffen oder Bodentruppen den Iran aufhalten.

Anscheinend hat Israel nach diesen für den Iran vorteiligen Warnungen – einer „durchgesickerten" Quelle zufolge – erwogen, eine „Geheimwaffe" einzusetzen: eine EMP-Bombe (elektromagnetischer Impuls), die die iranischen Luftabwehranlagen schwer beeinträchtigen würde, sowie alle elektronischen Apparate in einem mehrere zehn Kilometer großen Umkreis. Die Auswirkungen einer EMP-Waffe würden nicht so stark sein wie der Impuls einer Atomexplosion in großer Höhe.

Am 9. September 2012 behauptete die *London Sunday Times*:

> Der Einsatz der neuen Technologie durch Israel kam in Diskussionen über einen Angriff auf Teherans nukleare Einrichtungen zur Sprache.

Ein US-amerikanischer Experte sagte der *Sunday Times*, dass diese Art elektromagnetischer Bomben nach dem Prinzip der „nicht-tödlichen Gammastrahlen-Technologie" funktioniere, und dass der Energieausstoß das elektrische Netz des Iran „durchschmoren" und „alle technischen Apparate am Boden zum Erliegen bringen" würde. Die *Times of Israel*, die den Bericht der *London Sunday Times* abdruckte, überschrieb ihren eigenen Artikel **„Israel könnte den Iran durch die EMP-Bombe wieder ‚in die Steinzeit zurückbefördern'"**.

Premierminister Benjamin Netanyahu versprach am 5. November 2012, dass der Iran keine Nuklearwaffen entwickeln wird, solange er ein Auge darauf hält. Netanyahu sagte:

> Solange ich Premierminister bin, wird der Iran keine Nuklearwaffen besitzen ... wenn es keine andere Wahl gibt, und wir mit dem Rücken zur Wand stehen, dann werden wir tun, was nötig ist, um uns zu verteidigen. Wenn es keine andere Möglichkeit gibt, den Iran aufzuhalten, ist Israel bereit zu handeln.

Netanyahu sagte weiter:

> Als die Juden von den Nazis ermordet wurden, konnten sie sich nicht selbst retten, doch ich, als Israels Premierminister, habe die Möglichkeiten, das jüdische Volk zu beschützen. Als wir noch keinen eigenen Staat hatten, haben wir andere angefleht, die Juden zu verteidigen. Heute flehen wir nicht, wir bereiten uns vor.

Der Iran ist der weltweit größte Exporteur des Terrors, und sein Terror kennt keine Grenzen. Am 17. September 1992 wurden drei iranisch-kurdische Rebellenführer und ihre Übersetzer in einem griechischen Restaurant in Berlin ermordet. Im Juli 1994 wurde der wahrscheinlich grausamste iranische Terrorakt verübt, und zwar die Bombenexplosion im Jüdischen Gemeinschaftszentrum in Buenos Aires, Argentinien: 87 Menschen starben und Hunderte wurden verletzt. Es war das Bombenattentat mit der höchsten Todesrate in Argentinien, nachdem der Iran im März 1992 schon einmal einen Bombenanschlag auf das Gemeinschaftszentrum verübt hatte, bei dem 29 Menschen starben und 250 verletzt wurden.

Im Oktober 2011 schickte der Iran seine Männer, um den saudi-arabischen Botschafter in einem Restaurant auf US-amerikanischem Boden durch einen Bombenanschlag zu töten. Zum Glück wurde der Plan vereitelt und der Führer der Gruppe wurde festgenommen. Bei seiner Befragung gestand er, dass die potenziellen Attentäter auch geplant hatten, einen Bombenanschlag auf die saudische und die israelische Botschaft in Washington D.C. zu verüben.

2012 verübten iranische Agenten Terroranschläge in Aserbaidschan, Thailand, Georgien, Indien, Kenia und Bulgarien. Die Bombenanschläge und Komplotte geschahen alle nach dem gleichen Muster wie frühere Anschläge durch iranische Agenten, von denen die meisten gegen israelische Interessen gerichtet waren. Regierungsbeamte in Kenia sagten aus, dass zwei

Die Wüste - militärische Kriegsführung 255

iranische Agenten, die bei ihrer Festnahme im Besitz von Sprengstoff waren, geplant hatten, israelische, US-amerikanische, britische und saudische Ziele innerhalb Kenias anzugreifen. Die beiden in Kenia festgenommenen Agenten waren Mitglieder der geheimen iranischen Eliteeinheit „Islamic Revolutionary Guards Corps Quds Force".

Im Juni 2012 sagte Daniel Benjamin, der Koordinator für Terrorismusbekämpfung des US State Departments, dass die iranische Unterstützung des Terrorismus und der Aktivitäten seines Schützlings Hisbollah so intensiv sei wie seit über zehn Jahren nicht mehr. Er sagte:

> Wir sind zunehmend besorgt über die Unterstützung, die der Iran dem Terrorismus und den Aktivitäten der Hisbollah zukommen lässt. Beide haben ihre terroristischen Verschwörungen im letzten Jahr um einiges intensiviert.

Benjamin charakterisierte den Iran als „das Land, das den weltweiten Terrorismus am meisten unterstützt" und meinte, dass die USA „tief besorgt" seien darüber, dass der Iran gewaltsame Aktionen direkt durch seine Eliteeinheit „Islamic Revolutionary Guards Corps Quds Force" ausführen lässt.

Iran führt sich auf wie eine Supermacht. Am 24. Juli 2012 führte die Luftwaffeneinheit des Iranischen Revolutions-Gardecorps (IRGC) seine jährlichen Raketenübungen unter dem Namen Großer Prophet 7 durch. Dabei wurden Dutzende von Sprengköpfen und Raketen verschiedener Art und Reichweite auf ein Ziel auf iranischem Boden abgeschossen, das sehr einem ausländischen Luftwaffenstützpunkt – etwa einem US-amerikanischen – ähnelte, solchen, die sich in einem von Irans Nachbarländern befinden (z. B. in Afghanistan, Bahrain, Kuwait oder Saudi-Arabien).

Der Iran lässt erkennen – und das nicht zum ersten Mal –, dass er auf eine militärische Auseinandersetzung mit dem Westen und mit Israel vorbereitet und in Stellung ist und dass er gegen einen wie auch immer gearteten Angriff auf seine nuklearen Einrichtungen über eine angemessene, schnelle und verheerende Zweitschlagskapazität verfügt. Die iranischen Sprecher warnten im Verlauf der Militärübung davor, dass Israel, sollte es den Iran angreifen, „vernichtet" werden würde.

Mit dieser Militärübung und der Terminologie, die von den verschiedenen Sprechern benutzt wurde, will der Iran sich das Profil einer Großmacht geben, eines Staats, der auf Bedrohungen auf der Stelle symmetrisch mit Raketengeschossen reagieren kann. Auch seinen Nachbarstaaten gegenüber stellt er sich als mächtig dar. Dazu kommt noch die ständige Hervorhebung der Marineelemente, die der Iran im Fall eines Seekonflikts mit den USA asymmetrisch aufbieten würde (Unmengen von raketenbestückten Schnellbooten, Selbstmordmissionen durch Schnellboote, Seeminen), sowie die Betonung auf die Vorbereitung von Terrorzellen für den „Tag der Abrechnung" an verschiedenen Orten der Erde. Vor diesem Hintergrund sollte man auch die Aufdeckung der iranischen Terror-Infrastruktur in Kenia und auch in Indien, Georgien, Thailand, Aserbaidschan und Bulgarien sehen.

Der Iran behauptet, bereits Informationen über 35 US-Militärstützpunkte in dieser Region gesammelt zu haben, und hat Raketen positioniert, um diese innerhalb weniger Minuten nach einem Angriff zu zerstören. „Jeder dieser Militärstützpunkte ist innerhalb der Reichweite unserer Raketen."

Der Iran entwickelt ballistische Flugkörper, die feindliche Länder in dieser Region, Israel und Osteuropa erreichen können, darunter auch eine erweiterte Variante der *Shahab-3* und eine ballistische Mittelstreckenrakete, Typ *Ashura*, mit einer Reichweite von 2500 km. Neben dem zunehmenden Wachstum seiner Marschflugkörper- und Raketenarsenale hat der Iran die tödliche Schlagkraft und Effizienz seiner vorhandenen Systeme verstärkt, indem deren Zielgenauigkeit verbessert und die Nutzlast erhöht wurden. Es kann durchaus sein, dass der Iran darüber hinaus technisch gesehen in der Lage sein wird, bis 2015 Erprobungsflüge für einen Interkontinental-Marschflugkörper durchzuführen.

In den letzten zwanzig Jahren hat der Iran den Schwerpunkt darauf gesetzt, ballistische Flugkörper zu entwickeln und zu testen, um gefühlte Bedrohungen durch Israel und die Koalitionsstreitkräfte im Nahen Osten zu kontern und in der Region ein Machtsignal zu setzen. Der Iran hat außerdem Mittelstreckenraketen entwickelt, um Israel anzuvisieren, und steigert beständig Reichweite, Schlagkraft und Zielgenauigkeit dieser Systeme.

Gleichzeitig verteilt der Iran diese Flugkörper im ganzen Landesgebiet: tief im Landesinneren, entlang der Küsten, auf See und sogar jenseits der Landesgrenzen. Militärische Stärke setzt der Iran breitgefächert ein, was auch die Stationierung von Raketen in Syrien, im Libanon und im Gazastreifen einschließt. Die militärischen Raketenübungen des Iran zeigen auch sehr klar (ebenso wie der ständige Raketenbeschuss aus Gaza, dem Sinai und dem Libanon), dass er sich auf Raketen als eine der Hauptkomponenten seiner nationalen Sicherheitsstrategie verlässt und sie als Antwort auf die Bedrohungen versteht, denen er sich ausgesetzt sieht.

Der Iran arbeitet darauf hin, Israel völlig mit Marschflugkörpern unterschiedlicher Reichweite einzukreisen. Einige der Art, die in der vor Kurzem abgehaltenen Militärübung abgeschossen wurden, sind auch im Besitz der Hisbollah. Im Zuge der Übung machte der Iran keinerlei Anspielungen auf den weiteren Zusammenhang der Raketen und Marschflugkörper der Hisbollah, der Hamas, des Islamischen Dschihads, Syriens und – neuerdings – auch des Sudans, die aus dem Iran stammen. Der Iran schließt diese jedoch in seine Reaktion auf einen potenziellen Angriff mit ein. Man spricht in der nationalen Sicherheitsdoktrin des Iran auch weiterhin von der Hisbollah im Libanon als seiner „ersten Verteidigungslinie", sowohl für die Abschreckung als auch als Reaktion, und sieht diese Art von Raketenbeschuss als eine asymmetrische Reaktion auf Israels überlegene technologische Kapazitäten, besonders in Bezug auf die Luftwaffe.

Die iranischen Repräsentanten bekräftigen lautstark, dass ihr umstrittenes Atomprogramm einzig und allein friedlichen Zwecken dient. Israel, die USA und viele andere westliche Länder behaupten, das sei nicht wahr, besonders im Licht der vielen Drohungen vonseiten des Iran, Israel auszulöschen. Ohne Zweifel steuert der Iran die Entwicklung nuklearer Waffen an.

In der ersten Augustwoche 2012 sagte Parlamentsabgeordneter und Hisbollah-Mitglied Walid Sakariya im libanesischen Fernsehen, dass die Atomwaffen, die der Iran entwickelt, „die Vernichtung Israels zum Ziel haben". In einem Teil eines Interviews mit dem Hisbollah-Sender *al-Manar*, der vom Middle East Media Research Institute (MEMRI) aufgezeichnet und übersetzt wurde, sagte Sakariya, der auch General a. D. ist:

> Sollte der Iran eine Atomwaffe beschaffen, würde diese sowohl syrischen als auch iranischen Interessen dienen, und zwar der Vernichtung des jüdischen Staates. Diese Atomwaffe hat das Ziel, ein Gleichgewicht des Terrors mit Israel herzustellen, das zionistische Projekt ein für alle Mal zu beenden und jegliche Angriffe Israels auf die arabische Nation zu unterbinden.

Mit „arabische Nation" meint Sakariya die gesamte arabische Welt. Gegenwärtig fordert der Iran die USA heraus, verschärft seine Drohungen gegen Israel und versucht sich aufzuführen wie eine Supermacht. Angesichts der rapiden Veränderungen im Nahen Osten scheint ein wie auch immer geartetes Zugeständnis seitens des Iran, insbesondere im Hinblick auf die Atomfrage, keine Option mehr zu sein.

Die Art und Weise, wie die letzte Raketenübung im Iran verlaufen ist, sendet das eindeutige Signal sowohl an die USA als auch an die anderen Länder der Region, dass der Iran auf jedes Szenario vorbereitet ist und keine Konfrontation fürchtet.

Einige Politikexperten im Westen tun die militärischen Kapazitäten des Irans mit ein paar witzigen Bemerkungen ab, doch das ist mehr als töricht. Der Iran muss mit Respekt behandelt werden, denn sein Oberster Rechtsgelehrter Ali Chamenei ist kein Klon von Saddam Hussein.

Ägypten, Israels direkter Nachbar im Südwesten, hat einen noch nie dagewesenen politischen Umbruch erlebt. Hosni Mubarak, der ägyptische Präsident, der den größten arabischen Staat autokratisch dreißig Jahre lang regiert hat, wurde im Januar 2011 vom Arabischen Frühling gestürzt. Zu seinen Gunsten muss gesagt werden, dass Mubarak den Frieden mit Israel beständig aufrechterhalten hat, auch wenn es ein kalter Frieden war. Mubarak hat einmal gesagt: „Israel hat mit der ägyptischen Regierung Frieden geschlossen, nicht mit dem ägyptischen Volk." Mubarak hat in Ägypten eine stabile Lage erhalten, indem er die Islamisten unterdrückte und die Sinai-Halbinsel unter Kontrolle hielt, was Israel wiederum gestattete, seine Verteidigungsausgaben und auch seine Truppenzahlen zu verringern.

Mubarak war pro-amerikanisch, und die USA sahen in ihm einen wichtigen Alliierten im Nahen Osten. Die USA haben Ägypten militärische Hilfe in Milliardenhöhe zukommen lassen und ihm hochentwickelte Waffen, Militärausrüstung und Kampfjets verkauft. Die ägyptischen Medien werden von der Regierung kontrolliert, und oft wurde Israel als der „einzige Feind" Ägyptens dargestellt. Die fortschrittlichen amerikanischen Waffen werden nun wahrscheinlich gegen Israel eingesetzt werden.

Nach dem Sturz von Mubarak wurde die Sinai-Halbinsel eine Brutstätte für den Terrorismus und unverfrorene Angriffe auf ägyptische Grenzsoldaten und Polizisten. Und, wie schon in Kapitel 11 erwähnt, wurde die Gas-Pipeline, durch die ägyptisches Erdgas durch den Sinai nach Israel exportiert wurde, nach dem Sturz von Hosni Mubarak in fünfzehn Monaten vierzehnmal gesprengt. Danach wurde der Gasliefervertrag mit Israel unrechtmäßig gänzlich aufgekündigt.

Am 5. August 2012 griffen etwa 35 als Beduinen gekleidete Islamisten einen ägyptischen Grenzposten in der Nähe der israelischen Grenze an, töteten sechzehn ägyptische Grenzpolizisten und Soldaten und verwundeten sieben weitere, als diese sich gerade für das traditionelle Festmahl am Ende des Fastenmonats Ramadan niedergelassen hatten.

Die Wüste - militärische Kriegsführung 259

Israel hatte die ägyptischen Sicherheitsbehörden vor einem geplanten terroristischen Großangriff gewarnt und israelische Reisende im Sinai aufgerufen, umgehend nach Hause zurückzukehren. Es wurde ferner empfohlen, geplante Reisen in den Sinai abzusagen. Die Ägypter taten diese Warnungen als lächerlich ab und beschuldigten Israel, dem ägyptischen Tourismus schaden zu wollen.

Nachdem sie die Grenzposten ermordet hatten, nahmen die Dschihadisten zwei gepanzerte ägyptische Militärfahrzeuge in Beschlag und stürmten den Grenzübergang Kerem Shalom nach Israel. Die IDF war vorbereitet und hatte drei Stunden vor diesem Angriff einen Wachturm geschlossen. Die israelischen Streitkräfte eröffneten das Feuer auf die Fahrzeuge, als sie auf den Grenzübergang zurasten, wodurch eines der Fahrzeuge, ein gepanzerter Jeep, mit dem verlassenen Wachturm kollidierte und so die Explosion von einer halben Tonne Sprengstoff auslöste.

Das zweite Fahrzeug, ein gepanzerter Personentransporter, durchbrach den Grenzübergang, wich israelischen Panzern aus und raste mit 70 Stundenkilometern auf der israelischen Grenzstraße auf einen Kibbuz zu. Ein israelischer Befehlshaber forderte Unterstützung aus der Luft an und beschloss, das Fahrzeug aus der Luft zu bombardieren. Damit wurde zum ersten Mal ein Ziel innerhalb israelischer Staatsgrenzen von der israelischen Luftwaffe bombardiert. Das Fahrzeug fuhr etwa zwei Kilometer ins Landesinnere hinein, ehe die israelische Luftwaffe ungehindert darauf schießen konnte, ohne dabei den Zivilverkehr zu treffen. Das Fahrzeug wurde in die Luft gesprengt und ein israelischer Panzer feuerte noch zwei Granaten auf das brennende Wrack ab.

Die israelischen Streitkräfte töteten fünf Dschihad-Kämpfer auf der ägyptischen Seite der Grenze, und in dem Wrack des Fahrzeugs, das aus der Luft abgeschossen worden war, fanden sich drei Leichen. Alle acht Schützen trugen Sprengstoffwesten. Offensichtlich wurde durch die Wachsamkeit des israelischen Nachrichtendienstes und der Abwehr verhindert, dass eine große Anzahl von israelischen Zivilisten ums Leben kam.

Die Nachrichten über den Angriff riefen reflexartige Reaktionen aus terroristischen Kreisen hervor. Im Gazastreifen fiel dem Anführer der Hamas-Terrorgruppe, Ismail Haniya, nichts Besseres ein, als dass „Israel irgendwie hinter dem gestrigen Angriff auf ägyptische Grenzposten im Sinai" stecke. In Ägypten waren die Reaktionen auf den Angriff unterschiedlich. Wie vorauszusehen, äußerte die Muslimbruderschaft Ägyptens auf ihrer Internetseite am darauffolgenden Tag:

260   Die Wüste

> Dieses Verbrechen kann dem Mossad zugeschrieben werden, der die Revolution schon seit ihrem Beginn zum Scheitern bringen will. Der Beweis dafür ist, dass die zionistischen israelischen Staatsangehörigen vor wenigen Tagen die Anweisung erhalten hatten, unverzüglich den Sinai zu verlassen.

Mustafa Bakri, ehemaliger islamistischer Vertreter im ägyptischen Parlament, bestätigte zwar, dass Dschihadisten den Angriff ausgeführt hatten, doch er sagte gegenüber der ägyptischen Tageszeitung *Al-Youm A-Sabi'*, es handle sich um:

> ... einen zionistischen Komplott, Israel wieder in den Sinai zu bringen und Palästinenser in die ägyptischen Sinai-Gebiete auszuweisen.

Via Twitter spekulierte Bakri, dass Israel die Gelegenheit ergreifen und den Sinai wieder besetzen würde. Er zitierte die Warnung Israels an seine Staatsbürger, die Sinai-Halbinsel zu verlassen, als Beweis dafür, dass Israel über das Vorhaben der Terroristen unterrichtet war.

Die größte Tageszeitung Ägyptens, *Al-Ahram*, berichtete, dass sich einige ägyptische Kommentatoren in den Social Media Communities wütend darüber äußerten, dass Ägyptens Sicherheitschefs die israelische Terrorwarnung drei Tage zuvor als unbegründet und als Sabotage auf den ägyptischen Tourismus in dem Gebiet in den Wind geschlagen hatten.

Am 7. August gab der Chef des ägyptischen Geheimdienstes, Murad Muwafi, zu, dass er bezüglich des tödlichen Angriffs auf den Grenzposten im Sinai gewarnt worden war. Muwafi sagte:

> Ja, wir hatten detaillierte Informationen über den Angriff, doch wir konnten uns nicht vorstellen, dass ein Muslim zum Zeitpunkt des Fastenbrechens im Ramadan einen anderen Muslim töten würde.

Am Tag darauf, am 8. August, forderten ägyptische Regierungsvertreter die Änderungen mehrerer Paragrafen im Friedensvertrag mit Israel. Die Vertreter in Kairo sagten, dass das Camp-David-Friedensabkommen von 1978, nach dessen Unterzeichnung Israel sich von der Sinai-Halbinsel zurückgezogen hatte und die ägyptische Armee in diesem Gebiet nur eingeschränkt Truppen bereitstellen und operieren kann, eine effektive Kontrolle Ägyptens über die Halbinsel verwehrt.

Die Wüste - militärische Kriegsführung 261

Die bisherige Formulierung des Abkommens verhinderte ein effektiveres Einschreiten der ägyptischen Armee in den Gebieten, in denen sie es gegenwärtig mit islamistischen Terroristen zu tun haben. Amr Moussa, der Sekretär der Arabischen Liga, ein vehementer Kritiker Israels, meinte:

> Die Änderungen sind erforderlich, damit Ägypten die Grenzgebiete im Sinai überwachen kann.

Nur einen Tag zuvor hatte Dan Meridor, Israels stellvertretender Premierminister und Minister für Geheimdienst und Atomenergie, gesagt, Jerusalem wäre nicht dagegen, dass Ägypten stärkere Truppen in der Halbinsel einsetzt, um Antiterror-Operationen durchzuführen. Am selben Tag und direkt nach einem Terroristenangriff auf den ägyptischen Grenzposten Al-Risa in der Nähe von Rafah – der seit dem Sturz von Hosni Mubarak im Januar 2011 bereits 28-mal angegriffen wurde – mobilisierten die ägyptischen Streitkräfte Panzer, Kampfhubschrauber und Kampfjets, um einen Terroristenstützpunkt und Fahrzeuge im Sinai anzugreifen, wobei 20 mutmaßliche Terroristen getötet wurden. Am 9. August lag die Zahl der getöteten Terroristen schon bei 60.

Am 9. August hatte Ägypten die Leiche eines der Angreifer als Mitglied der in Gaza stationierten „Army of Islam" identifiziert. Ägypten forderte die Hamas auf, drei weitere Schützen, die in den Angriff verwickelt waren, auszuliefern. Trotz vehementer Leugnungen seitens der Hamas, die aus der ägyptischen Muslimbruderschaft hervorgegangen ist, in irgendeiner Weise in den tödlichen Angriff auf den ägyptischen Grenzposten verwickelt zu sein, begannen ägyptische Streitkräfte, die Grenze zwischen Gaza und Ägypten abzuriegeln. Der Grenzübergang bei Rafah, der unter Mubarak geschlossen, aber von der neuen islamistischen Regierung wieder geöffnet worden war, wurde erneut „auf unbestimmte Zeit" geschlossen. Mit Hilfe schwerer Erdbaumaschinen begann Ägypten, Hunderte von Schmuggeltunneln unter der Grenze von Gaza und Ägypten zu zerstören, durch die die Hamas ihre Waffen vom Iran erhält sowie auch alle andere Schmuggelware, auf die sie hohe Abgaben erhebt. Die kurzen Flitterwochen zwischen der Hamas und Ägypten waren anscheinend vorbei, aber die Hamas hat die Muslimbruderschaft überredet, den Rafah-Übergang wieder zu öffnen und hat Terroristen von rivalisierenden Gruppen in Gaza verhaftet – sozusagen als Friedensgabe an Ägypten.

In dem jüngsten Scharmützel zwischen Israel, der Hamas und dem Islamischen Dschihad im November 2012, das von Israel den Namen „Säule der Verteidigung" erhielt, feuerten die Hamas und ihre Dschihad-Schützen 1506 Raketen auf israelische Städte ab, darunter auch Tel Aviv und Jerusalem. Im Gegenzug zerstörte Israel die Raketenarsenale der Terrorgruppen, die unterirdischen Raketenwerfer und Teile der Infrastruktur der Hamas.

Der ägyptische Präsident Mohammed Mursi reagierte umgehend und zog den ägyptischen Botschafter ab. Er verlangte die Einberufung des UNO-Sicherheitsrats und der Arabischen Liga. Mursi vertrat die gleiche Position wie die Hamas und sandte den ägyptischen Premierminister Hisham Kandil nach Gaza, um die Moral der Hamas zu stärken und die „grundlosen Aggressionen" Israels zu denunzieren. Die IDF sagte zu, ihr Feuer während des Besuchs von Kandil einzustellen, vorausgesetzt, die Hamas würde ebenfalls in der Zeit keine Raketen abschießen. Doch Kandil musste seinen Besuch verkürzen, weil mehrere Raketen nach Israel abgeschossen wurden und Israel darauf mit schweren Angriffen reagierte. Während seines Besuchs in Gaza versprach Kandil den Palästinensern die Unterstützung Ägyptens und drängte die verschiedenen Dschihad-Gruppen zur Zusammenarbeit. Kandil sagte:

> Die Kraft des palästinensischen Volks ist seine Einheit. Darin liegt der Weg zum Sieg.

Mursi ist ein ehemaliger Führer der Muslimbruderschaft. Er zitierte folgende Aussage Ägyptens und der Hamas, die aus der Muslimbruderschaft hervorgegangen ist:

> Wir sind ein Volk. Unser Blut ist palästinensisches Blut und palästinensisches Blut ist ägyptisches Blut.

Dadurch bekommt der aktuelle israelisch-arabische Konflikt noch einmal eine neue Wendung.

Die ägyptische Offensive gegen die Terroristen auf der Sinai-Halbinsel war seit dem Jom-Kippur-Krieg von 1973 die erste Gelegenheit, bei der die ägyptischen Streitkräfte Luftangriffe und Raketenfeuer im Sinai eingesetzt haben. Anscheinend war für die Ägypter die Ermordung so vieler ägyptischer muslimischer Brüder durch muslimische Terroristen der sprichwörtliche Tropfen, der das Fass zum Überlaufen brachte. Die Sorge Israels besteht darin, dass die Ägypter jetzt, besonders nachdem Mursi vor Kurzem die höheren Ränge des Militärs ihrer Ämter enthoben hat, diesen Angriff auf den Grenzposten ausnutzt, um die Sinai-Halbinsel wieder zu militarisieren. Israel hat Ägypten erlaubt, vorübergehend Truppen, Panzer, bewaffnete Fahrzeuge, Kampfhubschrauber und Kampfjets in die Sinai-Halbinsel zu bringen, um der sich zuspitzenden Situation mit den Terroristen entgegenzuwirken. Jetzt muss Israel zusehen und abwarten, ob Präsident Mohammed Mursi in Übereinstimmung mit dem Abkommen zwischen Ägypten und Israel seine Truppen wieder ins Kernland zurückzieht oder ob er die Kontrolle in der Sinai-Halbinsel wieder so wie vor dem Jom-Kippur-Krieg übernimmt. Ein entmilitarisierter Sinai war ein wichtiger Puffer für den Fall eines erneuten Überraschungsangriffs gegen den jüdischen Staat.

Die Wahl des Kandidaten der Muslimbruderschaft Mohammed Mursi als Ägyptens Präsident am 24. Juni 2012 bedeutete für Israel den Eintritt in eine extrem problematische Zeit, was die Beziehungen mit seinem mächtigen Nachbarn angeht. Zvi Mazel, in den späten 1990er-Jahren Israels Botschafter in Kairo, meint, dass der neue Präsident auf die Zerstörung Israels aus ist. Mazel sagt: „Er hat gesagt, er will Jerusalem erobern."

„Während des Wahlkampfs um das Präsidentenamt", sagte Mazel in einem Interview mit *Israel Radio*, „äußerte sich Mursi absichtlich unklar über die Frage der gegenwärtigen Beziehungen zwischen Ägypten und Israel, die 1979 einen Friedensvertrag miteinander geschlossen hatten." Mazel sagte voraus, dass Mursi und die Bruderschaft ihren Einfluss auf Ägypten sehr schnell ausweiten und festigen würden.

Am 12. August 2012 konsolidierte Mursi die Kontrolle der Muslimbruderschaft über Ägypten, als er den gesamten Führungsstab der Verteidigungseinrichtungen des Landes entließ. Mursi zwang die hochrangigen Offiziere Ägyptens, die militärische Elite, in den Ruhestand zu gehen, und veröffentlichte einen Erlass, in dem er seine Autorität als Präsident noch untermauerte. Das Militär war die Macht, die Mursis Stellung beschnitten hatte, doch er drehte den Spieß um und enthob Ägyptens starken Mann Mohammed Hussein Tantawi, den Generalstabschef Sami Anan und andere Befehlshaber ihrer Ämter. Mursi ordnete auch an, dass die Befehlshaber der Marine, der Luftabwehr und der Luftwaffe in den Ruhestand versetzt wurden. Diese Taktik hat Mursis Einfluss über die Streitkräfte gefestigt, sie ähnelt der des türkischen Premierministers Recep Tayyip Erdoğan, als er ein Dutzend seiner Generäle entließ. Allerdings handelte es sich bei Erdoğans Vorgehen, die Kontrolle über das türkische Militär zu erlangen, um einen schrittweisen Prozess. Mursi dagegen handelte innerhalb weniger Tage. Wenn nun die Muslimbruderschaft völlige Kontrolle über die ägyptischen Streitkräfte hat, dann hat Israel allen Grund, sich Sorgen zu machen.

264 Die Wüste

Die Wahl Mohammed Mursis zum ägyptischen Präsidenten ist in der Tat ein Grund zur Sorge für Israel. Da er Kandidat der radikalen Muslimbruderschaft ist – er war einer ihrer Führer, musste diesen Posten aber aufgeben, um sich als Kandidat für die Präsidentschaft präsentieren zu können –, fürchten viele, dass Mursis Sieg und der große Erfolg der Bruderschaft bei den Parlamentswahlen eine Bedrohung für den ägyptisch-israelischen Frieden darstellen. Die Glaubensgrundsätze der Muslimbruderschaft sind unter anderem:

> Allah ist unser Ziel. Der Koran ist unser Gesetz. Der Prophet ist unser Führer. Dschihad ist unser Weg, und für den Namen Allahs zu sterben, ist unsere höchste Ambition.

Im Moment stellt man sich in Israel die Frage, wie Mursi den Vertrag seines Landes mit Israel aufrechterhalten kann, wenn seine religiösen Überzeugungen dagegen sprechen. In seiner Antrittsrede, die weithin als ein Barometer für die zukünftigen Beziehungen mit Israel angesehen wird, betonte Mursi: „Der ägyptische Staat steht zu den internationalen Verträgen und Abkommen." Und noch weiter ausholend sagte er: „Wir bringen der Welt eine Botschaft des Friedens."

Auch wenn diese Aussagen ermutigend erscheinen, sind sie doch Teil der ausgefeilten Strategie der Bruderschaft über den Umgang mit Außenstehenden. Diese Strategie wird in allen Einzelheiten in Mustafa Mashhurs Buch *Jihad is the Way* dargelegt. Mashhur war von 1996 bis 2002 der Führer der Bruderschaft in Ägypten und erklärt die religiösen Überzeugungen und Ambitionen der Bewegung in allen Einzelheiten, besonders die Rolle des gewaltsamen Dschihad bei der Herbeiführung einer unter einem islamischen Kalifat vereinten Welt. Dieses Werk lässt die Zusicherungen Mursis durchaus in Zweifel stellen. Mashur erklärt:

> Der Dschihad und die Vorbereitungen für den Dschihad dienen nicht nur der Verteidigung gegen Angriffe und Attentate der Feinde Allahs gegen Muslime, sondern auch der großen Aufgabe, einen islamischen Staat zu gründen, die Religion zu stärken und sie auf der ganzen Welt zu verbreiten.

„Das Märtyrertum für Allah", schreibt Mashhur, „ist unser vornehmstes Streben." Der Dschihad ist in der Tat der Weg, und Mursi hat nicht nur diese Ideologie der Muslimbruderschaft nie abgelehnt, sondern darüber hinaus ist er heute der höchste politische Repräsentant Ägyptens und steht hinter der Hamas gegen Israel im Gazastreifen.

Wie kann man also all diese Widersprüche deuten? Warum spricht Mursi vom Frieden, obwohl er doch deutlich eine Ideologie des Krieges vertritt? Der Grund ist, dass dieses Reden in Wirklichkeit eine Kriegslist ist. Sollte Ägypten seinen Vertrag mit Israel aufkündigen, würde es sich eventuell politisch isolieren und die Wirtschaft in den Ruin treiben. Stattdessen kann Mursi das Prinzip der Bruderschaft anwenden, das sie von Mohammed gelernt haben: „*Sabr*" – Geduld und Entschlossenheit. Auch wenn Ägypten im Moment zu seinen internationalen Engagements steht, schließt das einen zukünftigen Krieg nicht aus; und die Versicherung friedlicher Absichten streichen nicht den Dschihad von der Agenda. Eigentlich wird er dadurch sogar vorangetrieben, jedenfalls für die Bruderschaft. Mursi braucht seine Überzeugungen nicht zu ändern, und er braucht auch die Grundüberzeugungen der Bruderschaft nicht abzulehnen, wenn er vom Frieden spricht.

Was im Moment Priorität hat, ist, die ägyptische Gesellschaft zu stärken und zu stabilisieren. Es ist sogar das Mittel, Ägypten darauf vorzubereiten, die islamische Welt anzuführen und das weltweite, vom Islam verfolgte Ziel zu erreichen. Friedliche Aussagen, die in den nächsten paar Jahren von Ägypten gemacht werden, sollten Beobachter nicht dahingehend täuschen zu denken, die Bruderschaft hätte ihre religiöse Ideologie und ihre übergreifende islamische Weltsicht geändert. Frieden zu verkünden und sich gleichzeitig auf den Dschihad vorzubereiten, gehört voll und ganz zur Strategie des Dschihad.

Am 19. Oktober 2012 nahm Mohammed Mursi am Gebet in der El-Tanaim-Moschee im Küstengebiet von Matrouh teil, was vom ägyptischen Staatsfernsehen aufgezeichnet und ausgestrahlt wurde. Mursi wurde tief im Gebet versunken gezeigt, während der islamistische Geistliche Futouh Abd al-Nabi Mansour erklärte:

> O Allah, erlasse uns unsere Sünden, stärke uns und gib uns den Sieg über die Ungläubigen. O Allah, vernichte die Juden und jene, die sie unterstützen. O Allah, zerstreue sie, unterwerfe sie. O Allah, erweise an ihnen deine Macht und Größe.

Man konnte klar erkennen, wie Mursi mit seinen Lippen ein „Amen" formte (auf Arabisch „Amin"), als der Geistliche seinen Gefühlen Ausdruck gab – ein ganz offener Einblick in die Seele Mursis.

Im August 2012 weigerte sich ein hochstehendes Mitglied der ägyptischen Muslimbruderschaft, an einer Podiumsdiskussion anlässlich einer internationalen Konferenz über Sicherheit und Frieden teilzunehmen, bei der auch Israelis anwesend waren. Amr Darrag, der Chef für auswärtige Beziehungen in der Partei von Präsident Mursi, der Partei für Freiheit und Gerechtigkeit, erklärte vor ägyptischen Medien, dass eine Delegation seiner Partei an der internationalen Konferenz für Sicherheit und Frieden in Prag teilnahm und dass eine Reihe von ebenfalls teilnehmenden Israelis den Versuch gemacht hätten, mit den Ägyptern Kontakt aufzunehmen, doch dass die Ägypter sich geweigert hätten, mit ihnen zu reden.

„Wir von der Partei für Freiheit und Gerechtigkeit lehnen die Normalisierung [mit Israel] ab", sagte Darrag, und fügte hinzu, er hätte die Organisatoren der Konferenz darüber informiert, dass er mit keinem Israeli gemeinsam auf einer Bühne stehen und auch an keiner Podiumsdiskussion mit ihnen teilnehmen würde. Ägypten lehnt Israel völlig ab. Darrag meinte:

> Ägypten muss sich an die internationalen Vereinbarungen halten, aber als Gruppe, die die Interessen des Volkes vertritt, lehnen wir jegliche Normalisierung und jeglichen Dialog mit Israel ab.

Mursi wird die Taktik Mohammeds befolgen: Ägypten wird seinen Vertrag mit Israel brechen – „sobald die Umstände es zulassen."

Was für Israel beunruhigend ist, sind die Medienberichte darüber, dass Mursi bei seiner Antrittsrede verlauten ließ, er wolle die Verbesserung der Beziehungen zum Iran zu einer der Prioritäten seiner Präsidentschaft machen. (Der Iran hatte die diplomatischen Beziehungen mit Ägypten abgebrochen, nachdem es den Friedensvertrag mit Israel unterzeichnet hatte.) Der Iran seinerseits lud Mursi nach Teheran ein, um über die Verbesserung der Beziehungen zu reden. Dieser Besuch fand im August 2012 statt. Eine islamistische ägyptische Regierung, die an ihrer Spitze den ehemaligen Führer der Muslimbruderschaft hat und die Hamas unterstützt, ist schon schlimm genug. Doch wenn diese Regierung dazu noch eine herzliche Verbindung zum weltweit führenden Exporteur des Terrors unterhält, dann ist das fast zu viel. Nach einer Umfrage des *Foreign Policy Magazine* vom September 2012 sehen 62 Prozent aller befragten Ägypter im Iran und seinem Präsidenten Mahmud Ahmadinedschad Freunde Ägyptens und befürworten 87 Prozent eine eigene Atombombe für Ägypten.

Am 11. Oktober 2012 hat der einflussreichste Vertreter der Muslimbruderschaft, Sheikh Mohammed Badie, (der Oberste Führer der Bruderschaft) in einer von der ägyptischen Tageszeitung *Al-Ahram* veröffentlichten Rede die arabischen Länder aufgefordert, Jerusalem durch einen Dschihad – einen Heiligen Krieg – von der israelischen Herrschaft zu befreien. Badie sagte unter anderem:

> Der Dschihad zur Rückeroberung Jerusalems ist eine Pflicht für alle Muslime – die Befreiung der Heiligen Stadt wird nicht durch Verhandlungen bewirkt werden. Jerusalem ist islamisch. Die Zionisten verstehen nur die Sprache der Gewalt, und die Araber können nicht darauf hoffen, durch die Institutionen der Vereinten Nationen von den Juden Gerechtigkeit zu erlangen.

Die direkte Umgebung Israels ist bereits voller fanatischer Islamisten, die darauf hinarbeiten, den jüdischen Staat auszulöschen. Jetzt weist alles darauf hin, dass Ägypten die Dinge noch schwieriger machen könnte. Israel lebt in einem sehr feindlich gesinnten Umfeld.

Was Syrien nach Bashir Assad tun wird, ist ebenfalls eine große Unbekannte. Israel weiß nicht, was in Syrien geschehen wird, wenn die Regierung von Assad eines Tages zu Ende gehen wird. Syrien ist nicht homogen wie andere Länder: Die Sunniten in Damaskus und die Sunniten in Aleppo sind unterschiedlich, und dann gibt es noch die Drusen, die Kurden und die Alawiten.

Ein aktueller Grund zur Besorgnis sind die enormen Lager strategischer chemischer und biologischer Waffen, die sich in Syrien befinden. Wie schon erwähnt, weiß Israel nicht, wer als Nächstes dort an der Macht sein wird. Welche Waffen werden – oder sind schon – an die Hisbollah weitergegeben worden, wie werden sie unter den anderen Gruppen innerhalb Syriens aufgeteilt, und worauf wird das alles hinauslaufen? Das alles sind Fragen, die Besorgnis erregen.

Syrien hat in den letzten Jahren über zwei Milliarden US-Dollar in die Luftabwehr investiert, weil es sich darüber klar ist, dass es ein Problem mit der israelischen Luftwaffe hat. Die Raketen mit der größten Zerstörungskraft, die 2006 auf Haifa und Zentral-Israel abgefeuert wurden, waren syrische Raketen, die von dort an die Hisbollah geliefert worden waren. Syrien ist ein eingeschworener Feind Israels und führt einen Stellvertreterkrieg durch die Hisbollah.

Im September 2006 sagte Hassan Nasr'allah, der fanatische islamistische Anführer der Hisbollah, in einer Rede, Syrien hätte auch Raketen in den Gazastreifen geschmuggelt, damit sie von der palästinensischen Terroristengruppe Hamas gegen Ziele in Südisrael eingesetzt werden. Nasr'allah prahlte:

268 Die Wüste

> Die Flugkörper, die nach Gaza geliefert wurden, zwangen über eine Million Siedler dazu, sich in Bunkern zu verstecken, und versetzten Tel Aviv in Schrecken.

Die britische Zeitung *Times* berichtete am 21. August 2012, dass Syrien der Hisbollah auch mehrere *SS-1 Scud*-Raketen überlassen und ihnen genehmigt hat, diese im Libanon zu stationieren. Die SS-1 Scud ist eine große Rakete mit enormer Schlagkraft. Sie ist 11,35 Meter lang und kann ernsthaften Schaden anrichten. Im Golfkrieg von 1991 schoss Saddam Hussein 31 SS-1 Scud auf Israel ab und zerstörte oder beschädigte etwa 5000 israelische Häuser. Derartige Waffen in den Händen der Hisbollah bedeuten eine mächtige Erweiterung ihres todbringenden Arsenals. Und dafür muss Israel sich bei Syrien bedanken.

Während die arabischen Regierungen die Einfuhr von Brot und Geldern nach Gaza blockierten, schickte Syrien Waffen und Nahrungsmittel.

Arabische Armeen neigen dazu, ihre Gefangenen brutal zu behandeln, aber die syrischen Soldaten sind Meister auf dem Gebiet des grausamen Abschlachtens: Während des Kriegs von 1967 wurden israelische Gefangene auf den Golanhöhen entdeckt, denen die Geschlechtsteile abgeschnitten und in den Mund gestopft worden waren. Die Frage, wer nach Assad in Syrien an die Macht kommen wird, bereitet Israel Sorgen.

Libanon: Brigadegeneral Herzi Halevy, der Befehlshaber der IDF-Division 91, sagte am 5. Juli 2012, dass die israelische Offensive von 2009 gegen die Hamas im Gazastreifen nur ein blasser Schimmer sein wird im Vergleich mit dem, was dem Libanon zustoßen wird, sollte es in der Zukunft zu einem Krieg mit der Hisbollah kommen. Von dem, was die IDF im Libanon anrichten wird, wird dieser sich – wenn überhaupt – erst in einem Jahrzehnt erholt haben. Halevy sagte zudem:

> Die Zerstörung wird im Libanon größer sein als in Israel, und die Anzahl der Sprengkörper, die fallen werden, werden auf der anderen Seite größer sein als auf unserer Seite. Wir werden stark und aggressiv vorgehen müssen.

Halevy erläuterte diese Bemerkung gegenüber Journalisten: Die Zerstörung werde deshalb so verheerend sein, weil die Hisbollah ihre Befehlszentralen und Stützpunkte absichtlich innerhalb von Dörfern und Städten im ganzen Libanon verteilen wird. Die Hisbollah ist nach eigener Definition die „erste Verteidigungslinie" des Iran gegen Israel.

Die Wüste - militärische Kriegsführung

Halevy, der in der „Operation Gegossenes Blei" 2009 eine Fallschirmjägerbrigade angeführt hat, sagte, Israel würde in einem zukünftigen Krieg unverzüglich handeln – am Boden und aus der Luft, was „weitreichenden Schaden anrichten würde, nicht als Strafaktion, sondern um den Feind dort zu schlagen, wo er sich befindet". Er meinte, dass der Schaden im Libanon noch größer sein werde als während des zweiten Libanonkriegs 2006.

Ein Angriff auf die nuklearen Einrichtungen des Iran, egal durch wen, oder der andauernde Bürgerkrieg in Syrien könnte einen Konflikt zwischen Israel und der Hisbollah auslösen. Zunehmende Spannungen zwischen der israelischen Armee und den libanesischen Streitkräften könnten ebenfalls einen Konflikt auslösen.

Der Beiruter Zeitung *Al Joumhouria* zufolge besuchte der Sekretär des Nationalen Sicherheitsrats des Iran im August 2012 den Libanon und gab grünes Licht für einen umgehenden Einsatz der militärischen Streitkräfte der Hisbollah gegen Israel im Falle eines Angriffs von Israel auf das iranische Atomprogramm.

Zum Zeitpunkt der Entstehung dieses Buches haben die israelischen Streitkräfte die letzten zwölf Monate damit verbracht, ihre Verteidigungseinrichtungen entlang der israelisch-libanesischen Grenze zu verstärken. Vor Kurzem wurde der Bau einer Betonmauer zwischen der israelischen Grenzstadt Metulla und der libanesischen Stadt Kafr Kila fertiggestellt. Die Armee hatte beschlossen, in diesem Grenzabschnitt eine Mauer zu errichten, um Reibereien zwischen den beiden Seiten zu reduzieren.

Seit dem Krieg von 2006 beobachtet die IDF nicht nur, dass die Hisbollah intensiv aufrüstet und zehntausende Raketen und Flugkörper beschafft, sondern auch ihr konzertiertes Bestreben, über die militärischen Positionen Israels entlang der Grenze Informationen einzuholen. Die Armee hat am 5. Juli 2012 Fotos veröffentlicht, auf denen Agenten der Hisbollah zu sehen sind, die, ausgestattet mit Überwachungsgeräten, die Bewegungen und Stationierungen der IDF entlang der Grenze filmten.

Während des Kriegs im Sommer 2006 (wie von Brigadegeneral Herzi Halevy angegeben, s. o.), der durch einen grenzüberschreitenden Angriff von Hisbollah-Kämpfern ausgelöst wurde, bei dem acht israelische Soldaten getötet und zwei weitere entführt wurden, feuerte die Hisbollah etwa 5.000 Raketen auf Israel ab, bis nach Hadera, etwa 80 Kilometer südlich der Grenze. In diesem Krieg wurden nach Angaben der libanesischen Regierung etwa 1.200 Libanesen getötet, und nach Angaben der israelischen Regierung 159 Israelis.

Innerhalb von drei Jahren nach Ende der Feindseligkeiten – und trotz einer Resolution des UNO-Sicherheitsrats, die die Hisbollah zur Abrüstung auffordert – hat die Hisbollah vor den Augen der 12.000 Mann starken UN-Friedenstruppe wieder neu aufgerüstet. Die Hisbollah bereitet sich auf einen kommenden Konflikt mit Israel vor und verfügt über ein Waffenarsenal mit zehntausenden Raketen und Flugkörpern. Viele sehen absichtlich weg, während Tausende zehn Meter lange und über drei Tonnen schwere Raketen quer durch den Libanon transportiert werden. Der Import und Transport dieser Flugkörper wurde vor den Augen der UN-Friedenstruppe durchgeführt, deren spezifische Aufgabe im Libanon darin bestand, die Hisbollah an einer erneuten Aufrüstung zu hindern.

Die Hisbollah wurde mit Unterstützung des Iran in den frühen 1980er-Jahren gegründet und wird sowohl von Teheran als auch von Damaskus gesponsert. In den USA wird sie als eine „ausländische Terrororganisation" geführt, seit dieser Begriff 1996 im Gesetz verankert wurde.

Unter den verheerendsten Angriffen der Hisbollah sind Selbstmordattentate in Beirut 1983, durch die über 300 Menschen getötet wurden, darunter auch 241 US-Soldaten und 58 französische Militärangehörige. Zum Zeitpunkt des Schreibens weigert sich die Europäische Union weiterhin, die Hisbollah als eine terroristische Organisation einzustufen. Trotz ihrer Geschichte der Gewalt haben die Hisbollah und ihre Verbündeten sechzehn der dreißig Sitze im Kabinett des libanesischen Premierministers Najib Mikati inne und damit faktisch Vetomacht über die Regierung.

Dass die Hisbollah eine bewaffnete Miliz ist, verstößt gegen zwei Resolutionen des Sicherheitsrats, der Resolution 1559 aus dem Jahr 2004, die „die Auflösung und Entwaffnung aller libanesischen und nicht-libanesischen Milizen" fordert, und der Resolution 1701 aus dem Jahr 2006 mit ihrer Forderung

> der Abrüstung aller bewaffneten Gruppen im Libanon, damit
> ... es keine Waffen oder Kräfte außer denen des Staates Libanon gibt.

Am 2. Juli 2012 zitierte die Beiruter Zeitung *Al-Joumhouria* eine „Sicherheitsstudie", der zufolge die Terrorgruppe ihre Untergrundstrukturen verbessert haben soll. Als Quelle gab *Al-Joumhouria* einen diplomatischen Bericht an, der von einer ungenannten europäischen Botschaft veröffentlicht worden war und der angeblich Informationen „einer Anzahl westlicher Geheimdienste" enthielt.

Die Wüste - militärische Kriegsführung 271

Es hieß, „iranische Experten" hätten nach dem zweiten Libanon-Krieg 2006 Grabungen für ein neues Tunnelnetzwerk in der Gegend des libanesischen Beqaa-Tals beaufsichtigt. Dieses Tal liegt an der Grenze zu Syrien. Außerdem berichtete *Al-Joumhouria*, die Hisbollah habe in einer Region südlich des Litani-Flusses ein neues Tunnelnetzwerk gegraben. Diese Tunnel seien mit modernsten Belüftungssystemen, Beleuchtung und Kommunikationsnetzen ausgestattet und darauf ausgelegt, militärischen Land- oder Luftoperationen zu widerstehen. In den Tunneln befänden sich, an unterschiedlichen Orten versteckt, unterirdische Waffen- und Munitionslager. Und die Tunnel, so *Al-Joumhouria*, seien zudem mit Schlafräumen, medizinischen Einrichtungen, Küchen, Toiletten, Wasserversorgung und Heizungssystemen ausgestattet, sodass Dutzende von Terroristen wochenlang dort unter der Erde leben könnten.

Vor vielen Jahren schon habe die Hisbollah große Landstücke in der Region Hermel nahe der syrischen Grenze erworben und Tunnel gebohrt, die unter den Bergen des Beqaa-Gebiets bis weit ins syrische Landesinnere reichen. Ferner wurde erwähnt, dass, ähnlich der Hisbollah-Strategie, auch Israel Tunnelmanöver ausgeführt habe, die für die IDF in einem zukünftigen Konflikt nützlich sein könnten. Allerdings, hieß es in dem Bericht, gehe es heute „nicht mehr um die Tunnel, sondern eher um die Flugkörper", die im ganzen Land versteckt sind.

Neben dem Iran ist es sein Schützling, die Hisbollah, welcher die größte potenzielle Gefahr für verheerende Verwüstungen unter unschuldigen israelischen Zivilisten darstellt. Die IDF wird gezwungen sein, sich offensiv mit den libanesischen Meistern des Terrors auseinanderzusetzen.

Am 17. Dezember 2012 kam es zu einer heftigen Explosion im südlichen Libanon, in der Nähe der Grenzstadt Tair Harfa, die direkt an der Grenze zu Israel liegt. Die libanesischen Behörden und die UN-Friedenstruppen wissen nicht, was diese Explosion verursacht hat. Drei Tage nach der Explosion behauptete eine kuwaitische Zeitung, dass sie durch ein geplantes Attentat verursacht worden war und dass in den getroffenen Bauwerken der Hisbollah in Syrien hergestellte Marschflugkörper mit biologischen und chemischen Gefechtsköpfen untergebracht waren. Der Bericht aus Kuwait zeigte nicht direkt mit dem Finger auf Israel als Verursacher dieses Schlags gegen das geheime Waffenlager, sagte aber, dass die IDF derartige Angriffe schon in der Vergangenheit ausgeführt habe. Gegenüber der *Times of Israel* äußerte sich der israelische Luftwaffenbefehlshaber Generalmajor Amir Eshel über die Explosion im Südlibanon:

272 Die Wüste

> Wer auf Raketen schläft, sollte sich darüber klar sein, dass
> das ein sehr unsicherer Ort ist.

Die jordanische Regierung hat sich am 26. Oktober 1994 verpflichtet, einen Friedensvertrag zwischen dem Staat Israel und dem Haschemitischen Königreich Jordanien zu schließen. Es ist in der Tat so, dass die israelisch-jordanische Grenze bisher die ruhigste aller Grenzen von Israel ist. Allerdings hat es eine Reihe von großangelegten Protestaktionen gegen die regierende jordanische Monarchie gegeben, die von der Muslimbruderschaft angezettelt wurden, ähnlich der Protestaktionen in anderen arabischen Ländern im Verlauf des Arabischen Frühlings (Teheran nennt den „Arabischen Frühling" lieber das „Islamische Erwachen").

Viele Jordanier möchten das Ende der haschemitischen Monarchie sehen, und Jordaniens König Abdullah geht jetzt pragmatisch vor und führt eine Reihe von Reformen ein, um die Stimmen zu beruhigen, die seinen Sturz fordern. Eine dieser wichtigen Reformen ist sicherlich, die Praxis des Staatbürgerschaftsentzugs für Palästinenser zu stoppen (ausführlich im zweiten Kapitel behandelt). Sollten die 70 bis 80 Prozent der Jordanier palästinensischen Ursprungs sich gegen ihn auflehnen, könnten König Abdullah und andere Haschemiten problemlos von heute auf morgen abgesetzt werden.

Auch wenn die Beziehungen zwischen König Abdullah und Israel eher herzlich sind, war die jordanische Botschaft in Tel Aviv trotzdem über zwei Jahre lang ohne Botschafter, seit König Abdullah den ehemaligen Gesandten Ali Al-Ayed im Juli zum Minister für Medianangelegenheiten und Kommunikation berufen hatte.

Mit Walid Obeidat ernannte Amman schließlich am 1. Oktober 2012 einen neuen Botschafter, und dieser legte dem israelischen Präsidenten Schimon Peres am 17. Oktober sein Beglaubigungsschreiben vor. Allerdings gehört Obeidat zu einer der größten Volksgruppen innerhalb Jordaniens, die eine Normalisierung mit Israel ablehnen. Der Klan denunzierte und verurteilte diese Berufung und kündigte an, dass er jegliche Beziehungen zu dem neuen Botschafter abbrechen und den 17. Oktober zu einem öffentlichen Trauertag erklären würde.

Am 13. September 2012 berichtete die Nachrichtenagentur *AFP*, König Abdullah sei darüber verärgert, dass Israel das Vorhaben Jordaniens für die Entwicklung eines Atomenergieprogramms blockiert. Abdullah beschuldigte Israel, die Entwicklung eines jordanischen Atomprogramms zu behindern, eine Beschuldigung, die von Israel auf diplomatischem Weg zurückgewiesen wurde.

Auch wenn Abdullah sich fest an die Abmachungen des Friedensvertrags mit Israel hält, scheut er sich andererseits nicht, die Politik Israels zu kritisieren, besonders im Hinblick auf die Palästinenser. Auch sollte man den Friedensvertrag zwischen Jordanien und Israel in der gleichen Kategorie einstufen wie Mubaraks Definition des Vertrags zwischen Ägypten und Israel, wie schon zuvor erwähnt: „Israel hat mit der ägyptischen Regierung Frieden geschlossen, nicht mit dem ägyptischen Volk." In gleicher Weise hat Israel mit der haschemitischen Monarchie Frieden geschlossen, nicht mit dem jordanischen Volk.

Nach der Plünderung der israelischen Botschaft im ägyptischen Kairo im September 2011 protestierten auch Jordanier in Massen vor der israelischen Botschaft in Amman, verbrannten israelische Flaggen und forderten eine Annullierung des Abkommens mit Israel.

Israelische Touristen in Jordanien sind ebenfalls angegriffen worden, nur weil sie das Verbrechen begangen hatten, Israelis zu sein. Zum Beispiel wurden im Juni 2012 sechs israelische Touristen auf einem Markt in Südjordanien angegriffen. Die sechs Männer und Frauen besuchten einen öffentlichen Markt in der Stadt Rabba, etwa 100 Kilometer südlich der Hauptstadt Amman. Einer der Händler identifizierte die Touristen als Israelis und begann, die Männer mit Schuhen zu bewerfen – in der arabischen Kultur ein Symbol der Verachtung. Die israelischen Touristen flohen in ihren Autos aus der Gegend, als auch andere Passanten sich an den Aggressionen beteiligten, wie lokale Medien berichteten. „Israelis sind auf dem Markt nicht erwünscht", sagte ein Marktbesucher gegenüber *Al-Arab Al-Yawm* und fügte hinzu:

> Wer über einen Frieden zwischen den Israelis und den Jordaniern spekuliert, macht sich etwas vor. Die unterzeichneten Abkommen sind nicht mehr als Tinte auf einem Stück Papier. Sie bedeuten überhaupt nichts.

Der Artikel 11 des Friedensabkommens zwischen Israel und Jordanien von 1994 fordert beide Länder auf,

> keine feindliche oder diskriminierende Propaganda gegeneinander zu betreiben und alle zur Verfügung stehenden rechtlichen und behördlichen Mittel einzusetzen, um die Verbreitung einer solchen Propaganda durch Organisationen oder Individuen auf dem Staatsgebiet beider Parteien vorzubeugen.

274 Die Wüste

Am 12. Dezember 2012 warnte der jordanische Tourismusminister israelische Touristen im Haschemitischen Königreich davor, durch das Tragen von „äußerlich erkennbarer jüdischer Bekleidung", wie zum Beispiel *Kippa* oder *Zizit*, die „Empfindlichkeiten" der Jordanier herauszufordern.

Allerdings hatte der jordanische Imam Ghaleb Rabab'a am 23. März 2012 vor Gläubigen eine Freitagspredigt gehalten, die live im Staatsfernsehen übertragen worden war, was aus dem kürzlich veröffentlichten Filmmaterial hervorgeht, das von MEMRI (Middle East Media Research Institute) übersetzt und ausgestrahlt wurde. In der Predigt vor seiner Gemeinde sagte der Imam, dass die jordanische Armee Israel vernichten und Jerusalem von den „Prophetenmördern" zurückerobern wird. „Die Arroganz der Juden wird besiegt werden, so Allah es will", sagte Rabab'a und fügte hinzu:

> Die [jordanische] Armee ist unbesiegbar. Ihre Truppen bestehen aus Menschen, die beten, aus Imamen und aus Menschen, die den Koran auswendig gelernt haben. Diese Armee wird nie besiegt werden, so Allah es will. Jerusalem wird zurückerobert werden, so Allah es will, durch diese demütigen und reinen Hände, die den Koran hochhalten und ihn Tag und Nacht zitieren. Es ist eine Armee, die sich vor keinem beugt, außer vor Allah. Wir müssen heute stolz sein auf unser Land und seine Armee, die vom Propheten Muhammed abstammt.

Es ist noch nicht klar, ob diese Predigt aus einer staatlichen oder eine privaten Moschee stammt, und Anfragen an die jordanische Botschaft in Israel, dies zu kommentieren, blieben bis zum Zeitpunkt des Schreibens unbeantwortet.

Die Grenze zu Jordanien ist ruhig und jordanische Soldaten wachen darüber, dass dies so bleibt. Allerdings haben einige jordanische Parlamentsmitglieder von Zeit zu Zeit ihre Opposition zum Friedensabkommen mit Israel zum Ausdruck gebracht. Wenn das Haschemitische Königreich gestürzt wird, dann wird es mit dieser friedlichen Grenzsituation wohl ein Ende haben.

Die Palästinenserfrage ist immer noch aktuell, wie schon seit Jahrzehnten. Derzeit sieht es so aus, als ob es sehr bald zu einer größeren Kraftprobe kommen werde.

Ein Abkommen mit den Palästinensern kann nur dann von Dauer sein, wenn es sich auf solide Sicherheitsmaßnahmen gründet. Man denkt eigentlich, Frieden bewirke Sicherheit. Aber im Nahen Osten ist es so, dass Sicherheit Frieden bewirkt. Ein wie auch immer gearteter israelisch-palästinensischer Friedensvertrag muss durch solide Sicherheitsmaßnahmen geschützt werden, aufgrund der Nähe der Westbank und des Gazastreifens zum Herzland Israels und aufgrund der Tatsache, dass die israelische Bevölkerung potenziellen Bedrohungen ausgesetzt ist.

Allerdings wendet der Präsident der Palästinenserbehörde Mahmud Abbas alle möglichen Tricks an, um jeden Versuch, einen Friedensvertrag mit Israel auszuhandeln, abzuwehren. Er ist davon überzeugt, dass das aktuelle Klima des Antisemitismus und offen zur Schau getragener antiisraelischer Ressentiments in den Vereinten Nationen bewirken wird, dass die UNO Israel einen autonomen Palästinenserstaat aufdrückt, und zwar einen Staat, der Israel zwingen wird, sich bis hinter die Waffenstillstandslinien von 1949 zurückzuziehen. Dafür kann man sich bei dem inkompetenten US-amerikanischen Präsidenten Barack Obama bedanken. In seiner Wahlkampagne sagte Obama 2008 wiederholt, dass er die Nahost-Friedensinitiative zu einer der Prioritäten seiner Regierung machen würde. Doch anstatt die Friedensverhandlungen zwischen Israel und den Palästinensern voranzubringen, hat Obama sie zu einem jähen Stillstand gebracht, und seitdem gibt es keinen Fortschritt.

Bei seinem Amtsantritt hatte Obama die Absicht, „Licht" in die Beziehungen zwischen Israel und sich selbst zu bringen. Er glaubte, dass, wenn er mehr zu den Palästinensern tendierte, Israel sich etwas nachgiebiger zeigen würde. Doch das Gegenteil ist eingetreten. Als Obama auf einem Baustopp in Jerusalem bestand (etwas, was keine US-Regierung jemals verlangt hatte und keine israelische Regierung jemals akzeptieren würde), erkannte die Palästinenserbehörde, dass der Weg frei war, und wurde geradezu aufsässig.

Im Juni 2009 hat Obama gesagt, dass die USA „die Legitimität der anhaltenden Siedlungspolitik Israels nicht anerkennt". Abu Mazen hat aus dieser Aussage ein Mantra gemacht und weigerte sich, weitere Verhandlungen mit Israel zu unternehmen, bis Israel alle Siedlungsbauten in der Westbank (dem biblischen Judäa und Samaria) und in Ost-Jerusalem einfriert. Noch nie, in all den Jahren zuvor, in denen Verhandlungen liefen, war der Siedlungsbau ein Problem gewesen. Alles war immer offen auf den Verhandlungstisch gekommen.

276 Die Wüste

Um sowohl Obama als auch den Palästinensern entgegenzukommen, gab Israel nach und fror alle Bauvorhaben in der Westbank zehn Monate lang ein. Noch nicht einmal der Bau eines zusätzlichen Badezimmers für wachsende jüdische Familien wurde genehmigt. Doch Abbas erfand eine Ausrede nach der anderen, sich nicht mit Premierminister Benjamin Netanyahu zu treffen, er traf sich letztendlich in diesem Zeitraum kein einziges Mal mit ihm.

Der in mehreren Zeitungen publizierende Kolumnist Charles Krauthammer schrieb am 28. Juli 2012, dass der Präsident der Palästinenserbehörde, Mahmud Abbas, gegenüber der *Washington Post* ganz offen zugegeben habe, er werde „sich einfach hinsetzen und darauf warten, dass Amerika ihm Israel ausliefert". Das Resultat von Obamas politischen Fehltritten war, dass Abbas sich weigerte, mit Israel zu verhandeln. Im September 2011 versuchte Abbas dann, das Grundprinzip der Nahostpolitik der USA – Aushandlung einer Zwei-Staaten-Lösung – zu untergraben, indem er einseitig versuchte, ohne vorherige Verhandlungen oder beidseitige Abkommen die Anerkennung eines palästinensischen Staats beim UNO-Sicherheitsrat zu erreichen.

Nachdem er die Verhandlungen zwischen Israel und den Palästinensern zum Scheitern gebracht hatte, trat Obama, wie schon an anderer Stelle angemerkt von dem einen Fettnäpfchen direkt ins nächste: Sozusagen als israelisches Zugeständnis für einen Frieden mit den Palästinensern, sagte er im Mai 2011, sollten die Grenzen, die Israel vor dem Krieg von 1967 hielt, Grundlage für eine Vereinbarung zwischen Israel und den Palästinensern sein.

Netanyahu traf sich mit Obama am nächsten Tag im Weißen Haus, direkt nach dem öffentlichen Aufruf des US-Präsidenten, Israel solle sich hinter die Linien von vor 1967 zurückziehen. In dieser spannungsgeladenen Atmosphäre informierte Netanyahu Obama, dass er bereit sei, für einen Frieden bestimmte Kompromisse einzugehen, dass aber ein Rückzug Israels hinter die Linien von 1967 keine Option sei.

Abbas jedoch griff Obamas öffentlichen Appell, Israel solle sich bis zu den Waffenstillstandslinien von 1949 (die Linien von 1967) zurückziehen, auf, indem er dies zu seiner zweiten Forderung machte. Nachdrücklich erklärte er, nicht wieder zu einem Gespräch mit Netanyahu bereit zu sein, bis Israel sich verpflichte, den Siedlungsbau völlig einzufrieren und die Waffenstillstandslinie als Grenze eines Palästinenserstaates anzuerkennen. Es versteht sich von selbst, dass Israel diese Bedingungen von Abbas ablehnte.

Im April 2011 war sogar Mahmud Abbas frustriert über Präsident Obama. In einem Interview mit dem Webzine *The Daily BEAST* sagte Abbas:

Die Wüste - militärische Kriegsführung 277

Es war Obama, der ein vollständiges Einfrieren der Siedlungsbauten vorgeschlagen hat, ich war damit einverstanden. Wir sind beide diesen Baum hochgeklettert. Dann kletterte er mit einer Leiter wieder hinunter, nahm die Leiter weg und sagte zu mir: Spring! Das hat er dreimal gemacht.

Dreizehn Monate später, am 14. Mai 2012, sagte Abbas, er selbst könne „nicht weniger palästinensisch sein als Obama". Er saß in der Klemme. Es war in der Tat so, dass Obama ihn auf einem Baum hatte sitzen lassen, ohne eine Möglichkeit, wieder herunterzukommen. Obama hätte sagen können, dass er sich mit den Aussagen, die zum Scheitern der Friedensgespräche geführt hatten, geirrt habe. Auf diese Weise hätte Abbas die Möglichkeit gehabt, wieder vom Baum herunterzuklettern. Aber Obama entschuldigt sich aus Prinzip nicht – er ist viel zu sehr in sein eigenes Image verliebt.

Friedensgespräche zwischen Israel und den Arabern finden schon seit Mitte der 1970er-Jahre statt, und bisher haben sie Abkommen mit Ägypten (1979) und Jordanien (1994) bewirkt. Die Gespräche mit den Palästinensern begannen 1991, und zum Zeitpunkt des Schreibens sind sie immer noch fruchtlos. Die Palästinenser zeigen keine ernsthaften Absichten, mit Israel Frieden zu schließen.

Bei den Gesprächen in Camp David im Jahre 2000 erklärte sich Premierminister Ehud Barak bereit, 98 Prozent der Westbank und die Hälfte von Jerusalem, in der der Tempelberg liegt – die heiligste Stätte des Judentums –, abzugeben und die meisten Siedlungen jenseits der Grünen Linie[2] zu zerstören. Jassir Arafat lehnte dieses Angebot ab, verließ Camp David und startete einen Kleinkrieg, der fast 2000 Israelis und etwa 4000 Palästinenser das Leben kostete.

Zwischen 2006 und 2009 schien der Friedensprozess Fortschritte zu machen, da sich hochgestellte palästinensische Unterhändler regelmäßig mit Außenministerin Tzipi Livni, Premierminister Ehud Olmert und anderen Unterhändlern zu geheimen Unterredungen trafen. Israelis bekamen immer größere Bedenken darüber, was ihre politischen Führer den Palästinensern alles versprachen.

Anscheinend ging es in den Gesprächen zwischen den Palästinensern, Livni, Olmert und anderen um etwa die gleichen Zugeständnisse wie jene, die Ehud Barak auch schon gemacht hatte. Doch Mahmud Abbas, der vorher der Stellvertreter von Arafat gewesen war, lehnte das Angebot ab.

Die ehemalige US-Außenministerin Condoleezza Rice hat ein Buch geschrieben mit dem Titel *No Higher Honor*, in dem sie einige Details über die Friedensgespräche zwischen Israel und den Palästinensern preisgibt. Rice beschreibt, wie Abbas die Bedingungen von Olmerts Friedensangebot abgelehnt habe. Abbas leugnet allerdings, dass die Unterhaltung, die Rice in ihren Memoiren beschreibt und zitiert, überhaupt stattgefunden habe.

In einer Widerlegung vom 10. Juli 2012 bestätigte Rice die Richtigkeit ihrer Darstellung eines Treffens im Jahr 2008 mit Mahmud Abbas, in dem er ihr gesagt habe, warum er die Bedingungen Ehud Olmerts für ein dauerhaftes israelisch-palästinensisches Friedensabkommen nicht akzeptieren könne.

In *No Higher Honor* berichtet Rice von einem Besuch in Ramallah im Mai 2008, direkt nachdem Olmert ihr sein Angebot im Einzelnen beschrieben hatte. Im Verlauf dieses Besuchs hatte sie den israelischen Vorschlag „im Detail skizziert", der u. a. den Abzug Israels aus der Westbank beinhaltete, mit einem Eins-zu-eins-Austausch von Gebieten, die Teilung Jerusalems zwischen Israel und einem neuen Palästinenserstaat sowie einer internationalen Treuhänderschaft für die Verwaltung der Jerusalemer Altstadt. Olmert hatte symbolische und praktische Lösungen der palästinensischen Flüchtlingsfrage vorgeschlagen und das Angebot gemacht, einer begrenzten Zahl von palästinensischen Flüchtlingen (10.000) Wohnrecht in Israel einzuräumen. Damit ist er der erste israelische Premier, der je einen solchen Vorschlag gemacht hat.

In einem Interview mit dem Nachrichtenmagazin des israelischen Senders *Channel 2*, das am 7. Juli 2012 ausgestrahlt wurde, leugnete Abbas den entscheidenden Abschnitt in den Memoiren von Rice, wo sie sagt, er hätte das Friedensangebot von Olmert abgelehnt. Rice zufolge sagte Abbas bezüglich der Flüchtlingsfrage:

> Ich kann vier Millionen Palästinensern nicht sagen, dass nur 5000 von ihnen nach Hause gehen dürfen.

Doch in dem Interview mit *Channel 2* leugnete Abbas, diese Aussage gemacht zu haben, und fügte hinzu, dass ein solches Gespräch zwischen ihm und Rice nie stattgefunden habe.

Als der Interviewer Danny Kushmaro Abbas spezifisch über Rice' Buch befragte, antwortete er: „Ich habe das absolut nicht gesagt." Kushmaro fragte daraufhin, ob Rice lüge. „Ich bezeichne sie nicht als Lügnerin", erwiderte der Präsident der Palästinenserbehörde. „Ich sage, dass wir diese Unterhaltung nie hatten."

Die Wüste - militärische Kriegsführung 279

In dem gleichen Interview leugnete Mahmud Abbas zudem, eine Aussage gemacht zu haben, die ihm von einem US-Journalisten zugeschrieben wurde. 2009 schrieb der stellvertretende Redaktionsleiter der *Washington Post*, Jackson Diehl, dass er Abbas getroffen und mit ihm über das 2008 von Olmert gemachte Friedensangebot diskutiert hätte, sowie darüber, warum die Palästinenser es abgelehnt hatten. „Es gab sehr große Differenzen", soll Abbas zu der Zeit Diehl zufolge gesagt haben. „Das habe ich nicht gesagt", erklärte Abbas in seinem Interview mit Kushmaro, als dieser ihn darüber befragte.

Doch sowohl Diehl als auch Rice bestätigten die Richtigkeit der Zitate in diesen Schriftstücken. Diehl sagte gegenüber der *Times of Israel*:

> Ich stehe zu dem Artikel von 2009, den ich über das Treffen verfasst habe, das mein Kollege Fred Hiatt und ich mit Mahmud Abbas hatten, und zu allen Zitaten, die er enthält.

Um das eben Gesagte in das richtige Licht zu rücken, muss dem Leser ein Verständnis darüber gegeben werden, wie es sich mit dem arabischen Konzept „das Gesicht zu bewahren" verhält.[3] Das wird deutlicher werden, wenn wir uns später mit anderen Sachverhalten beschäftigen. Das Leugnen von Mahmud Abbas, bestimmte Dinge gesagt zu haben, die ihm von angesehenen Personen ausdrücklich zugeschrieben werden, haben auch mit dem islamischen Prinzip der *Taqiyyah* zu tun, das man als die „um eines höheren Zieles willen falsche Darstellung von Tatsachen" umschreiben kann.

Um wieder auf die Verhandlungen zwischen Palästinensern und Israelis unter Ehud Olmert zurückzukommen: Etwa 1.600 Dokumente (heute unter der Bezeichnung Palästina-Papiere bekannt), in denen die Vereinbarungen aufgeführt werden, die hinter verschlossenen Türen von beiden Parteien gemacht wurden, sickerten an das terroristische TV-Netzwerk *Al-Jazeera* und auch an die populäre britische, antiisraelische Tageszeitung *The Guardian* durch, offensichtlich mit der Absicht, die Gespräche zu sabotieren. Mit Erfolg. *Al-Jazeera* und auch der *Guardian* veröffentlichten diese Papiere. Wenn diese beiden Medienträger auch nur einen Funken Anstand besessen hätten, dann hätten sie die betreffenden Dokumente in dieser kritischen Phase der Gespräche sicher nicht veröffentlicht. Anscheinend hatten sowohl *Al-Jazeera* als auch der *Guardian* die Absicht, jede Chance auf ein palästinensisch-israelisches Abkommen zunichtezumachen.

280 Die Wüste

Dieses in der Geschichte des israelisch-palästinensischen Konflikts massivste Durchsickern vertraulicher Dokumente enthüllte, dass die palästinensischen Unterhändler damit einverstanden waren, die Annektierung aller – bis auf eine – israelischen Siedlungen in Ost-Jerusalem durch Israel anzuerkennen. Dieser völlig neue Vorschlag gehörte zu der ganzen Reihe von Konzessionen, die auf den palästinensischen Straßen und in der gesamten arabischen Welt Schockwellen hervorriefen.

Die Dokumente – von denen viele in den darauffolgenden Tagen vom *Guardian* veröffentlicht wurden – enthüllten auch das Ausmaß vertraulicher Konzessionen, die von den palästinensischen Unterhändlern gemacht wurden, darunter auch die hochsensible Frage nach dem Rückkehrrecht der palästinensischen Flüchtlinge.

Die Dokumente zeigen, dass die israelische Führung hinter verschlossenen Türen verlangte, dass einige arabische Bürger in einen neuen Palästinastaat transferiert würden; sie enthüllten die enge, verdeckte Zusammenarbeit zwischen den israelischen Sicherheitskräften und der Palästinenserbehörde; sie offenbarten, dass führende Persönlichkeiten der Palästinenserbehörde vertraulich über die israelische „Operation Gegossenes Blei" 2008/2009 informiert worden waren, usw.

Die Dokumente zeigen, dass die palästinensischen Unterhändler damit einverstanden waren, dass alle Ost-Jerusalemer Siedlungen mit Ausnahme von Har Homa annektiert würden. Die Palästina-Papiere offenbarten, dass Führer der Palästinensischen Befreiungsorganisation PLO hinter verschlossenen Türen vorgeschlagen haben, einen Teil des als Krisenherd geltenden arabischen Ost-Jerusalemer Stadtviertels Sheikh Jarrah gegen ein anderes Gebiet einzutauschen. Die meisten Kontroversen wurden jedoch durch ihren Vorschlag hervorgerufen, die heiligen Stätten des Tempelbergs in der Jerusalemer Altstadt durch ein gemeinsames Komitee zu verwalten. Das war eine der heiklen Fragen, die damals die Gespräche in Camp David zum Scheitern gebracht hatten, nachdem Jassir Arafat sich geweigert hatte, die Souveränität um den Felsendom und die *al-Aqsa*-Moschee herum aufzugeben.

Die palästinensische Öffentlichkeit war in Aufruhr über diese Konzessionen, die ihre Unterhändler gemacht hatten, und Bilder von Mahmud Abbas wurden öffentlich verbrannt. Was allerdings unglaublich war: Die palästinensischen Unterhändler leugneten alles, was in den Palästina-Papieren enthüllt wurde, und behaupteten, es handele sich um nichts als lauter Lügen. Saeb Erekat, der Chefunterhändler der Palästinenser, trat wütend von seinem Amt zurück und erklärte, dass sein Ruf beschmutzt worden sei. Er hat seitdem sein früheres Amt wiedererlangt, doch beschränkt er sich jetzt darauf, Israel im Radio, im Fernsehen und in Zeitungsinterviews zu verunglimpfen.

„Das Gesicht zu wahren" ist sehr wichtig in der arabischen Kultur. Auch in der japanischen Kultur ist dieses Konzept fest verankert. Der Unterschied zwischen den beiden Kulturen, wenn es darum geht „das Gesicht zu wahren", ist, dass ein Japaner, wenn er „sein Gesicht verliert", Selbstmord begeht; aber wenn das einem Araber widerfährt, bringt er jemand anderen um.

Es scheint eine unmöglich zu bewältigende Aufgabe zu sein, einen Frieden mit den Palästinensern auszuhandeln. Wie kann Israel mit einer Partei verhandeln, der es unmöglich ist, Kompromisse zu schließen oder Zugeständnisse zu machen? Es ist offensichtlich, dass es nach dem Bekanntwerden der Palästina-Papiere keine weiteren Kompromisse seitens der Palästinenser geben wird. Die palästinensische Öffentlichkeit hat gezeigt, dass Zugeständnisse oder Kompromisse nicht toleriert werden und dass sogar die Unterhändler nicht die Courage haben, zu dem zu stehen, was sie ausgehandelt haben.

Im Juli 2012 beschuldigte der damalige Außenminister Avigdor Liebermann die Palästinenser, den Friedensprozess zu behindern. Er wiederholte seine seit Langem vertretene Ansicht, dass ein Abkommen mit den Palästinensern unmöglich sei, solange der Präsident der Palästinenserbehörde Mahmud Abbas heiße. Der Außenminister sagte in einer Stellungnahme gegenüber der *Times of Israel*:

> In den vergangenen Monaten hat Israel Anstrengungen unternommen, die Spannungen mit den Palästinensern durch eine Reihe von Gesten des guten Willens zu mindern. Wir glauben, dass wir einige mutige Schritte unternommen haben, doch dass die Palästinenser sich weigern, darauf einzugehen, und nach wie vor ein Verhalten an den Tag legen, das von uns nur als feindselig bezeichnet werden kann.

Einige dieser Zeichen des guten Willens, auf die Liebermann anspielt, war die Bewilligung von zusätzlich 11.000 Arbeitserlaubnissen für Bauarbeiter in Israel, womit die Zahl der palästinensischen Arbeiter in Israel auf über 75.000 angestiegen ist, oder der Vorschuss von 180 Millionen Schekel (etwa 38 Millionen Euro), um der Palästinenserbehörde zu erlauben, ihre

282 Die Wüste

Löhne vor Beginn des Ramadan auszuzahlen, oder die Einwilligung, in der Westbank vier Umspannstationen zu bauen, oder die Entfernung mehrerer Straßensperren in der Westbank oder die Einwilligung in Verhandlungen mit den Palästinensern und British Gaz über die Inbetriebnahme des Offshore-Gasfelds. Wäre noch zu nennen die Unterzeichnung eines Wirtschaftsabkommens mit den Palästinensern, das darauf abzielt, die Handelsmöglichkeiten auszubauen und die Lebensqualität der Palästinenser zu verbessern, oder die Überführung von etwa 90 Leichnamen von Terroristen. Schließlich die Freilassung von über hundert palästinensischen Terroristen aus israelischen Gefängnissen, die schon seit vor den Oslo-Verträgen 1993 in Haft waren.

Die Reaktion auf diese israelischen Gesten des guten Willens war ein Schreiben von Mahmud Abbas an die Europäische Union am 24. Juli 2012 – zeitgleich mit dem Treffen der Kommission für europäisch-israelische Zusammenarbeit in Brüssel – in dem er die Europäer aufforderte, die Diskussionen über eine Verbesserung der politischen Beziehungen zu Israel einzufrieren.

Ein internes Memo der israelischen Regierung, von dem die *Jerusalem Post* am 2. August 2012 Kenntnis erhielt, besagt, dass die negative Reaktion der Palästinenser auf alle diese Gesten des guten Willens seitens Israel, deutlich machen, dass der Präsident der Palästinenserbehörde Mahmud Abbas „nicht in der Lage ist, Verhandlungen aufzunehmen, die Kompromisse erfordern".

Wie erwähnt, gehörte zu den Gesten des guten Willens, die Israel 2012 den Palästinensern gegenüber machte, das Vorschießen von Millionen von US-Dollar, damit die Palästinenserbehörde ihre Löhne vor Beginn des Ramadans auszahlen konnte. Der Präsident der Palästinenserbehörde, Mahmud Abbas, und der Premierminister und Finanzminister, Salam Fayyad, beklagen sich ständig über die finanziellen Engpässe der Palästinenser und betteln bei Geberländern laufend um eine Erhöhung der finanziellen Hilfe für die Palästinenser.

In einer seiner wöchentlichen Radioansprachen wiederholte Salam Fayyad im September 2012 noch einmal seinen Aufruf an arabische und westliche Geber, der Palästinenserbehörde dringend finanzielle Hilfe zukommen zu lassen, um die wirtschaftliche Notlage zu lindern. Fayyad sagte, dass die Palästinenserbehörde aufgrund des Mangels an internationaler Unterstützung unter einer schweren Finanzkrise leide.

Abbas und Fayyad haben es irgendwie geschafft, Milliardenbeträge finanzieller Hilfe zu verteilen, indem sie eine Bevölkerung von nur 2 Millionen durch Mikromanagement verwalten. Das Privatvermögen von Abbas wird auf 100 Millionen Dollar geschätzt, dazu kommen die Millionen Dollar schweren Privatvermögen anderer hoher Beamter der Palästinenserbehörde. Vielleicht gibt das einen Hinweis darauf, wo ein Großteil der Hilfe hingeflossen ist, und warum die Finanzsituation der Palästinenserbehörde ein derartig hoffnungsloser Fall ist.

Vielleicht wissen einige Geberländer, die zusammen Millionen US-Dollar und Euros an die Palästinenserbehörde gespendet haben, auch nicht, dass Mahmud Abbas persönlich genehmigt hat, dass ein gewisser Prozentsatz des Budgets der Behörde auf Bankkonten verurteilter Terroristen eingezahlt wird, die in israelischen Gefängnissen ihre Strafe absitzen. Diese Gelder werden von Salam Fayyad verwaltet.

Am 3. September 2012 berichtete der TV-Sender *Channel 2,* dass Tausende palästinensischer Terroristen in israelischen Gefängnissen nicht nur Gehälter empfangen, sondern dass ihre Ehefrauen darüber hinaus für jedes Kind eine Prämie bekommen. Familien von Selbstmordattentätern erhalten ebenfalls eine monatliche Zuwendung.

Terror ist das Hauptexportgut der Palästinenser, und Abbas und Fayyad wollen das belohnen und honorieren, was sie als bewundernswerte palästinensische Qualitäten in jenen ansehen, die Israelis ermordet haben. Abbas und Fayyad geben diese Vergünstigungen gleichermaßen an Terroristen der Fatah von Abbas, der Hamas und des Islamischen Dschihad in Gaza aus, und die Kosten dafür belaufen sich auf mehrere zig Millionen US-Dollar.

Seit 2003 legt das palästinensische Gesetz die Auszahlung monatlicher Gehälter an „Sicherheitshäftlinge" in israelischen Gefängnissen fest. Zu Anfang lagen diese Gehälter bei monatlich 250 US-Dollar, doch 2011 hat Fayyad diese Summe verdreifacht. Heute steigen diese Gehälter je nach Schwere der Verurteilung und der schon abgesessenen Jahre im Gefängnis.

Abdullah Barghouti, ein Bombenbauer der Hamas, der 2004 zu 67-mal lebenslänglich verurteilt wurde, weil er die Ermordung von 67 Israelis koordiniert hatte, erhält aktuell ein Monatsgehalt von 1500 US-Dollar, und dieser Betrag wird sich ständig erhöhen.

Ein weiterer Terrorist der Hamas, Abbas al-Sayyed, der für die Planung des Park-Hotel-Massakers 2002 verurteilt wurde, bei dem 30 israelische Zivilisten getötet wurden, als sie gemeinsam das Passah-Mahl feiern wollten, erhält 3000 US-Dollar, und auch dieser Betrag wird ständig erhöht.

Die Wüste

Terroristen, die nur einen einzigen Israeli ermordet haben, die aber schon seit dreißig oder mehr Jahren in israelischen Gefängnissen sitzen, erhalten ein Grundgehalt von 4000 US-Dollar.

Darüber hinaus werden palästinensische Straßen und öffentliche Plätze nach den brutalsten Terroristen benannt, als Zeichen der Hochachtung für ihre Taten.

Das palästinensische Nachrichtenmagazin *Ma'an* berichtete, dass Mahmud Abbas fest entschlossen sei, bei der UNO die Anerkennung Palästinas als „feindlich besetzten Staat" anstatt als „umstrittenes Gebiet" zu erwirken. In einer Rede in der Nähe von Nablus an der Al-Najah-Universität versprach Abbas, seine Kampagne fortzusetzen, egal, welche Widerstände sich ihm entgegenstellen würden:

> Auch wenn diese Initiative mit den Interessen anderer Parteien im Konflikt steht, werden wir nicht zurückweichen. Israel hat weder die Siedlungsaktivitäten eingestellt, noch hat es das 1967 besetzte palästinensische Gebiet je als besetzt anerkannt. Wir haben also keine andere Wahl, als mit einem vereinten arabischen Standpunkt vor die UNO zu treten.

Mahmud Abbas trug seine Forderung nach der Anerkennung Palästinas am 29. November 2012 vor der UNO-Vollversammlung vor, entgegen dem scharfen Einspruch von Israel und den USA. Angesichts der offenkundig antiisraelischen Zusammensetzung der UNO-Vollversammlung war der Ausgang des Votums schon im Voraus besiegelt: 138 stimmten dafür, 9 (USA, Israel, Kanada, Tschechien, Palau, Mikronesien, Nauru, Panama und die Marshall-Inseln) stimmten dagegen und 41 enthielten sich. Der ehemalige Botschafter in den USA, Botschafter bei den Vereinten Nationen und Vizepräsident der UNO-Vollversammlung, Abba Eban, hat einmal geäußert:

> Sollte Algerien eine Resolution der Vollversammlung beantragen, in der es heißt, die Erde sei eine Scheibe und Israel habe sie plattgemacht, so würde diese mit 100 Stimmen zu 10 und 50 Enthaltungen angenommen werden.

Das ist mehr oder weniger, was am 29. November 2012 in der UNO-Vollversammlung passierte. Abba Eban war schon zehn Jahre tot, als die Vollversammlung dafür stimmte, „Palästina" als einen Nichtmitgliedsstaat anzuerkennen.

Die Wüste - militärische Kriegsführung 285

Der 29. November ist ein symbolisches Datum: Am 29. November 1947 nahm die UNO-Vollversammlung die Resolution an, in der die Umsetzung des Teilungsplans empfohlen wurde, mit dem Ziel, in Palästina je einen unabhängigen jüdischen und arabischen Staat zu schaffen. Israel akzeptierte den Teilungsplan, die Araber lehnten ihn ab. Der 29. November ist auch der von der UNO offiziell eingeführte „Internationale Tag der Solidarität mit dem palästinensischen Volk". An diesem Tag werden Jahr für Jahr antiisraelische Resolutionen von der Vollversammlung verabschiedet, ohne dass irgendeiner sich groß um den Wortlaut dieser Resolutionen kümmert. Deshalb wählte Mahmud Abbas den 29. November, um vor der Vollversammlung den Antrag vorzubringen, „Palästina" als einen vom Feind besetzten Staat anzuerkennen. An jenem Tag gingen die Spiele erst richtig los.

(Ob es ein Zufall war oder ein göttlicher Plan dahinter steckt, es ist auf jeden Fall bemerkenswert, dass ich im Jahr 2003, als dieses Buch im Anfangsstadium war, Fotos von der Wüste Juda machte, die ich als Buchcover verwenden wollte. Neun Jahre später, als die Arbeit an dem Buch schließlich dem Ende zuging und die Fotos endlich zum Einsatz kamen, stellte man fest, dass das Datum auf dem Computerverzeichnis der 29. November 2003 war.)

Abbas kehrte als gefeierter Held nach Ramallah zurück und erklärte, dass die Palästinenser jetzt einen Staat hätten und dass „Jerusalem die ewige Hauptstadt des souveränen Staates Palästina" sei. Abbas sagte vor seiner ekstatischen palästinensischen Zuhörerschaft, er habe sich verpflichtet, die Befreiung der palästinensischen „Helden" aus den israelischen Gefängnissen zu bewirken. Diese „Helden", von denen Abbas spricht, sind verurteilte palästinensische Terroristen, Mörder israelischer Zivilisten, von denen einige im Alter von nur einigen Wochen oder Monaten ums Leben kamen (im März 2001 tötete ein palästinensischer Scharfschütze die zehn Monate alte Shalhevet Pass durch einen Kopfschuss, während sie auf einem Spielplatz in Hebron in ihrem Kinderwagen schlief).

Trotz all der grandiosen Reden, Feiern, Gewehrsalute usw. hat die Abstimmung der Vollversammlung für „Palästina" an dem aktuellen Zustand nichts geändert, denn „Palästina" hat als Nichtmitgliedsstaat im besten Fall symbolische Bedeutung. Die palästinensische Delegation an der UNO hat sich sofort selbst darum gekümmert, ihre Plakette mit der Aufschrift „Palästinische Beobachter" durch eine frisch geprägte Plakette mit der Aufschrift „Staat Palästina" zu ersetzen. Der UNO-Generalsekretär Ban Ki-moon bemerkte die neue Plakette, wissend, dass die offiziell damit

286 Die Wüste

befassten Mitarbeiter an jenem Tag nicht im Dienst waren. Ban ordnete an, die Plakette wieder zu entfernen. Doch die *Times of Israel* berichtete am 25. Dezember 2012, dass die UNO in der Woche davor die Bezeichnung „Palästina" offiziell in „Staat Palästina" geändert hätte, und dass alle Dokumente und Namensschilder der Vereinten Nationen sich jetzt auf den „Staat Palästina" beziehen und Mahmud Abbas der „Staatschef des Staates Palästina" ist. Internationale Rechtsgelehrte sind sich noch nicht darüber einig, ob Palästina wirklich als ein Staat angesehen werden kann, da es nicht alle Kriterien erfüllt, die normalerweise Staatlichkeit definieren (siehe unten).

In gleicher Weise wie die UNO-Plaketten hat Abbas' Fatah-Abteilung der Palästinensischen Befreiungsorganisation PLO ein neues Logo eingeführt, das viele kämpferische Symbole beinhaltet. Diese Symbole sind u. a. ein Gewehrlauf (Symbol für den bewaffneten Kampf gegen Israel), eine palästinensische *Kufija* (von Männern getragenes Kopftuch, das sogenannte „Palästinensertuch"), das Israel auslöscht, indem es das gesamte Gebiet vom Jordanfluss bis zum Mittelmeer bedeckt, der Felsendom auf dem Jerusalemer Tempelberg (symbolisiert die palästinensische Souveränität über die Stadt) und ein Türschlüssel (symbolisiert das „Rückkehrrecht" aller palästinensischen Flüchtlinge und deren Nachkommen). Der Gewehrlauf und der Türschlüssel bilden die arabischen Worte: „Staat und Sieg".

Das Ergebnis einer Umfrage des *Arab World Research and Development (AWAD)* im Dezember zeigte, dass zum ersten Mal seit 2006 mehr Palästinenser in der Westbank (42 Prozent) für die bewaffnete Widerstandspolitik der Hamas sind als für den politischen Weg der Fatah. Wenn man die Umfrageergebnisse aus der Westbank mit denen vom Gazastreifen kombiniert, sind 88 Prozent aller Palästinenser eher für einen bewaffneten Kampf, um ihre Unabhängigkeit durchzusetzen.

Israel hat sowohl die Palästinenser als auch die Völkergemeinschaft wiederholt gewarnt, dass es nicht tatenlos zusehen würde, sondern dass es Folgen haben würde, sollte Mahmud Abbas einseitig handeln und vor der UNO die Anerkennung „Palästinas" beantragen. Mahmud Abbas machte seine Drohung wahr, und die gleiche Völkergemeinschaft, die „Garant" der Oslo-Verträge gewesen war, denen zufolge die Parteien alle Streitfragen durch Verhandlungen beseitigen sollten – und einseitige Initiativen ausdrücklich verboten –, stimmte mit überwältigender Mehrheit für Abbas und trat damit die Verträge mit Füßen, die sie selbst akzeptiert und garantiert hatte.

Die Wüste - militärische Kriegsführung 287

Innerhalb weniger als 24 Stunden, nachdem die Vollversammlung dafür gestimmt hatte, „Palästina" in einen Nichtmitglied-Beobachterstatus zu erheben, kündigte Israel sein Vorhaben an, 3.000 Wohnungen in Ost-Jerusalem und in der Westbank zu bauen, in einem als E-1 (East 1) bezeichneten Gebiet, das zwischen Jerusalem und Ma'aleh Adumim liegt, einer der größten israelischen „Siedlungen". Israel verkündigte zudem, dass es unverzüglich 450 Millionen Schekel (ca. 95 Millionen Euro) an Steuern einbehalten würde, die es für die Palästinenserbehörde eingezogen hatte, und diese Gelder dazu einsetzen würde, die offene Stromrechnung der Palästinenserbehörde über 800 Millionen Schekel (ca. 170 Millionen Euro) zu begleichen.

Insgesamt schuldet die Palästinenserbehörde Israel 1.600 Millionen Schekel (ca. 340 Millionen Euro). Die Einbehaltung von 450 Millionen Schekel war eine Warnung an Mahmud Abbas, dass Israel sehr wohl alle Steuern, die es für ihn einnimmt, einbehalten könnte, bis die Gesamtschuld getilgt ist. Salam Fayyad, der Premier- und Finanzminister der Palästinenserbehörde, war schockiert. In den Medien äußerte er sich wütend darüber, dass Israel Geld einbehalten hatte, das dringend für Lohnzahlungen gebraucht wurde (darunter auch die Gehälter für die Terroristen in israelischen Gefängnissen) und spie empört aus: „Es wurde an die Elektrizitätsgesellschaft geschickt!"

Es gab Stürme der Entrüstung von seiten der internationalen Gemeinschaft – besonders aus Europa – und neun Länder, darunter Australien, Ägypten und Brasilien, forderten ihre Botschafter in Israel auf, gegen diese Maßnahmen Israels Protest einzureichen. Das ist pure Heuchelei! 179 Länder traten die Osloer Verträge mit Füßen, als es darum ging, die antiisraelische Resolution anzunehmen, „Palästina" von einem Beobachterstatus zu einem Nichtmitgliedsstaat mit Beobachterstatus zu erheben, indem sie entweder dafür stimmten oder sich der Stimme enthielten. Und dann hatten sie die *Chuzpe,* die geschädigte Partei dafür zu tadeln, dass sie Vergeltungsmaßnahmen ergreift. Doch Europa, und besonders Großbritannien, sind bekannt für ihre politische Doppelzüngigkeit. Zum „Israel ist erst mal an allem schuld"-Club zu gehören bedeutet, dass man für seine voreingenommene und kurzsichtige Politik keine Verantwortung zu übernehmen braucht.

Bei der Diplomatischen Konferenz der *Jerusalem Post* im Dezember 2012 sagte der damalige Außenminister Avigdor Lieberman vor Vertretern aus der ganzen Welt:

> Wenn es hart auf hart kommt, dann würden viele Regierungschefs Israel ohne mit der Wimper zu zucken opfern, um die islamistischen Radikalen zu beschwichtigen und sich dadurch die Ruhe zu erkaufen.

Lieberman sagte weiter:

> Alle Versprechen und Zusagen verschiedener Regierungschefs weltweit, die Sicherheit Israels zu gewährleisten, erinnern mich an die Tschechoslowakei von 1938, als sie, unterstützt von internationalen Zusagen, gedrungen wurde, nationale Interessen zu opfern. Kurz darauf überrannten die Nazis das Land in einer Blitzaktion. Israel wird nicht zu einer zweiten Tschechoslowakei werden.

Allen internationalen Protesten zum Trotz hat Israel etliche Bauprojekte wieder aufgenommen, von denen einige auf Eis gelegt worden waren, weil sie beinahe eine größere diplomatische Krise zwischen Israel und den USA hervorgerufen hatten. Nach einem viertägigen Beratungsmarathon im Dezember beschlossen das Innenministerium und das Planungskomitee der Stadt Jerusalem, den Bau von etwa 6500 Apartments voranzutreiben, die zwar innerhalb der Stadtgrenzen Jerusalems, aber jenseits der Grünen Linie von vor 1967 liegen. 800 dieser Wohnungen sind für arabische Einwohner gedacht. Der Jerusalemer Stadtrat Yair Gabai sagte:

> Premierminister Benjamin Netanyahu stoppte die Beratungen über diese Projekte, weil von vielen Seiten Druck auf ihn ausgeübt worden war. Doch als die Palästinenser vor die Vereinten Nationen gingen und einseitig handelten, gab der Premierminister grünes Licht für alle diese Bauvorhaben. Alles war schon seit Jahren vorbereitet, wir haben nur auf grünes Licht gewartet.

Der wütende Aufschrei der internationalen Gemeinschaft war daraufhin ohnegleichen. Die Sprecherin des Auswärtigen Amtes der USA, Victoria Nuland, veröffentlichte eine ungewöhnlich scharfe Rüge, in der sie sagte, die USA seien

> tief enttäuscht darüber, dass Israel weiter darauf besteht, ein Muster provokativer Aktionen zu verfolgen.

Die Wüste - militärische Kriegsführung 289

Die Palästinenser versuchten, Israel durch den UNO-Sicherheitsrat verurteilen zu lassen, und vierzehn der fünfzehn Ratsmitglieder stimmten für eine Verurteilung. Die USA wirkten dem allerdings entgegen und zwangen die europäischen Mitgliedsstaaten, eine gemeinsame Erklärung abzugeben, in der sie Israel scharf kritisierten. Der Vertreter Indiens verlas eine ähnliche Erklärung für die acht Ratsmitglieder der Blockfreien Bewegung, gefolgt von einer Erklärung von Indien, Südafrika und Brasilien. Trotz dieser bisher beispiellosen Beurteilung der Maßnahmen Israels erklärte Premierminister Benjamin Netanyahu, dass Israel in seiner Hauptstadt weiter Bauvorhaben ausführen werde. Uzi Landau, der israelische Minister für Energie und Wasser, sagte darüber hinaus:

> Nur um es einmal für jeden ganz klar zu sagen: Israel wird in Jerusalem weiter das tun, was die Briten in London oder die Franzosen in Paris tun und was unsere Freunde in Amerika in Washington tun. Wir sagen keinem, was sie in ihrer eigenen Hauptstadt zu tun und zu lassen haben, und wir werden in Jerusalem das tun, was wir für richtig halten.

Dass Barack Obama und andere in der internationalen Gemeinschaft Israel für seine Bauvorhaben in Judäa und Samaria verurteilen, ist überaus unfair. Seit dem Beginn der israelisch-palästinensischen Friedensverhandlungen gibt es eine Abmachung zwischen Israel und den Palästinensern, die mit dem Unterzeichnen der Oslo-Verträge auch von der internationalen Gemeinschaft akzeptiert wurde, dass die Siedlungsfrage eines von mehreren Themen sein würde, die bei den letzten, abschließenden Statusverhandlungen geklärt werden würden. Keines der unterzeichneten Abkommen zwischen Israel und den Palästinensern beinhaltet irgendwelche Einschränkungen von Bauvorhaben in den Gebieten unter ihrer jeweiligen Hoheit, weder auf der einen noch auf der anderen Seite. Der E-1-Korridor gehört zum C-Gebiet, welches komplett unter israelischer Verwaltungshoheit steht. Solange Abbas weiter den Verhandlungen mit Israel ausweicht, baut Israel weiter.

In der gleichen Weise, wie die Welt nur palästinensischen Flüchtlingen Beachtung schenkt, 850.000 jüdische Flüchtlinge aber ignoriert, werden auch die Bauprojekte im E-1-Korridor so dargestellt, als würde dadurch ein zukünftiger Palästinenserstaat gefährdet. Niemand erwähnt je, dass der E-1-Korridor eigentlich Israel zerstückelt. Im E-1-Gebiet zu bauen, stärkt Jerusalem und ist nicht nur für die Sicherheit der Stadt sehr wichtig, sondern auch für die Sicherheit des jüdischen Staates insgesamt.

Der einseitige Antrag von Mahmud Abbas vor der UNO, „Palästina" als Nichtmitgliedstaat anzuerkennen, hat die Friedenstauben aufgeschreckt. Abbas war gewarnt worden, dass ein solcher Schritt Konsequenzen nach sich ziehen würde, doch sowohl er als auch Fayyad hatten gemeint, es wären „nur leere Drohungen". Nun müssen sie lernen, dass die Drohungen Israels durchaus sehr scharfe Zähne haben können.

Wie schon an anderer Stelle bemerkt, ließ sich Israel 2009 durch den von der Obama-Regierung ausgeübten Druck dazu bewegen, einen zehnmonatigen Baustopp in der Westbank anzukündigen. Dieser Baustopp sollte Mahmud Abbas zu einer Rückkehr an den Verhandlungstisch zwingen, doch er weigerte sich, Premierminister Netanyahu zu treffen. Abbas weigerte sich, in dieser Baustopp-Periode mit Netanyahu zu verhandeln, und hat sich auch bis heute immer wieder geweigert. Doch als Netanyahu seinerseits ablehnte, den zehnmonatigen Baustopp zu verlängern, beschwerte sich Abbas selbstmitleidig darüber, dass Netanyahu dadurch alle palästinensischen Hoffnungen auf einen erneuten Verhandlungsbeginn zunichtemache.

Allerdings bezog sich dieser zehnmonatige Baustopp nicht auf Jerusalem, und Netanyahu hatte das gegenüber der internationalen Gemeinschaft ganz klar ausgedrückt. Präsident Obama und seine Regierungsvertreter hatten Netanyahu wegen der Bauvorhaben in Jerusalem das Leben schwer gemacht, doch erst im Dezember 2012 hat Außenministerin Hillary Clinton bestätigt, dass Netanyahu Jerusalem und seine Umgebung ausdrücklich von dem Baustopp ausgeschlossen habe. Im Dezember 2012 rügten hohe israelische Regierungsvertreter Obama bissig dafür, die Europäische Union offen zum Protest gegen die jüngsten Bauvorhaben im E-1-Korridor ermutigt zu haben.

Vielleicht sollten Obama und seine Kollegen in den Hauptstädten der Länder der Europäischen Gemeinschaft noch einmal ihre Ausfertigungen der Osloer Verträge lesen, jener Verträge, die das Oberhaupt des Nichtmitgliedstaates mit Beobachterstatus „Palästina" als „gestorben" bezeichnet. Und dann sollten sie ihre Schlüsse ziehen.

In Kapitel elf wurde erwähnt, dass die palästinensische Führungsspitze einen anerkannten Staat nur anstrebt, um Zugang zum Internationalen Gerichtshof und zum Internationalen Strafgerichtshof zu haben, die beide mit der UNO verbundene Organe sind. Wenn sie Zugang zu diesen Gerichtshöfen haben, werden die Palästinenser – wie schon erwähnt – sie mit Klagen gegen Israel überfluten können. Innerhalb weniger Tage nach der Abstimmung der UNO-Vollversammlung waren palästinensische Anwälte schon eifrig damit beschäftigt, Anklagen gegen Israel zu formulieren, doch der Prozess ist eventuell doch nicht so einfach und schnell, wie die Palästinenser hoffen.

Der Internationale Gerichtshof und der Internationale Strafgerichtshof können nur Gesuche von Bona-Fide-Staaten anhören, die in der Völkergemeinschaft einen guten Ruf genießen. Die Tatsache, dass die Vollversammlung die Palästinenser vom Beobachter zum Nichtmitgliedstaat-Beobachter erhoben hat, machte aus „Palästina" noch keinen echten Staat und verleiht den Palästinensern auch keine Eigenstaatlichkeit. Die UNO-Vollversammlung hat weder die juristische noch die politische Vollmacht, Staaten zu gründen. Das kann nur der UNO-Sicherheitsrat. Resolutionen, die von der Vollversammlung ausgesprochen werden, sind nicht bindend, sondern nichts weiter als Empfehlungen, in denen die politische Überzeugung der Staaten zum Ausdruck gebracht wird, die sie unterzeichnet haben. Um deshalb ein erstes von „Palästina" eingereichtes Gesuch anzuhören, in dem Israel eines Verbrechens angeklagt wird, müssen die Gerichte zunächst definieren, was ein Bona-Fide-Staat ist und was nicht.

Die Gerichte sind verpflichtet, zumindest ein gewisses Maß an Legalität aufrechtzuerhalten, wenn Gesetze involviert sind. Sie können nicht einfach wie die Vollversammlung handeln, die anscheinend nicht in der Lage ist, zwischen Tag und Nacht zu unterscheiden.

Die international akzeptierten Kriterien für Eigenstaatlichkeit, die in der Montevideo-Konvention von 1933 über die Rechte und Pflichten der Staaten festgelegt wurden, beinhalten ein „geschlossenes, zusammenhängendes Staatsgebiet", was die Palästinenserbehörde nicht hat, weil die palästinensischen Gebiete in zwei Regionen aufgeteilt sind: die Westbank und der Gazastreifen. Eine weitere Bedingung für die Eigenstaatlichkeit ist eine

> verantwortungsbewusste Regierungsführung des Volkes und die Fähigkeit, internationale Verpflichtungen und Verantwortungen zu erfüllen.

Die Palästinenserbehörde ist völlig außerstande, auch nur eines dieser beiden Kriterien zu erfüllen. Die Hamas wird von zahlreichen Ländern als eine terroristische Organisation angesehen und hat im Gazastreifen ihre eigene Regierung eingesetzt, angeführt von Ismail Haniya. Die Hamas hat die Vertreter der Fatah-Partei von Mahmud Abbas im Juni 2007 mit Waffengewalt aus Gaza vertrieben, als es zu einem kurzen Bürgerkrieg kam. Und dem israelischen Nachrichtendienst zufolge bereitet sich die Hamas auf eine ähnliche Operation vor, um in der Westbank die Macht zu übernehmen. Das wurde in einem Artikel der britischen *Sunday Times* berichtet, der in der *Jerusalem Post* am 23. Dezember 2012 abgedruckt wurde. In dem Artikel wurde behauptet:

> Der Hamasführer Khaled Mashaal wies die Schläferzellen der Terrororganisation in der Westbank an, sich auf einen bewaffneten Kampf vorzubereiten, um die Herrschaft in diesem Palästinensergebiet zu übernehmen.

Wenn die Hamas in der Westbank die Herrschaft übernimmt (die Frage ist nicht, ob, sondern wann das geschehen wird), werden sich die Raketenangriffe auf Israel verdreifachen, und der Flughafen Ben Gurion mit dem gesamten Luftverkehr in seinem Umfeld wird zu einem bevorzugten Ziel der Boden-Luft-Raketen der Hamas werden.

Mahmud Abbas ist der Präsident der Palästinenserbehörde mit Sitz in Ramallah, in der Westbank, und Salam Fayyad ist sowohl Premier- als auch Finanzminister. Bis zu dem Tag, an dem ich dieses schreibe, ist Abbas seit vor dem Militärputsch 2007 nicht mehr wieder im Gazastreifen gewesen, und unter der Führung von Abbas und Fayyad hat sich die Palästinenserbehörde in der Westbank, wie schon erwähnt, für ihre ausländischen Geberländer zu einem finanziellen Albtraum entwickelt.

Die UN-Charta fordert auch, dass ein Staat, der Mitglied der Vereinten Nationen werden möchte, ein „friedliebendes Land" sein muss, was auf „Palästina" selbst mit sehr viel Fantasie sicherlich nicht zutrifft. Allein in den letzten zehn Jahren wurden über 12.000 Raketen von palästinensischen Dschihad-Kämpfern auf israelische Bevölkerungszentren abgefeuert. Und drei Tage nachdem die UNO dafür gestimmt hatte, den Palästinensern den Status eines Nichtmitglied-Beobachterstaates zu geben, sagte der oberste Vertreter der Hamas, Osama Hamdan: „Ein palästinensischer Staat ohne einen bewaffneten Kampf gegen Israel ist eine Illusion." Hamdan wiederholte auch die bestehende Verpflichtung der Hamas, Palästina aus der Hand Israels zu befreien, und zwar „vom Fluss bis zum Meer".

Wie um zu bestätigen, was ich hier schreibe, sagte die UNO-Botschafterin der USA, Susan Rice, am 3. Dezember, vier Tage nach der historischen Abstimmung, u. a.:

Die Wüste - militärische Kriegsführung 293

... eine Abstimmung, die den Palästinensern bei den Vereinten Nationen einen höheren Status verleiht, bedeutet nicht, dass Palästina ein eigenständiger Staat ist. ... Diese Resolution hat nicht festgelegt, dass Palästina ein Staat ist ... Ebensowenig kann eine verabschiedete Resolution jemals einen Staat gründen, wo es noch keinen Staat gibt, oder die Gegebenheiten vor Ort verändern.

In einer Abstimmung von 138 zu 9 Stimmen hat die UNO-Vollversammlung entschieden, den Status Palästinas von einer Nichtmitglied-Beobachterposition auf einen Nichtmitglied-Beobachterstaat zu erheben, eine wesentliche Differenzierung, durch die Palästina formal als ein unabhängiges Land anerkannt wird.

Die großen Worte von heute werden bald in Vergessenheit geraten. Und das palästinensische Volk wird morgen aufwachen und feststellen, dass sich an ihren Lebensumständen so gut wie überhaupt nichts verändert hat, außer dass die Aussicht auf einen dauernden Frieden wieder in weite Ferne gerückt ist.

Trotz der palästinensischen Feiern, der Siegesreden und all der bombastischen Proklamationen ist die Palästinenserbehörde weiterhin nur eine quasistaatliche Einrichtung und hat noch einen weiten Weg vor sich, ehe sie zu einem „souveränen" Palästinenserstaat werden kann.

Aus einer Umfrage des Dahaf-Instituts, die im Auftrag des Jerusalemer Zentrums für öffentliche Angelegenheiten durchgeführt und im Dezember 2012 veröffentlicht wurde, geht hervor, dass 83 Prozent der israelischen Juden glauben, ein Rückzug hinter die Linien von 1967 und eine Teilung Jerusalems würde nicht das Ende des israelisch-palästinensischen Konflikts bedeuten. 61 Prozent glauben, dass verteidigbare Grenzen für eine Garantie der Sicherheit Israels wichtiger sind als der Frieden. Und 78 Prozent würden anders wählen, wenn die politische Partei, die sie unterstützen wollten, sich bereit zeigen würde, die israelische Souveränität in Ost-Jerusalem aufzugeben.

Die Straße, die auf einen souveränen Staat „Palästina" zuführt, muss sich auf jeden Fall mit der Straße der Verhandlungen mit Israel kreuzen. Weitere einseitige Handlungen von Mahmud Abbas werden lediglich Konfrontationen mit Israel hervorrufen. Die Ankündigung Israels, Tausende von Wohnungen in Ost-Jerusalem und im E-1-Korridor bauen zu wollen, und die Einbehaltung von Steuergeldern zum Ausgleich unbezahlter Rechnungen der Palästinenserbehörde sind nur einige Warnschüsse gegenüber Abbas.

Die Wüste

Die große Mehrheit der palästinensischen Führungsmitglieder leugnet nach wie vor den Holocaust – den Völkermord an sechs Millionen Juden durch Adolf Hitler und seine Nazi-Partei. Einer, der diese Ansicht nicht teilt, ist Ziad al-Bandak. Er ist Christ und Berater des Präsidenten der Palästinenserbehörde Mahmud Abbas in christlichen Angelegenheiten. Al-Bandak hat die Lager in Auschwitz-Birkenau besucht, einen Kranz niedergelegt, eine Gedenkkerze angezündet und den Toten seine Ehrerbietung gezollt. Etwa eine Million Juden wurden in diesem Lagerkomplex vergast. Al-Bandak besuchte sowohl die Gaskammern als auch das Krematorium.

Ein Sprecher der Hamas-Terroreinheit, Fawzi Barhoum, kritisierte Al-Bandaks Besuch im Nazi-Todeslager. Barhoum wurde mit den Worten zitiert, der Besuch von Ziad Al-Bandak sei „ungerechtfertigt und nicht zweckdienlich". Barhoum bezeichnete den Besuch Bandaks in Auschwitz außerdem als „eine Vermarktung einer vermeintlichen, erlogenen zionistischen Tragödie". Generell leugnen Islamisten, dass der Holocaust stattgefunden hat; es gehört zu ihrer Version der Geschichte, weswegen sie Israel die Existenzberechtigung absprechen. Dieser Leugnungen bediente sich auch Irans Präsident Mahmud Ahmadinedschad, der den völkermordenden Holocaust einen „Mythos" nannte.

Der Vertreter der PLO in Indien, Adli Sadeq, schrieb im offiziellen Tagesblatt der Palästinenserbehörde *Al-Hayat Al-Jadida* am 26. November 2011, Israel irre sich, wenn es glaube, nur die Hamas hasse Israel. Er schreibt, die Fatah, der ‚gemäßigte' Teil der Palästinenserbehörde unter Mahmud Abbas, respektiere Israel auch nicht. Sadeq versichert, dass sowohl die Palästinenserbehörde als auch die Fatah eine Existenzberechtigung Israels voll und ganz ablehnten:

> Die Forderungen des israelischen Feindes sind eigentümliche und erstaunliche Forderungen, die es in der gesamten Kriegsgeschichte noch nie gegeben hat. Die Israelis geben sich nicht damit zufrieden, dass die Palästinenser ihren Staat und seine Existenz anerkennen, sondern sie fordern darüber hinaus die Bestätigung eines ewig bestehenden Existenzrechts für Israel. Möglicherweise werden sie ihrem Wesen gemäß auch noch eine Wiedergutmachung fordern für all die Jahre, in denen ihr Staat nicht existiert hat und in denen er sein Existenzrecht auf Kosten unserer Totenschädel geltend gemacht hatte. Sie irren sich grundsätzlich bzw. machen sich etwas vor, wenn sie denken, die Fatah würde sie anerkennen und das Recht auf die Existenz ihres Staates

> gutheißen und nur die Hamas würde sie hassen und das Recht auf die Existenz eines Staates nicht anerkennen. Sie wissen nicht, dass dieser Staat, der auf der Grundlage eines zionistischen Märchens gegründet wurde, niemals auch nur einen Funken Recht auf Existenz gehabt hat. Der Grund, warum die Hamas, die Fatah und alle anderen heute gegen Israel Krieg führen, hat nichts damit zu tun, dass sie lediglich die bestehenden Machtverhältnisse ausbalancieren wollen. Natürlich sind sich alle Palästinenser darüber einig, dass Israel heute existiert. Diese Tatsache anzuerkennen bedeutet nur, das Offensichtliche mit anderen Worten zu formulieren. Doch die Anerkennung seines Rechts auf Existenz ist etwas anderes – es ist nicht das Gleiche wie die Anerkennung seiner faktischen Existenz.

Jahrzehntelang haben die palästinensischen Führer das Recht Israels zu existieren nicht anerkannt, und palästinensische Führer und offizielle palästinensische Medien bezeichnen ganz Israel als „besetzt", einschließlich Städten wie Haifa und Jaffa und Gegenden wie das nördliche Galiläa und den südlichen Negev.

Ich erklärte bereits, dass es Israel nicht möglich ist, mit einer Partei zu verhandeln, die keine Kompromisse eingehen oder Konzessionen machen will. Doch Israel wird noch in anderer Weise in den Verhandlungen behindert, nämlich weil die andere Seite sich weigert anzuerkennen, dass Israel überhaupt das Recht hat zu existieren.

Es wurde auch schon zweimal erwähnt, dass die palästinensische Führung nur deshalb einen Staat haben möchte, um Zugang zu den beiden an die UNO angegliederten Gerichtshöfen zu bekommen und so rechtliche Schritte gegen den Staat Israel und israelische Staatsbürger einleiten zu können. Für die Palästinenser ist ein eigener Staat lediglich ein Schritt hin zu dem letztlichen Ziel, Israel als Staat auszulöschen.

Ich sagte ebenfalls bereits, dass es vor der Gründung des Staates Israel 1948 nie palästinensische Araber gegeben hat. Es handelt sich um eine Erfindung, die von der internationalen Gemeinschaft kritiklos geglaubt wurde.[4]

Die Fiktive eines Volkes der Palästinenser wird von Azmi Bishara untermauert. Azmi Bishara ist ein ehemaliges Mitglied des israelischen Parlaments (der Knesset) und Gründer der Balad-Partei. Er ist ein palästinensischer Intellektueller und Schriftsteller. 2007 floh Bishara aus Israel

296 Die Wüste

und trat von der Knesset zurück, nachdem er wegen des Verdachts auf Feindbegünstigung und Informationsweitergabe an den Feind in Kriegszeiten von der Polizei verhört worden war. Weitere Verdachtspunkte waren Kontakte mit Fremdagenten und der Erhalt großer Geldsummen aus dem Ausland. Doch in der Zeit, in der er als arabisches Mitglied des israelischen Parlaments fungierte, machte Bishara eine berühmt gewordene Aussage:

> Ich glaube nicht, dass es überhaupt ein palästinensisches Volk gibt. Ich denke, es gibt ein arabisches Volk. Meiner Meinung nach handelt es sich um eine Erfindung der Kolonialisten: das palästinensische Volk. Wann gab es jemals Palästinenser? Wo sind sie hergekommen? Meiner Meinung nach handelt es sich um ein arabisches Volk.

Es hat nie eine palästinensische Nation gegeben, in die Israel eingefallen wäre, und es gab auch kein palästinensisches Volk, das deportiert oder dessen Land besetzt wurde. Die ganze Geschichte eines palästinensischen Volkes, dessen angebliche Geschichte sich durch die Annalen der Zeit zieht, ist ein völliger Bluff, eine totale Erfindung. Sicher, Araber haben in Palästina gelebt, aber das Land war insgesamt karg und unbewohnt. Diese Tatsache kann aus den Aufzeichnungen zahlreicher Historiker und Pilger abgeleitet werden, die im Lauf der Jahrhunderte über ihre Reisen geschrieben haben. Der vielleicht bemerkenswerteste Reisende und Autor war der amerikanische Schriftsteller Mark Twain, der 1867 durch Palästina reiste und in seinem ausgezeichneten Buch *Die Arglosen im Ausland* schrieb:

> Wir sind in Galiläa angekommen ... diese unbewohnten Wüsten, diese rostfarbenen, kargen Hügel, die niemals, niemals, niemals den Glanz von ihrem harten Profil abschütteln ... diese melancholischen Ruinen von Kapernaum ... Wir haben Tabor sicher erreicht ... wir haben auf dem ganzen Weg keine Menschenseele gesehen.
> Bethlehem und Bethanien, in ihrer Armut und Demut, sind heute praktisch nicht mehr zu finden ... der heilige Ort, an dem die Hirten des Nachts ihre Herden hüteten und wo die Engel sangen: „Friede auf Erden und den Menschen ein Wohlgefallen", ist heute von keinem lebenden Geschöpf mehr bewohnt ... Betsaida und Chorazin sind nicht mehr zu finden, und die „Wüstenorte" in ihrer Umgebung ... schlafen in der Stille einer Einsamkeit, die nur von Raubvögeln und streunenden Füchsen bewohnt ist.

Die Wüste - militärische Kriegsführung 297

> Mitreißende Ereignisse ... spielen sich im Tal von Jesreel
> nicht mehr ab. Es gibt ein einsames Dorf im gesamten Tal –
> und keinen weiteren Ort in einem Umkreis von 45 Kilometern.
> Palästina sitzt in Sack und Asche ... verwahrlost und ohne
> Schönheit ... es ist ein Land der Träume.

Palästinenser und andere Araber wiederholen auch immer wieder den Mythos, dass Jerusalem schon seit Tausenden von Jahren eine arabische, islamische Stadt sei – praktisch seit Anbeginn der Zeit. Und doch wird Jerusalem nicht ein einziges Mal im Koran erwähnt, woraus man schließen kann, dass die Stadt für Mohammed und seine ersten Anhänger offensichtlich nie von besonderer Bedeutung gewesen ist. Am 15. Juli 1889 berichtete die Zeitung *Pittsburgh Dispatch*, dass 30.000 der 40.000 Einwohner Jerusalems Juden waren, und die meisten der restlichen 10.000 Einwohner Christen.

Die Mythen und Behauptungen von einer palästinensischen Identität ist ein weiteres taktisches Manöver in dem islamischen Krieg gegen Israel, um seine Zerstörung zu bewirken. Das hat Zheir Muhsin, ein Mitglied des Exekutivrats der Palästinensischen Befreiungsorganisation und bis vor Kurzem Anführer ihrer Militärabteilung, gegenüber der niederländischen Tageszeitung *Trouw* zugegeben:

> Ja, die Existenz einer separaten palästinensischen Identität
> dient nur taktischen Zwecken. Die Gründung eines Palästi-
> nenserstaates ist ein neues Werkzeug in dem andauernden
> Kampf gegen Israel. Tatsächlich gibt es gar kein palästinen-
> sisches Volk. Wir sprechen nur aus politischen Gründen von
> einer palästinensischen Identität.

Der kürzlich verstorbene Feisal al-Husseini, der PLO-Minister für Jerusalem und Mitglied des palästinensischen Verhandlungsteams, sagte im November 1994:

> Für uns bedeutet Frieden die Zerstörung Israels. Wir bereiten
> uns auf einen totalen Krieg vor, einen Krieg, der mehrere Ge-
> nerationen andauern wird. Seit Januar 1965, als die Fatah [die
> „gemäßigte" PLO-Abteilung unter Mahmud Abbas] gegründet
> wurde, sind wir zum gefährlichsten Feind Israels geworden.
> Wir werden nicht ruhen, bis der Tag kommt, an dem wir in
> unsere Heimat zurückkehren, und bis wir Israel zerstören.

Die Wüste

Trotz aller Drohungen der Palästinenser, Israel zu zerstören, akzeptiert die Welt freiwillig das gesamte Potpourri palästinensischer Hirngespinste. Die Welt hat nicht nur bewiesen, dass sie völlig naiv ist, sondern darüber hinaus unternimmt sie keinen Versuch, die wahren Fakten herauszufinden. Die Folge dieser völligen Unkenntnis der Wahrheit ist allerdings, dass sie immer wieder auf Israel einprügelt.

Wenn ein souveräner Staat Palästina eines Tages gegründet wird, wird er unverzüglich zu einer Brutstätte für den islamischen Terrorismus werden. Jeder Friedensvertrag, der je unterzeichnet wurde, würde sehr bald Makulatur werden, und die israelischen Streitkräfte wären gezwungen, die den Palästinensern überlassenen Gebiete zurückzuerobern. Es gab schon ähnliche Fälle, zum Beispiel als die Hisbollah wieder in den Libanon vorgerückt ist, nachdem Israel sich einseitig aus der Sicherheitszone im Südlibanon zurückgezogen hatte, und auch die Übernahme des Gazastreifens durch die Hamas nach Israels einseitigem Rückzug von dort. Ein weiteres Beispiel ist die stetige, durch Terroristen vorangetriebene Islamisierung der Sinai-Halbinsel, von der sich Israel 1979 zurückgezogen hat, wie es der Friedensvertrag mit Anwar as-Sadat vorsah. Jedes dieser Gebiete wurde von Israel im Interesse des Friedens mit seinen Nachbarn zurückgegeben, und jedes dieser Gebiete ist zu einer Startrampe für Terrorangriffe und zehntausende Raketenabschüsse auf den jüdischen Staat geworden.

Man bedenke Folgendes: Bis 1988 waren alle Bewohner der Westbank (dem biblischen Judäa und Samaria) jordanische Staatsbürger. Zu diesem Zeitpunkt waren sie nicht staatenlos. Hätten die Araber also nicht einen Vernichtungskrieg gegen Israel geführt, wären die Araber der Westbank heute immer noch Jordanier und das Gebiet, das Jordanien annektiert und in „Westbank" umbenannt hatte, würde immer noch zu Jordanien gehören. Das bringt uns wieder an den Ausgangspunkt der Geschichte zurück, die schon im zweiten Kapitel beschrieben wurde, nämlich die Aussage von König Abdullah 1948: „Palästina und Jordanien sind ein und dasselbe." Und 1970 verkündete Kronprinz Hassan, der jordanische Thronerbe, vor der Nationalversammlung:

> Palästina ist Jordanien und Jordanien ist Palästina. Es ist ein Volk und ein Land, mit einer Geschichte und einem Schicksal.

Die Wüste - militärische Kriegsführung 299

Doch dann, 1974, sagte Jassir Arafat, der terroristische Führer der Palästinensischen Befreiungsorganisation: „Was ihr Jordanien nennt, ist eigentlich Palästina."

Und schließlich sagte Abdullahs Sohn, König Hussein, 1981: „Die Wahrheit ist, dass Jordanien Palästina ist, und Palästina Jordanien." Das wiederholte er 1984 noch einmal. Ihren eigenen Taten und Aussagen zufolge haben die Araber im Grunde schon einen Palästinenserstaat gegründet, den sie Jordanien nennen.

Am 27. Mai 1967, nur neun Tage vor Ausbruch des Sechstagekriegs, hatte Ahmed Shukairy, der Vorgänger von Jassir Arafat als Vorsitzender der PLO, gewettert:

> Der Stichtag ist nahe. Die Araber haben neunzehn Jahre darauf gewartet und werden vor dem Befreiungskrieg nicht zurückschrecken.

Am 1. Juni 1967 schnaubte Shukairy:

> Dies ist ein Kampf um das Heimatland – entweder wir oder die Israelis. Es gibt keinen Mittelweg. Die Juden von Palästina werden gehen müssen. Wir werden Israel und seine Einwohner zerstören, und was die Überlebenden angeht – wenn es welche geben sollte –, so stehen Schiffe bereit, mit denen sie deportiert werden können.

Die Araber waren diejenigen, die ganz offen ihre völkermordenden Aggressionen gegen den jüdischen Staat begonnen haben, und das Resultat war eine spektakuläre Niederlage. Doch die Folgen dieser Niederlage wurden Israel aufgezwungen. Die beschämende Niederlage nach dem Angriff mehrerer arabischer Armeen auf den jungen Staat Israel 1948 ist in der gesamten arabischen Welt als *Nakba* – „Katastrophe" bekannt. Der demütigende Krieg 1967, der nach sechs Tagen vorüber war, ist bekannt als *Naksa* – „Rückschlag".

Ahmed Shukairy hat ganz klar erläutert, was das Grundprinzip der nach 1967 eingeführten Strategie ist und welche Rolle die Erfindung einer „palästinensischen Identität" bei ihrer Durchsetzung spielt:

> Aus taktischen Gründen kann Jordanien, das ein souveräner Staat mit klar definierten Grenzen ist, keinen Anspruch auf Haifa und Jaffa anmelden. Aber als Palästinenser kann ich

zweifellos Haifa, Jaffa, Beerscheba und Jerusalem beanspruchen. Doch sobald wir unser Recht auf ganz Palästina zurückgewonnen haben, werden wir keine Minute verlieren und Palästina und Jordanien vereinen.

Da hören wir es aus erster Hand. Für die Araber ist „Palästina" eine völlig dehnbare geografische Einheit, die dazu gebraucht wird, all die Gebiete zu bezeichnen, in denen die Juden die Hoheit haben, und für die es für die Araber eine „heilige Pflicht" ist, sie zu „befreien". Es handelt sich um ein Zwischenziel in einer Strategie, bei der es darum geht, den jüdischen Staat auszulöschen, egal welche Grenzen er hat.

Das Ziel ist, das, was vom göttlichen Erbe der Juden noch übrig bleibt, mit dem Staat Jordanien zu einem einzigen Land zusammenzubringen: dem wahren Staat Palästina. Und für die Araber muss der Kampf so lange weitergehen, bis dieses Ziel erreicht ist.

Im Januar 2012 veröffentlichte Palestinian Media Watch ein Video des Großmuftis von Jerusalem, Mohammed Hussein, in dem dieser eine *Hadith* (ein dem islamischen Propheten Mohammed zugeschriebener Ausspruch) zitiert, die zur Tötung der Juden aufruft: „Der Tag des Jüngsten Gerichts wird nicht kommen, bis ihr die Juden bekämpft." Er zitierte eine andere *Hadith,* in der gesagt wird:

> Der Jude wird sich hinter Steinen und Bäumen verstecken. Die Steine und die Bäume werden rufen: „O Muslim, o Diener Allahs, da ist ein Jude hinter mir, komm und töte ihn."

Mohammed Hussein, der von der Palästinenserbehörde eingesetzt wurde, hat sich geweigert, seine Kommentare zu widerrufen, indem er darauf bestand, er hätte nicht zur Ermordung der Juden aufgerufen, sondern einfach den Propheten des Islam zitiert, dessen Worte er nicht ändern kann, und die von allen Muslimen als die letztgültige Offenbarung der Wahrheit verehrt werden.

Am 3. August 2012 wurde über dem Tempelberg eine riesige Palästinenserflagge gehisst, was einen absichtlichen und offenkundigen Verstoß gegen die israelische Hoheitsgewalt darstellte. Niemand hörte oder las von dieser unerhörten öffentlichen Zurschaustellung einer fremden Flagge auf Israels heiligstem Ort in seiner Hauptstadt, weil die meisten Medien nicht darüber berichteten. Der Vorfall rief überhaupt keine Reaktion hervor. Das ist ein weiteres Zeichen für die intensive Feindseligkeit gegenüber dem jüdischen Staat Israel.

Acht Wochen zuvor wurde berichtet, dass ein israelischer Polizist, der bei einer Routinepatrouille auf dem Tempelberg eine kleine Israelflagge zeigte, seines Amtes enthoben wurde und dazu noch mit einem Disziplinarverfahren rechnen muss. Die islamischen Geistlichen waren außer sich und die Reaktion der israelischen Polizei war schnell und streng. Repräsentanten des *Wakf* (des Islamischen Hohenrats) verurteilten den Vorfall mit äußerster Strenge und sprachen in ihren Predigten ausführlich darüber. Dabei betonten sie, dass der Tempelberg – auf Arabisch *Al-Haram Al-Sharif* – einzig und allein muslimisch sei. Scheich Ikrimah Sabri verkündete voller Empörung:

> Die Zurschaustellung der israelischen Flagge ist eine Aggression mit der Absicht, die israelische Hoheitsgewalt auf die Al-Aksa-Moschee auszudehnen.

Sabri ist Vorsitzender des *Wakf* und einer der Hauptprediger der Al-Aksa-Moschee. Er wurde ursprünglich von Jassir Arafat eingesetzt, nicht nur für die Position des Vorsitzenden des *Wakf*, sondern auch als Mufti von Jerusalem und Palästina, um die palästinensische Herrschaft über den Tempelberg zu gewinnen. Diese Berufung durch Arafat geschah entgegen dem Willen Jordaniens, das seit 1948 die Herrschaft über den Tempelberg ausgeübt hatte.

Der Tempelberg liegt im Hoheitsgebiet von Israel, doch die israelischen Regierungsvertreter haben nicht die Courage, auf diesem Recht zu bestehen, weil sie den Zorn der Muslime fürchten. Die Al-Aksa-Moschee ist die drittheiligste Stätte des Islam und war ursprünglich die im 6. Jahrhundert erbaute christliche Kirche Sankt Maria. Sie wurde im Jahr 614 von den Persern niedergebrannt und schwer beschädigt und später in die heutige muslimische Moschee umfunktioniert und ausgebaut. Auf der ganzen Welt haben Muslime Tausende von christlichen Kirchen in Moscheen verwandelt. Die Muslime glauben, dass die Umfunktionierung von christlichen Kirchen in Moscheen ein Zeichen für die Vorherrschaft und die Überlegenheit des Islam über das Christentum sei.

Der Tempelberg ist seit der Übernahme durch Israel 1967 immer wieder ein Fokus für Zornesausbrüche der Muslime gewesen. Vor 1967 war der Tempelberg eine kaum benutzte, unkrautüberwucherte Fläche. Erst die erneute Anwesenheit der Israelis spornte die Muslime an, die „Heiligkeit" dieser Stätte des Islam zu proklamieren. Heute gibt es keinen Zweifel: Sollten der Felsendom und die Al-Aksa-Moschee in kommenden Kriegen zerstört oder schwer beschädigt werden und die Stätte wieder den Israelis zufallen, dann würde der Zorn der Muslime auf der ganzen Welt mit aller Gewalt auf Israel fallen.

Die Hamas ist eine fanatische, dem Islam geweihte Terrororganisation, die vom Gazastreifen aus operiert. Der anhaltende Beschuss seiner Städte und Dörfer in Südisrael hat Israel letztendlich dazu gezwungen, im Dezember 2008 die „Operation Gegossenes Blei" zu starten. Obwohl die Hamas eine vernichtende Niederlage erlitten hat, von der sich Gaza bis heute nicht völlig erholt hat, tut die Hamas ganz dreist so, als hätte sie diesen 22-Tage-Krieg eigentlich gewonnen, und zeigt sich immer wieder bereit für eine erneute Auseinandersetzung mit Israel.

Im November 2012, als Reaktion auf einen ununterbrochenen, langanhaltenden Raketenbeschuss aus dem Gazastreifen auf israelische Städte und Dörfer, hat die IDF die „Operation Säule der Verteidigung" gestartet und die Waffenlager, Raketenwerfer und andere militärische Ziele der Hamas heftig bombardiert. Damit wurde Gaza noch mehr in Trümmer gelegt, zusätzlich zu den Zerstörungen aus den Jahren 2008/2009.

Es ist nicht so, dass die Hamas nichts dazulernt. Die Hamas-Agenten begrüßen den Tod sogar, weil sie glauben, für die Sache Allahs zu sterben garantiere ihnen siebzig Jungfrauen im islamischen Jenseits. Dazu bringt die viel höhere Zahl an Todesfällen unter der Zivilbevölkerung in Gaza, verglichen mit denen in Israel, der Hamas Bonuspunkte ein, weil Israel dafür von der internationalen Gemeinschaft verurteilt wird.

Die Strategie der Hamas ist simpel, kriminell und brutal. Indem sie Raketen auf israelische Städte und Dörfer abfeuern, wissen sie, dass Israel keine andere Wahl hat, als darauf irgendwann mit Gewalt zu reagieren. Die Hamas verbirgt ihre Geschütze und Munition in unterirdischen Betonbunkern, die sich mitten unter zivilen Siedlungen befinden. Von dort aus feuert sie auch ihre Raketen ab. Im Fall israelischer Luftangriffe stellt die Hamas der Bevölkerung keine Schutzräume zur Verfügung – die palästinensischen Zivilisten sind nichts weiter als menschliche Schutzschilde für die geheimen Waffenlager der Hamas.

Nach dem Waffenstillstand, mit dem die israelische „Operation Säule der Verteidigung" zu Ende ging, besuchte der Hamasführer Khaled Mashaal, der im Exil lebt, den Gazastreifen von Ägypten aus. Mashaal gratulierte der Hamas zu ihrem „Sieg" über Israel und gelobte, dass die Hamas Israel vernichten und jeden Quadratzentimeter Palästinas vom Jordanfluss bis zum

Mittelmeer befreien würde. Einem Bericht im *Israel Radio* zufolge übten Dänemark, Finnland, Portugal und Irland Druck auf europäische Minister aus, ausschließlich Israel für seine Bauvorhaben im E-1-Gebiet zu verurteilen. Mashaals Hetzrede wurde mit keinem Wort erwähnt. Israel protestierte scharf und beschuldigte Europa, einseitig zu urteilen. Am Ende gab es eine kurze Stellungnahme, in der der Aufruf der Hamas zur Zerstörung Israels milde getadelt wurde, wobei vier Länder der Europäischen Union sich allerdings dagegen aussprachen, die Rede Mashaals zu verurteilen. Die Hamas hindert auch europäische Beobachter daran, an den Grenzübergang mit Ägypten bei Rafah zurückzukehren, trotz eines bestehenden Abkommens zwischen Israel und der Palästinenserbehörde, das eine Beobachterpräsenz verlangt. Doch Europa schaut lieber woandershin.

Trotz der Tatsache, dass die Hamas in ihrem Kampf gegen Israel absichtlich menschliche Schutzschilde einsetzt, ist die Zahl der Zivilopfer unter den Palästinensern sehr gering, verglichen mit anderen Konflikten, auch wenn die internationale Gemeinschaft entrüstet aufschreit. Zum Beispiel wurden im 22 Tage während Gazakrieg (Operation Gegossenes Blei) 1.166 Gaza-Bewohner getötet. Von diesen waren 709 auf jeden Fall Hamas-Kämpfer – sodass auf einen Zivilisten drei Hamas-Kämpfer kommen. In der acht Tage während „Operation Säule der Verteidigung" wurden 177 Palästinenser getötet. Darunter waren 120 direkt in die Raketenabschüsse verwickelt, also kamen auf jeden getöteten Zivilisten etwa zwei getötete Terroristen. Im Kontrast dazu sind nach einer 2001 durchgeführten Studie des Internationalen Komitees des Roten Kreuzes in den Kriegen seit Mitte des 20. Jahrhunderts im Durchschnitt für jeden getöteten Soldaten zehn Zivilisten ums Leben gekommen. Sogar im Kosovo-Krieg von 1999 töteten die NATO-Streitkräfte vier Zivilisten für jeden serbischen Kämpfer.

Sohn der Hamas ist der Titel eines Buchs von Mosab Hassan Yousef, Sohn des Hamas-Gründungsmitglieds Scheich Hassan Yousef. Die Geschichte von Mosab Hassan Yousef ist sehr ungewöhnlich. Mosab Hassan hat ein Gespür für Kontroversen und hat schon jetzt gegen alles verstoßen, was nach palästinensischen Grundsätzen Pflicht ist; er hat für den israelischen Geheimdienst gearbeitet und ist zum Christentum konvertiert. Aktuell arbeitet er an der Produktion eines Films, der zweifellos nicht weniger Aufsehen erregen wird: eine Biografie des Lebens von Mohammed, dem Propheten des Islam.

"Der Islam ist keine Religion des Friedens. Es ist eine Religion des Krieges", sagte Yousef bei seinem ersten Besuch in Israel im Juni 2012. „Die Muslime kennen nicht einmal das wahre Wesen ihrer eigenen Religion."

Mosab Hassan verwarf seine islamistische Erziehung, um Israel bei der Bekämpfung des Terrors zu unterstützen. Falls er die Möglichkeit hätte, sagt er, würde er seinem Vater sagen: „Verlasse die Hamas. Du hast ein Ungeheuer erschaffen."

1997 brach Yousef mit der Hamas und begann für den israelischen Inlandsgeheimdienst Schin Bet zu arbeiten. Zehn Jahre später, nachdem er geholfen hatte, Dutzende von Terroranschlägen zu vereiteln und viele Anhänger seiner früheren Bewegung zu verhaften, verließ Yousef Israel und ging in die USA, wo er um politisches Asyl bat und später zum Christentum übertrat.

Im Juni 2012 kam Yousef auf Einladung der Knesset nach Israel. Er sagte, er wäre auf einem Privatbesuch in Israel, „um eine neue Generation von Palästinensern zu inspirieren".

Ein weiterer Film, der wahrscheinlich noch vor Yousefs „Muhammed" veröffentlicht werden wird, ist die Verfilmung von Mosab Hasans 2010 erschienener Autobiografie „Sohn der Hamas", in der er seine Zusammenarbeit mit dem israelischen Geheimdienst beschreibt. Das Buch wurde bereits in 25 Sprachen übersetzt und ist auf Arabisch als Gratis-Download auf Yousefs Internetseite erhältlich.

Die israelische Regierung hatte Bedenken angesichts Yousefs Besuch in Israel, da sein Leben immer noch in Gefahr ist, aber sie willigte ein, Mosab Hasan ohne Pass oder Visum nach Israel einreisen zu lassen.

Die Hamas ist eine radikale, dem Islam geweihte Terrororganisation, aber der Sohn ihres Gründers, Mosab Hasan Yousef, hat das Leben vieler Israelis bewahrt und ist gegen das Blutvergießen, sowohl auf israelischer Seite als auch auf der Seite der Hamas. Israel steht tief in der Schuld von Yousef. Er ist ein wahrer Palästinenser, der aus einem anderen Holz geschnitzt ist. Wären mehr Palästinenser wie Mosab Hassan Yousef, dann könnte Israel innerhalb einer Woche einen Friedensvertrag aushandeln.

Sogar die „ganz Großen" verbünden sich gegen Israel. Nach Aussagen von Isabella Ginor und Gideon Remez, die Schriftstücke von hochrangigen sowjetischen Militärangehörigen vorlegen, war es die Sowjetunion, die den 1967er Sechs-Tage-Krieg orchestriert hat, mit der Absicht, den israelischen Kernreaktor in Dimona zu zerstören.[5]

Die Wüste - militärische Kriegsführung

Die Sowjetunion war auch stark in den Abnutzungskrieg von 1969 bis 1971 verwickelt, der von Ägypten gegen Israel entlang des Suezkanals geführt wurde, um Israels Fähigkeit und Entschlossenheit, ihre im 1967er Sechs-Tage-Krieg eroberten Gebiete zu behalten, auf die Probe zu stellen.

In einer sehr seltenen Darlegung sowjetischer Militäraktionen wurde ein Artikel des sowjetischen Magazins *Ekho Planety* am 7. Juli 1989 in der *Jerusalem Post* zitiert, unter dem Titel: „Sowjets sagen, ihre Einheiten hätten israelische Flugzeuge im Abnutzungskrieg abgeschossen". Der Bericht besagte:

> Einheiten der sowjetischen Luftwaffe und Luftabwehr haben sich an dem bewaffneten Konflikt zwischen Ägypten und Israel von Ende 1969 bis Anfang 1971 beteiligt. Sowjetische Luftabwehreinheiten ist es durch den Einsatz von Raketen gelungen, mehrere israelische Skyhawk-, Mirage- und Phantom-Flugzeuge abzuschießen, sie haben jedoch auch durch israelische Bombenangriffe schwere Verluste erlitten.

Bei einem kurzen Besuch in Israel am 29. Juli 2012 nannte der US-Präsidentschaftskandidat Mitt Romney Jerusalem „die Hauptstadt Israels", was in den Ohren der Israelis wie Musik klang, weil Europa und die europäischen Medien sich weigern, Jerusalem als solche anzuerkennen. Doch die offizielle chinesische Presse reagierte sofort darauf und schrieb, dass Romneys Aussage „die historischen Fakten völlig außer Acht lässt". Man kann sich nur wundern, wo China seinen mehrere Tausend Jahre alten Kopf die letzten dreitausend Jahre lang gehabt hat. Was China über Israel zu sagen hat, ist, wie jeder weiß, wirklich nicht der Rede wert.

Die Bibel bestätigt, dass der israelische König David etwa 1000 v. Chr. als Erster Jerusalem zur Hauptstadt Israels machte, und dass sein Sohn, König Salomo, den Bau des ersten Tempels in der Stadt in Auftrag gab.

Nachdem die Römer 135 n. Chr. den Bar-Kochba-Aufstand niedergeschlagen hatten, war es Juden nicht erlaubt, in Jerusalem oder seiner direkten Umgebung zu wohnen. Dieser Erlass hielt drei Jahre lang, und das war die einzige Zeitspanne, in der das jüdische Volk von seiner Hauptstadt abgetrennt war. Sogar 1889 waren, wie schon zuvor erwähnt, die allermeisten Einwohner Jerusalems jüdisch, und der Rest bestand hauptsächlich aus christlichen Auswanderern.

Die Wüste

Es ist also eher so, dass die offizielle Kritik Chinas an der Aussage Romneys „die historischen Fakten völlig außer Acht lässt". Die Erklärung Romneys vom Juli 2012, Jerusalem sei die Hauptstadt von Israel, wird von den historischen Fakten absolut untermauert. Doch seit es zur größten Billigwaren-Fabrik der Welt geworden ist, wird China rapide immer mehr auch zu einem weltweiten Schikane-Zentrum und steckt gerne seine Nase in die internen Angelegenheiten anderer Länder – diesmal hatte es Israel aufs Korn genommen.

China stellte sich in dem achttägigen Konflikt „Säule der Verteidigung" im November 2012 auf die Seite der Hamas; sie unterstützten die Palästinenser in ihrem Antrag auf eine Statuserhöhung bei der UNO, und sie verurteilten die Pläne Israels, in Ostjerusalem und im E-1-Korridor zu bauen. China hat schon Millionen von US-Dollar an die Palästinenserbehörde gespendet, und Mahmud Abbas ist darauf aus, China in seiner Privatfehde mit Premierminister Netanyahu auf seine Seite zu ziehen.

Da die ganz Großen auf Israel einschlagen, und die große Mehrheit der 193 Mitglieder der UNO auch, scheint Israel kaum Chancen auf ein diplomatisches oder physisches Überleben zu haben. Dazu kommen noch die ständige Eskalation des weltweiten Antisemitismus und die immer stärker werdende antiisraelische Phobie sowohl in den westlichen als auch in den arabischen Ländern, und es sieht tatsächlich so aus, als ob die Nationen Israel militärisch herausfordern werden, um ihre Streitigkeiten zu regeln. Und so absurd es auch klingen mag, das ist genau, was der „König und Schöpfer Israels" im Sinn hat. In Joel 3,2 sagt „der Heilige Israels":

> … da werde ich alle Heidenvölker versammeln und sie ins Tal Josaphat hinab führen; und ich werde dort mit ihnen ins Gericht gehen wegen meines Volkes und meines Erbteils Israel, weil sie es unter die Heidenvölker zerstreut und mein Land verteilt haben. – Joel 4,2

Alles scheint sich um Jerusalem zu drehen, die Stadt, die von den anderen Völkern nicht als Hauptstadt Israels anerkannt wird. Am 2. Januar 1989 forderte Jassir Arafat die muslimischen Länder auf, zu kommen und einen Dschihad zu führen, um Jerusalem zu befreien. Und am 11. Oktober 2012 forderte auch Scheich Mohammed Badie, der oberste Führer der Muslimbruderschaft in Ägypten, die islamischen Länder auf, Jerusalem durch einen

Die Wüste - militärische Kriegsführung 307

Dschihad von den Israelis zu befreien. Die Palästinenser haben geschworen, den Kampf um Jerusalem niemals aufzugeben, und auf der Internetseite der BBC bei den Olympischen Spielen in London 2012 hatte Israel keine Hauptstadt, doch das Landesprofil für „Palästina" gab „Ost-Jerusalem" als seine Hauptstadt an.

Mahmud Abbas sichert sich persönlich die Unterstützung der internationalen Gemeinschaft und verlässt sich darauf, dass Israel gezwungen sein wird, sich aufgrund der UNO-Sanktionen zu beugen. Es steht schon fest, dass „Palästina" eines Tages von der antisemitischen UNO als souveräner Staat unter israelischer Besatzung anerkannt werden wird. Einer solchen Anerkennung könnte eine Resolution für einen militärischen Angriff gegen Israel folgen, um den israelisch-arabischen Konflikt zu lösen. Sehr wahrscheinlich werden die Vereinten Nationen selbst wegen der Jerusalem-Frage gegen Israel zu Felde ziehen, es könnte auch eine Konföderation von Armeen sein, die aus dem Großteil der islamischen Länder zusammengestellt wird. Vielleicht wird es auch ein Fall von: „Los, kommt doch alle!" Vielleicht sind die Völker geneigt zu denken, dass der „Herr der Heerscharen" nur leeres Geschwätz von sich gegeben hat, als er sagte:

> Siehe, ich mache Jerusalem zum Taumelkelch für alle Völker ringsum, und auch über Juda wird es kommen bei der Belagerung Jerusalems. Und es soll geschehen an jenem Tag, dass ich Jerusalem zum Laststein für alle Völker machen werde; alle, die ihn heben wollen, werden sich gewisslich daran wund reißen; und alle Heidenvölker der Erde werden sich gegen es versammeln. – Sacharja 12,2–3

Und der Herr sagt weiter:

> An jenem Tag will ich die Fürsten Judas wie einen glühenden Ofen zwischen Holzstößen machen und wie eine brennende Fackel in einem Garbenhaufen, und sie werden zur Rechten und zur Linken alle Völker ringsum verzehren; Jerusalem aber soll wieder bewohnt werden an seinem [alten] Platz, nämlich in Jerusalem. – Sacharja 12,6

Und es lohnt sich, noch einmal die Schriftstelle vom Anfang dieses Kapitels aufzuführen:

Die Wüste

> Das aber wird die Plage sein, mit welcher der Herr alle Völker schlagen wird, die gegen Jerusalem Krieg geführt haben: Ihr Fleisch wird verfaulen, während sie noch auf ihren Füßen stehen; ihre Augen werden verfaulen in ihren Höhlen und ihre Zunge wird verfaulen in ihrem Mund. – Sacharja 14,12

Alle Armeen der Völker werden zerschlagen und zerstreut werden, und dann werden „alle Übriggebliebenen von all den Heidenvölkern, die gegen Jerusalem gezogen sind" (Sacharja 14,16) gelernt haben, den Gott Israels zu fürchten. Dann werden sie kommen und den Herrn in Jerusalem anbeten, wie es in Sacharja 14,16 beschrieben ist. Es wurde schon erwähnt, dass die Nationen auf eine Konfrontation mit dem „Heiligen Israels" zugehen, und es wäre durchaus denkbar, dass diese Konfrontation sich an dem Streit um Jerusalem entzündet, der „Stadt des großen Königs" (Psalm 48,2).

Viele Israelis verehren die israelischen Streitkräfte und rühmen sich, dass sie die beste Kampftruppe der Welt besitzen. Die IDF ist zweifellos mit unter den Besten der Welt. Ihre Waffen und Ausrüstung sind auf dem neusten Stand, ihre Männer und Frauen sind mutig, kühn und tapfer, doch ohne den „Heiligen Israels" würde die israelische Armee nicht mehr Widerstandskraft gegen ihre Feinde haben als eine Pusteblume die Kraft hat, einem starken Wind zu widerstehen.

Die Verehrung Israels für seine Streitkräfte und sein Glaube an diese Kraft muss gebrochen werden. Die Augen Israels müssen sich auf den Herrn richten, der der IDF ihre Stärke verleiht. Israel muss wieder in die Realität zurückgebracht werden, und die israelischen Streitkräfte müssen überwältigt werden, damit die Israelis wieder zu dem rufen, der sie geschaffen hat.

In den vorausgehenden Abschnitten habe ich viel über Jerusalem geschrieben, die Stadt, die der Allmächtige Gott für sich selbst erwählt hat, um seinen Namen dahin zu setzen (1. Könige 11,36). Es scheint, als ob die israelischen Streitkräfte zunächst in einer zukünftigen Schlacht um Jerusalem besiegt werden, die Stadt, die schon seit Jahrtausenden das Zentrum von Auseinandersetzungen ist. Mir scheint, dass der Kampf um Jerusalem auch der Katalysator sein wird, der die Erlösung des Volkes Israel herbeiführen wird.

Alle Völker werden sich gegen die heilige Stadt, die ewige, unteilbare Hauptstadt Israels, sammeln, und in der sich daraus entwickelnden

Schlacht wird die IDF überwältigt werden. Die Hälfte der Stadt wird gefangen genommen und geplündert werden, ehe der Schöpfer Israels in den Kampf eingreift. Nachfolgend ist die Beschreibung dieses Szenarios durch den Herrn selbst:

> Da werde ich alle Heidenvölker bei Jerusalem zum Krieg versammeln; und die Stadt wird erobert, die Häuser werden geplündert und die Frauen geschändet werden; und die Hälfte der Stadt muss in die Gefangenschaft ziehen; der Überrest des Volkes aber soll nicht aus der Stadt ausgerottet werden.
> Aber der Herr wird ausziehen und gegen jene Heidenvölker kämpfen, wie [damals] am Tag seines Kampfes, am Tag der Schlacht. Und seine Füße werden an jenem Tag auf dem Ölberg stehen, der vor Jerusalem nach Osten zu liegt; und der Ölberg wird sich in der Mitte spalten nach Osten und nach Westen hin zu einem sehr großen Tal, und die eine Hälfte des Berges wird nach Norden zurückweichen, die andere nach Süden.
> Da werdet ihr in das Tal meiner Berge fliehen; denn das Tal zwischen den Bergen wird bis nach Azel reichen; und ihr werdet fliehen, wie ihr geflohen seid vor dem Erdbeben in den Tagen Ussijas, des Königs von Juda. Dann wird der Herr, mein Gott, kommen, und alle Heiligen mit dir!
> Und es wird geschehen an jenem Tag, da wird es kein Licht geben; die glänzenden [Gestirne] werden sich verfinstern. Und es wird ein einziger Tag sein – er ist dem Herrn bekannt –, weder Tag noch Nacht; und es wird geschehen: zur Abendzeit wird es licht werden.
> Und es wird geschehen an jenem Tag, da werden lebendige Wasser von Jerusalem ausfließen, die eine Hälfte in das östliche, die andere in das westliche Meer; Sommer und Winter wird es so bleiben.
> Und der Herr wird König sein über die ganze Erde. An jenem Tag wird der Herr der einzige sein und sein Name der einzige. – Sacharja 14,2–9

Israel wird vom Herrn gerichtet und wird genau aus diesem Grund in eine Wüste mit vielen Facetten gelockt. Israel wird teuer bezahlen für die vielen Sünden, die es gegen seinen Schöpfer begangen hat. Und Israel muss auch doppelt so teuer bezahlen, weil es der Erstgeborene des Herrn ist (2. Mose 4,22). Das Recht des Erstgeborenen ist, den doppelten Anteil von allem, was sein Vater besitzt, zu erhalten (5. Mose 21,17), und Israel ist der erstgeborene Sohn des Herrn (2. Mose 4,22). Israel erhält den doppelten Anteil Gottes, doch er hat auch verheißen, dass er Israel doppelt für seine Sünden vergelten wird (Jeremia 16,18). Wehe denen, die der Herr als Instrument seiner Strafe auswählt. Es wäre für sie besser, sie wären nie geboren worden:

> Der einzige wahre Gott ist der Herr; der lebendige Gott ist König bis in alle Ewigkeit! Wenn er zürnt, bebt die Erde, und die Völker können es nicht ertragen, wenn er grimmig ist. – Jeremia 10,10

1 Die Adresse der Internetseite des *Jerusalem Center for Public Affairs* lautet: http://jcpa.org.
2 Vgl. Kapitel 12, Fußnote 4.
3 Eine ausführliche Erklärung der arabischen Denkweise und des „Gesichts" findet sich in *Philister oder: Die große Täuschung,* Kapitel 2.
4 Vgl. Kapitel 2, Fußnote 2.
5 Vgl. *Foxbats Over Dimona: The Soviets' Nuclear Gamble in the Six-Day War* von Isabella Ginor und Gideon Remez (Yale University Press, New Haven & London, 2007).

15

Der Heilige redet

Da wir nun die verschiedenen Facetten der letzten Wüstenwanderung Israels eingehend beleuchtet haben, können wir uns jetzt wieder dem Bibelvers zuwenden, der Hauptgegenstand dieses Buches ist: Hosea 2,16–17.

> Darum siehe, ich will sie locken und in die Wüste führen und ihr zu Herzen reden; und ich will ihr von dort aus ihre Weinberge wiedergeben und ihr das Tal Achor zu einer Tür der Hoffnung machen, dass sie dort singen soll wie in den Tagen ihrer Jugend und wie an dem Tag, als sie aus dem Land Ägypten zog. – Hosea 2,16–17

Es mag an dieser Stelle hilfreich sein, einige Beobachtungen aus vorherigen Kapiteln noch einmal zusammenzufassen und auch noch einmal den gesamten Bibelvers auf Deutsch und Hebräisch sowie meine Erklärungen zu betrachten.

In diesem Buch haben wir uns auf den Text in Hosea 2, Vers 16 konzentriert und seine Transkription und die deutsche Übersetzung der Schlachterbibel betrachtet. Hebräisch wird von *rechts nach links* gelesen, während die Transkription von *links nach rechts* gelesen wird. Nun zunächst der Vers auf Hebräisch:

לכן הנה אנכי מפתיה והלכתיה המדבר ודברתי צֶל־לבה

Als Zweites die Transkription:

la'chen hineh unochi miftihah vehalachtihah
hamidbar vedibarti al'livah.

312 Die Wüste

Drittens, der Text in der deutschen Übersetzung der Schlachterbibel:

Darum siehe, ich will sie locken und in die Wüste führen und ihr zu Herzen reden.

Um dem Leser das Verständnis dieses Verses zu erleichtern, habe ich jedes einzelne hebräische Wort genauer betrachtet und seine Bedeutung über das allgemein übliche Verständnis hinaus erläutert. Das erste hebräische Wort war לכן – *la'chen*, was die Bedeutung „darum" hat.

Dieses Wort zeigt deutlich, dass der darauf folgende Abschnitt die Konsequenz dessen ist, was direkt davor gesagt wurde. In Hosea 12,15 sagt der Herr zu Israel, dass es ihn vergessen hat und dass er „darum" etwas tun wird, um das perverse Verhalten Israels zu korrigieren. Der Schöpfer Israels wird sein Volk disziplinieren und strafen, weil es seinen Bund übertreten hat, ihn – wieder einmal – als selbstverständlich genommen und ihn vergessen hat. Erst nach dieser strafenden Handlung wird er Israel wieder in eine wiederhergestellte Beziehung zurückbringen.

Das zweite hebräische Wort, das wir betrachtet haben, war הנה – *hineh* – „siehe!". Dieses Wort soll die Aufmerksamkeit des Lesers wecken. Es ein emphatisches Wort und bekundet, dass alles, was Gott ankündigt, mit Sicherheit eintreten wird.

Danach betrachteten wir das Wort אנכי – *unochi* – „ich selbst". Dadurch wird klar, dass der „Heilige Israels" persönlich sein Volk in die Wüste führen und dort mit ihm handeln wird. Auch wenn andere Parteien möglicherweise daran beteiligt sind, ist es doch allein Gottes Plan und Initiative.

Danach folgte das Wort מפתיה – *miftihah* – „werde sie locken", was die beste Übersetzung dieses Wortes ist, weil sie näher an der Bedeutung des Hebräischen liegt. Daran wird deutlich, dass Israel nicht einfach blind und zufällig in die Wüste hineingeht, sondern dass der Herr sie durch verführende und täuschende Mittel in diese Wüste locken wird, denn Verführung und Täuschung sind die Kernbedeutung dieses vierten hebräischen Wortes.

Das fünfte Wort war והלכתיה – *vehalachtihah* – „und werde sie führen". Der Schöpfer Israels schickt sein Volk nicht an der Hand eines anderen in die Wüste, sondern wird es selbst dorthin führen. Andere werden dabei eine Rolle spielen, aber der Herr ist persönlich und maßgeblich daran beteiligt. Der Herr wird Israel bei der Hand nehmen und es selbst in die Wüste

„führen". Israel wird in die Wüste gelockt, getrieben durch seine eigenen Begierden, und wird tiefer und tiefer in diese Wüste gehen, ohne in der Lage zu sein, die sich entfaltenden Ereignisse aufzuhalten.

Das letzte und sechste hebräische Wort, das wir in Kapitel 9 betrachtet haben, war המדבר – *hamidbar* – „die Wüste". Dieses Wort bezeichnet eine „öde Wildnis", eine völlig abgeschnittene, beschwerliche Umgebung. In den Kapiteln 9 bis 14 haben wir dann eingehend die verschiedenen Facetten dieser Wüste betrachtet und dadurch verstanden, dass Israel schon heute ein gutes Stück weit in diese Wüste vorgedrungen ist. Leider wird die Wüste sich für Israel noch intensivieren und noch gefährlicher werden. Die Lage wird sich zunächst noch sehr verschlechtern, ehe sie wieder besser wird.

Nun gehen wir einen Schritt weiter. Zum gegenwärtigen Zeitpunkt ist Israel isoliert in einer Wüste mit vielen Ausprägungen, doch es ist nicht verlassen. Sein Schöpfer ist bei ihm, und an dieser Stelle wenden wir uns wieder dem hebräischen Text zu.

Im hebräischen Originaltext der Bibel wird oft die Vergangenheitsform gebraucht, obwohl die Zukunftsform passender wäre, und umgekehrt. Ich denke, dass es sich dabei nicht nur um eine Textunregelmäßigkeit handelt, sondern dass Gott dadurch auch etwas Spezifisches aussagen möchte. Das folgende hebräische Wort ist ein Beispiel für diese Besonderheit:

לכן הנה אנכי מפתיה והלכתיה המדבר ודברתי צל־לבה
la'chen hineh unochi miftihah vehalachtihah hadmidbar
***vedibarti** al'livah.*

Darum siehe, **ich will** sie locken und in die Wüste führen und ihr zu Herzen **reden**.

ודברתי – *vedibarti* – „und ich will reden"

Wie gesagt ist dies ein Beispiel dafür, dass ein hebräischer Text in der Vergangenheitsform geschrieben ist anstatt im Futur. Die wörtliche Übersetzung dieses hebräischen Wortes müsste lauten „und ich redete", nicht „ich werde reden". Ich bin jedoch davon überzeugt, dass, wenn Gott ankündigt, dass er etwas tun will, es im Grunde schon geschehen ist. Zumindest ist es in Gottes Denken schon vollbracht. Deshalb heißt es an dieser Stelle vom Herrn nicht: „und ich will reden", sondern genauer: „und ich habe geredet" (Vergangenheit), doch für den Herrn ist es genau das Gleiche, denn er „ruft, was nicht ist, als wäre es da" (Römer 4,17).

Die Wüste

Gott sagt die Zukunft nicht nur voraus, er **sieht** die Zukunft auch. Zum Beispiel sprach Gott zu Mose aus dem brennenden Busch am „Berg Gottes, dem Horeb" jenseits der Wüste (2. Mose 3,1) und befahl ihm, zurück nach Ägypten zu gehen und die Kinder Israel aus der Sklaverei herauszuführen. Der Herr sagt Mose hier, dass Aaron sich „ von Herzen freuen" wird, wenn er Mose sehen wird, doch noch ehe Mose einen Schritt tun oder seine Sandalen vom heiligen Boden aufheben kann, sagt Gott ihm über Aaron, der sich etwa 300 Kilometer von dort entfernt in Goschen befand: „ Siehe, er zieht dir entgegen" (2. Mose 4,14).

An diesem Punkt werden wir die wörtliche Bedeutung des hebräischen Wortes ודברתי (*vedibarti*) beiseitelassen und uns an die weitgehend akzeptierte Übersetzung „und ich will reden" halten.

Wenn Gott sagt: „Ich werde reden", dann kann das auf hundert verschiedene Arten und Weisen geschehen. Das Reden Gottes beschränkt sich nicht nur auf eine hörbare Stimme:

> Nachdem Gott in vergangenen Zeiten **vielfältig** und **auf vielerlei Weise** zu den Vätern geredet hat durch die Propheten.
> – Hebräer 1,1

Der Herr hat in früheren Zeiten „auf vielerlei Weise" geredet, und auch heute noch spricht er auf ganz verschiedene Weisen. Der Prophet Jesaja muss den „Gott Israels" auf eine ganz spezifische Weise gehört haben, auf eine Art und Weise, die sonst nicht üblich war:

> Denn so hat der Herr **zu mir gesprochen, indem er mich fest bei der Hand fasste** und mich davor warnte, auf dem Weg dieses Volkes zu gehen. – Jesaja 8,11

Der Prophet Jeremia hat Gott auf ähnliche Weise gehört:

> Nie saß ich im Kreis der Scherzenden und war fröhlich. **Wegen deiner Hand** (d. h., weil du deine Hand auf mich legst, um mir deine Worte zu verkündigen) **saß ich allein**, weil du mich mit deinem Grimm erfüllt hast. – Jeremia 15,17 (Elberfelder)

Das Gleiche gilt für den Propheten Hesekiel:

> Da hob mich der Geist empor und nahm mich hinweg; und ich fuhr dahin, erbittert in der Glut meines Geistes, und **die Hand des Herrn lag fest auf mir**. – Hesekiel 3,14

Der Heilige redet 315

Was diese Propheten hier erlebten in Bezug auf das Hören der Stimme Gottes, ist eine Erfahrung, die viele Leser sicher auch schon gemacht haben. Wenn Gott „mit fester Hand" spricht, dann bedeutet das im Allgemeinen, dass er durch den Druck der Umstände zu uns redet. Es ist eine absolut sichere Methode, wie der Herr unsere Aufmerksamkeit bekommt.

Israel geht heute immer tiefer in die Wüste hinein, und sein Schöpfer spricht jetzt schon zu ihm „mit fester Hand". Das wird nicht die einzige Weise sein, wie der Herr in der Wüste zu Israel reden wird, aber wenn es lange genug in diesem abgeschiedenen, schwierigen und gefährlichen Milieu verbracht hat, wird der unablässige Druck der Umstände das Volk dazu bringen, nach dem Heiligen Israels zu rufen, und erst dann wird er auf andere Weise reden.

Der Herr sagt immer wieder, dass Israel sein „besonderes Eigentum" ist (z. B. in 2. Mose 19,5), doch er macht sich über dieses Eigentum keine Illusionen: *„Denn* Israel ist widerspenstig geworden wie eine störrische Kuh" (Hosea 4,16), es ist ein „halsstarriges" Volk (z. B. 2. Mose 32,9). Auch Mose beschreibt Israel mit dem Wort „Halsstarrigkeit" (5. Mose 31,27).

In der Wüste kann Israel der Stimme des Herrn nicht entkommen. Seine „Halsstarrigkeit" wird sich unter seinem Joch beugen und sein Dickköpfigkeit wird bezähmt werden:

> Kann ich mit euch nicht genauso umgehen wie dieser Töpfer,
> du Haus Israel? spricht der Herr. Siehe, wie der Ton in der
> Hand des Töpfers, so seid ihr in meiner Hand, Haus Israel!
> – Jeremia 18,6

Israels letzte Wanderung hat begonnen. Es wird viel Leid ertragen müssen. Wie lange dieser Aufenthalt in der Wüste dauern wird, hängt sehr davon ab, wie lange es brauchen wird, um sich wieder unter das Joch seines Schöpfers zu stellen, und wie sehr es an seiner Dickköpfigkeit angesichts all der widrigen Umstände festhält.

16
Worte - ins Herz gebrannt

Wir sind jetzt beim achten und letzten hebräischen Wort von Hosea 2,16 angelangt, das wir ebenfalls eingehender betrachten wollen. Ich stimme hier sicherlich nicht mit einigen anderen Übersetzern unseres hebräischen Textes überein, was sehr wahrscheinlich an der traditionellen Sichtweise liegt. Ich erwähnte schon an anderer Stelle, dass Tradition immer schwerer ins Gewicht fällt als Fakten.

Übersetzer werden oft eher die traditionellen Tendenzen wiedergeben als die wörtliche Übersetzung. Das liegt eventuell an der Befürchtung, dass, wenn man sich von der traditionellen Übersetzung eines Wortes oder eines Satzes entfernt, dies die Verkaufszahlen der gesamten Übersetzung drücken könnte. Jeder, der schon einmal ein Werk in einem großen Buchverlag publiziert hat, weiß, dass die Verlagslektoren oft darauf bestehen, Manuskripte dahingehend zu verändern, dass bessere Verkaufszahlen erzielt werden. Geld ist nicht nur der Gott der Welt, sondern häufig auch der Gott des christlichen Geschäftslebens.

Mit nur wenigen Ausnahmen folgen die meisten Übersetzungen der Version der New King James-Bibel, meiner bevorzugten Bibelübersetzung.

> Darum siehe, ich will sie locken und will sie in die Wüste führen und freundlich mit ihr reden. (Luther – kommt der erwähnten englischen Übersetzung am nächsten)

Allerdings spricht der hebräische Text mit keiner Silbe davon, dass der Herr freundlich zu seinem Volk reden wird. Es ist lediglich eine Annahme

Die Wüste

der Übersetzer. Untenstehend sind der hebräische Text, die Transkription und die Übersetzung aus der Lutherbibel:

לכן הנה אנכי מפתיה והלכתיה המדבר ודברתי צַל־לִבָּה

la'chen hineh unochi miftihah vehalachtihah
*hadmidbar vedibarti **al'livah**.*

Darum siehe, ich will sie locken und will sie in die Wüste führen und **freundlich mit ihr reden**.

Das hebräische Wort ist eines mit Bindestrich: צַל־לִבָּה – *al'livah*, was wörtlich „auf seinem Herzen" bedeutet. Die meisten englischen Übersetzungen erwähnen das Wort „Herz" überhaupt nicht, obwohl es in Wirklichkeit den Dreh- und Angelpunkt dieses Satzes ausmacht. Andere Übersetzungen sagen, dass Gott Israel „umwerben", „sanft zu ihm reden", „tröstlich zu ihm reden" wird usw. Die wenigen englischen Übersetzungen, die das Wort „Herz" beinhalten, sagen, dass der Herr „zu" seinem Herzen reden will. Auch an dieser Stelle stimme ich nicht mit den Übersetzern überein. Doch in einem einzigen englischen Kommentar[1] des Textes in Hosea 2,16 wird erwähnt, dass die wortgetreuste Übersetzung von צַל־לִבָּה – *al'livah* „auf seinem Herzen" ist. Man möge mir das kleine Wortspiel vergeben, aber das „Herz" ist in diesem Zusammenhang in der Tat das „Herz aller Dinge". Und der Herr spricht nicht „zum" Herzen, er redet „auf" das Herz, und darin liegt wiederum ein wichtiger Unterschied.

Der gleiche Übersetzungsfehler wird in Sacharja 12,10 gemacht, allerdings in umgekehrter Weise. In Sacharja sagt der Herr in vielen englischen Übersetzungen:

> … und sie werden auf mich sehen, den sie durchstochen haben …

Hier sagt der hebräische Text wörtlich „sie werden **zu** mir sehen", doch die meisten Übersetzer folgen der Tradition und betonen, dass Israel auf ihn sieht. Vielleicht liegt der Grund, warum die Stelle in Sacharja 12,10 falsch wiedergegeben wird, darin, dass ein unterschwelliger Antisemitismus erfordert, dass das jüdische Volk Yeschua (Jesus), den sie – gemeinsam mit den Heiden – durchbohrt haben, in physischer Gestalt sehen müssen, ehe sie sich zum Heil an ihn wenden. Doch „zu" ihm zu blicken setzt voraus, dass Israel in großer Not ist und sich verzweifelt nach ihm ausstreckt. Die Wüstenerfahrung könnte Israel durchaus an den Rand eines solchen Abgrunds treiben.

Wenn der Schöpfer Israels damit fertig ist, mit „fester Hand" zu reden, um seine ganze Aufmerksamkeit zu erlangen, wird er „auf ihr Herz" reden. Nicht lange nachdem Gott Israel aus Ägypten herausgeführt hatte, redete er mit ihnen und gab ihnen sein Gesetz – eingraviert auf Steintafeln. Was Israel sehr bald zustoßen wird und schon begonnen hat, ist eine Wiederholung jener ersten Wüstenerfahrung – allerdings eine Wiederholung mit einigen Verfeinerungen. Der Herr bezeichnet Israel wiederholt als „rebellisch", „halsstarrig" und „widerspenstig". Israels „Halsstarrigkeit" muss gebrochen und seine Widerspenstigkeit und Aufsässigkeit gedemütigt und kuriert werden:

> Denn Ungehorsam ist [wie] die Sünde der Wahrsagerei, und Widerspenstigkeit ist [wie] Abgötterei und Götzendienst. –
> 1. Samuel 15,23

Israel kann das Heil nicht erlangen, bis es versteht, dass es nur „Schamröte" besitzt (Daniel 9,7–8). Der Herr versicherte Israel:

> Aber ich will an meinen Bund gedenken, den ich mit dir geschlossen habe in den Tagen deiner Jugend, und ich will einen ewigen Bund mit dir aufrichten. Dann wirst du an deine Wege gedenken und dich schämen … Aber ich will meinen Bund mit dir aufrichten, und du sollst erkennen, dass ich der Herr bin, damit du daran denkst und dich schämst und vor Scham den Mund nicht auftust, wenn ich dir alles vergebe, was du getan hast, spricht Gott, der Herr. – Hesekiel 16,60–63

Der Herr hat gesagt, dass er Sühne schaffen wird und dass er „auf ihr Herz sprechen will". Dies ist mit Sicherheit die Erfüllung der Prophetie in Jeremia:

> Sondern das ist der Bund, den ich mit dem Haus Israel nach jenen Tagen schließen werde, spricht der Herr: Ich will mein Gesetz in ihr Innerstes hineinlegen und es auf ihre Herzen schreiben, und ich will ihr Gott sein, und sie sollen mein Volk sein;
> und es wird keiner mehr seinen Nächsten und keiner mehr seinen Bruder lehren und sagen: „Erkenne den Herrn!" Denn sie werden mich alle kennen, vom Kleinsten bis zum Größten unter ihnen, spricht der Herr; denn ich werde ihre Missetat vergeben und an ihre Sünde nicht mehr gedenken! – Jeremia 31,33–34

Der Bund, den Gott mit dem Haus Israel schließen wird, wird in ihr Denken gelegt und **„auf"** ihre Herzen geschrieben werden. Das ist das Gleiche wie: „Ich werde auf sein Herz sprechen." Wir haben schon gesehen, dass Gott auf viele verschiedenen Weisen redet. Hier wird der Herr sein Gesetz auf das Herz von Israel sprechen.

Der Neue Bund wird in jeder Hinsicht neu sein. Er wird nicht sein wie der Alte Bund, der vom Finger Gottes auf Steintafeln geschrieben wurde – die zudem noch zerbrachen, ehe sie den Fuß des Berges erreicht hatten. Dieser Bund wird nicht zu brechen sein und auf das Herz jedes Einzelnen vom Volk Israel geschrieben und eingraviert sein. Und zwar auf „alle ohne *Unterschied*", nicht: „alle ohne *Ausnahme*".

Sünden gibt es, weil es Sünde gibt. Doch Gott rührt die Sünde durch die Erlösung an. Um Israel zu seinem Heil zu bringen, muss der Herr seine Wesensneigung radikal umkehren. Er muss ein neues Lebensprinzip in sie hineinpflanzen, damit sie in Zukunft aus dem Wunsch heraus handeln, ihm zu gefallen und Ehre zu bringen. Israel als Volk muss von Neuem geboren werden – von oben geboren.

Um diese radikale Veränderung zu bewirken, sagt der Schöpfer Israels zu seinem „besonderen Eigentum": „Ich will euch in die Wüste der Völker führen" (Hesekiel 20,35), und in dieser Wüste wandert Israel heute ziellos umher.

Israel wird sich so lange in der Wüste aufhalten, bis der Finger Gottes ein neues Lebensprinzip auf die Herzen des Überrests des Volkes schreibt. Gott hat verheißen, einen Neuen Bund auf das Herz Israels zu schreiben, und „so viele Verheißungen Gottes es gibt – in ihm ist das Ja, und in ihm auch das Amen" (2. Korinther 1,20). Der Neue Bund wird folgendermaßen geschlossen werden:

> … geschrieben nicht mit Tinte, sondern mit dem Geist des lebendigen Gottes, nicht auf steinerne Tafeln, sondern auf fleischerne Tafeln des Herzens. – 2. Korinther 3,3

---

[1] in: *The Expositors Bible Commentary,* Volume 7 (Zondervan Bible Corporation, Grand Rapids, Michigan, 1985).

17

Die Rückgabe verlorener Gebiete

Erst durch diese zweite und letzte Wüstenerfahrung wird Israel das Verheißene Land wirklich in Empfang nehmen. Denn erstens bedeutet die Tatsache, dass Israel wieder in die Wüste zurückgelockt werden kann, dass sie das Verheißene Land, ihr göttliches Erbe vom Herrn, verworfen haben. Zweitens hat Israel durch seinen Abfall vom Glauben diese ganze Entwicklung selbst über sich gebracht:

> Hast du dir dies nicht selbst bereitet, indem du den Herrn, deinen Gott, verlassen hast zu der Zeit, als er dich auf dem Weg führte? – Jeremia 2,17

Der Herr hat sein Volk in ein Land gebracht, „um das der Herr sich kümmert" (5. Mose 11,12), „ein Land, in dem Milch und Honig fließt" (2. Mose 3,8), doch der Herr sagt zu Israel: „Ihr kamt hinein und habt mein Land verunreinigt" (Jeremia 2,7).

Ein langer Aufenthalt in einer isolierten, unwirtlichen Umgebung wird eine Zeit der Bestrafung sein, doch gleichzeitig wird er auch dazu dienen, alles, was Israel verloren hat, wieder zurückzugewinnen. Durch den Propheten Hosea sagt Gott über die Wüste auch:

> Ich will ihr von dort aus ihre Weinberge wiedergeben und ihr das Tal Achor zu einer Tür der Hoffnung machen, dass sie dort singen soll wie in den Tagen ihrer Jugend und wie an dem Tag, als sie aus dem Land Ägypten zog. – Hosea 2,17

Die Wüste

In Hosea 2,16 gelobt Gott feierlich, dass er Israel in die Wüste führen will. In Hosea 2,17 beschreibt er Israel, wie es in der Wüste singt:

> ... wie in den Tagen ihrer Jugend und wie an dem Tag, als sie aus dem Land Ägypten zog.

Hier finden wir Parallelen zwischen Israels erster und letzter Wüstenwanderung. In der ersten Wüste hatte Israel den Wunsch geäußert, nach Ägypten und in die Sklaverei zurückzukehren, unter der es seit Jahrhunderten gelitten hatte und aus der der Herr es befreit hatte. Wegen ihres Mangels an Glauben an ihren Schöpfer wurde eine ganze untreue Generation über einen Zeitraum von vierzig Jahren in der Wüste begraben. Israel konnte nicht den nächsten Schritt tun, ehe nicht auch der Letzte dieser ungläubigen Generation im Staub begraben war.

Jetzt hat der Herr Israel erneut in die Wüste geführt, in die letzte Wüste. Und genauso wie die Israeliten durch die erste Wüstenerfahrung auf das Land Kanaan vorbereitet wurden, so wird auch diese letzte Wüstenwanderung am Ende die Befreiung Israels von seinen heutigen Feinden bewirken. Es muss zwar eine Gefangenschaft und eine Sklaverei geben, damit die erste Wüstenerfahrung wiederholt werden kann. Doch diese letzte Wüste wird am Ende sowohl die Befreiung Israels von seinen Feinden zur Folge haben als auch eine Zeit der Bestrafung sein.

„Von dort aus", aus dieser Wüste heraus, wird der Herr die Weinberge und Ländereien Israels, die sie durch ihr jahrelanges verdorbenes Verhalten und ihren Glaubensabfall verloren hatten, wieder zurückgeben. Denn der Herr hatte Folgendes gesagt:

> Ich will auch ihren Weinstock und ihren Feigenbaum verwüsten, von denen sie sagt: „Das ist der Lohn, den mir meine Liebhaber gegeben haben!" – Hosea 2,14

Es kommt nicht überraschend, dass der Herr ausgerechnet die „Weinberge" wieder zurückgeben will, denn neue, voller Trauben hängende Weinstöcke symbolisieren die endlose Großzügigkeit Gottes. Wein ist ein Zeichen für Freude und „erfreut das Herz des Menschen" (Psalm 104,15). „Seine Weinberge" sind die Weinberge, die ein zuvor treues Israel besessen hatte, ehe sie es durch ihre Untreue verloren. In dem Versprechen, diese Weinberge an Israel zurückzugeben, wird auf eine erneute Gabe des Verheißenen Landes hingewiesen.

Die Rückgabe verlorener Gebiete 323

Weinberge gibt es nicht nur in üppigen Landschaften. Im Hohelied Salomos, Kapitel 1, Vers 14, lesen wir von den „Weinbergen von En-Gedi". En-Gedi liegt in der Wüste Juda, am Rand des Toten Meeres. Die Wüste von En-Gedi wird in 1. Samuel 24,1 erwähnt, sie ist eine der trostlosesten Regionen der Wüste Juda, in der eine so bedrückende Hitze herrscht, dass sich dort nicht viele Menschen ansiedeln können. Die „Weinberge von En-Gedi" verschwanden, nachdem muslimische Armeen[1] im 7. Jahrhundert n. Chr. in Israel eingefallen waren. Muslime verbieten das Trinken von Wein und alkoholischen Getränken und haben deshalb die Weingüter und Weinberge in En-Gedi zerstört.

Wenn der Herr Israel aus der letzten Wüste heraus und wieder zurück ins Verheißene Land führen wird, werden seine Weinberge wiederhergestellt werden. Israel wird diese Weinberge aus der Wüste heraus erhalten, aber das muss man nicht unbedingt so verstehen, dass die Weinberge selbst in der Wüste wachsen, in der Israel umherwandert. En-Gedi ist eine Ausnahme, der vorausgesagte landwirtschaftliche Erfolg wird im Verheißenen Land sein, nicht in der Wüste.

Das Verheißene Land und seine üppigen Weinberge sind unzertrennbar miteinander verknüpft: das Verheißene Land ist Israels Erbe (5. Mose 4,20); Israel ist das Erbe des Herrn (Psalm 32,12); und „das Haus Israel ist der Weinberg des Herrn der Heerscharen" (Jesaja 5,7).

Wenn der Herr Israel aus der letzten Wüste herausführen und wieder ins Verheißene Land bringen wird, wird es noch einmal durch das Tal Achor gehen, was bedeutet „Tal der Sorgen". Das Tal Achor war der Ort, wo Achan gegen den Herrn gesündigt hatte. Die Bibel berichtet uns, dass ein Israelit namens Achan etwas stahl, was dem Herrn gehörte, und damit den Erfolg der Eroberung Kanaans gefährdete (Joshua 7,1–12).

In der Schriftstelle in Hosea spielt der Herr auf dieses Ereignis in der ersten Wüstenerfahrung an. Sobald das Volk aus der Wüste herauskam, überquerte es den Jordan, kam ins Verheißene Land und schlug sein Lager innerhalb seiner Grenzen auf, und zwar in Gilgal, in der Ebene von Achor, gegenüber von Jericho. Das Gebiet war fruchtbar, angenehm und ergiebig. In der Wüste hatte es nicht ein einziges Korn Weizen oder Gerste gegeben, und auch keine Weintrauben. Die Wüste hatte lediglich Verarmung mit sich gebracht, und dazu noch Zehntausende Tote.

Die Israeliten sollten zuerst die Stadt Jericho erobern, und mit Josua als Heerführer bewirkte der Herr, dass die Mauern einstürzten. Die Israeliten vernichteten alles, was lebte, mit Ausnahme von Rahab, der Hure, und ihrer Fa-

324 Die Wüste

milie. Rahab hatte **im Glauben gehandelt** und zwei israelische Kundschafter versteckt, die nach Jericho gekommen waren, um die Stadt auszuspionieren. Die Kundschafter versprachen mit einem Eid, dass, wenn Rahab eine Schnur aus karmesinrotem Faden ins Fenster hängen würde, ihr und ihrer Familie bei der Einnahme der Stadt nichts geschehen würde (Josua 2,18).

Jericho war die Erstlingsfrucht der Eroberung Kanaans, und die Stadt war der völligen Zerstörung geweiht. Ohne Ausnahme sollte alles, was lebte, mit dem Schwert getötet, und die Gebäude durch Feuer zerstört werden. Nur das Gold, Silber und Gefäße aus Bronze und Eisen sollten für die Schatzkammer des Herrn bewahrt werden:

> Ihr aber hütet euch vor dem Gebannten, damit ihr nicht, nachdem ihr [daran] den Bann vollstreckt habt, doch von dem Gebannten etwas nehmt und über das Lager Israels einen Bann bringt und es ins Unglück kommt! Aber alles Silber und Gold samt den ehernen und eisernen Geräten soll dem Herrn geheiligt sein; es soll in den Schatz des Herrn kommen!
> – Josua 6,18–19

Doch ohne dass jemand davon wusste, stahl Achan etwas, was unter dem Bann stand: einen babylonischen Mantel, zweihundert Schekel Silber und einen fünfzig Schekel schweren Goldbarren. Nach seiner mühseligen Wüstenwanderung befand sich Israel jetzt in der fruchtbaren Ebene von Achor am Tor zu Kanaan, doch die Folgen von Achans Vergehen sollten dem Volk sehr bald zum Verhängnis werden.

Nach der Zerstörung von Jericho sandte Josua Kundschafter nach Ai, nächste zu erobernde Stadt. Die Kundschafter berichteten, dass die Leute in Ai nicht zahlreich waren, und das nur zwei- oder dreitausend Kriegsmänner nötig waren, um sie zu besiegen (Josua 7,3–4). Doch als die Männer hinaufzogen, um gegen Ai zu kämpfen, erschlugen die Leute von Ai einige der Israeliten, die daraufhin zurück nach Gilgal flohen. Josua zerriss sein Gewand, und er und die Ältesten des Volkes Israel bedeckten ihre Häupter mit Staub und legten sich vor der Bundeslade des Herrn auf ihr Angesicht.

Dann sprach der Herr zu Josua:

> Steh auf, warum liegst du denn auf deinem Angesicht? Israel hat sich versündigt, sie haben auch meinen Bund übertreten, den ich ihnen geboten habe, indem sie von dem Gebannten

Die Rückgabe verlorener Gebiete 325

> genommen und davon gestohlen und es verheimlicht und unter ihre Geräte gelegt haben! Darum können die Kinder Israels vor ihren Feinden nicht bestehen, sondern müssen ihren Feinden den Rücken kehren; denn sie sind zu einem Bann geworden. Ich werde künftig nicht mit euch sein, wenn ihr nicht den Bann aus eurer Mitte vertilgt! Steh auf, heilige das Volk und sprich: Heiligt euch für morgen; denn so spricht der Herr, der Gott Israels: Es ist ein Bann in deiner Mitte, Israel; du kannst vor deinen Feinden nicht bestehen, bis ihr den Bann aus eurer Mitte wegtut! – Josua 7,10–13

Der Herr befahl Josua, jeden Stamm vor ihn zu bringen und der Stamm Juda wurde durchs Los getroffen. Die Familien des Stammes Juda kamen, und der Herr traf die Sippe der Serachiter. Dann kamen sie Mann für Mann, und Sabdi wurde getroffen. Sabdi brachte sein Haus, Mann für Mann, und Achan, der Sohn Serachs wurde getroffen.

Achan sprach: „Wahrlich, ich habe mich an dem Herrn, dem Gott Israels, versündigt; denn dies habe ich begangen" (Josua 7,20) und bekannte, dass er das Gewand, das Silber und das Gold gestohlen hatte, weil er sie begehrt hatte, und dass die Dinge in der Mitte seines Zeltes vergraben waren. Josua schickte Männer zum Zelt Achans um die Gegenstände zu holen und sie wurden gebracht und vor dem Herrn hingelegt.

> Da nahm Josua Achan, den Sohn Serachs, samt dem Silber, dem Mantel und dem Goldbarren, seine Söhne und seine Töchter, auch seine Rinder, seine Esel und seine Schafe, samt seinem Zelt und allem, was er hatte; und ganz Israel war mit ihm, und sie führten sie in das Tal Achor hinauf. Und Josua sprach: Wie du uns ins Unglück gebracht hast, so bringe dich der Herr ins Unglück an diesem Tag! Und ganz Israel steinigte ihn; und man verbrannte sie mit Feuer und warf Steine auf sie. – Josua 7,24–25

Israel errichtete einen großen Steinhaufen auf den Überresten von Achan und seiner Familie, seinem Vieh und seinem Besitz. Durch diese Übertretung und die Bestrafung Achans lernte Israel große Ehrfurcht vor Gott, und von diesem Zeitpunkt an, frei von dem „verfluchten Ding", verlief die Eroberung des Landes erfolgreich.

326 Die Wüste

Das Tal Achor ist eine ganz konkrete Mahnung an das Volk Israel, dass es bei der zweiten Inbesitznahme des Verheißenen Landes nicht wieder zu einer Übertretung kommen darf wie beim ersten Mal. Bei der ersten Inbesitznahme des Verheißenen Landes verwandelte sich die Freude Israels darüber, die Kargheit der Wüste zu verlassen, sehr bald in großes Leid, nur durch ein isoliertes, von einem einzigen Mann verübtes Vergehen.

Wenn sie aus der letzten Wüste herauskommen und zum zweiten Mal in das Verheißene Land einziehen, wird das Tal Achor ein Symbol für eine bessere Zukunft sein:

> Saron soll zu einer Schafhürde und das Tal Achor zu einem Lagerplatz der Rinder werden, für mein Volk, das mich gesucht hat. – Jesaja 65,10

Das „Tal Achor" wird der Zugang der Hoffnung sein, durch den Israel eintreten und sein göttliches Erbe wieder in Besitz nehmen wird. So wie dieses Tal vormals ein Abgrund der Verzweiflung war, wird der Herr es in ein Tal der Freude verwandeln, wo die Hoffnung auf eine bessere Zukunft aufblüht.

Das moderne Israel hat auch vom Herrn gestohlen, vielleicht nicht genauso wie Achan, aber sie haben Gott bestohlen.

Israel ist ein ausgesondertes Volk. In 5. Mose 7,6 spricht Gott zu Israel:

> Denn ein heiliges Volk bist du für den Herrn, deinen Gott; dich hat der Herr, dein Gott, aus allen Völkern erwählt, die auf Erden sind, damit du ein Volk des Eigentums für ihn seist.
> – 5. Mose 7,6

Der ehemalige Premierminister Jitzchak Rabin war der erste israelische Führer, der der Welt aber mitteilte: „Israel will so sein wie alle anderen Völker." Doch das ist völlig unmöglich. Israel wird nie so sein können wie die anderen Völker. Israel kann dem „Heiligen Israels" nicht ins Gesicht spucken und trotzdem erwarten, dass seine Segenshand für immer auf ihm ruhen wird. Anscheinend haben die israelischen Führer immer noch nichts aus der mehrtausendjährigen Geschichte Israels gelernt. Immer wieder hat Israel dem Herrn, seinem Schöpfer, den Rücken gekehrt und daraufhin grauenhafte Katastrophen erlitten. Israels Führer lernen anscheinend nichts dazu. Es passiert immer wieder das Gleiche, nach demselben alten Muster.

Die Rückgabe verlorener Gebiete 327

China hat eine viertausendjährige Geschichte und umfasst heute eine Bevölkerung von 1,4 Milliarden Menschen. Indien hat eine vergleichbar lange Geschichte und gegenwärtig eine Bevölkerung von 1,2 Milliarden Menschen. Und auch Israel hat auch eine viertausendjährige Geschichte und die Bibel, sein Buch, hat seine Vorfahren unterwiesen: „Seid fruchtbar und mehret euch und füllt die Erde" (z. B. in 1. Mose 9,1). Und doch zählt das israelische Volk insgesamt nicht mehr als 13 Millionen Juden auf der ganzen Welt. Das liegt daran, dass Israel sich von seinem Schöpfer abgewendet hat – auch heute noch, indem es sein will wie alle anderen Völker, was ihm viel Leid durch die „starke Hand" des Herrn einbringt. Die Juden geben ständig den Heiden die Schuld an allen Übeln, die sie erlitten haben. Starrköpfig weigern sie sich zuzugeben, dass ihre eigenen Übertretungen gegen den Herrn der Grund für ihr Leiden und ihre Isolation sind.

Es war Albert Einstein, der Wahnsinn so definierte: „alles beim Alten lassen und gleichzeitig hoffen, dass sich etwas ändert".

Wie es aussieht, ist Israel wahnsinnig. Gerade weil Israel sich weigert, seine von Gott verordnete Bestimmung zu akzeptieren, hat dieses Volk mehr gelitten als jedes andere:

… sie hat ihr Ende nicht bedacht. Sie ist schrecklich heruntergekommen. – Klagelieder 1,9

Der Herr hat Israel in die letzte Wüste gebracht und teilweise seine schützende Hand von ihm genommen. Es wurde schon gesagt, dass die letzte Wüstenerfahrung am Ende die Befreiung von seinen Feinden bewirken wird. Dabei muss man beachten, dass die Betonung auf „am Ende" liegt. Vor der Befreiung müssen die Feinde konfrontiert werden, und wenn der Herr Israel dabei nur teilweise schützt, wird es in Israel viele Opfer geben.

In Kapitel 14 wurde erwähnt, dass viele Israelis ihre Streitkräfte, die IDF, vergöttern und sich damit rühmen, dass es die beste Armee der Welt sei. Millionen von Israelis sagen: „Wir haben die beste Armee der Welt! Wir haben die beste Luftwaffe der Welt!" Ein solches Denken verführt das Volk und seine Anführer zu dem Glauben, dass angreifende Armeen und Einheiten allein durch die Stärke der israelischen Streitkräfte in die Flucht geschlagen werden.

328 Die Wüste

Der verstorbene israelische Staatsmann Abba Eban, ein typisch liberaler Humanist und politisch linker Israeli, hat die gottesfürchtigen Israelis herabgewürdigt, als er sagte: „Sie meinen, unser Sieg sei nicht das Resultat einer höheren militärischen Leistung, sondern das Ergebnis eines göttlichen Wunders."[2] An anderer Stelle in seinem Buch äußert sich Eban verächtlich über die Vorstellung, eine „höhere Macht" hätte bei dem übernatürlichen Ausgang des Sechs-Tage-Krieges ihre Hand im Spiel gehabt, indem er geringschätzig sagt: „... wenn man an eine höhere Macht glaubt."

Was damals für die Eroberung Kanaans galt, gilt sicherlich auch heute für den modernen Staat Israel. Die Inbesitznahme des Verheißenen Landes dauerte fünf Jahre, in denen Israel die Völker, die ihr Erbe besetzt hatten, besiegte. Und in den ersten 25 Jahren nach der Gründung des modernen jüdischen Staates nahm Israel große Gebiete Syriens, Jordaniens und Ägyptens ein, weil die israelischen Streitkräfte mehrere angreifende Armeen aus diesen Ländern besiegten:

> Du hast mit deiner Hand die Heidenvölker vertrieben, sie aber gepflanzt; du hast Völker zerschmettert, sie aber ausgebreitet. – Psalm 44,3

In dieser Hinsicht hat Israel sehr töricht gehandelt und die Ehre, die dem Herrn gebührt, gestohlen. Aller Ruhm, alle Ehre und alle Anerkennung für jeden militärischen Sieg Israels gehört dem Herrn. Und er wird seine Ehre nicht mit den israelischen Streitkräften teilen:

> Ich bin der Herr, das ist mein Name; und ich will meine Ehre keinem anderen geben, noch meinen Ruhm den Götzen!
> – Jesaja 42,8

Wie schon in Kapitel 14 dargelegt, muss die Verehrung Israels für seine Streitkräfte gebrochen werden. Verehrung gebührt allein dem allmächtigen Gott. Israel muss seine Augen einzig und allein auf den Herrn richten, von dem die israelische Armee ihre Stärke bezieht. Israel wird in die Realität der letzten Wüste eintreten, und die IDF wird überwältigt werden, wenn auch nur für eine kurze Zeit. Und wie schon vorher erwähnt, scheint es so, dass diese Überwältigung der Streitkräfte im Verlauf einer größeren Schlacht um Jerusalem geschehen wird:

Die Rückgabe verlorener Gebiete 329

Da werde ich alle Heidenvölker bei Jerusalem zum Krieg versammeln; und die Stadt wird erobert, die Häuser werden geplündert und die Frauen geschändet werden; und die Hälfte der Stadt muss in die Gefangenschaft ziehen; der Überrest des Volkes aber soll nicht aus der Stadt ausgerottet werden.
– Sacharja 14,2

Das, was mit Achan im Tal Achor geschah, muss auch mit Israel in seiner letzten Wüste geschehen. Wenn die Sünde Israels getilgt ist, wird der Herr vorangehen und alle Völker vernichten, die sich gegen Israel gestellt haben. Das Beispiel von Achan hat den Israeliten damals Ehrfurcht vor dem Herrn und seinem Gesetz eingeflößt. Das Exempel, den Kampf um Jerusalem zu verlieren, wird dem modernen Israel Ehrfurcht vor seinem Schöpfer einflößen. Israel wird verstehen müssen, dass es der Herr war, der die Kriege Israels für sie gewonnen hat, und dass Israel ständig seine Ehre gestohlen und für sich selbst beansprucht hat. Wenn der Herr im Kampf gegen Israels Feinde seine Hand zurückzieht, wird dem jüdischen Staat keine leichte Zeit bevorstehen.

Man sollte nicht denken, dass jene, die Israels Weinberge heute besitzen, sie kampflos aufgeben werden. Der Kampf um Jerusalem wird nur ein Kampf von vielen sein, aber in das Herz von Israels Überrest wird Gottes Gesetz eingraviert werden, und sein Schöpfer sagt:

An jenem Tag will ich die Fürsten Judas wie einen glühenden Ofen zwischen Holzstößen machen und wie eine brennende Fackel in einem Garbenhaufen, und sie werden zur Rechten und zur Linken alle Völker ringsum verzehren; Jerusalem aber soll wieder bewohnt werden an seinem [alten] Platz, nämlich in Jerusalem. – Sacharja 12,6

Die meisten Völker der Welt fletschen die Zähne gegenüber Israel, doch diese Völker haben vergessen, dass der Eine, der

Himmel und Erde ... und das Meer und alles, was darin ist
– 2. Mose 20,11

gemacht hat, auch der Eine ist, der Israel geschaffen hat,

... aus allen Völkern erwählt, die auf Erden sind, damit [es] ... ein Volk des Eigentums für ihn sei. – 5. Mose 7,6

330　Die Wüste

Vor über dreitausend Jahren stand Mose vor Pharao und teilte ihm mit, dass eine schreckliche, von der Hand des Herrn bewirkte Katastrophe über Ägypten hereinbrechen würde:

> Aber bei allen Kindern Israels soll kein Hund die Zunge regen, weder gegen Menschen noch gegen das Vieh, damit ihr erkennt, dass der Herr einen Unterschied macht zwischen Ägypten und Israel. – 2. Mose 11,7

Der Herr sagt in Maleachi 3,6: „Denn ich, der Herr, verändere mich nicht." Deshalb werden nur „Narren", die in ihren Herzen sprechen: „Es gibt keinen Gott!" (Psalm 14,1), weiter Gottes „erwähltes Volk" (5. Mose 7,6) belästigen. Ein moderner Mose sollte sich vor den Generalsekretär der Vereinten Nationen stellen und ihm sagen, welche schrecklichen Katastrophen bald über die Völker hereinbrechen werden:

> ... damit [er] erkennt, dass der Herr einen Unterschied macht zwischen Ägypten und [den Völkern]. – 2. Mose 11,7

Israel ist ein Volk, dessen Gebet er erhört haben wird:

> Erschaffe mir, o Gott, ein reines Herz, und gib mir von Neuem einen festen Geist in meinem Innern! – Psalm 51,12

Ein solches Volk wird die Nationen nicht fürchten, denn der Herr ist auch der „König der Völker" (Jeremia 10,7). Der Herr spricht zu dem gläubigen Überrest in Israel:

> Fürchte dich nicht, denn ich bin mit dir; sei nicht ängstlich, denn ich bin dein Gott; ich stärke dich, ich helfe dir auch, ja, ich erhalte dich durch die rechte Hand meiner Gerechtigkeit! Siehe, beschämt und zuschanden werden alle, die gegen dich erzürnt sind; es werden zunichte und kommen um die Männer, die gegen dich kämpfen. Du wirst sie suchen, aber nicht finden, die Leute, die mit dir streiten; wie nichts und gar nichts werden die Männer, die gegen dich Krieg führen. Denn ich, der Herr, dein Gott, ergreife deine rechte Hand und sage dir: Fürchte dich nicht; ich helfe dir! So fürchte dich nicht, du Würmlein Jakob, du Häuflein Israel; denn ich helfe dir, spricht der Herr, und dein Erlöser ist der Heilige Israels.

Die Rückgabe verlorener Gebiete 331

Siehe, ich mache dich zu einem neuen, scharf schneidenden Dreschwagen, mit Doppelschneiden versehen: du wirst Berge zerdreschen und zermalmen und Hügel der Spreu gleichmachen; du wirst sie worfeln, und der Wind wird sie davontragen, und der Sturmwind wird sie zerstreuen; du aber wirst fröhlich sein in dem Herrn und dich des Heiligen Israels rühmen. – Jesaja 41,10–16

1 *The Zondervan Pictorial Encyclopedia of the Bible* (Grand Rapids: Zondervan, 1977), Vol. 2, Seite 307.
2 Abba Eban, „Personal Witness", Seite 468.

18
Gesang in der Wüste

Wir haben jetzt das Ende unseres Textes aus Hosea erreicht, und dieser letzte Abschnitt spricht von einem Ausbruch der Freude: Die Wüstenerfahrung ist für das wahre „Israel Gottes" (Galater 6,16) fast vorbei. Hier ist noch einmal der vollständige Text aus Hosea 2,17, auch wenn wir uns jetzt nur mit der zweiten Hälfte des Verses beschäftigen werden:

> ... und ich will ihr von dort aus ihre Weinberge wiedergeben und ihr das Tal Achor zu einer Tür der Hoffnung machen, dass sie dort singen soll wie in den Tagen ihrer Jugend und wie an dem Tag, als sie aus dem Land Ägypten zog. – Hosea 2,17

In dem biblischen Bericht von der ersten Wüstenerfahrung gibt es nur eine Stelle, wo das Volk Israel „in den Tagen seiner Jugend" freudig singt, tanzt und den Herrn preist. Die Worte des Liedes, das vom Volk Israel gesungen wurde, sind uns überliefert:

> Damals sangen Mose und die Kinder Israels dem Herrn diesen Lobgesang und sprachen: „Ich will dem Herrn singen, denn hoch erhaben ist er: Ross und Reiter hat er ins Meer gestürzt! Der Herr ist meine Stärke und mein Lobgesang, und er wurde mir zum Heil! Das ist mein starker Gott, ich will ihn preisen; er ist der Gott meines Vaters, ich will ihn erheben.
> Der Herr ist ein Kriegsmann, Herr ist sein Name. Die Streitwagen des Pharao und seine Heeresmacht warf er ins Meer; seine auserlesenen Wagenkämpfer sind im Schilfmeer versunken! Die Tiefe hat sie bedeckt; sie sanken auf den Grund wie ein Stein.

Herr, deine Rechte ist mit Kraft geschmückt; Herr, deine Rechte hat den Feind zerschmettert! Und mit deiner großen Macht hast du deine Widersacher vertilgt; du hast deinen Grimm losgelassen, der verzehrte sie wie Stoppeln. Durch den Hauch deines Zorns türmte das Wasser sich auf; es standen die Wogen wie ein Damm, die Fluten erstarrten mitten im Meer. Der Feind sprach: Ich will sie jagen, ich will sie ergreifen; ich will den Raub verteilen, will meine Wut an ihnen auslassen! Ich will mein Schwert ziehen, meine Hand soll sie vertilgen! Du wehtest mit deinem Wind, da bedeckte sie das Meer; sie versanken wie Blei in den gewaltigen Wassern.

Wer ist dir gleich unter den Göttern, o Herr? Wer ist dir gleich, herrlich in Heiligkeit, furchtgebietend in Ruhmestaten, Wunder vollbringend? Du strecktest deine Rechte aus, da verschlang sie die Erde.

Du leitest in deiner Gnade das Volk, das du erlöst hast; durch deine Kraft bringst du sie zu der Wohnung deines Heiligtums. Wenn das die Völker hören, so erzittern sie, Furcht ergreift die Bewohner des Philisterlandes; es erschrecken die Fürsten Edoms, Zittern befällt die Gewaltigen Moabs; alle Einwohner Kanaans werden verzagt. Schrecken und Furcht überfällt sie wegen deines mächtigen Armes, sodass sie erstarren wie Steine, bis dein Volk hindurchzieht, o Herr, bis dein Volk hindurchzieht, das du erworben hast! Du wirst sie hineinbringen und sie einpflanzen auf dem Berg deines Erbteils, an dem Ort, den du, Herr, zu deiner Wohnung gemacht hast, zu dem Heiligtum, o Herr, das deine Hände bereitet haben! Der Herr herrscht als König für immer und ewig!

Denn die Rösser des Pharao gingen ins Meer hinein, mit seinen Streitwagen und Reitern, und der Herr ließ das Meer wieder über sie kommen; die Kinder Israels aber gingen trockenen Fußes mitten durchs Meer.

Und Mirjam, die Prophetin, Aarons Schwester, nahm das Tamburin in ihre Hand, und alle Frauen folgten ihr nach mit Tamburinen und im Reigen.

Und Mirjam antwortete ihnen [im Wechselgesang]: Singt dem Herrn, denn hoch erhaben ist er: Ross und Reiter hat er ins Meer gestürzt! – 2. Mose 15,1–21

Gesang in der Wüste 335

Diese offensichtliche Freude Israels wurde einzig und allein dadurch ausgelöst, dass der Herr die sie verfolgenden Feinde besiegt hatte. Der Herr tat es ganz allein. Weder damals noch heute braucht er die Hilfe Israels oder eines anderen. Gott braucht keinen von uns, obwohl er uns oft in seiner Gnade erlaubt, seine Pläne zu kennen und darin eine Rolle zu spielen.

In den Kapiteln vier bis sechs haben wir uns mit den drei hebräischen Worten אנכי הנה לכן – *la'chen hineh unochi* – „Darum siehe, ich selbst" beschäftigt, und wir sahen, dass der Schöpfer Israels beschlossen hat, Israel in eine Wüste zu führen – eine metaphorische Wüste mit vielen Facetten, die aber in Wirklichkeit viel wörtlicher zu nehmen ist, nicht nur im übertragenen Sinn. In dieser Wüste wird der Herr an Israel handeln wegen seinen unendlich vielen Übertretungen gegen ihn und gegen seinen Bund:

> Und du sollst zu ihnen sprechen: So spricht der Herr, der Gott Israels: **Verflucht** ist der Mann, der nicht hört auf die Worte dieses Bundes, die ich euren Vätern geboten habe zu der Zeit, als ich sie aus dem Land Ägypten führte, aus dem Eisenschmelzofen. – Jeremia 11,3–4

> Siehe, das ist vor mir aufgeschrieben. Ich will nicht schweigen, sondern vergelten; ja, ich werde es ihnen **in den Gewandbausch vergelten,** eure Sünden und die Sünden eurer Väter miteinander, spricht der Herr. – Jesaja 65,6–7a

Israel hat viele Sünden begangen, und wir haben am Ende von Kapitel 14 gesehen, dass Israel doppelt für seine Sünden bezahlen muss, weil es der Erstgeborene des Herrn ist (2. Mose 4,22). In der oben zitierten Passage aus Jeremia wird klar, dass jene, die die Gebote des Herrn nicht halten, „verflucht" sind. Hier wird das hebräische Wort ארר (*arar*) verwendet, welches auf schreckliche Konsequenzen hindeutet, wie wir in Kapitel elf gesehen haben. In der oben genannten Passage aus Jesaja wird gesagt, dass der Herr Israels Sünden bis „in den Gewandbausch vergelten" wird. Allein diese beiden Verse sollten einen Hinweis darauf geben, welche Probleme noch auf Israel zukommen, ehe das Gesetz Gottes auf sein Herz – im kollektiven Sinn – geschrieben werden wird.

In der letzten Wüste wird der Herr seine Gebote auf das Herz von ganz Israel eingravieren und bewirken, dass Israel für alle Zeiten von seinen Feinden befreit wird – von all den Völkern, die ihm gegenüber heute die Zähne fletschen und morgen militärisch gegen Israel vorgehen werden.

Die Wüste

Alles kommt von Gott. Er ist angesichts von Entbehrungen, Tod und Zerstörung überhaupt nicht zimperlich. Er hat gesagt, „ich selbst" werde es tun, und das wird er auch. Israels Erlösung wird ganz allein Gottes Werk sein, denn er wird Israel von seinen Feinden und aus der Wüste befreien:

> Siehe, ich wirke Neues, jetzt sprosst es hervor; solltet ihr es nicht wissen? Ich will einen Weg in der **Wüste** bereiten und Ströme in der **Einöde**. Die Tiere des Feldes werden mich preisen, die Schakale und Strauße, weil ich Wasser gegeben habe in der **Wüste** und Ströme in der **Einöde**, um **mein Volk** zu tränken, **mein auserwähltes**. – Jesaja 43,19

> Denn der Herr tröstet Zion; er tröstet alle ihre Trümmer und macht ihre **Wüsten** wie Eden und ihre **Steppe** wie den Garten des Herrn. Freude und Wonne, Danklied und Lobgesang wird darin gefunden werden. – Jesaja 51,3

Der Herr wird Israel, seinem „besonderen Eigentum", in der Wüste zu Hilfe kommen – und es gleichzeitig strafen. Es wurde schon erwähnt, dass die letzte Wüste eine Wiederholung der ersten Wüste ist – mit einigen zusätzlichen Feinheiten. Beide Wüstenerfahrungen spiegeln einander wider. Das letztendliche Ziel des Herrn mit der letzten Wüste ist, das Herz von Israel zu gewinnen und zu behalten. Der Herr sehnt sich danach, sein Herz mit dem Herzen Israels zu vereinen. Der Herr schaut auf die Zeit der ersten Wüste zurück, als er zuerst das Herz Israels besessen hat:

> Ich denke noch an die Zuneigung deiner Jugendzeit, an deine bräutliche Liebe, als du mir nachgezogen bist in der Wüste, in einem Land ohne Aussaat. – Jeremia 2,2b

Alles, was Israel in der letzten Wüste zustoßen wird, ist beabsichtigt, um seine Liebe zum Herrn wieder herzustellen. Jene, die diese Liebe mit Füßen treten, werden an der zweiten Inbesitznahme des Verheißenen Landes keinen Anteil haben.

Zu Beginn von Kapitel 14 habe ich dargelegt, dass sich die schlimmsten Kriege, die in der Bibel prophezeit werden, noch nicht ereignet haben und dass man aus den kurzen biblischen Beschreibungen lediglich einen kleinen Einblick bekommt, wie katastrophal diese Kriege sein werden. Drei Tage nachdem die Israeliten aus Ägypten geflohen waren, sahen sie die toten Körper der Krieger des Pharao an den Ufern des Meeres liegen (2. Mose 14,30). Israel war trockenen Fußes durch das Rote Meer gegangen, doch auf die Verfolger hatte der Herr die Wassermauern herabstürzen lassen und sie vernichtet.

Nach dem Anblick der toten Ägypter am Meeresufer konnte Israel sicher sein, dass aus dieser Richtung keine Probleme mehr zu erwarten waren. Und genau wie das alte Israel die Leichen von Pharaos Heer an den Ufern des Roten Meeres erblickte, wird das moderne Israel die Leichen der Armeen der modernen Nationen auf seinen Schlachtfeldern liegen sehen und wissen, dass sie von ihnen keine Probleme mehr zu erwarten haben.

Der allmächtige Gott bezeichnet sich in der Bibel Hunderte Male selbst als „Herr der Heerscharen". Auf Hebräisch kann man „Herr der Heerscharen" – ליהוה צְבָאוֹת – wörtlich mit „Herr der Armeen" übersetzen. Die Kapitel 8 und 9 im Buch des Propheten Amos geben uns einen Einblick in die Macht, mit der Gott auf jedem Gebiet handelt. Es ist an dieser Stelle nicht nötig, eine lange biblische Abhandlung zu schreiben, für unsere Zwecke hier sollte es reichen, nur die zweite Hälfte eines Verses zu erwähnen, und zwar:

> ... so wollte ich doch von dort **dem Schwert gebieten**, sie umzubringen. – Amos 9,4b

Wer die Bibel studiert, weiß, dass der Herr Menschen und Armeen gebietet, seine Absichten auszuführen, und die Geschichte beweist, dass sie seinen Befehlen gehorchen. Zum Beispiel wird König Nebukadnezar von Babylon, der Israel militärisch besiegt, den ersten Tempel zerstört und die Einwohner von Judäa in die Gefangenschaft geführt hat, vom Herrn dreimal als „mein Knecht" bezeichnet (Jeremia 25,9; 27,6; 43,10). Doch nur an dieser einen Stelle, im Buch des Propheten Amos, sehen wir, dass der Herr selbst dem Schwert gebietet.

Diese Aussage sollte jedem Ungläubigen einen Schauer über den Rücken jagen. Und zwar aus dem einfachen Grund, dass der Herr vorher erklärt:

> Oder kann sich jemand so heimlich verbergen, dass ich ihn nicht sehe? spricht der Herr. Erfülle ich nicht den Himmel und die Erde? spricht der Herr. – Jeremia 23,24

Um danach zu versichern:

> ... so wollte ich doch von dort **dem Schwert gebieten**, sie umzubringen. – Amos 9,4b

Menschen, die der Vernichtung anheimfallen sollen, können sich vielleicht vor den großen Schlachten drücken, aber sie können sich nicht vor dem Herrn verstecken:

> Denn die Augen des Herrn durchstreifen die ganze Erde, um sich mächtig zu erweisen an denen, deren Herz ungeteilt auf ihn gerichtet ist. – 2. Chronik 16,9

Und er wird dann „dem Schwert gebieten" gegen all jene, deren Herzen ihm gegenüber nicht loyal sind.

Der Feuersturm des Zornes Gottes gegen solche, die gegen „die Stadt des Herrn der Heerscharen" (Psalm 48,9) Krieg führen, wird „allen, die von den Nationen übrig geblieben sind, die sich gegen Jerusalem gewandt hatten" dazu bringen, den Herrn und sein auserwähltes Volk mit anderen Augen zu betrachten. Es wird geschehen

> in jenen Tagen, dass zehn Männer aus allen Sprachen der Heidenvölker einen Juden beim Rockzipfel festhalten und zu ihm sagen werden: „Wir wollen mit euch gehen, denn wir haben gehört, dass Gott mit euch ist!" – Sacharja 8,23

Die Bibel sagt: „aus allen Sprachen der Heidenvölker", was bedeutet, dass unzählige Völker darunter sein werden, nicht nur die arabischen Völker und der Iran. Viele Völker werden unermessliche Verluste erleiden. Und Israel wahrscheinlich auch. Doch der gesamte Überrest Israels wird dann Gottes Gesetz auf sein Herz eingraviert haben, und sie werden überleben:

> Ich will aber den ansehen, der demütig und zerbrochenen Geistes ist und der zittert vor meinem Wort. – Jesaja 66,2b

Alle, die zu starrköpfig, zu rebellisch und zu hartnäckig sind, um sich unter das Joch des Herrn zu beugen, werden in ihrem Unglauben in der zweiten und letzten Wüste umkommen – genau wie jene, die aufgrund ihres Unglaubens in der ersten Wüste starben.

Glauben und wahres Vertrauen sind das Tor zum Segen:

> „Abraham aber glaubte Gott, und das wurde ihm als Gerechtigkeit angerechnet", und er wurde ein Freund Gottes genannt. – Jakobus 2,23

> Die aus Glauben sind, diese sind Abrahams Kinder.
> – Galater 3,7

Die Bibel sagt uns auch:

> Ohne Glauben aber ist es unmöglich, ihm wohlzugefallen; denn wer zu Gott kommt, muss glauben, dass er ist, und dass er die belohnen wird, welche ihn suchen. – Hebräer 11,6

Der Herr spricht:

> Du aber, Israel, [bist] mein Knecht, Jakob, mein Auserwählter, du Same Abrahams, meines Freundes. – Jesaja 41,8

Der Herr erläutert das noch weiter, als er durch den Apostel Paulus spricht: „Denn nicht alle, die von Israel abstammen, sind Israel" (Römer 9,6.) Nur jene, die dem wahren Glauben Abrahams anhängen, sind das wahre „Israel Gottes" (Galater 6,16). Und wenn jemand, egal ob Jude oder Heide, den Wunsch hat, Gottes Freund zu sein, dann braucht er oder sie nur Gott zu glauben.

Für alle aus dem Volk Israel, die weiter am Unglauben festhalten und Gottes Liebe in den Wind schlagen wollen, wird es kein fröhliches Singen „wie in den Tagen von Israels Jugend" geben, keine „Weinberge" und keine weitere Hoffnung oder Gelegenheit. Ihr Unglauben wird sie davon abhalten, durch das „Tor der Hoffnung" aus der Wüste herauszukommen in das Licht des Sohnes im Verheißenen Land.

Und wie es in der Vergangenheit gewesen ist, so wird es auch in den vor ihnen liegenden, dunklen Tagen sein:

> Es fehlte nichts an all dem Guten, das der Herr dem Haus Israel verheißen hatte; alles war eingetroffen. – Josua 21,45

19
Epilog - ein Gebet

Himmlischer Vater, nachdem wir die biblischen Befunde eingehend studiert haben, wollen wir dir danken, dass du die völlige Kontrolle über die Weltereignisse hast. Nichts wird fehlschlagen. Die Völker mögen wohl gegen dein Volk Israel wüten, doch du, der Schöpfer Israels (Jesaja 43,15), bist es, der es in die letzte Wüste hineingeführt hat. Die Nationen führen unwissentlich deine Absichten und Befehle aus.

Es ist dein Wunsch, dass Israel unter Druck gesetzt wird. Es ist dein Wunsch, dass es wieder ein Verlangen nach dir bekommt. Und es ist dein Wunsch, dass es in dieser Zeit der Läuterung leidet, damit es wieder Gehorsam lernt, genau wie dein „eingeborener Sohn" Yeshua (Jesus) „an dem, was er litt, den Gehorsam gelernt [hat]" (Hebräer 5,8). Doch du wirst einen Überrest von Israel erlösen und zu Ehren bringen. Du wirst Israel deinen Sohn Yeshua (Jesus) offenbaren, und du wirst deine Gesetze in ihr Herz eingravieren. Dann, gemeinsam mit deinem Volk Israel, werden alle aus den Heidenvölkern, die dich lieben, in das herrliche Zeitalter eintreten, wo Yeshua (Jesus) nicht nur als König gesehen, sondern auch als solcher angebetet werden wird.

Es ist so tröstlich, Vater, zu wissen, dass alles, was sich unter der Sonne ereignet, in deiner Hand liegt – in den Händen dessen, der nicht nur die Zukunft bis in die kleinsten Details voraussieht, sondern der auch die Geschichte und das, was die Welt als „die Natur" bezeichnet, beherrscht.

Vater, bitte hilf uns zu bedenken, was in diesem Buch dargelegt wurde. Hilf uns, die Wahrheiten, die auf diesen Seiten erörtert wurden, mit anderen zu teilen: unserer Gemeinde, unseren Familien, Freunden, Nachbarn und Arbeitskollegen.

342 Die Wüste

Vater, in deinem Wort, in Jesaja 11, Vers 12, sagst du, dass das erneute Sammeln deines Volkes Israel in das Land ein wichtiger Zeitpunkt in der Geschichte sein wird, wie ein Banner, ein Zeichen für die Welt, dass das Ende aller Zeiten nahe bevorsteht. Du möchtest, dass die Völker aufmerken, und du rufst ihnen zu:

> Hört das Wort des Herrn, ihr Heidenvölker, und verkündigt es auf den fernen Inseln und sprecht: Der Israel zerstreut hat, der wird es auch sammeln und wird es hüten wie ein Hirte seine Herde. – Jesaja 31,10

Du möchtest, dass die Heidenvölker erkennen, dass es nicht, wie allgemein angenommen, das Römische Reich war, das dein Volk Israel unter die Nationen verstreut hat. Nein, du warst es, der sie zerstreut hat, der sie aus deinem Land ausgespien hat, nachdem sie wiederholt gewarnt wurden wegen ihrer Untreue, Götzenverehrung und Sittenlosigkeit. Du möchtest die Nationen auch wissen lassen, dass dein Volk Israel nie wieder zerstreut werden wird, nachdem du es in ihr Erbe zurückgebracht hast, dass du über sie wachen wirst wie ein treuer Hirte, der seine Herde hütet.

Als durch das von Yeshua (Jesus) auf Golgatha vergossene Blut erlöste Kinder Gottes sollen wir laut (und voller Stolz) unter den Nationen verkünden, dass unser Gott die prophetischen Worte, die vor Tausenden von Jahren aufgeschrieben wurden, erfüllt.

Unsere moderne Welt befindet sich in einem Chaos. Krieg und Terrorismus ist überall um uns herum, Mord und Diebstahl, Korruption in Regierungen und in der Gesellschaft, Gewalt, Vergewaltigungen, Kinderschändung, Pornografie usw. sind allgegenwärtig. Millionen Menschen sterben den Hungertod. Noch mehr Millionen von Menschen sterben durch Epidemien. Jedes Jahr verlieren Tausende Menschen ihr Leben durch extreme Hitze und extreme Kälte, durch Überschwemmungen, Wirbelstürme, Erdbeben, Tornados, riesige Hagelkörner, Lawinen und dergleichen. Doch die Bibel lehrt uns, dass noch schlimmere Kalamitäten auf uns zukommen.

Oh Vater, wann wird der Mensch lernen, dass er sich dieses Chaos selbst zuzuschreiben hat? Wann wird er lernen, dass die Definition von Chaos die Abwesenheit Gottes ist? Doch du hast schon immer gewusst, dass diese Dinge eintreten werden, denn in Matthäus 24,7 sagt Yeshua (Jesus):

Epilog - ein Gebet 343

Denn ein Heidenvolk wird sich gegen das andere erheben und ein Königreich gegen das andere; und es werden hier und dort Hungersnöte, Seuchen und Erdbeben geschehen.

All diese Dinge – und noch mehr – erfüllen sich heute in unserer Zeit. Yeshua (Jesus) hat auch noch gesagt:

> Und es werden Zeichen geschehen an Sonne und Mond und Sternen, und auf Erden Angst der Heidenvölker vor Ratlosigkeit bei dem Tosen des Meeres und der Wogen, da die Menschen in Ohnmacht sinken werden vor Furcht und Erwartung dessen, was über den Erdkreis kommen soll.
> – Lukas 21,25–26

Viele sind an die besten Schauplätze geeilt, einige sind um die halbe Welt geflogen, nur um eine Sonnenfinsternis zu beobachten. Die Fotografen gerieten ganz außer sich, als kurz vor der Jahrtausendwende ein blutroter Mond am Himmel erschien.

Die Heidenvölker befinden sich in einer so schlimmen Lage wie noch nie zuvor, Vater. Der Mensch ist degeneriert zu einem Anbeter Mammons, und vor nicht langer Zeit hat er einen Tiefschlag erhalten, als die Wirtschaft in Asien, Europa und Nordamerika entweder völlig zusammenbrach oder so schrumpfte, dass sie auf das Niveau des Zweiten Weltkriegs und auf das der großen Wirtschaftskrise der 1930er-Jahre abfielen. Unzählige Millionen von Menschen haben ihren Arbeitsplatz verloren, und für Millionen Menschen haben sich die Ersparnisse eines ganzen Lebens in Luft aufgelöst. Billionen von Dollar sind im Wertpapierhandel verloren worden, doch das ist nur eine der Auswirkungen des allgemeinen, weltweiten Einbruchs der Finanzmärkte. Millionen Menschen wurden in die Verzweiflung getrieben und Tausende haben Selbstmord begangen.

Vater, vielen sinkt der Mut vor Furcht und vor der Erwartung, was auf diese Welt noch zukommt. Viele haben Angst davor, ihre Arbeitsstelle zu verlieren und ihre persönlichen Schulden nicht mehr abbezahlen zu können. Sie wissen noch nicht, dass es für Materialismus und Gier einen noch höheren Preis zu zahlen gilt als das, was auf dem Preisschild steht.

Die Menschen verzagen aus Angst vor dem weltweiten Terrorismus. Flugzeuge, Busse, Einkaufszentren und Bürogebäude sind heute nicht mehr sicher und angenehm. Kein Ort der Erde ist heute mehr sicher. Die Terro-

344 Die Wüste

risten werden immer gerissener und werden bald auch Zugang zu Raketen und todbringenden chemischen und biologischen Waffen haben, durch die Tausende oder Millionen von Menschen in einem einzigen Attentat getötet werden könnten. Dieser Planet, Vater, ist für seine Bewohner zu einem grausamen und gefährlichen Spielplatz geworden.

Vater, Milliarden von Menschen leben in Furcht und Anspannung, weil Dinge geschehen, die du schon vor langer Zeit vorausgesagt hast. Und trotzdem ermutigst du jene, die durch das Blut von Yeshua (Jesus) erlöst sind, aufzublicken, wenn diese Dinge geschehen:

> Wenn aber dies anfängt zu geschehen, so richtet euch auf und
> erhebt eure Häupter, weil eure Erlösung naht. – Lukas 21,28

Wir danken dir, Vater, dass wir in den Letzten Tagen leben und dass die kommende Erlösung nahe bevorsteht. Wir danken dir auch für deinen Frieden, deinen *Schalom*, ohne den wir es nicht ertragen könnten, mitten in diesem menschlichen Irrgarten der Leidenschaft zu leben, wo der moralische Standard unter das Niveau von Sodom und Gomorra gesunken ist (1. Mose, Kapitel 19) und wo die Gewalttätigkeiten noch größer sind als in 1. Mose 6,11–13 beschrieben.

Du wusstest von Anfang an, dass der Mensch dich, seinen Schöpfer, verwerfen würde, dass er deinen Sohn Yeshua (Jesus) ablehnen würde und dass er sich und seine Welt letzten Endes selbst zerstören würde. Du wusstest all das schon vor Grundlegung der Welt. Doch weil du es wusstest, hast du eine Erlösung für die Menschheit vorbereitet, indem du deinen Sohn Yeshua (Jesus) schon vor Anbeginn der Zeit hingabst (Offenbarung 13,8).

Zu wenige haben sich entschieden, dir zu glauben, Vater, sie glauben lieber an die Lügen (Römer 1,25; 2. Thessalonicher 2,11) des Teufels, des Vaters der Lüge (Johannes 8,44). So wenige haben deine Erlösung angenommen, indem sie Yeshua (Jesus) aufnahmen, doch vor zweitausend Jahren hast du uns schon gesagt, dass es so kommen würde:

> Denn die Pforte ist eng und der Weg ist schmal, der zum Leben
> führt; und wenige sind es, die ihn finden. – Matthäus 7,14

Nicht viele haben sich entschieden, den engen und schmalen Weg zu gehen, Vater. Die Erlösung ist so einfach und kostet uns nichts, weil sie dich so viel gekostet hat, doch der Mensch verachtet sie. Bald wird es zu spät sein. Die Zeit läuft aus.

Epilog - ein Gebet

In diesem Moment brütest du über deinem „besonderen Eigentum", und Zehntausende haben schon ihren jüdischen Messias – deinen „eingeborenen Sohn" Yeshua (Jesus) – kennengelernt. Du bist dabei, die Lücke, die uns vom Ende der Zeiten trennt, zügig zu schließen. Es wird nicht mehr lange dauern, bis die Zeit, wie wir sie kennen, zu Ende gehen wird und damit auch die letzte Möglichkeit des Menschen, erlöst zu werden.

Nur du weißt, wie und wann das Ende kommen wird, Vater. Du hast uns gesagt, was du tun wirst, doch wir wissen weder, wie, noch wann du es tun wirst. Doch wir wissen, dass du vorhast, alles, was erschüttert werden kann, zu erschüttern, um die Aufmerksamkeit der Menschheit zu erlangen:

> Denn so spricht der Herr der Heerscharen: Noch einmal, eine kurze Weile, werde ich den Himmel und die Erde erschüttern, das Meer und das trockene Land. – Haggai 2,6

Du stehst kurz davor, die Dinge zum Ende zu bringen, denn du hast gesagt:

> Und ich will Wunder tun oben am Himmel und Zeichen unten auf Erden, Blut und Feuer und Rauchdampf; die Sonne wird sich in Finsternis verwandeln und der Mond in Blut, ehe der große und herrliche Tag des Herrn kommt. Und es soll geschehen: Jeder, der den Namen des Herrn anruft, wird errettet werden. – Apostelgeschichte 2,19–21

Oh, möge die Menschheit doch ernstlich dein Angesicht suchen, ehe der große und schreckliche Tag kommt, der so anschaulich in der Offenbarung beschrieben wird, dem letzten Buch der Bibel, welches auf Griechisch *Apokalypse* heißt.

Oh, dass doch Männer und Frauen sich demütigen und zu dir kommen mögen, dass sie dir wie kleine Kinder vertrauen und glauben, dass du bist, der bist: der „von allen Menschen Allmächtige", der Schöpfer und „Besitzer des Himmels und der Erde und der Meere und alles, was darin ist", ihr himmlischer Vater, der sie so unermesslich liebt.

Oh, dass die Menschheit doch zu dir laufen möge, um Vergebung für ihre Sünde zu erlangen und im Blut deines Sohnes Yeshua (Jesus) reingewaschen zu werden, der am Kreuz starb, damit der Mensch leben kann. Oh, Vater, mögen Männer und Frauen – Juden und Heiden – doch auch heute noch aus deiner ausgestreckten Hand die Erlösung annehmen, die du so großzügig anbietest. Hilf ihnen zu verstehen, dass das Vergangene unwiederbringlich ist, dass es keine Garantie für die Zukunft gibt und dass ihnen nur das Heute gehört. Hilf ihnen, Vater, hilf ihnen, ehe auf der Weltbühne der letzte Vorhang fällt.

Danke, Vater, dass du uns, die wir schon Empfänger deiner Gnade und Barmherzigkeit geworden sind, liebst. Danke, dass du so geduldig mit uns warst. Und danke, dass du uns so angenommen hast, wie wir waren. In Yeshuas (Jesu) Namen. Amen.

Arm of Salvation

Ramon Bennett, der Autor dieses Buches, ist auch der Herausgeber des periodisch erscheinenden **Ministry & Prayer Update** von *Arm of Salvation Ministries*. Das Update informiert über globale Ereignisse, die Israel betreffen, sowie über den Dienst von Ramon Bennett und seiner Ehefrau Zipporah, Kontakt und Bezug über www.ShekinaBooks.com.

Arm of Salvation (AOS) wurde 1980 von Ramon Bennett gegründet. Dieser israelische Dienst unter dem jüdischen Volk finanziert sich aus Spenden und Einnahmen aus dem Verkauf von Literatur und Musik. Israel durchlebt kritische Zeiten, weshalb AOS auf Leser-Unterstützung angewiesen ist.

Weitere Titel von Ramon Bennett

Ramon Bennett
Wenn Tag und Nacht vergehen
Eine biblische Sicht über das Handeln Gottes an Israel, der Gemeinde Jesu Christi und der Welt im jetzigen Zeitalter
256 Seiten – Paperback – Best.-Nr. 259161

In Ihrer Buchhandlung oder direkt bei www.asaph.net

Weitere Titel von Ramon Bennett

Ramon Bennett
Saga
**Die wahre Geschichte von Israel
und dem Fall der Nationen**
240 Seiten – Paperback – Best.-Nr. 880900

In Ihrer Buchhandlung oder direkt bei www.asaph.net

Weitere Titel von Ramon Bennett

Ramon Bennett
Philister
Oder: Die große Täuschung
384 Seiten – Paperback – Best.-Nr. 880901

In Ihrer Buchhandlung oder direkt bei www.asaph.net

Weitere Titel von Ramon Bennett

Ramon Bennett
Die Wand
Prophetie, Politik und Nahostfriede
440 Seiten – Paperback – Best.-Nr. 880902

In Ihrer Buchhandlung oder direkt bei www.asaph.net